EDUCATIONAL INNOVATION

方 敏 / 主编

教育创新：新时代 新思考

——首都师范大学教学质量与教学改革研究文集（十一）

首都师范大学出版社
CAPITAL NORMAL UNIVERSITY PRESS

图书在版编目(CIP)数据

教育创新．新时代　新思考/方敏主编．—北京：首都师范大学出版社，2019．2

（首都师范大学教学质量与教学改革研究文集；十一）

ISBN 978-7-5656-4975-2

Ⅰ．①教…　Ⅱ．①方…　Ⅲ．①首都师范大学－教学质量－文集②首都师范大学－教学改革－文集　Ⅳ．①G659．281-53

中国版本图书馆 CIP 数据核字(2019)第 037621 号

JIAOYU CHUANGXIN XINSHIDAI XINSIKAO

教育创新：新时代 新思考

——首都师范大学教学质量与教学改革研究文集（十一）

方　敏　主编

责任编辑　李佳艺

首都师范大学出版社出版发行

地　址　北京西三环北路 105 号

邮　编　100048

电　话　68418523（总编室）　68982468（发行部）

网　址　http：//cnupn．cnu．edu．cn

印　刷　北京九州迅驰传媒文化有限公司

经　销　全国新华书店

版　次　2019 年 2 月第 1 版

印　次　2019 年 2 月第 1 次印刷

开　本　787mm×1092mm　1/16

印　张　29

字　数　574 千

定　价　66．00 元

教育创新：新时代 新思考

——首都师范大学教学质量与教学改革研究文集(十一)

编委会

前言

2018年，对中国高等教育是不寻常的一年。习近平总书记在同北京大学师生座谈中发表了“5·2”讲话，新时代全国高等学校本科教育工作会议、全国教育大会相继召开，教育部发布了《教育部关于加快建设高水平本科教育全面提高人才培养能力的意见》。国家对本科教育重视程度越来越高，并为我国高等教育推进一流专业建设、一流学科建设和高水平人才培养体系建设指出了新的方向，提出了新的要求。首都师范大学于2017年进入国家“双一流”建设高校行列，实现了历史性跨越。

为适应这个理念先行、一流统领的高等教育新时代，以问题和需求为导向，开展深化教学建设和改革的新思考、新研究就成为落实学校教学任务的一个初始着力点和启动键。本次论文集命名为《教育创新：新时代 新思考》旨正在于此。书中分为创新学习能力培养、教学改革理论创新、人才培养模式探索、课程教材教法研究和人才培养模式探索四部分，文章从不同的视角出发，各具独到的见解和鲜明的特色，融入当下最新的教育理念，力争将实践化的教学成绩转化为可供参考的理论成果。文章内容不仅包含了教学实践的心得体会，更有着对新时代教学改革的新探索和新思考。

2017年和2018年，我校本科教学工作以内涵发展、特色发展，促进教学范式转型为主线，在深化人才培养模式改革、深化专业内涵建设、推动本科教学国际化和信息化、加强实践教学、实施教育部本科教学工作审核评估和师范专业认证等方面，积极开展工作，取得了比较显著的成果。

本书收录的文章也正是这些教学成果的理论体现，凝聚了众多优秀教师的教学智慧，浓缩了众多教学工作者的实践经验。这些针对改革方向与方法具体的持续的研究，将为推进我校教学与信息技术的深度融合及教学范式的转型提供极大助力。同时也希望该论文集的编撰能够给广大读者带来对高等教育新时代的新认识，带来对教学研究和人才培养模式的新思考和新启迪，能让凝结其中的教学智慧在我校培养高水平、高质量人才的道路上发挥作用，在重点突破的基础上，进一步深化我校本科教学的建设和改革，推动新时代我校高水平本科人才培养体系的深度构建。

目　　录

创新学习能力培养

教学改革理论创新

课程教材教法研究

人才培养模式探索

创新学习能力培养

“双一流”建设背景下本科生科研创新能力培养模式研究*

——以首都师范大学政治学与行政学专业为例

李东明① 王冠中 文 学 马 飞 王 炜

本科教育是多层次高等教育体系的基础阶段，是学生基础知识和综合素质培养的关键时期，在人才培养体系中占有基础性、先导性地位。在“建设世界一流大学和一流学科”背景下，加强培养本科生的科研创新能力，为我国建设“创新型国家”培养大量的创新型人才，是当前高等教育的一项重要的任务。教育部《关于全面提高高等教育质量的若干意见》中明确表示要创新人才培养模式，支持本科生参与科研活动，早进课题、早进团队。

一、本科生科研创新能力培养的必要性

在教学科研领域深化教学改革，激励和培养学生的科研创新能力，探索学生科研创新能力培养的新模式，卓有成效地培养人才，是一个亟待进行深度探索的重要课题。在“建设世界一流大学和一流学科”背景下，按照“厚基础、宽口径、重能力、求创新”的教育理念，坚持适应社会主义现代化建设和全面深化改革的实际，培养具有科研创新能力、具备现代管理理论、技术与方法等方面的知识以及应用这些知识的能力，是对政治学与行政学专业本科生科研创新能力的新要求。

在多年政治学与行政学专业本科生教学实践中，将科研与创新理念渗透入课程教学，激励和培养政治学与行政学专业学生的科研创新能力，能够使学生掌握扎实的基础知识，形成科学的创新思维，提升科研创新能力。

二、本科生科研创新能力培养对教学的促进作用

针对原有课程设置、教学内容和传统教学方法难以有效地启发学生思考和提升

---

* 本文属首都师范大学教改立项重点项目：政治学与行政学专业本科生科研创新能力培养模式研究。

① 李东明，女，首都师范大学政法学院，教授、博士研究生导师。

学生科研创新能力的情况，构建“五位一体”本科生科研创新能力培养模式。通过打造优秀的教学团队、树立创新的教学理念、运用科学的教学方法、探索合理的人才培养模式，使政治学与行政学专业本科生掌握扎实的基础知识，形成科学的创新思维，提升学生的科研创新能力。

1. 修订完善人才培养方案

首都师范大学政治学与行政学专业本科生培养，以能在政府部门、企事业单位、公共服务机构、社会团体从事管理工作的高级专门人才为培养目标。在教学中以更新人才培养理念为突破口，进行了“政治学与行政学专业本科生科研创新能力培养模式研究”，以培养创新型人才为目的，对政治学与行政学专业人才培养方案进行修订和完善。着眼于学生科研创新能力的提升，在新的培养方案中加入了许多能够激发学生思考、提升学生科研兴趣、拓展学生视野的新举措，从而使专业人才培养质量稳步提升。

2. 发挥导师在培养学生科研创新能力中的引领作用

充分发挥导师制度在本科生开展科研中的积极作用，对学生的选课、阅读和科研实践等方面进行全面指导。有意识地将科研与创新的理念渗透入课程教学，积极鼓励本科生参加科研活动，认真指导学生进行国家级、北京市级和校级的科研选题与申报，对学生撰写学术论文和毕业论文进行具体指导，使学生能够独立发表学术论文。

3. 创新教学内容，处理好教学内容基础性与前沿性的关系

在教学中，抓好教学的各个环节：在教学设计上，将教学内容按照理论基础、实际应用、尚存的问题、如何深入研究等四个模块进行讲授；在课堂教学中，注重启发学生通过已经掌握的知识开拓思维，从多方面设计解决问题的方法。在使学生掌握扎实的基础理论知识的同时，通过创新教学内容，引入学科前沿知识，将科研与创新的理念渗入课堂教学，提高学生的学习兴趣、主动性和积极性，培养学生的科研创新思维和能力。针对一些尚待解决的研究课题或研究热点难点问题，教师在教学过程中运用案例教学、结合教学内容组织研讨；在课后指导中，带领学生进行社会调查和举办热点难点问题讲座等安排，并对学生提出的问题答疑解惑。指导学生充分利用各种学习资源，查阅相关文献，进行探究式学习。

4. 建立“以学生为主体、以教师为主导”的科研实训和社会实践制度

严格落实实践教学环节，按照人才培养方案安排实训课程、社会调查和专业实习，使科研实训和社会实践制度化。一是在教学计划安排中严格落实实践教学环节。学校、学院、系按照教学计划安排社会调查和专业实习，通过时间、地点和经费的保障，确保实践教学真正使学生受益。二是举办原著研读班为学生打下坚实的专业基础，培养学生养成在科研中运用一手资料的能力。三是组织学生参加校内外

各类学术讲座，安排任课教师举办各类学术讨论会，开阔学生学术视野。四是吸收学生参加老师高层次的科研课题的辅助研究。有意识地吸收本科生参与开题、收集资料、调研、研讨和结项报告的撰写的全部科研过程。五是指导学生申报科研课题，撰写论文并公开发表。六是指导学生做好毕业论文，在毕业论文中集中体现学生科研创新能力。

5. 形成"课题、监督、实习"一体化的毕业实习模式

政治学与行政学专业教学注重改革课程体系、教学内容和教学方法，构建"五位一体"本科生科研创新能力培养模式。通过打造优秀的教学团队、树立创新的教学理念、运用科学的教学方法、探索合理的人才培养模式，学生毕业实习带着研究课题，配备专门的指导教师，通过毕业实习和毕业论文的撰写，使政治学与行政学专业本科生掌握扎实的基础知识，形成科学的创新思维，提升科研创新能力。

三、本科生科研创新能力培养取得的成效

在政治学与行政学专业本科生科研能力创新培养中，在总结以往人才培养经验教训的基础上，通过加强学科建设、科学研究和师资队伍建设，着眼于学生的全面发展，完善学生科研创新能力培养，形成了"导师引领、理论教学、科研实训、社会实践、毕业实习"五位一体培养模式，培养了学生的学术发展潜能，促进了人才培养质量的提高。

1. 提高了学生的创新能力

通过培养使学生在本科阶段就具有科研创新的理念和意识，提高了学生科研创新能力。以学生科研创新能力提高为目标，教师从传统教学思维向创新性和开拓性思维转变。激发学生的主观能动性，进行探究性学习，培养学生研究和创新思维的能力以及理论应用于实践的能力。在教学过程中，教师做好学生的引路人，既要重视讲授基本理论，又要重视培养学生辩证性思维，引导学生在独立思考的基础上，能够结合兴趣参与教师的高层次科研项目的研究。老师选取符合学生当前水平的课题进行创新训练，以提高学生科研创新的主动性、信心与团结协作能力，并能独立公开发表学术论文，科研创新能力明显提高。在学生培养的各个环节充分调动学生参与科研的积极性，培养本科生的科研素养、创新精神与科研实践能力，为加快建设"创新型国家"不断培育高质量后备人才。

2. 拓宽了学生实践创新能力的发展空间

践行探究式学习模式，培养学生科研创新能力，拓宽了学生实践创新能力的发展空间。实行课堂教学和课外指导相结合的探究式学习模式，改变了原有的教学理念。通过创新教学内容，开办课外原著研读班、举办学术研讨会，指导学生查阅文

献、进行前沿问题探讨等，发挥学生主观能动性，培养学生创新能力和实践能力，提升了学生的科学素养。

3. 提升了人才培养质量

建立学生科研实训和社会实践体系，提升了人才培养质量。通过教学改革的层层深入，以学生创新能力培养为重点，教师带领学生进行社会调查，引导学生参与科研实践，进行科研创新训练。吸纳学生参加教师高层次课题的研究，指导学生积极申报并独立承担国家级、市级、校级科研课题25项，独立撰写并公开发表学术论文60篇。这些举措培养了学术探索和创新精神，人才培养质量显著提高。

4. 提高了学生的独立工作能力

通过本科生科研创新能力的培养，形成崇尚学术的文化氛围，学生毕业实习带着毕业选题和科研课题，学校和实习基地派指导教师共同指导，学生结合实习实践，撰写高质量的毕业论文，使科研创新能力和独立工作能力得到提升。学生立项的科研课题绝大多数都是围绕服务北京进行设计和研究的，体现高校服务首都政治经济文化建设的功能，为首都经济社会发展提供智力支持，体现出人才培养的特色，同时也培养学生服务首都的意识和能力。

大学教师创新能力：价值、结构与培养策略

田汉族[①]

为什么我们的学校总是培养不出杰出人才？“钱学森之问”成为中国高等教育发展的一个一个痛点和难点，引发了中央的高度关注、整个教育界，乃至社会各界的深入讨论。目前，大学创新人才培养的政策、理论、实践都进入一个新的阶段：高校培养创新人才的相关政策不断出台、各种相关课题研究的普遍展开、高校创新人才培养模式的改革普遍探索。应该说，对于创新人才培养，虽然已经做了很多有益的探索，但总体而言还没有真正回答好问题的关键，做得并不够。创新人才培养的所有举措中似乎缺少了一个重要的主体维度，即具有创新能力的大学教师。我们欣喜地看到，《中共中央国务院关于全面深化新时代教师队伍建设改革的意见》明确提出要“造就党和人民满意的高素质专业化创新型教师队伍”。大学生创新人才培养的政策发生了转换，即由怎样培养转换到要谁来培养。如果说教师是大学生创造性培养的第一资源，那么，大学教师的创造能力则是成为第一资源的关键。为什么大学教师的创新能力显得特别重要？其能力结构是什么？如何培养和发展大学教师的创新能力？本文进行了初步探讨。

一、大学教师创新能力的独特价值

大学教师的创新能力可以提升大学教育质量和显示度，促进教师队伍的优化，而且在大学培养创新人才中具有独特价值。

（一）大学教师是创新人才培养的主要依靠力量

培养创新人才是每一所高校的历史责任与现实使命。目前，关于大学生创新能力培养的措施探讨，主要集中在观念改变（重视大学生创新精神、创业创新能力、创造性人格等）、制度创新（导师制、产学研结合、创新创业大赛等）、空间拓展（参与社会实践、参与大学教师的课题研究等）、培养模式的改变（与国外联合培养、与企业联合培养等）。但是，大学生的创新能力提高并不理想。究其原因，一是在观

① 田汉族，男，首都师范大学教育学院，教授。

念上，将创新人才培养概念化、模式化理解；二是在创新人才培养实践中，存在目标功利化、培养过程简单化与技术化、培养效果评价的指标化等问题。

尽管培养大学生的创新能力，增加经费投入、创造各种物质条件、时间、空间是必要的，但大学生创新能力培养主要依靠大学教师的创新能力。因为如果缺少了广大教师的主动参与和创新，这些投入和条件就可能无法有效转化为实际的效果。大学教师的创新能力是创新人才培养的根本和灵魂。

(二)大学教师的创新能力是提高创新人才培养过程质量的根本

虽然近年高校的创新人才培养成果确实颇丰。但是，在教育教学活动过程中，却没有贯穿创新能力、创新素质培养的教育理念。现实中大量存在照本宣科、满足完成教学基本任务的教师，培养大学生创造性往往被看成课外任务或少数教师的责任。创新型人才培养要求每一个大学教师都要有创新意识、创新思维和创造性实践，如鼓励质疑、开展合作研究等。其中，激发学生创新思维的教学方式方法是创新教育的根本保证。教师既可以成为培养大学生创造性的力量，也可能成为压抑大学生创造性的力量。只有具有创新能力的大学教师才会“保持一个人的首创精神和创造力量而不放弃把他放在真实生活的需要；传递文化而不用现成的模式去压抑他；鼓励他发挥他的天才能力和个人的表达方式，而不助长他的个人主义，密切注意每一个人的独特性，而不忽视创造也是一种集体活动”。

二、大学教师创新能力结构

大学教师的创新能力是大学教师在教育教学、科研、服务社会实践、文化传承与创新中的创新意识、创新思维、创新行为和创新成果的整体表现。从大学的基本功能角度思考，大学教师创新能力主要包括创新学习能力、创新教学能力、创新育人能力、创新科研能力、创新服务社会能力。

(一)创新学习能力

大学教师的创新学习能力是大学教师不断获取新知识、创造新知识的能力。大学教师创新学习能力是创新能力的基础、前提，因为大学是高深学问、探索真理的地方，创新学习是造就创新型教师的内在动力和文化自信的保证，创新学习能力是大学教师的最突出的特征，是实现大学文化创新功能的基本路径。大学教师的创新学习能力首先表现为学科知识的拓展，要及时获得本学科前沿领域的知识；其次表现为及时了解相关学科领域最新的发展动态；再次表现为对跨学科领域研究的浓厚兴趣和团队学习能力；最后，及时掌握关于大学生和大学教育研究的成果。

(二)创新教学能力

创新教学能力是指大学教师在教学活动中，以培养大学生创新能力为主要目的，通过创造性地使用教材、运用多种教学方法和手段、营造有活力的课堂的能力。教学是大学教师的基本功，创新教学是大学教师追求的永恒目标。大学教师创新教学能力具体包括：一是激发学生学习兴趣，让学生想学、愿学；二是善于培养学生的创造性思维，使学生主动学习、会学习；三是培养学生的探究能力，使学生掌握科学的研究方法，培养他们好问、质疑、合作探究的品质。

创新教学能力要求大学教师在教学资源安排上，要尽可能多地有效地给学生提供信息或教学参考书、课外书，指导学生利用各种信息资源；在时间安排上，应尽可能地提供给学生自学与讨论的机会，避免大学教师一讲到底，在空间安排上，要课内和课外、校内和校外、线上和线下结合，防止局限于课堂、脱离社会、脱离生活的片面性；在教学方法上，要尽可能地使用现代教学手段，激发、发现学生的创造活力；在教学评价上，避免单一的分数评价，运用过程评价、作业评价、实践评价、考试评价等多种方法，要善于发现创新思维的学生，并进行特殊奖励。

（三）创新育人能力

大学教师的创新育人能力是指大学教师引领大学生积极价值与心理、促进其主动、全面发展的能力。大学教师创新育人能力具体包括发现和激发学生创造潜能的能力、设计个性化教育方案能力、道德教育吸引力、心理指导能力。

立德树人是大学的根本使命，教书育人是教师的天职，创新育人能力是大学教师的时代要求。目前，现代大学教师应该把人的培养放在重要位置，利用自己的榜样作用、教学影响、环境设计、主动的交往沟通，使大学生牢固树立社会主义核心价值观、模范的公民意识和健康的心理素质，具有为民族伟大复兴和社会主义建设做出贡献的理想和责任意识。

（四）创新科研能力

创新科研能力是大学教师创新能力的重要标志。大学教师创新科研能力是指大学教师超越一般科研方法、科研成果，生产出新方法、新证据、新观点、新概念、新思想、新理论、新设计、新产品的高水平能力。这种能力是大学创新研究意识、创新研究方法、创新研究过程和创新研究结果的有机统一，它超越了方法简单、思维封闭、材料陈旧、观点重复、学术水平低、成果低效或无效的研究，集中体现了大学教师的艰苦的、复杂的、创造性的劳动特点，是大学教师自身专业能力不断发展的必要条件。

科研是大学重要职能，科研能力是大学教师的关键能力。目前，出现学术造假、学术腐败等现象的根本原因就是教师缺乏创新科研能力、研究低水平重复。因此，开展创新研究是当代大学和大学教师的学术伦理要求。值得注意的是，大学教师的创新科研能力不仅包括以学科为学术研究对象的创新科研能力，也包括以教学作为学术研究对象的创新科研能力，即创新教学研究能力。因为大学生创新能力的培养没有固定模式可循，现代大学教师要把自己教育教学过程当成研究、实验的过程，质疑现有的教育理论，善于反思，并形成自己的教学风格。

(五)创新服务社会能力

创新服务社会能力是指大学教师要根据社会政治经济文化发展需求，通过决策咨询、理论指导、实践干预、科学实验等方式，用高质量专业的服务解决社会发展中的实际问题的能力。例如敏锐发现社会生产生活中的重大问题能力、运用理论研究成果指导解决政治经济文化科技等各领域发展中的重大问题的能力、对重大项目和社会重要改革趋势进行科学评估和预测等能力。

高质量社会服务是现代大学的基本职能和重要评价指标。现代大学教师必须具有创新服务社会能力。主动参与社会建设，既是大学开放办学、提升其社会功能、彰显其社会价值的需要，也是大学教师的社会责任担当、创新科研的选题方向和教学资源的活力来源。

三、大学教师创新能力的培养策略

影响大学教师的创新能力形成和发展的因素很多，既需要大学教师在长期学习、思考和实践中培养自己的创新意识、创新思维和创造性人格，也需要大学和社会为大学教师的创新能力发展提供激励性制度、包容性文化环境和支持性条件。

(一)激发大学教师的创新动力

培养创新人才是高等教育的时代要求。培养创新性教师是现代大学的重要任务。

首先，将“创新能力”作为大学教师的重要评价标准。蔡元培认为，大学教师“须年年用功，传授新学”。他把是否“有研究学问之兴趣”，是否有不断进取创新精神，作为教师聘用的一个必要条件。今天，这种做法仍然值得借鉴和推广。大学在教师职称评定、教学评估、教学评优、科研评奖、社会服务支持和奖励等方面，要把创造能力作为一个重要的评价维度。

其次，大学教师要自我加压，自我激励。(1)激励自我成为创新性教师。视创新为大学教学的核心价值，在终身学习和持续思考中，不断创新自己的教学内容、方法、手段及其与大学生的互动关系，在教学相长中实现自己的生命创造性成长。例如，尝试运用翻转课堂、慕课、现场教学、项目教学等现代教学方法和手段。(2)主动申报教育改革课题和创新性研究课题。(3)以专业研究身份积极参与社会转型发展的改革实践。

(二)建立以创新能力培养为中心的师训体系

大学教师培训是大学教师素质提高的重要途径。尽管我国各省都成立了高校师资培训中心，大学广泛设置教师教育机构，但主要任务是青年教师的上岗培训和教师的教学技术培训，基本上属于适应性培训，缺乏创新培训的指导思想引领，不利于大学教师创新能力的培养。我们认为，好的大学教师培训应该以创造性培养为中心展开。(1)确立“研究型教师”“教育家型教师”为师资建设目标。把创新能力人才的培养作为高校核心任务，唤起教师强烈的责任感和使命感。(2)建构大学教师创造性发展的课程体系。通过介绍创新教学理论和方法、创新思维方法、跨学科研究方法，拓展大学教师创新的思维和研究视野；加强大学教师的创造心理素质培训，激发他们创造欲望与动力。(3)采取理论与实践相结合培训方法。通过原著研读、现场观摩、集中研讨、案例解剖、问题调查、深度对话等多种方式，让大学教师成为培训的主体，真正提高大学教师的创新能力。

(三)将教学学术研究作为评价大学教师的重要指标

教学学术是大学的重要学术维度。大学的教学学术研究就是将教学自身作为一种研究领域，用研究的眼光审视、探究教学。当教师将工作公开接受同行评价和批评，并与所在专业社团的其他成员进行交流时，反过来又加强了自己的工作时，对教学的认识及其改进就变成了教学学术。

强调大学教学学术的目的是要使教师自己真正成为教学研究者或研究型教学者。为此，大学教师首先要对自己的教育行为进行经常反思，发现存在的不足；其次，针对教育教学实践中的问题，独立思考，合作研究，寻找解决问题的科学方法；再次，大胆开展教学改革实验研究，培养学生的创造性思维，培养学生跨学科性学习能力，不断总结提炼教育理念，形成自己的教育风格。

对高校而言，就要将教学学术作为评价大学教师学术的重要指标并不断细化，在职称评定、先进教师评选、教师奖励的等方面，占有不低于专业学术的权重；把立德树人、教书育人、培养好学生作为学校的首要任务。

对高等教育主管部门而言，就是要把创新人才培养的师资以及大学生创造性思维、创新能力作为高校评价的主要维度，引导大学把人才培养作为中心工作。

(四)引导教师成为跨学科的创新学习者

信息技术的飞速发展带来了知识激增以及知识传递方式的多样化、传播途径的网络化、传播手段的现代化、传播速度的高速化，引发了阅读、写作、计算方式的历史性变革，大学教师不再是学生的唯一知识信息源，学生可以通过互联网等多种途径学习；同时新职业不断涌现、新专业不断产生，这些都给大学教师提出了严峻的挑战：如何选择有用的信息(包括最新信息)传递给学生，如何让学生学会学习？要实现这种转换，大学教师必须进行跨界的创新学习者。一般而言，跨学科的创新学习主要分为三个步骤：重构学科边界、形成学科思想理念以及转移学科知识。大学教师要通过跨领域的知识学习与研究，拓展自己的学科边界，做到学科视界融合、文理渗透、中西结合，发展自己的创新思维能力；引导学生走向学科前沿，培养他们的综合素质。

（五）优化高校创新型教师成长的外部条件

目前，高校普遍存在行政化管理倾向和唯专业学术取向，大学教师的注意力被吸引到争取项目、发表论文、评职称评优评奖上，这成为大学教师的创新能力发展的制度障碍。为此，必须彻底改革，建构有利于高校创新型教师成长的环境条件。除了需要政府更多的经费投入，大学所有部门的协同创新管理，社会对大学创新人才培养模式改革的理解、认同和支持之外，亟须从以下几个方面创新：

首先，建立激发教师专注于创新人才培养的教学管理制度。在坚持社会主义核心价值观的前提之下，容许教师有改革的自由，如教材的选择、教学方式和教学时空改革，只要教师备案就可以；加大对教学改革的支持力度；鼓励教师通过深度研究揭示大学培养创新人才的价值和机制。

其次，将创新能力作为教师评价、管理与收入分配的关键标准，并细化。如将每年检查教师课题更改为5年内教师自由选择时间结题，给予学院教师自由立项科研经费支持，把教师从各种项目申报与工程“会战”的压力中解放出来。让大学教师潜心学术研究与课程教学改革创新，体验教师职业以及人才培养模式创新改革给他们带来的职业尊严与幸福。

再次，建立国家教学智能信息平台和创新人才培养智库。针对目前单一领域的知识难以满足创造性人才发展的普遍需求，单一的学校改革难以支撑高水平的创新教育模式的现状，有必要建立国家级创新人才培养的智库，充分利用智能技术支撑高层次创新教育模式的改革，实现理论与经验的共享；以教育部2018年4月2日发布的《高等学校人工智能创新行动计划》为契机，组织力量，开展构建知识自由融合与跨领域交叉的创新教育模式与保障机制研究，不断积累大学创新人才培养的中国经验与理论。

参考文献：

[1]袁贵仁．为培养更多的创新人才而努力——在中国教育学会成立30周年纪念会上的书面讲话[J]．中国教育学刊，2010(1)：5.

[2]熊丙奇．高校创新人才培养的两大误区及其调整策略[J]．中国高等教育，2008(6)：28—30.

[3]童爱玲，叶山土．关于创新人才培养的若干思考[J]．教育探索，2005(4)：20—21.

[4]联合国教科文组织国际教育发展委员会．学会生存——教育世界的今天和明天[M]．北京：教育科学出版社，1998：188.

[5]蔡元培．蔡元培教育论著选[M]．北京：人民教育出版社，1991：493.

[6]王玉衡．试论大学教学学术运动[J]．外国教育研究，2005(12)：25.

[7]全国教育大会．习近平提出的这些“数字”别有深意[EB/OL]．[2018—9—17]．http：//www. xinhuanet. com/politics/xxjxs/2018—09/11/c _ 1123410182. htm.

地理信息系统空间分析中空间距离知识点重构[*]

王　涛[①]

一、引言

狭义而言，地理信息系统是研究地理信息的采集输入、管理利用、查询统计、空间分析、可视化输出的系统，经过半个多世纪的发展，地理信息系统的基本内容框架变化并不大(Tomlinson，1968；Wright，2012)。然而，随着计算机软硬件技术、遥感与全球导航定位系统技术的发展，地理空间数据的可用性和丰富程度得到了极大改善，地理信息系统在各学科各行业中应用深度广度发生了巨大变革，其各个组成部分的内涵得到了扩展。其中，地理空间分析是在地理空间数据基础上开展增值性数据处理的过程，是地理信息系统区别于其他类型信息系统的重要特征，其基本任务是解决国土、城市、交通、水文、人文等各行业地理分析中的共性技术。在地理信息系统发展初期，空间分析的研究内容以栅格图层叠置为主，虽然当时空间统计领域已经开始出现了一些空间分析模型，但是由于数据和计算机软硬件限制，并没有较好地引入到地理信息系统和应用之中。

随着地理信息系统在各学科各行业标准中应用深度的增加、软硬件环境提升和数据环境的改善，地理信息系统与相关学科快速融合，形成了地理信息科学与技术学科(Goodchild，1992)，空间分析的理论、方法和应用得到了极大丰富，拓展至图层叠置分析、缓冲区分析、网络分析、空间统计、三维地形分析等内容，另外，空间大数据正在进一步推进空间分析的内容和应用范围，因此，本科教学过程中“空间分析”课程的内容深度、广度也在增加。

目前，开设地理类、测绘类、城市规划类等相关专业的高校大多设置了空间分析课程，不同学校在讲授该课程时在内容上存在不少差异，不过共性的方法基础有较大的一致性。国内外研究人员编写了大量空间分析方面的教材，然而，这些教材的知识体系、内容组成方面仍旧存在较大差异(郭仁忠，2001；秦昆，2010；汤国

* 2017年首都师范大学校级教学改革研究项目“地理信息系统空间分析中空间距离知识点重构”资助。

① 王涛，男，首都师范大学地信学院，副教授。

安等，2012)。造成该问题的主要原因是缺乏空间分析的明确定义，其中知识点繁多零散，教师在讲授中存在理论与实践难以权衡、学生上机实训任务枯燥等问题，如何在教学过程中有效地讲授这些内容是目前迫切需要解决的重要任务。为了给学生提供空间分析知识主线，本研究旨在利用"空间距离"这一概念和内容，对相关空间分析知识点进行串联，为教师教学、学生学习提供本课程教学的理论基础。

二、空间分析的主要教学内容

在本科教学过程中，"空间分析"通常作为专业核心课或者专业方向课设置，并处在地图学、测量学、地理信息系统原理与方法、遥感原理与方法等基础专业课程之后，此时学生已经具有了地理信息数据采集、表达、管理、处理以及可视化等方面较为系统的基础知识。"空间分析"的课程通常包括课堂讲解理论知识、上机练习软件技能、查阅相关文献以及设计完成项目作业等。理论讲授和技能训练的核心内容一般包括：

(1)计算几何：重心、中心、形状度量、凸壳、三角网、Voronoi等典型计算几何问题，地理要素图层叠置的矢栅实现和应用，地理要素矢栅缓冲区实现和应用等。

(2)三维分析：地形填挖方计算、各类地形指数计算，汇水信息提取，阴影光照分析、可视性(可视域)分析、有源/无源淹没分析等。

(3)空间网络分析：Dijkistra、A*最优路径的实现，网络资源配置选址、分配(服务汇水区)等。

(4)地理空间数据多尺度处理：取舍、化简、合并等典型地图综合操作、多尺度语义综合等。

(5)移动轨迹分析：移动轨迹数据及主要分析方法、公交卡数据及主要分析方法等。

(6)空间统计分析：频度、直方图、分组方法、空间分布密度分析、空间可变单元、空间插值、空间回归分析、空间自相关分析等。

(7)典型数量地理模型：地理元胞自动机、分形几何、地理重力模型等。

这些内容在讲授过程中，通常会以理论原理阐述、模型方法解释、案例演示、软件练习等实训环节讲解。随着新型教学理念的引入，教师可以采用翻转课堂、最新科研文献查阅及研讨等方式，加深学生对重要概念和知识点的理解，提高学生对软件使用技能乃至关键算法的程序实现能力。

然而即便如此，教师教学和学生学习往往陷入关键知识点原理、方法、模型的理解与记忆以及技能练习之中，学习者难以对空间分析的关键方法形成系列认知。

造成该问题的关键原因是缺乏一条内在主线将空间分析重要概念和关键知识点串联为一个有机整体。

三、空间距离教学设计

空间位置是地理信息科学和技术应用核心，在空间位置基础上可以得出地理要素长度、地理要素之间空间距离，而后者贯穿了地理学整个学科诸多内涵和外延分支，Tobler 所定义的地理学第一定律："万事万物之间均有联系，而空间距离相近的事物之间的关系比空间距离较远的事物之间的关系更紧密（Everything is related to everything else, but near things are more related than distant things.）"（Sui, 2012）。空间分析诸多组成内容中，无论是计算几何、三维分析与地形分析、空间网络分析、移动轨迹分析、空间统计分析等基础知识点，还是地理元胞自动机、分形几何、地理重力模型等计量地理模型知识点，都需要将地理要素长度、地理要素之间空间距离作为模型构建和方法实现的关键基础。

在地理信息系统空间分析中，空间距离的讲授可以分为三个层面。首先是空间距离的度量方法。通常而言，信息的度量可以使用定性和定量两种形式来表达，定性的空间距离度量方式一般使用自然语言的方式表达，比如"不太远""步行距离""一箭之地"等，定性的度量方式符合人们日常认知，常用于人们直接交流，其具体表述含义受信息上下文、信息表达和接收主体生理心理的影响；定量的距离度量方式可以用于具体数值计算，比如"500 千米""2 光年"。进而言之，定性的度量方式可以分为定名和排序表达，定量的度量方式可以分为分级和数值表达方式。该层面主要内容是距离的逻辑分类，适当结合实际生活进行举例即可让学生理解掌握。

第二个层面是地理环境中空间距离的计算方式。地理空间数据通常经过地图投影转换处理，这样才能进行在欧几里得空间进行度量，而讲授空间距离的计算方式时，需要顾及三个因素。第一个因素是平面距离与表面距离的差异，在投影转换的二维平面上计算空间距离的效率较高，其代价是三维地形的高低起伏对空间距离和地理要素实体长度的影响会被忽略，造成精度上的误差。第二个因素是直线距离和实际距离的差异，直线距离是给定两点直接线段的二维平面距离或者表面距离，而实际距离是在顾及地球曲率和依应用而定的通行情况的基础上计算的空间距离，比如地形表面最小成本距离、道路网内两点之间最优路径的距离等。第三个因素是数据表达模型带来的差异，基于矢量数据模型中空间坐标解求的距离数值精度较高，但在计算表面距离时效率较低，栅格数据模型下，空间距离的计算精度受栅格分辨率影响，而在计算表面距离时易于叠置高程模型。通过上述拆解，空间距离的理论与实现方法难度较低，理论讲解、软件操作实训与程序设计实现相结合，更易于学生学习和接受。

第三个层面是空间距离在计算几何、三维分析与地形分析、空间网络分析、移动轨迹分析、空间统计分析等诸多空间分析综合型知识点中的应用。在每个综合型知识点中，基础空间距离计算元子都是在上述两个层面的基础上开展的，度量方式、计算方式的不同对该层面的计算结果有着较大影响。在以上空间距离诸多知识点分解的基础上，对该层面的知识点进行重构，讲授的过程中应当进行有机整合，需要对基础空间距离计算元子各种实现方式的影响进行阐述，一方面可以辅助学生对各个空间分析知识点形成一体化概念，一方面加深学生对知识点实现方式异同的理解。

四、结论

作为地理类、测绘类、城乡规划类等本科专业人才培养过程中重要的专业课程，空间分析课程是学生学习的难点、重点，需要探讨提高学生对关键知识点和整体知识框架掌握理解水平的有效途径。中国古代地图制图在东晋时期开始引入了“制图六体”，其中“道里”(用以确定两地之间道路的距离)、“高下”(相对高程，也即垂直距离)、“迂直”(实地高低起伏与图上距离的换算)等三条与距离直接相关，可见空间距离是地图使用、也即空间分析的重要内容。因此，本研究提出了利用“空间距离”这一基础概念，在对空间分析诸多内容进行分解的基础上，将空间距离作为主线，对知识点进行串联，为教师教学、学生学习提供本课程教学的理论基础。在本科生空间分析教学过程实施了相关方法，取得了良好的效果。

参考文献：

[1] Goodchild M. . Geographical information science[J]. International Journal of Geographicalln for mation Science，1992，6(1)：31—45.

[2] de Smith M. ，Goodchild M. ，Longley P. . 地理空间分析：原理、技术与软件工具[M]. 杜培军，等，译. 北京：电子工业出版社，2009.

[3] Sui D. . Tobler's First Law of Geography：A Big Idea for a Small World[J]. AAAG，2004，94(2)：269—277.

[4] Tomlinson F. ，A Geographic information system for regional planning[EB/OL]. http：//gisandscience. files. wordpress. com/2012/08/1-a-gis-for-regional-planning _ ed. pdf.

[5] Wright D. . Theory and application in a post-GISystems world[J]. International Journal of Geographicalln for mation Science，2012，26(12)：2197—2209.

[6] 汤国安，杨昕，等. ArcGIS地理信息系统空间分析实验教程[M]. 北京：科学出版社，2012.

[7] 郭仁忠. 空间分析[M]. 北京：高等教育出版社，2001.

[8] 秦昆. GIS空间分析理论与方法[M]. 武汉：武汉大学出版社，2010.

依托学科竞赛，提升大学生创新实践能力

袁慧梅[①] 宋 宇 丁 瑞 赵晓旭

学科竞赛是大学生综合运用基础知识解决实际问题，从而实现理论到实践转化的一个平台，是对理论教学的一个有益补充[1-2]。学科竞赛内容通常都具有一定的应用背景或项目背景，内容广泛，综合性强。参与学科竞赛，既可激发学生的学习兴趣、提升学习的主动性、拓展学生的知识面，又能锻炼他们自主查阅资料、分析问题、解决问题、综合设计、语言表达等方面的能力，还有助于培养学生的创新思维、塑造创新人格、提升创新能力[3-4]。

一、依托学科竞赛，提升大学生专业水平

参加竞赛是一个切入点，提升学生专业水平才是根本。让学生喜欢本专业、喜欢自己动手去做系统、享受参赛带来的紧张感和压力、享受参赛的成果，从而促进本专业学生专业水平的提升。主要采用以下方法解决：

1. 强化专业意识

本专业有一半的学生不是第一志愿进入本专业学习的，让这些原本爱学外语、生物、化学等学科的学生喜欢电子专业并能够自行设计电子系统不是易事，从组织老生经验交流到经验丰富教师的专业引领，从电子系统介绍到简单有趣的系统制作。把学生吸引到电子系统来，学生感兴趣了才能够激发学习热情，自主地去学习、设计电路。

2. 改进实验方法，丰富内容，将课上实验延伸到课外

将原来实验课的验证性实验扩展为验证、设计、综合性实验，因材施教，充分调动学生积极性，避免一刀切。

将实验内容分为必做和选做。由于课时有限，课内只能做有限的几个入门实验。我们在必做实验基础上，设计了一系列的选做实验。学生可以根据自己的兴趣爱好，利用开放性实验系统和课外业余时间完成。

---

① 袁慧梅，女，首都师范大学信息工程学院，教授。

课外选做实验分层次，逐步深化，循序渐进。平时注意培养学生的学习兴趣，从中选拔优秀学生，以大学生电子竞赛和科研、毕业设计为目标，训练内容循序渐进，逐步深化，不断引导学生进步。相应的实验内容也逐步由单一功能实现向实际综合系统的设计应用方向深入。这一过程可一直延续到学生毕业[5]。

3. 延长竞赛准备时间

从入学开始，对学生进行各种竞赛的宣传，介绍竞赛的内容及参赛水平。感兴趣的同学会主动找老师制订学习计划，利用课余时间提前学习专业知识，同时进行系统的设计与实现，逐渐积累专业知识和经验。有一部分不感兴趣的同学，看到有同学设计实现的电路很有意思，自己也尝试着去做，最终这部分同学的积极性被调动起来，他们的专业水平也得到了提高。竞赛前半年，再有针对性地设计和实现往年的竞赛题目，这个过程，学生会发现自己的不足，丰富电路设计与实现经验，提高了专业技能。有的同学即使竞赛没有取得满意的成绩，但也收获颇丰。

二、与工程应用直接对接，开发低成本便携式实验系统，让实验走出实验室

如果想实现课内实验延伸到课外，关键就要给学生提供一个理想的学习环境和实践平台。为实现与工程应用直接对接，选做实验和课外实验不采用虚拟实验的做法，而建立在实际的硬件平台上。因此本团队教师开发了多种低成本便携式实验系统，给学生提供丰富的实验环境和选择余地。同时提供课外实验用的应用软件和主要元器件等，做好学生的实验后勤。这些实验板的便于携带特点和较全面的功能给学生的学习实践带来了很大的方便，只要有一台计算机，就能够做实验。在计算机十分普及的今天，教室、宿舍、实验室，哪里都有计算机，有的同学还随身携带笔记本，“随时随地”做实验已可现实。具体做法是：

1. 开发具有工程应用背景的多种小型单片机实验/用户板等

在单片机原理和单片机系统设计课中，自主研制了几套具有低成本、便携带、易扩展等特点小型实验板，供给学生选用。实验板使用具有 ISP 功能的 STC 系列芯片设计，芯片性能先进，性价比高。

在电子技术课程设计和综合电子设计等课程中，也相应开发了 CPLD 应用板，数字电压表、数字温度计，点阵字符发生器等具有实用价值和综合设计思想的实验系统。

2. 编写相应的补充开放性实验指导手册

整理、编写与实验系统配套的实验指导手册，结合工程应用实际，精选实验内容，亲自编写例子程序，并逐一在实验系统上调试验证，保证其实用性和正确性。

3. 开发、完善实验环境，满足不同层次需要

根据不同功能和应用环境要求，设计多种功能实验板，满足不同层次需要。比

如非总线结构，总线结构，低工作电压，有 AD、DA 功能，LED 或 LCD 显示等。

开发制作用于实验系统的扩展模块。基于模块化设计的系统，便于扩展功能。如采用串行方式的显示、键盘扩展板，4 位半多路数据采集板，USB 转串口下载线等。

实验平台经常更新，注意采用新技术、新功能的芯片。

4. 鼓励学生动手制作实验系统，提高学习效果

让学生亲自动手制作单片机实验板，完成一系列的编程、下载、调试，实现系统设计，缩短与实际工程应用的差距。

教师提供课外实验用的应用软件和主要硬件材料如印刷板，元器件等。做好学生的实验后勤。学生得到了充分的实践锻炼，培养了一批具有较强实践能力的学生。

三、建立循序渐进的实践类课程体系，培养优秀技术型人才

根据专业特点和人才培养目标，结合实践类课程的特点和教学体会，对本专业实践类课程进行了梳理和整合[6]，建立了含 4 个教学层次的电子信息类实践课程体系：

第一个层次面向刚进校的一年级电子信息类所有学生，主要以“电子工艺实习”“电路原理”为教学内容。内容包括：焊接技能训练，万用表使用，电子元件识别、测量，印制板制作，组装万用充电器，安装调试收音机，常用工具、测量仪器的使用，学会用万用表、信号源、示波器等设备检查、测量简单电路故障等。这一层次主要是培养学生感知认识和亲自动手制作的兴趣，打下扎实的工程实践的基础。

第二个层次是课程实验和技能训练，面向二年级理工科相关专业学生。经过基本技能训练和部分专业基础课程的学习，学生已初步具备了对电路原理的理解和分析能力，因此，在第二阶段主要以电子类基础课程实验教学内容为主，包括“模拟电子技术”“数字电子技术”“电子测量原理”“电子技术课程设计”等课程教学中的基础实验、自主选择实验和综合设计实验等。这一阶段，目的是强化基础实验课所必须掌握的各项训练内容，巩固和加深对理论知识的理解，掌握基本电路的分析方法，培养学生具备完成单元电路实验任务的能力。

第三个层次面向电子类三年级学生，主要以专业课程学习和课程设计为主要内容，开设了“高频电子线路”“单片机原理及接口技术”“EDA 技术”“DSP 技术”“嵌入式系统基础”等课程实验。这一过程中，要求学生能独立完成从设计到制作的全过程，在虚拟和现实的电路中得到实践和锻炼，使学生在前期所获得的感性认识得到加深，达到理论知识的掌握和综合技能的训练，提高学生的动手能力、设计能力、

创新能力，系统掌握电子设计竞赛所需要的知识。

第四个层次是综合电子系统的设计与开发、参与科技活动（各种大赛）、毕业实习和毕业设计，是为了进一步提高学生的实际工作能力，目的是培养学生综合运用所学知识分析和解决实际问题的能力和创新能力。

经过上述实践环节的严格训练，培养出来的学生动手能力强、科研素质高。到现在为止，有相当一部分本科毕业生在相关领域从事电子产品的研发。

四、把学科竞赛纳入人才培养方案课程体系

根据学校人才培养目标，结合教育改革和教学方法改革，把学科竞赛作为培养学生创新能力的抓手融入人才培养中，使学科竞赛贯穿本科学习的全过程。学校在新修订的人才培养方案中规定："经学生自愿申请、院系同意、教务处核准，学生所获辅修课程学分和参加科研训练、学科竞赛等经认定的创新学分，可与通识拓展课程学分相抵，但最多不超过 4 学分，其中创新学分只计学分，不计成绩，不计入学分绩点。"

另外，在学院研究生推免，奖学金评选等环节中，也对竞赛给予了相应的加分政策。

五、提升教师教学与科研水平

学科竞赛是与教学紧密联系的，竞赛的主体是学生，指导者却是教师。教师通过辅导学生参对赛，认识到实践教学对培养学生创新能力的重要性，在今后的教学中加强实践教学环节。为了适应竞赛，教师不断参加各种学术交流和培训，更新自己的专业知识，加强自身的专业实践能力。在指导竞赛的过程中，不断完善提升自己。

六、竞赛仪器设备及耗材统一管理

利用每年各类专项经费，不断添加竞赛用仪器设备，并建立了竞赛所用耗材的元器件库，有专门老师负责管理，为学科竞赛提供有力保障。

七、结论

依托学科竞赛，紧密结合当前形势和社会需求，通过强化学生专业意识，改进实践课程教学方法和手段，延长竞赛准备时间等方法提升大学生专业水平；通过自

制多种低成本便携式实验系统，丰富教学内容，让实验走出实验室等手段培养学生的实际动手和工程应用能力；通过把学科竞赛纳入人才培养方案课程体系，明确培养方向和内容，建立循序渐进的实践类课程体系，培养优秀技术型人才；通过提升教师教学与科研水平、统一管理竞赛仪器设备及耗材等措施为学科竞赛提供有力保障。最终达到提升大学生实践创新能力的目标。

参考文献：

[1]陶剑飞，梁军．以学科竞赛为抓手，提升大学生创新创业能力[J]．高教论坛，2016，12(12)：40—42.

[2]刘丽，朱晓林，马晓琳．以学科竞赛促进大学生的创新创业能力提升[J]．辽宁科技大学学报，2014，37(2)：180—183.

[3]张清祥．搭建学科竞赛平台 提高学科竞赛水平[J]．南阳师范学院学报，2011，10(8)：109—111.

[4]林桂娟，罗洁思．浅谈学科竞赛培养学生的创新创业能力[J]．中国电力教育，2014(2)：33—34.

[5]刘一华．依托科技竞赛培养大学生创新能力[J]．牡丹江医学院学报，2016，37(2)：157—160.

[6]李淑芝，兰红，杨书新．以学科竞赛为依托强化信息类学生创新能力的探索与实践[J]．江西理工大学学报，2013，34(2)：70—72.

U-D 合作背景下中学教师脱产培训需求分析*

岳欣云[①] 吕雪迪 卢增光

一、问题的提出

为了全面提高教师队伍素质，提高教师实施新课程的能力，加快门头沟区教育发展的步伐，建设京城西部教育高地，门头沟区教委决定实施“门头沟区初中学科教师脱产轮训项目规划”，计划用七年时间，对全区教师进行分批次的脱岗培训。2015 年，门头沟区政府、区教委与首都师范大学、首都教育发展协同创新中心深度合作，拟定了“首师大—门头沟 U-D 合作，初中学科教师脱产轮岗培训项目行动方案”，并于 2015 年 9 月正式启动了第一期脱产培训。

作为第一期 U-D 合作农村初中学科教师脱产轮岗培训项目，如何使教师培训符合教师的发展需要，成为我们研究的首要内容。为此，我们需要先做培训者需求分析，并在此基础上设计“首师大—门头沟 U-D 合作教师培训方案”，以提高教师培训的有效性。

二、研究设计

(一)理论框架与研究工具编制

围绕教师培训的构成因素，我们从培训动机、培训目标、培训类型、培训方式、培训内容以及授课教师六个方面，编制了《中学教师培训需求调查问卷》，同时，通过两次小规模预调研和访谈，又修订和完善了该调查问卷。

(二)样本选择与基本特征

该问卷调查对象为 2015 年 9 月到 2016 年 7 月参加 U-D 合作脱产培训的所有中学教师，共发放问卷 35 份，回收有效问卷 34 份，回收率为 97%。此外，我们还对

* 本文是北京市社会科学基金一般项目“北京市 U-D 合作教师脱产培训有效性提升研究”的阶段性成果，项目编号：15JDJYB008。

① 岳欣云，女，首都师范大学教育学院，副教授。

参加问卷统计的部分教师进行了半结构化访谈，问卷调查结果的原因分析多来自教师访谈。

有效问卷中的中学教师基本特征如下所示：男教师 14 人，占 41%，女教师 20 人，占 59%；31 位教师拥有本科学历，占 91%，2 人拥有研究生学历，占 6%，1 人拥有专科学历，占 3%；其中中学高级教师 2 人，占 6%，中学一级教师 21 人，占 62%，中学二级教师 11 人，占 62%；教龄在 5—10 年的教师 4 人，占 12%，教龄 10—20 年的教师 26 人，占 79%，教龄 20 年以上的教师 3 人，占 9%；在任教学科方面，计算机、历史教师各 1 人，各占 3.5%，体育、物理教师各 5 人，各占 16%，英语、音乐教师各 2 人，各占 7%，数学教师 3 人，占 10%，化学教师 4 人，占 14%，语文教师 8 人，占 26%。

三、研究结果

(一)中学教师参加培训的动机

中学教师参加培训的动机影响着教师学习的积极性，从而影响着教师培训的效果。自我发展动机强烈的教师会从教师培训中获得更多的收获，缺乏自我发展动机的教师则会把培训当作是外在的负担或逃避教学任务的机会。调查表明(见图 1)，仅有 10%的中学教师是以自我发展和能力提升为主要培训动机，33%的中学教师怀着既想调整，又想提升自我的心态，20%的中学教师的参训动机是上课太累借机调整，37%的教师是因为上级要求参加培训、不得不来。整体看来，以自我发展为培训动机的中学教师占比偏低，教师培训动机有待提升。

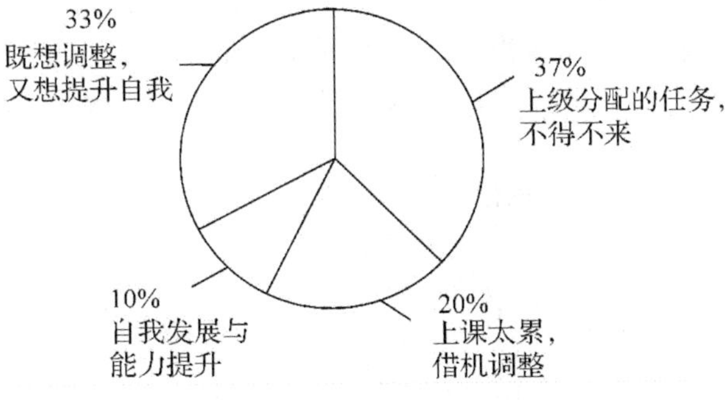

图 1　中学教师参加培训的动机

(二)中学教师的培训目标需求

教师培训目标是教师希望通过培训获得的结果。图 2 表明，有 48%的中学教师希望通过教师培训提升教学技能，20%的中学教师希望通过培训学习前沿理论，25%的中学教师希望通过培训提升研究能力，7%的中学教师没有明确的培训目标，对培训持无所谓的态度。由于中学教师的评价主要以课堂教学为主，所以很多教师更注重实用性的教学技能培训，对理论学习和研究能力提升的需求则占次要地位。

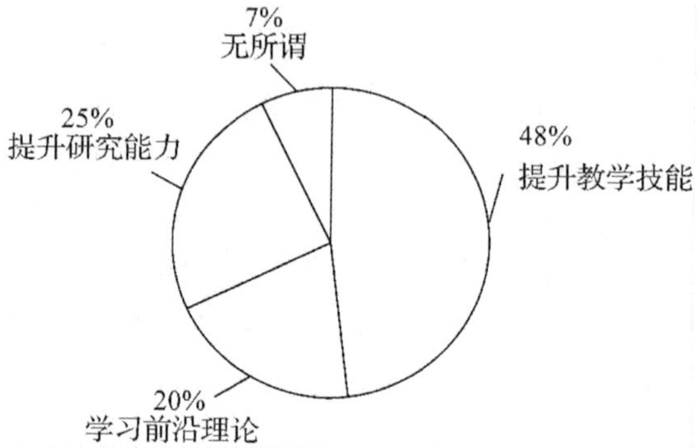

图 2　中学教师培训目标需求

（三）中学教师的培训类型需求

通过调查发现（见图 3），中学教师对培训类型的需求为：40％的中学教师喜欢专家讲座，33％的中学教师喜欢跟岗实践（跟随一线优秀教师观摩学习），15％的中学教师喜欢磨课研讨（大学教师与学员一起备课，并对其讲课进行点评），12％的中学教师喜欢教育研究写作指导。喜欢磨课研讨的教师人数较少，一是因为只有少数教师能够得到大学教师较多的专业指导，并有上公开课亮相的机会，大多数教师如果不报名参加公开课就会得到的指导较少，在这方面提高也会较少。同时，大学教师的教育观念与中学教师存在较大差距，大学教师的教育观念偏理想化，关注学生素质的整体培养，中学教师的教育观念偏现实化，认为提高升学率的教学方法才是最实用的方法。喜欢教育研究写作指导的教师人数最少，这主要是因为教师已经习惯了日复一日的教学工作，鲜有反思和深入思考，要让他们参与较为学术性的研究

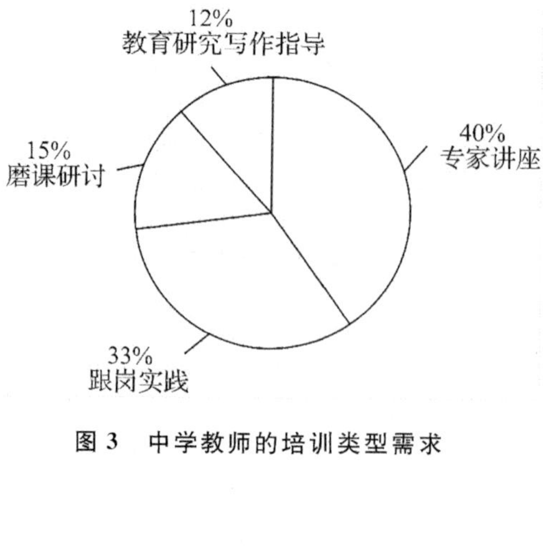

图 3　中学教师的培训类型需求

存在一定困难。再加上多数教师初始学历较低，本科学历多为自考或成人考试，学术基础并不很牢固。同时教师在学校的考评以教学为主，研究并没有得到学校的重视，教师也没有认识到教学与研究的内在联系。

(四)培训方式需求

对于培训方式的需求，12％的教师喜欢理论讲授，39％的教师喜欢案例分析，8％的教师喜欢小组合作、讨论交流，20％的教师喜欢实地教学观摩，21％的教师喜欢边学边研。可见教师最喜欢的培训方式是案例分析，最不喜欢的培训方式是小组合作、讨论交流。主要原因是合作讨论容易停留在经验层面，泛泛而谈。

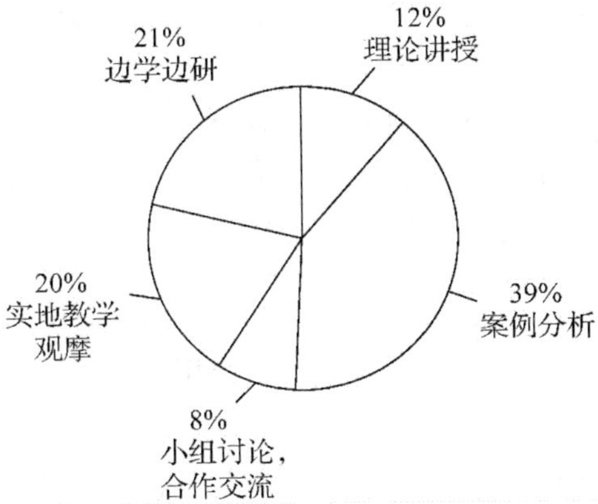

图 4　中学教师的培训方式需求

(五)培训内容需求

在培训内容方面，图 5 表明，28％的中学教师需要教育理念的培训，22％的中学教师需要教学方法的培训，3％的中学教师需要教师发展的培训，26％的中学教

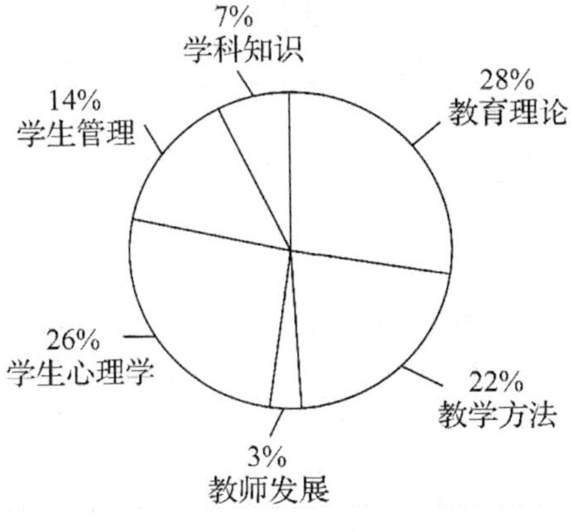

图 5　中学教师的培训内容需求

师需要学习心理学的培训，14%的教师需要学习学生管理方面的培训，7%的教师需要有关学科知识的培训。教师对教育理念、教学方法、学生心理学方面的需求最多，因为这与他们的教学工作联系最为密切。对学科知识需求较少，他们觉得自己的学科知识能够驾驭中学教学，没有认识到深厚的学科素养对教学高屋建瓴的作用。对教师发展理论需求最少，主要是因为教师发展理论比较空洞。

（六）培训教师需求

对于培训教师的需求（见图6），18%的中学教师希望高校教育理论教师作为培训教师，28%的中学教师希望高校学科教学论教师作为培训教师，5%的中学教师希望教研员作为培训教师，49%的中学教师希望一线有经验教师作为培训教师。可见，中学教师最喜欢的培训教师是一线有经验的名师和高校学科教学论教师，高校教育理论教师比较不受欢迎，教研员最不受欢迎。主要原因是高校教育理论教师喜欢讲比较抽象的教育观念，与中学教师的教学实践距离较远。不喜欢教研员作为培训教师的原因是教研员转变为研修员后，每星期都对中学教师进行校本培训，无形中加重了中学教师的负担，从而使他们产生了厌倦。

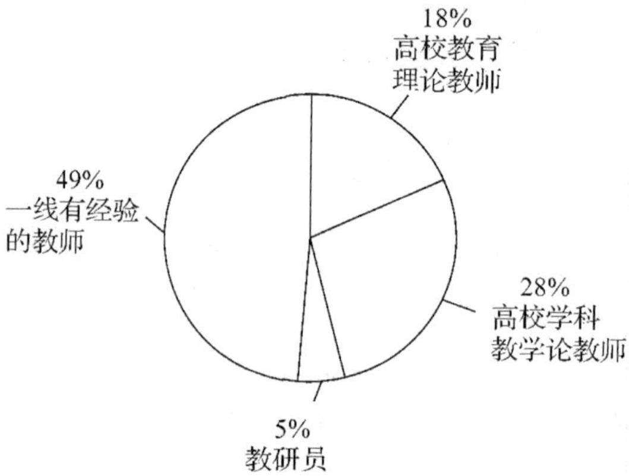

图6　授课教师的需求

四、研究结论

教师培训主要是为了促进教师的专业发展，如果教师参与培训的动机不是教师专业发展，而是外在的什么动机，这必然会影响教师培训的效果。整体来看，教师参与培训的积极性不高，多数教师是因为上级要求或借机调整休息才参与这次培训的。

中学教师更关注操作性强的实用技能培训，如学科教学论以及教育心理学方面的培训，而对教育基本理论的需求偏低。

中学教师喜欢的培训类型主要是专家讲座和跟岗实践，对专家讲座方式的需求是以案例分析为主。

中学教师最喜欢的培训专家主要是一线有经验教师和高校学科教学论专家，不太喜欢高校教育理论教师与教研员作为培训教师。

五、讨论与建议

（一）依据教师培训需求设计教师培训方案

1968年，波士顿大学教育学教授马科姆·诺尔斯（Malcolm Knowles）首先提出了成人教育与青少年教育的不同，认为成人学生具有如下特征：①具有独立的自我概念，能够指导自己的学习；②积累了丰富的生活经验，这些经验是其后继学习的资源；③具有学习需要，这些需要与改变自我的社会角色密切相关；④以问题为中心，希望能立即运用自己所学的知识；⑤学习为内在动机所驱动，而非外在因素。[1]因此，成人学习具有很强的自我指导性，他们对学习资源的选择性和判断性更独立，更多是依照自己的实际需要以及社会角色的改变来选择学习内容，并希望学到的内容能在实际应用和社会角色改变上起到立竿见影的作用，这使成人学习少了一些理想主义气息，多了一分实用主义味道。因此，教师培训方案设计应该关照教师的培训需求，培训内容要联系教师的工作实际，培训方式应尽量符合教师的学习特点。只有这样，培训内容才能真正为教师所接受，培训效果才能得到提高。

（二）处理好教师培训的实然需求与应然要求之间的矛盾

同时，我们在制定教师培训方案时既要关照又不能够完全依照教师的实然需求来设计培训方案。由以上的需求调查不难发现，教师的培训需求具有实用主义特点，与教师发展理论、教育政策所提出的应然要求之间还存在一定差距，他们多关注能够改进自己教学实践、具有较强应用性的知识，甚至首选的培训教师也是一线优秀教师。这类应用性强的培训会对教师教学发展起到立竿见影的作用，促进教师教学知识、技能的转变，但却很难使教师的教育观念、信念系统发生深层改变，无法产生转化学习。转化学习（Transformative Learning）理论最早由美国成人教育学家杰克·麦基罗（Jack Mezirow）提出。转化学习是指人们对已有的意义结构进行完全改变，从而建立新的，更具开放性、包容性、区辨性的意义结构，并以此来指导个人行为的学习方式。[2]转化学习不仅是技能、知识的改造与积累，更主要是信念系统、价值观念的改变，是质变而不是量变的学习。恰是教师需求较低的教育基本理论、教育哲学理论才能够给教师提供一个反思、批判自己已有意义结构的参照系，使教师从原有意义观点中解放出来，建立新的意义结构，实现自我认识与信念系统的转化。而这些却是教师需求较强的应用性理论做不到的。因此，教育基本理论的相关培训也是不可或缺的。

（三）教师脱产培训需增加实践学习的机会

校本培训有利于教师在行动中学习反思，但容易增加教师的工作负担，同时也有可能使教师局限于经验之中，影响教师理论水平的提高。U-D合作脱产培训的优点是时间比较宽裕，不必占用教师周末与假期时间，不会成为教师日常工作之外的额外负担，这有利于教师以饱满的精神、轻松的心态，全身心地投入到学习培训中来。同时U-D合作脱产培训的专家资源比较丰富，在提升教师的理论素养、扩大教师的知识面，拓宽教师的眼界，提升他们的思考力与反思意识方面具有较大优势。同时，也易于出现理论性过强、实践结合不足的缺点。因此，U-D合作教师脱产培训方案的设计，除了需在教学内容选择、教学方法采用方面增强实践性以外，还要增加培训教师进入优秀中学跟随一线名师观摩学习的机会，并注意将中学观摩学习与大学理论学习有机结合起来。

参考文献：

[1] 王海东. 美国当代成人学习理论述评[J]. 中国成人教育，2007(1).

[2] 蒋华，李盛聪. 转化学习理论及其对我国成人远程教育的启示[J]. 电化教育研究，2011(12).

创业教育对大学生创业能力的影响研究

于　阳[①]　张建林　张　媛　王瑞梅

在过去的三十年里，企业家精神作为经济发展的力量，吸引了政府、行业和个人的关注。这推动了关于如何增加创业活动的持续讨论，以促进高等教育在创造更多更好的企业家中的作用已成为研究热点。党的十七大提出“提高自主创新能力，建设创新型国家”和“促进以创业带动就业”的发展战略。2015 年李克强总理在政府工作报告中也提出“大众创业，万众创新”。在论及创业创新文化时，强调“让人们在创造财富的过程中，更好地实现精神追求和自身价值”。为响应政府的号召，越来越多的大学生开启了创新之路，以证明自己，实现自身的价值。本文通过对大学生创新能力进行调查，识别影响创业能力的主要因素，以便形成适合新时期的大学生创业教育理念。

一、创业能力的内涵

国内外学者针对个体创业能力展开大量理论分析与实践研究，但是关于创业能力的概念尚未统一，关于创业能力概念内涵存在差异。Man，T. W. Y 认为，创业能力是创业者拥有的关键技能和隐性知识，是个体拥有的一种智力资本，它作为高层次的特征，其中包含个性、技能和知识，被视为创业者能成功履行职责的整体能力。Chandler 指出，创业能力是一个非常复杂、多维度的概念。在现有的心理学、战略管理和创业研究当中，普遍采用自我效能或自我评估的方法来测度能力概念。毛家瑞指出：“创业能力是指用自己的智慧将自己或他人的想法转化为相应的经济价值，社会产品和现实生产力的能力，转化的过程中可以获得个人知识的增长和能力的提升。”

综合各学者对创业能力的定义，本文认为创业能力是指劳动者为了实现自己的创意而从事承担一定风险的活动应具备的素质和本领，具体包括以下几个方面：

1. 成就需要：一个成功的企业家在追求适当和成功的过程中对成就的需求很

---

① 于阳，女，首都师范大学管理学院，副教授。

高的竞争表现。如有必要，他们会以专业目标为基础建立自己的公司。他们设定了一个高目标水平，并努力实现它。

2. 自治需要：自治需要通常是某人选择创业的潜意识的原因。在这种能力上得分高的企业家，反映了独立决策能力，并通过自己的努力使所有活动成功结束。

3. 权力需要：权力需要是控制他人，影响他们行为的必要条件。在这种能力上得分高的企业家表明他们知道自己想要什么以及如何做到影响他人实现目标。

4. 社会导向：社会取向反映了与其他人联系的理解。他们轻松实现这些联系，并由专业人士推动社会活动的考虑因素。他们定义社会需求并排设置并关注他们的需求商业。

5. 自我效能感：自我效能反映了对自我能力的信心，比如自信心。成功的创业通常确保他们能够带来任何活动以取得圆满成功。而且，他们觉得他们可以控制自己的成功，这不依赖于他人。

6. 耐力：成功的企业家具有很高的耐久性，他需要能够在面对挫折时继续坚持。

7. 冒险倾向：承担风险的倾向反映了处理不确定性和承担风险的意愿的能力。这是成功企业家的重要能力。

8. 市场意识：市场意识是能够发现客户(潜在)的需求。成功吸引特定目标群体特定需求的企业家有能力根据他们对需求的意识来预测市场的变化。

9. 创造力：创造力是从不同的角度采用观点然后看到并尝试新的开放可能性的能力。此外，创造力反映了将问题转化为新机遇。它是成功创业的重要基础。

二、创业能力的制约因素

创业能力受到社会、文化、环境、人口和经济等多因素的综合影响。由于资源和经验有限，许多大学生在创业时面临着比年龄较大的群体更大的障碍。创业的年轻毕业生主要是出于对独立性和灵活性的需求，而不是职业稳定性或财富。影响大学生创业能力的因素包括内在和外在两个方面。内在因素包括个人特征以及财务和运营管理方面。个人技能，如创造力、承担适当风险的能力和有效的时间管理往往会影响企业的成功或失败；外在因素包括环境特征，如高利率、税收和政府法规。具体可以分为个人、组织和环境等三类。

(一)个人因素

1. 家庭：家庭在培养大学生创业信心、创造新思想和影响职业道路方面发挥重要作用。父母会通过他们的态度、情感、创业经历影响大学生创业的意愿。拥有家族企业的家庭，其子女创业的比例较高。

2. 教育：创业教育旨在培养创业思维，态度和技能的活动，涵盖创意、启动、成长和创新等方面。创业教育不仅对发展创业和自营职业具有重要意义，而且对于培养管理不确定的自营职业环境所必需的态度和特征的大学生也很重要。大学生不能再期望找到传统的终身职业，取而代之的是自由职业和创业等多种形式。

(二)组织因素

1. 融资：吸引和提供资金创办小企业是大多数大学生创业的主要障碍。缺乏足够的资金启动对于试图创建自己企业的年轻人来说是最重要的因素之一。获得资金对于所有人实现其业务目标都很重要，特别是初创企业。企业家需要内部(如家庭)和外部(如风险资本)资金，以降低风险并在商业世界中成长。在大多数情况下，年轻人难以获得贷款，因为银行的风险更高。

2. 物质资源：生产产品和提供服务所必需的有形资产。

3. 营销：新公司面临缺乏客户的问题。

(三)环境因素

1. 社会文化因素：价值观和社会行为规范塑造了管理行为和发展，鼓励创新的文化和更有利的创业环境促进了大学生创业的行为。

2. 规则和法规：劳动法和现行国家法规的某些限制可能会对创业的发展造成一些障碍。直接援助和支持计划不仅可以最大限度地减少这些因素的影响，还可以为个人创造更好的经济机会，同时也支持当地的经济发展。

三、大学生创业能力的调查分析

通过对首都师范大学管理学院本科生进行问卷调查，并对调查结果进行数据分析，从而识别出大学生创业能力的主要影响因素。本文采用的调查问卷一共包括了三个部分：第一部分是被调查对象的基本信息；第二部分是大学生创业能力量表矩阵，包括组织管理、机会发掘和资源整合等多维的创业能力指标；第三部分包括了个体、家庭、学校和社会等多个影响因素。本次调查收回的有效问卷共计 210 份，其中有效回收率 82%。所回收的问卷数据通过 SPSS11 进行数据处理与分析。

(一)信度分析

根据本次回收问卷数据，对大学生创业能力影响因子进行信度分析如表 1 所示，Cronbach's α 等于 0.856，大于 0.6，可以认为各变量一致性较高，表明问卷信度较好。

(二)效度分析

基于最大方差分析法，通过 KMO 准则与 Bartlett 检验标准实现碎石图阶梯分析如表 2 所示，得到统计量等于 0.779，0.779>0.7，因此可以说明不同变量之间

表 1 Cronbach's 系数

可靠性统计量	
Cronbach's Alpha	项数
0.857	62

表 2 KMO 测度

KMO 和 Bartlett 的检验		
取样足够度的 Kaiser-Meyer-Olkin 度量		0.779
Bartlett 的球形度检验	近似卡方	8500.603
	df	2850
	Sig.	0.000

信息具有一定相关性。Bartlett 概率为 0，即代表回收问卷的数据有很强相关性，适合进行因子分析。

对影响大学生创业能力的影响因素进行因子分析，采用主成分提取法，基于 Kaiser 标准化正交旋转发，并且通过六次迭代实现收敛，因此得到大学生创业能力影响因素的旋转成分矩阵如表 3 所示。

表 3 大学生创业能力影响因素旋转成分矩阵

创业能力影响因素	成分				
	A	B	C	D	E
市场环境	0.170	0.020	0.751	0.159	0.292
政策制定	−0.219	0.068	0.255	0.095	0.715
家庭背景	0.149	0.374	0.722	0.004	0.049
父亲文化程度	0.69	0.008	0.726	0.270	0.324
家庭亲密性	0.47	0.872	0.067	0.050	0.161
创业课程设置	0.671	−0.131	0.304	0.133	0.062
创业师资	0.044	0.412	−0.010	0.730	0.074
创业实践平台	0.218	0.102	0.086	0.224	0.731
创新思维	0.181	0.005	0.842	0.089	0.315
专业知识	0.070	0.361	0.295	0.050	−0.051
通识知识	0.452	−0.139	0.247	0.146	0.098

(三)大学生创业能力与影响因素间的关系分析

各因素与大学生创业能力的相关性分析结果如表 4 所示。通过该表可以看出，个人、家庭、学校和社会等多重因素均对大学生创业能力产生显著性影响，显著度达到 0.01。

表 4　大学生创业能力与影响因素相关性分析

		创业能力	个人因素	社会因素	学习情况	家庭情况
创业能力	Pearson 相关性	1	0.290**	0.317**	0.211**	0.266**
	显著性(双侧)		0.000	0.000	0.003	0.000
	N	192	192	192	192	192
个人因素	Pearson 相关性	0.290**	1	0.326**	0.223**	0.052
	显著性(双侧)	0.000		0.000	0.002	0.477
	N	192	192	192	192	192
社会因素	Pearson 相关性	0.317**	0.326**	1	0.421**	0.171*
	显著性(双侧)	0.000	0.000		0.000	0.018
	N	192	192	192	192	192
学习情况	Pearson 相关性	0.211**	0.223**	0.421**	1	0.260**
	显著性(双侧)	0.003	0.002	0.000		0.000
	N	192	192	192	192	192
家庭情况	Pearson 相关性	0.266**	0.052	0.171*	0.260**	1
	显著性(双侧)	0.000	0.477	0.018	0.000	
	N	192	192	192	192	192

**. 在 0.01 水平(双侧)上显著相关

*. 在 0.05 水平(双侧)上显著相关

使用多元回归方法进一步分析高校创业教育对大学生创业能力的影响，结果见表 5。由于创业师资及创业实践平台两自变量的显著性为 0.000，表明学校的创业教育对大学生创业能力有显著影响。

四、主要结论

本文通过均值分析法，对受访大学生创业能力做出分析，研究发现受访者创业能力相对较弱，对创业能力水平存在差异的因素主要在于家庭因素和学校因素。由于家庭环境、学校创业环境以及自身能力等多重因素影响，高校应该通过多样化、重实践的创业教育，对大学生进行创业培训，从而增强其自身创业能力和引导学生成功创业。

表 5　创业教育对大学生创业能力影响的多元回归结果

自变量	非标准化系数		标准系数	t	Sig.
	B	标准误差			
	创业能力	个人因素	社会因素	学习情况	家庭情况
常量	4.965	0.219		22.691	0.000
创业课程	−0.019	0.037	−0.036	−0.503	0.616
创业师资	0.268	0.047	0.438	5.718	0.000
创业实践平台	0.178	0.044	0.299	4.079	0.000

参考文献：

[1]高桂娟，苏洋．学校教育与大学生创业能力的关系研究[J]．复旦教育论坛，2014(1)：24—30.

[2]Theresa，Lau.，Chan，K. F.．The compe tiveness of small and medium enterprises：A conceptualiza tion with focus on entrepreneurial competencies [J]．Journal of Business Venturing，2002(17)：123—142.

[3]Chandler，G. N. and Jansen，E. J. Founder's self-assessed competence and venture performance [J]．Journal of Business Venturing，1992，7(3)：223—236.

[4]毛家瑞，彭钢，陈敬朴．创业教育的目标、课程及评价[J]．教育评论，1992(1)：26—30.

[5]唐靖，姜彦福．创业能力概念的理论构建及实证检验[J]．科学学与科学技术管理，2008(8)：52—57.

工科大学生创新实践能力培养探索*

苏　波[①]　何敬锁　张盛博　赵源萌　冯立春　陶　宁

高等教育的任务是培养具有创新精神和实践能力的高级专门人才，发展科学技术文化，促进社会主义现代化建设[1-2]。所以，大学生创新实践能力的培养不仅是高等教育的主要目标，同时也是时代赋予高校的重要使命[3-4]。工科大学生作为“卓越工程师教育培养计划”的主要实施对象，必然成为重要的人才储备[5]。然而在大学生的培养过程中，由于学校、学生、社会等多方面的因素，也存在着一些不容忽视的问题：(1)重教师的讲授，轻学生的探索；(2) 重书本知识传授，轻实践能力培养[6]；(3) 重间接知识的学习，轻直接经验的获得；(4)重考试成绩，轻整体素质的提高等。学生中普遍存在“厌学情绪”和不知“学有何用”的问题，其结果是具有创新能力的人才太少，能踏踏实实动手创新的人更少。为了培养工科大学生创新实践能力，首都师范大学通过以下五个方面进行了实践，取得了很好的效果。

一、建立了本科生校内工科实训基地

2011 年，首都师范大学本科生校内工科实训基地在物理系创办，自此，实训基地以各种创新实践活动形式吸引了大量在校学生，在实训基地的组织下，结合创新实践训练项目，构成了涵盖物理应用技能、光、电、计算机等技术的创新能力培养体系，学生在专业基础、动手能力、创新思维、科学素养等方面得到了全面提升。学生们可以根据自己的兴趣、特长和时间进入实训基地开展创新实践活动。实训基地建设至今，先后启动并资助了实训项目 85 项，接受实训的学生人数近 300 人。实训基地为每个实训项目配备 1 名指导教师，从科研方法、实验技能、科研写作等几方面对学生进行指导，从而提升学生理论联系实际能力、实践创新能力和思维能力。实训项目实行过程跟踪管理，定期与学生反馈交流，提高实训效果，保证实训质量。

---

* 本文系首都师范大学 2017 年在线课程资助项目“电磁场与电磁波”。

① 苏波，男，首都师范大学物理系，副教授。

二、组建了 LabVIEW 学生俱乐部

LabVIEW 学生俱乐部极大地丰富了学生课外科技实践、创新活动，形成了课堂教学与课外学习相结合、程序设计与测控实践相结合、传统教学与现代化技术应用相结合的教学模式。虚拟仪器技术丰富了物理实验教学中心的教学内涵，使学生可以针对具体的测试测量和自动控制课题，系统地设计完成一些研究任务，从而提高学生的自主开发、设计创新和动手能力。目前，已开发出实验项目 16 项，形成了一个重要的实践性教学环节，受到了同学们的一致好评。

三、采用多层次培养模式培养学生的实践能力

（一）积极参加各类科研项目

近五年来，物理系平均每年承担实验室开放基金 30 项、大学生科学研究与创业行动项目 15 项、工科实训基地 20 项，每年参与学生约 150 人。在这些项目经费的支持下，学生利用实验中心的实验条件进行科学研究，尝试科学研究的思路、方法和过程，取得了显著的成果。

（二）冲击高水平竞赛

学科竞赛是培养学生综合素质与实践创新能力的重要途径，有利于促进学风的改善。组织参与各类科技活动、学科专业竞赛，培养他们扎实的动手能力与科技创新素质。积极参加各类高水平赛事活动，如“挑战杯”课外学术科技作品竞赛、“挑战杯”创业大赛、虚拟仪器上设计大赛、全国大学生光电设计大赛等。取得的成绩如下：第十二届全国大学生“挑战杯”课外科技竞赛一等奖，第六、第八届北京市大学生“挑战杯”课外学术科技作品竞赛特等奖，第三届全国虚拟仪器大赛一等奖等。

（三）开设探究性实验

为了培养创新型和实用型人才，物理实验教学中心特别为大三学生开设探究型选修实验，要求学生在教师的指导下研究和开发实验室目前没有的新题目。在探究型实验中，学生可以利用所学的专业基础知识和实验技能，自己剖析实验课题，搜集资料，设计方案，选配仪器，调试测量，完成实验，分析结果，独立完成实验论文或器件制作。部分同学在教师的指导下获得了可喜的创新性成果，例如成功研制了小型光电系统——电子向日葵和音频信号的红外光传输实验系统等。

四、开展科研训练活动

（一）学生自主活动

为了鼓励学生的探索热情，物理系为有兴趣的学生提供课外创新实践活动的空间。依托演示实验室，开辟了近100平方米的“学生创新实践天地”，为学生提供相关软硬件条件支持，专门用于学生动手实践活动。该活动场所向学生实现全时空开放，学生自主活动、自主管理。目前，已经配备了常用的金工、电工工具、仪器和元器件，再结合利用科研实验室的光学平台，提供必要指导和特殊实验支持。学生以此为依托，组建各种形式的活动小组，如电子兴趣小组、虚拟仪器俱乐部等，开展各种形式的科研训练活动。

（二）教师指导学生开展科研项目的研究

物理系学生开展科研创新活动主要来源于学校资助的课题和教师的科研项目。一直以来，物理系积极鼓励学生积极申报、开展此类活动，同时，让学生积极参与到教师的科研项目中来，使他们受到初步的科研能力的训练。

（三）走出学校，开拓专业视野

为扩大学生视野，积极探索与企业的社会合作模式，本着互惠互利、合作共赢的原则，深入到企业学习、请教，然后在深入了解企业所需和学校现状的基础上，挖掘自身潜力，创新教学方式方法，采用多种形式创建教学科研实训基地[7]。现与首都师范大学物理系签署了正式合作协议的公司有：大恒新纪元科技股份有限公司、美国国家仪器公司、清华博识教育等。合作内容包括：学生实践能力的联合培养、项目资金的支持、资源共享等。

五、定期举行专题报告会

通过积极开展“科普开放日”活动、科技论文报告会等活动，学生从中学习更多的科技知识，进而提升专业技能[8]。代表性的专家报告有：大恒集团副董事长宋菲君的《光电企业对光学工程师要求的关键问题》、北京邮电大学肖井华教授的《充分开放专业实验室，提高学生创新能力》和《实训教学与实训基地建设相结合的研究——北邮经验》、清华大学薛其坤院士《我的研究生生涯》、美国麻省理工学院胡清教授的《量子级联 THz 激光》。这些专题报告，针对性强，激发了学生的训练热情和投入，同时也提高了教师的工作积极性，开拓了师生的研究视野。

参考文献：

[1]张学洪．大学生课外科技活动与创新人才培养[J]．高校教育管理，2012，6(6)：80－83.

[2]顾秉林，王大中，汪劲松，等. 创新性实践教育——基于高水平学科建设的创新人才培养之路[J]. 清华大学教育研究，2010，31(1)：1－5.
[3]吴凤娇，把多铎，许景辉，等. 高校大学生创新能力培养的审视与思考[J]. 中国电力管理，2013(25)：42－44.
[4]冯晓红. 工科大学生创新实践能力的培养[J]. 科技视界，2016(3)：30.
[5]刘文宏，杨保俊，于炯. 大学生创新实践能力的培养与创新网站建设[J]. 实验技术与管理，2011，28(4)：128－129.
[6]陈中. 理工科大学生创新实践能力培养的路径探究[J]. 教育理论与实践，2016，36(15)：24－26.
[7]杨青山，吴耀光. 院系级大学生创新实践能力的培养[J]. 广西民族师范学院学报，2010，27(4)：103－105.
[8]王伟，李忠文，周细应. 浅谈工科大学生创新实践能力的培养——以教师指导学生参加创新实验为例[J]. 教改教法，2014(4)：64－65.

教研一体化理念下学前教育专业学生科研能力的调查研究

钱国英[①]

一、引言

自20世纪80年代，教育领域的学者提倡教师专业化以来，美国、英国等学前教育走得较早的国家已积累了一定的经验，形成了一定特色，他们极其重视幼儿园教师专业理论素养的培养，教师教育能力、观察能力和研究能力的培养；而我国重视说、唱、画、跳等技能的培养，加之幼儿园的工作比较烦琐而具体，导致了许多教师存在思维的惰性，喜欢模仿，不善于研究。在忙碌中较少地进行反思和研究，因而专业化水平相对较低。近几年国内学术界呼吁要培养专业化的幼儿园教师，要重点培养幼儿园教师的教研素养，而纸上谈兵的多，实际去做的屈指可数，学者们提出了很多理论设想，但是这些理论空而泛，让教学工作者抓不到其精髓，也无从入手去进行实际的操作；[1—4]同时，目前与幼儿教育相关的杂志上也出现了大量的纯研究型的文章，它们对于一线的幼儿教育工作者来说是很生涩、抽象的。

为促进幼儿园教师专业发展，建设高素质幼儿园教师队伍，根据《中华人民共和国教师法》，教育部2012年颁布出台了《幼儿园教师专业标准(试行)》([2012]1号文件)里面基本理念的其中一条是以能力为重，提及"把学前教育理论与保教实践相结合，突出保教实践能力；研究幼儿，遵循幼儿成长规律，提升保教工作专业化水平；坚持实践、反思、再实践、再反思，不断提高专业能力"。表明了国家对幼儿教师科研能力的高度重视。

一方面响应教育部的号召，另一方面为了解决当前存有的教研脱离问题(纯书本、纯理论、纯研究)，在理念上，我们主张从自然主义的生态学视角，将教研一体化，进行以教为本的研究，同时以研促教，关注实际问题，关注幼儿园教师教研能力的提升。基于此，在职前学前教育专业学生的培养上，以理论学习为基础，学习学前教育研究方法，学会如何选题、查阅文献，掌握各种量化和质化方法，用它

① 钱国英，女，首都师范大学学前教育学院，副教授，主要从事学前教育儿童发展与教育研究。

们设计研究方案、并实施，收集和分析数据和资料，撰写成文。通过学院科研平台，导师根据自己的研究领域和课题，个别或集体指导学生进行科学研究和教育实践研究；或引导学生在幼儿园全实践活动(每周半天的幼儿园教学)和实习的教育教学活动中发现问题，运用已有的理论知识去解决问题，提升学生的科研能力。支持他们多做研究，在研究中将选题立足于全实践或实习教学活动或者学习实践，并将研究成果应用到实践中，以提升学前教育专业学生的教研能力。为了检验效果，我们有必要对学前教育专业学生的科研能力进行调查。

本文自编了学前教育专业学生的科研能力问卷，首先需要确定什么是科研能力，其表现内容有哪些。许多学者对科研能力的概念进行过界定，我们可以认为科研能力是人们在开展科学研究活动时，运用科学方法探求事物的本质和规律的过程中所表现出来的本领[5]。但是学者对其包含的内容所持不同的观点，有学者认为大学生科研能力包括学习能力、科研实践能力和科研创新能力[6]。有学者认为科研能力包括观察判断能力、分析思考能力、实际动手能力、预测预防能力、思维创新能力[7]。或者科研能力主要表现为自学能力(良好的学习态度、坚强的意志、正确的自学方法、制定合理的自学目标和计划的能力、坚持锲而不舍与灵活性相结合的自学策略和能力等)，获取信息能力(较强的信息意识、熟练掌握信息工具和获取信息的方法、科学地处理信息的能力、抵御信息垃圾的能力)、创新能力(独立思考、能够提出见解、善于解决新问题)，实践动手能力等[5]。

另有学者认为大学生科研能力包括科研意识和认识程度(重视、信心、兴趣和经历等)，参与科研活动的程度(具体参加的科研活动，如竞赛、调研、实验等，成果情况，如发表论文、文学作品，参编或主编书籍；成果的被利用、开发情况)，参加科研活动的影响因素(学校、学科、制度、氛围等)[8]。或包含创新能力、逻辑推理能力、资料收集与处理能力、实践(动手)能力和语言表达能力[9—10]。

我们根据学前教育专业的实际情况，参考并整合上述观点，认为科研能力包括科研意识、学习能力、科研实践能力和科研创新能力，每一方面具体涉及的内容见下文。

二、研究方法

(一)被试

随机抽取某高校学前教育专业本科生535人，分别来自大学一年级、二年级、三年级和四年级；发放问卷535份，收到有效问卷515份。

(二)研究工具

参考上述文献资料，并对62名学前教育本科生进行访谈，编制了大学生科研能力调查问卷，先对问卷进行了两次发放，通过项目分析信度和效度检验、探索性和验证性因素分析，最后确定该问卷的维度如下：

1. 科研意识，题目涉及对科研活动的重视、信心、兴趣和经历等；

2. 学习能力，题目围绕自学能力和获取知识的能力展开；

3. 科研实践能力，包括题目围绕科研活动中发现问题、分析问题和解决问题的能力展开；

4. 科研创新能力，科研项目、成果，成果的被利用、开发情况等。

(三)统计处理

要求被试者按照指导语先填写个人基本情况，再做大学生科研能力调查问卷，测试完毕，每张试卷经过复查，无漏项、填写无误为有效问卷。调查结果用Spss13.0进行处理和分析。

三、结果与分析

大学生在一年级时主要任务是适应大学生活和课程学习，接触科研活动机会非常少，而从大学二年级开始，学生开始参加学院的科研平台活动，开始申请课题，课程中接触到了某些和科研有关的内容；同时他们也参加全实践活动，开始接触幼儿园的教研活动。所以在科研实践能力和科研创新能力上没有将大一学生和其他年级作比较分析。

(一)科研意识

经方差分析和t检验发现，大二、大三和大四学生在科研意识上没有差异，但是显著高于大一学生，说明学前专业学生从大二开始意识科学研究的重要性，他们认为参加科学研究活动很有必要，也体现了对科研的热爱程度和想通过科研课题研究加以解决的信心，他们的平均分在3左右，均显著好于大一学生在这些方面的表现。

(二)学习能力

经方差分析发现，四个年级的学生在学习能力上没有差异。学习能力包括自学能力和获取知识的能力，前者涉及语言理解能力、想象能力和感悟能力，后者涉及观察能力、记忆能力、注意能力、思维能力和知识集成能力。学习能力是科研活动的基础，这些能力四个年级间没有差异也是符合常规的，大学生经过中学阶段的学习，学习能力基本成形。而且大学生的学习能力是较强的，平均得分高于3，说明他们具备了进行科学研究的基本能力。

(三)科研实践能力

经方差分析发现科研实践能力上不同年级存在差异显著，多重比较发现，大四

表 1 科研意识、学习能力和科研实践能力的基本描述和差异检验

	年级	M	SD	F	P
科研意识	1	1.58	0.54	2.79	0.04
	2	2.93	0.59		
	3	2.92	0.56		
	4	2.83	0.61		
学习能力	1	3.01	0.55	0.69	0.50
	2	3.36	0.60		
	3	3.28	0.43		
	4	3.34	0.56		
科研实践能力	1	0.64	0.48	3.97	0.02
	2	2.09	0.45		
	3	3.00	0.49		
	4	3.20	0.60		

备注：问卷采用五级评分(从 1 到 5)，平均分越接近 5 说明意识或能力越强。

学生的科研实践能力好于大三，而大三好于大二，大二又好于大一。主要是因为大四学生开始做毕业论文，98％的大四学生已经初步选定毕业论文的题目，收集了大量文献，并对其进行梳理，提出问题；68％的大四学生已经设计了研究方案，51％的大四学生开始按方案进行研究。而大三学生学习了学前教育研究方法课程，并进行了和课程相关的研究任务，而大二只有少数学生主持或参与课题研究。大一几乎没有参加课题、更没有接受相关课程的学习及训练。所以科研实践能力随年级增长而增长。

(四)科研创新能力

学前教育专业大学生科研创新能力相对比较弱，偶尔参加科研项目(课题)，16％的学生参与了老师的课题，6％的学生自己申请了学院级别和学校级别的课题，仅有 2％的学生课题获得了奖。在发表论文上，虽然随着年级的增长，发表的论文数目在增多，但是总体而言数量还是十分稀少，所以发表论文或学位论文的创新性上可比性不强。

我们还设计了两个开放性问题，问题一“在科研活动中或科学研究方法课中遇到的问题或困难”，大二学生主要涉及科研活动不知道如何入手，缺乏老师的指导，资料不好找，经验和知识不足；大三学生主要涉及选题困难，或者题目选好了，但研究方法的选择有难度，资料庞杂，得不到帮助，时间较少；大四学生主要涉及选

题容易庞大、很难有新颖性，文献整合、归纳能力缺乏，研究方法运用不熟练，数据统计困难。问题二“谈谈如何培养大学生的科学研究能力”，大二学生认为应该多看书，多组织讲座，需要导师引导，多实践，培养相关兴趣；大三学生认为应该将科研平台落实到位，多读文献，需要导师指导，多组织、参加学术交流和讲座，给出自由支配的时间，培养科研兴趣；大四学生认为应该多创造科研平台，早早建立导师指导制，多组织团队合作和竞赛，多给予实践，多组织学术交流和讲座，培养科研兴趣。另外，我们还调查了哪些因素影响学生的教研研究，主要体现在，太忙、没有时间，没有一对一的导师指导，缺乏兴趣。

四、总结与建议

教研一体化的理念实施时间不长，初步取得了一些成效，学生二年级就初步具备的科研意识(大二、大三和大四学生科研意识差异不显著，但是高于大一学生1.58%)，主要是专业教师的引领和幼儿园全实践的需要，如进行教学反思、参加观摩课和幼儿园老师的课题；学前教育专业学生的科研实践能力(发现问题、分析问题和解决问题的能力)随着年级的升高也逐步增强，在从重点突破向全面提升发展。说明他们真正地进行了越来越多的科研实践活动，然而除了大四学生做毕业论文的研究，大二、大三年级学生参与的课题数量还是不够理想。成效的取得是令人惊喜的，但我们也应该意识到科研意识和科研实践能力还有较大的提升空间。另外，学前教育专业的科研创新能力非常低，该方面需引起关注，着重培养。另外，从开放性问题中可知，三个年级的学生发现可研究问题的能力还有待提高。

教研是教师立足和发展之本，目前幼儿园的教研氛围越来越浓厚，教研评价制度也在逐步完善，作为职前幼儿园教师的学前教育专业学生也逐步意识到了它的重要性，但是从知到行还有一段路要走。

根据调查结果，在这里我们尝试提几点建议：

1. 进一步提高职前幼儿园教师的教研参与度，他们具备了学习能力和初步的教学反思能力，但是立足于教育教学的科研实践能力有待提高。

首先，要激发学生做研究的兴趣，而实践是最好的兴趣，在幼儿园实践中，在周边生活实践中发现问题。在教研一体化理念下，多数学生开始从实践中发现问题；发现问题容易，但是如何将问题聚焦，转化成可研究的点，这有一定难度，这就需要导师或师傅的指导，即实行导师指导制，并且要落实到位，从制度上给予保障。导师能在一定高度将实践问题和理论相结合，并引导学生搜索、收集文献和阅读文献，有针对性地评估学牛的研究方案是否可行、是否可操作，提点学生方案付诸实施中可能会遇到的问题等。

其次，教学部门或教师需要优化教学计划，解放学生的一部分时间。学前教育专业的本科生不但要学习专业知识，还要学习一些专业技能，如美术、唱歌、跳舞、钢琴等，这些技能课的作业几乎占用了他们整个课后时间。学业压力大、任务重、时间紧张的程度可想而知。故我们提倡通过合理的方式，解放一部分学生的时间，让其能抽出一些时间投入到科研平台和本校或附近学校的讲座中去，或鼓励学生参与到幼儿园的教研活动日中，加强学生和教师、专家、一线研究者的对话，感受科研氛围、开阔眼界，有助于真正培养学生科学、严谨的治学态度。

最后，在教研参与中，要培养学生的合作协调能力。我们在培养实践中发现，小组共同研究优于个人，当然小组的人数不宜过多。一个小团体取长补短、任务明确、考虑周全、相互监督，作品完成得非常漂亮。

2. 培养职前幼儿园教师的科研创新能力。

虽然我们课题组作了一些尝试和努力，但是当前职前幼儿园教师的科研创新能力还是比较薄弱，如发表论文和科研项目情况(科研项目的数量、获奖或专利)不是很乐观，这是一项长期工程，任务非常艰巨。鼓励学生参与到学院老师和幼儿园老师的课题中，积累申请课题和做课题的经验；适当提高学生课题的支持力度，建立和完善大学生科研能力激励评价机制；培养论文写作的能力，论文观点要鲜明、叙述简练、条理清晰、完整通顺。通过磨炼，学生可以熟练掌握论文写作技巧、格式和规范，以及在写作过程中如何将实践和理论高度结合，对现有的科研成果进行总结、分析和创新，形成自己的风格和框架，写出高水平的论文(论文写作可参考我们为学前教育专业学生和教师量身定编的书籍[11])。

参考文献：

[1]饶淑园．论幼儿教师的角色与专业化发展[J]．现代教育论丛，2005(6)：62—65.

[2]覃丽．论幼儿教师专业化及其实现途径[J]．文教资料，2006，31：156—157.

[3]田景正．面向研究型幼儿教师培养的高师学前教育专业本科教学改革[J]．教育探索与实践，2008(1).

[4]邓泽军．我国幼儿教师专业化问题与建议[J]．学前教育研究，2007，155(11)：51—52.

[5]张健．大学生科研能力的培养探析[J]．辽宁师专学报：社会科学版，2010，67(1)：57—59.

[6]王彩霞．博士研究生科研能力评价指标体系及评价方法研究[D]．成都：西南交通大学，2006.

[7]刘娟．当代大学生研究能力的内涵及特征解析[J]．文教资料，2006，11—12.

[8]马哲伟，华正伟．试论建立大学生科研能力等级评定制度[J]．辽宁教育研究，2001(6)：22—24.

[9]张忠华．论培育大学生科学研究能力的有效策略[J]．湖北函授大学学报，2009，22(3)：1—3.

[10]谢彦红．新建地方高校大学生科研能力评价体系探讨[J]．黑龙江教育(高教研究与评估)，2010(2)：23—25.

[11]秦金亮，李伟亚，钱国英，等．幼儿园教师教科研写作[M]．北京：高等教育出版社，2012.

建设多元化的实验教学环境，培养学生创新意识和实践能力*

王福合① 刘 维 郭健宏 韩 鹏

物理学是实验科学，物理学新概念的确立和新规律的发现依赖于反复的实验，物理学上新的突破常常是通过新的实验技术的发展，从而促成科学技术的革命，物理实验的方法、思想、仪器和技术已经被普遍地应用在各个自然科学领域和技术部门以至其他学科领域，所以物理实验在本科生能力培养中占有重要地位，为了培养本科生的创新意识和实践能力，首都师范大学物理系物理实验教学中心主要在实验课程体系、教学环境和考核方式等方面做了一些教学改革工作，取得了很好的效果。

一、构建科学合理的多层次实验课程体系

物理教育人才既要有扎实的物理学专业知识，又要有娴熟的教育技能，同时还要有教学研究能力和爱岗敬业精神。物理教育人才的质量决定了我们国家公民的科学素养。根据我中心“以学生为本，传授知识、训练技能、培养能力、提高素质”的教学理念，我们构建了多层次实验课程体系，将实验教学主要分为：基础实验、综合设计实验、近代物理实验、光电专业实验、中学物理教学实验、探究实验及开放实验等。在基础实验教学中，侧重培养学生掌握使用基本仪器、掌握基本物理实验方法和了解基本规范；在教学方法上，以讲授为辅，问题引导为主；在综合设计实验中，将课程原有的只是增加实验难度和原理的综合性，变为让学生参与具体实验内容的设计，加强学生对相关知识的掌握和运用。在近代物理实验教学中，改变了过去常规的验证实验特点，通过大量的思考题和实验讨论，让学生设计优化实验，分析讨论实验结果和遇到的问题，实现了变验证性实验为研究性实验，使学生对实验的兴趣以及实验动手和分析问题能力有了很大的提高[1]。在专业实验中，结合专业特点加强自主设计内容。

---

* 本文属首都师范大学 2014 年教改项目“本科生动手创新能力培养平台建设”，项目编号：20141009。

① 王福合，男，首都师范大学物理系，物理实验教学中心，教授。

二、建设了多元化的教学环境

在常规教学的基础上，为了调动同学们的学习积极性，充分发挥现有实验室的作用，我们建设了多元化的教学环境。

首先，基于现有实验室的硬件条件和以往学生学习较为被动的状况，我们首次采取了研究型实验教学模式，开设了探究实验选修课。学生既可以根据自己的兴趣选择所要做的实验项目，也可以根据自己的情况灵活选择做实验的时间；在具体教学过程中运用启发式、讨论式的教学方法，通过师生或学生间对实验原理、实验方法等的讨论，使同学获取某一方面较深入的专业知识；鼓励学生有自己的想法和创新之处。探究实验不仅是对常规教育方式的良好补充，也为我们研究这种新的教学模式构建了实践平台。

探究实验分为三个层次：第一个层次是在原有的、旧的设备基础上开发新的、现在实验室没有的实验项目；第二个层次是对新购置设备所能开设的实验项目进行整合和性能评价。并且在前一项工作的基础上，只要仪器条件和学生能力允许，要求突破原有的局限，寻求新的实验内容或项目；第三个层次是制作有一定趣味性和综合性的小型光电系统或演示实验。

目前这些题目中有一大部分是来源于购置新仪器时厂家所提供的实验项目，这些仪器的性能是否与厂家说明书上一致有待于验收和评价；这些仪器所提供的可做的题目有待于整理归类，以便更适于教学。另外一部分的题目来源是教师或实验技术人员的个人专业实践，如“颜色的合成与分解”“电子向日葵装置的制作”“光纤传感器”实验等。

课程开始前，首先由课程负责人向各位老师收集实验题目，之后向选课的同学公布，让他们根据自己的兴趣，每人选择一个题目，并以两人为一组进行合作。两人一组的目的是为了让学生在具体做实验的过程中，对有些问题可以进行讨论，对设计实验方案的思路彼此相互补充，培养他们在今后的工作中团结协作的精神。此外我们也鼓励学生自己提出实验题目，在和指导老师对实验内容及方案进行了可行性探讨后，再付诸实施。

探究实验工作分为三个阶段：第一个阶段是在做实验前，要求学生对自己所做的题目进行调研，了解其主要内容、基本原理和目前应用及发展情况；第二个阶段是在与指导老师讨论了实验方案后，自行筹备有关仪器开始实验。有了初步的实验结果时，要求在小组中对有关问题进行讨论，例如测量结果是否与仪器应有的性能相吻合，相关指标是否达到标准等。对于有问题的仪器，我们会及时与厂家联系维修。之后再次进行实验，给出最后的实验结果。对于性能正常的新仪器，要求在原有项目的基础上进行内容整合，在教师的指导下，结合学生物理师范专业的特点，给出最佳教学方案。此外，在这一阶段工作中，学生也可以根据自己在第一阶段检索到的应用等内容，开发新的实验项目；最后一个阶段是工作的整理，要求将自己的成果用论文形式呈现出来。同一小组的两名同学，各自写其中一个实验题目。对于制作小型光电系统或演示实验的同学，要求同时给出作品，并进行相关演示。

通过多年的教学实践，探究实验开发和改进了近40个实验项目，例如颜色的合成与分解、电子向日葵装置的制作、光纤智能传感器的综合测量研究、语音激光传输、频闪现象的实验研究和开发、用反射椭偏仪测量折射率和薄膜厚度以及硅的霍尔系数和电阻率测量等，对物理实验中心的教学工作起到重要的推进作用。

其次，我们充分利用学校所提供的资源，如“实验室开放基金”“大学生科研立项”“大学生创新计划”“校内工科实训基地”等，利用实验室开放的形式，为学生提供一个开展实践活动的舞台。在这些项目中，既有指南性项目，即老师出题，学生根据自己的兴趣选择自己喜欢的题目；又有开放性项目，即学生自己出题，然后和老师商量，最后确定题目。在项目实施过程中，遇到问题师生商讨解决，实验过程学生自己完成。这样完全实现了实验室开放，充分利用了学生的时间，也提高了仪器设备的利用率；一方面学生学到了比常规实验多的知识，另一方面学生对高一层次的科研实验有了更进一步的理解。对学生创新能力的培养起着很重要的作用。

通过上述活动，同学们的实践创新能力有了很大提高，也取得了出色的成绩。最近几年我校参加北京市大学生物理实验竞赛中累计获得一等奖10个、二等奖19个、三等奖18个，在“挑战杯”首都大学生课外学术科技作品竞赛等中获得了特等奖1个和二等奖1个，并在第十二届“挑战杯”全国大学生课外科技竞赛中获得三等奖，取得了我校在该项赛事中成绩的历史性突破。本科生在老师的指导下在学术杂志和专业会议上发表论文十余篇，如《基于光纤马赫—曾德尔干涉仪的强度测量研究》[2]、《基于光纤马赫－曾德尔干涉仪光纤水听器的实验研究》[3]、《新型便携式激光测距仪的研究》[4]、《砷化镓光导开关的比较研究》[5]、《马路为何能像水面一样成像》[6]、《通过改变玻璃厚度研究白光相干性》[7]、《分光计调整方法的改进及白光色散研究》[8]、《不同水的太赫兹时域光谱》[9]、《基于全光纤马赫—曾德尔干涉仪的压力和温度传感实验》[10]、《光纤压力传感器的性能研究》[11]、《基于阻尼振动模型测量地磁场水平分量》[12]等，其中由王卫宁等老师指导的论文《新型便携式激光测距仪的研究》荣获全国光电技术系统和检测会议优秀论文三等奖。

三、实行了多样化的考核方式

由于实验课程主要培养学生的实践能力，所以作为检验培养效果的考核方式应该体现对实践能力培养的效果上。除了常规的期末笔试和操作考试之外，我们还设有随堂考试、随机抽查考试。对于探究性开放实验，我们主要利用答辩的形式来考查学生，这样一方面考查了学生所做的成果，另一方面也锻炼了学生的组织表达能力和综合运用所学知识能力。

四、结语

总之，我们秉承“以学生为本，传授知识、训练技能、培养能力、提高素质”的教学理念，循序渐进地开设不同层次和难度的实验课程，将探究实验和本科生科研立项等活动相结合，构建了多元化的物理实验教学环境，充分利用了实验室条件和学生的课余时间，提高了学生对实验课程的兴趣，有效地加强了学生实践创新能力的培养，取得了很好的效果。

参考文献：

[1]王福合，刘维，张岩. 在物理实验中变验证性实验为研究性实验[J]. 大学物理实验，2009，22(3)：101—103.

[2] 武文彬，刘维，崔烨，等. 基于光纤马赫—曾德尔干涉仪的强度测量研究[J]. 光学和光电技术，2008，6(5)：42—44.

[3] 曹振洲，刘维. 基于光纤马赫—曾德尔干涉仪光纤水听器的实验研究[J]. 光子学报，2010，39(S1)：64—66.

[4] 王刚，孙凌宇，王卫宁，等. 新型便携式激光测距仪的研究[J]. 激光与光电子学进展，2010，47(7).

[5] 谢媛，王娅娜，刘维，等. 砷化镓光导开关的比较研究[J]. 激光与光电子学进展，2010，47(6).

[6] 蒋然，丁召洋，冯军凯，等. 马路为何能像水面一样成像[J]. 物理教学，2014，36(3)：51—53.

[7] 周俊勇，郭笑，王鑫. 通过改变玻璃厚度研究白光相干性[J]. 大学物理实验，2014，27(3)：40.

[8] 索南昂修，谭笑，祁辉，等. 分光计调整方法的改进及白光色散研究[J]. 大学物理实验，2015，28(1)：44.

[9] 卢承振，刘维，孙萍. 不同水的太赫兹时域光谱[J]. 激光与光电子学进展，2015，52(4).

[10] 曹丽丹，刘昕，乔飞帆，等. 基于全光纤马赫—曾德尔干涉仪的压力和温度传感实验[J]. 光学与光电技术，2015，13(3)：34—37.

[11] 刘昕，乔飞帆，曹丽丹，等. 光纤压力传感器的性能研究[J]. 物理实验，2015，35(2)：34—37.

[12] 陈贸辛，王福合. 基于阻尼振动模型测量地磁场水平分量[J]. 物理与工程，2018，28(1)：76—79.

幼儿舞蹈语汇创编的策略

——以舞蹈《宝宝会走了》为例

郭　晶①

语汇，现代汉语词典上的解释为一种语言的或者一个人所用的词和固定词组的总和。[1]即语言符号的聚合体，是一个人或一部作品里所使用的词语的总和。舞蹈语汇，是构成舞蹈语言材料的总称，包含一切具有传情达意的舞蹈动作组合，以及舞蹈构图、舞蹈场景、舞蹈中的生活场景等。[2]中国民间舞蹈、中国古典舞蹈、现代舞、芭蕾舞、儿童舞蹈等都有其各自的舞蹈语汇系统。各自的舞蹈语汇系统是确立各类舞蹈风格特点的标尺。

由此可见，幼儿舞蹈语汇就是在符合幼儿身心和年龄特点的前提下，包含了题材内容的童真、表情语言的童心、舞蹈动作的童趣和舞蹈调度构图的童幻等，这些构成幼儿舞蹈语言材料的总称。简言之，就是幼儿用舞蹈的形式讲他们日常生动、有趣、幻想的故事。

一、幼儿舞蹈语汇创编的问题

幼儿舞蹈编创者多是成年人，由于其年龄悬殊的实际问题，在创作上难免会用成人的眼光和思维来决定幼儿舞蹈的题材内容、舞蹈动作及情感表达。

(一)舞蹈动作“成人化”

幼儿舞蹈“成人化”由来已久，这里的“成人化”不仅是题材内容上的“成人化”，也是舞蹈动作中的“成人化”。由于受到社会功利化的影响，无论是家庭还是幼儿园对幼儿舞蹈的要求不再是简单的跳跳唱唱，以陶冶情操，身心愉悦为目的。而是以舞蹈技巧里的下腰、踢腿，搬腿 180 度，32 周单腿挥鞭转，连续侧空翻等高难度的技巧作为幼儿舞蹈动作创作的主体来吸引观众的眼球。或者有些编导为了博取众人眼球，照搬媒体流行的“网红”舞蹈，舞蹈动作中性感浮夸透着“社会人”玩世不恭和取悦大众的媚俗心态。在幼儿舞蹈中感受的成人思想，不仅舞蹈不伦不类还给幼儿舞蹈抹上沉重的外衣。

---

① 郭晶，女，首都师范大学学前教育学院，讲师。

(二)元素动作“单一化”

元素动作是指肢体动作中最原初、最简单的动作，是母动作。如语言的单词，甚至单字。[3]舞蹈元素动作是舞蹈人物形象表现的核心，幼儿舞蹈因其舞蹈主体“小”，舞蹈形象“小”，就舞蹈动作的设计较成人舞蹈动作要简单、易记忆等。但是，这不等于幼儿舞蹈动作单一、无特点个性，常常一个舞蹈形象动作能在十个舞蹈中出现，这样频繁的重复充分说明编创者对幼儿日常观察的不细致，对幼儿舞蹈元素动作深入发掘得不够。

(三)题材内容“模式化”

幼儿舞蹈大多是整齐划一的集体舞蹈，舞蹈内容大多是：立志类、动物类、时尚类、童话类等。反观幼儿生活，那么多有趣生动的画面和生活成长经历，以及在生活实践、游戏探索中发生的有趣事件却很少被作为舞蹈题材呈现在舞台上。舞蹈往往被所谓“高大上”具有“说教”意义的内容所代替。尤其以“六一”为主题的儿童节日，舞蹈内容气势宏大且空洞，过分地追求舞台效果，使得幼儿舞蹈内容华而不实、千篇一律，难以给人留下深刻印象。还有一些幼儿舞蹈不能结合时代特征，认为孩子的世界只有小红帽、白雪公主、两只老虎等，题材老旧毫无新意等。

二、舞蹈《宝宝会走了》创编思路

笔者在教授幼儿舞蹈创编时，课上曾多次以舞蹈《宝宝会走了》为例，分析和解剖幼儿舞蹈创编中关于题材内容、舞蹈语汇、动作发展等看似复杂难懂的舞蹈创编理论及创编思路。一部成功并得到大家喜爱的幼儿舞蹈其主题结构、动作语汇、表情达意必定是直观的、生动形象的、富有感染力且能充分表现出幼儿天真、活泼、好动、有趣的特点。

(一)选材新颖、以小见大的舞蹈构架

优秀的幼儿舞蹈作品的生成必定是由一个好的选材开始的。幼儿舞蹈《宝宝会走了》就是以人类最初级的踉跄学步为主题，舞蹈在不断地摔倒与爬起中表现出人生的重大含义。因此，幼儿舞蹈的主题与内容不在于是否深刻、宏大，关键在于儿童特有的生动性和趣味性。[4]幼儿舞蹈题材中能够敢于选择孩子蹒跚学步的少之又少，但是舞蹈《宝宝会走了》编导独辟蹊径用发现生活点滴的慧眼，将生活中观察到孩子学步时踉踉跄跄的动态及其神态进行提炼加工，用独特的舞蹈形式将其表现出来，充分体现了编导深厚的创作功力和对幼儿细致入微的观察能力。

宝宝学走路对每个父母来说都是非常激动人心的事情，表面看舞蹈只是表现出宝宝学会走路时感人的瞬间，其背后的意义不就是孩子在成长过程中，摸爬滚打不断磨砺自己的过程吗！每个孩子的成长都包含了父母和家庭的各种期许和愿望，在父母眼里永远是长不大的孩子，其实也有独当一面勇于面对困难的勇气。

(二)形象生动、层次分明的舞蹈动作

舞蹈《宝宝会走了》首先呈现给观众的是一群头戴虎头帽，身穿红马褂，脚蹬虎头鞋且年龄定格在一岁左右的孩童形象。表演中孩子们表情夸张的张大嘴巴，摇头晃脑颤颤巍巍的走路姿势，摔倒后五指张开害怕的惊恐，尤其是摔倒之前身体不自然的向后仰的动作和摔倒之后孩子耍赖双腿一蹬屁股翘起的顽皮相，都活灵活现地再现了一群仅有一岁左右孩子学步时的可爱模样。

《宝宝会走了》舞蹈动作语汇分为三个层次。首先，“四脚着地”。手脚并用各种方向的“爬”，试图站起来时又重心不稳的后仰加摔倒，节奏上将宝宝爬的快速和站起来不稳后仰拉抻有机地结合在一起。其次，“尝试站立”。在音乐中加入妈妈的叫声，宝宝们仿佛有了动力，舞蹈动作是站立(双手巴掌伸直)摔倒(坐屁墩)再站立再摔倒的不断重复的动作。最后，“自豪行走”。当歌谣“三翻翻、六坐坐、七爬爬，小宝宝会走了”再次出现的时候，舞蹈动作从地面提升到了双脚直立行走。一群摇着头双手冲前，脚下迈着坚定步伐、憨态可掬的小宝宝们自信地走在了舞台上。整支舞蹈动作始终围绕着宝宝学走路时的每一个环节，动作简单生动、情感真实感人。

(三)音乐有趣、表情到位的舞台表现

开篇的舞蹈音乐运用了儿童歌谣，稚嫩的童声一下就将观众带入到舞蹈的情景中。舞蹈音乐中夹杂着孩子们“咯咯咯，咯咯咯……”的笑声；伴随着孩子们惊奇的“呀、呀、呀……”的叫声；渴望妈妈疼爱需要安慰抱抱时清澈的哭声；尝试各种站立失败后妈妈温柔的鼓励声；还有宝宝终于会走了兴奋的自言自语的“宝宝会走了”的自豪声。音乐旋律简单但是不俗套，各种人声夹杂在音乐中，为舞蹈情节的推进增添了效果。

表情是幼儿舞蹈成败的关键之一，如果说幼儿舞蹈情节内容表现的是“童趣”，舞蹈动作表现的是“童真”，那么表情就是孩子们“童心”的直接体现。只有三者相互结合高度统一才能是一部优秀的幼儿舞蹈作品。舞蹈《宝宝会走了》中，孩子们的表情有喜、有悲，有睁大眼睛的惊喜，有摔倒后委屈的哭泣。俗话说“宝宝的脸似6月的天，说变就变”，舞蹈中孩子们刚刚还“梨花带雨”瞬间就能“晴空万里”。丰富的表情变化，正是孩子们内心真实情感的表达，同时也是舞蹈作品带给观众最真实的审美享受。

三、幼儿舞蹈语汇创编的策略

幼儿舞蹈《宝宝会走了》是原河南开封第一师范学校舞蹈教师曹尔瑞老师创编的优秀幼儿舞蹈作品。曹尔瑞具有多年深入儿童的生活经验，舞蹈往往从儿童实际出发，尤其在动作语汇的设计和创作中具有独到的、生动形象的深厚底蕴和创作功

底。结合幼儿舞蹈《宝宝会走了》创编中的动作、情节、表情语汇三方面给出学前专业学生创编的策略。

（一）动作可舞性语汇的捕捉

舞蹈的载体是人体，其语言主要是指人体动作，因此舞蹈也称“动作的艺术”。[5]由此看出在幼儿舞蹈语汇的创作中动作的重要性，舞蹈《宝宝会走了》其中宝宝学走路时，摔倒时“噗”的一下趴在地上像小青蛙的动作，就是编导在日常生活中看到自己的孙子学走路时，偶尔得到的动作灵感。编导发现孩子在学习走路时，追着皮球，一不小心地跪在地上，并没有哭闹，反而引起大人和孩子开心地大笑。而且在摔倒后，孩子踉跄站起的瞬间特别的感人。于是，编导在创编中结合日常生活中观察的动态，加以提炼美化呈现在舞台上。

学前专业学生交往人群主要是同伴，那如何进行幼儿舞蹈动作可舞性的捕捉呢？首先，通过实习或者见习的机会，多和幼儿接触，了解日常生活中幼儿对事、对人、对物所做出的动作反应。这也叫自然形态动作的捕捉，自然形态的动作往往能成为整个舞蹈动作的基础和原型。自然形态动作捕捉后再结合节奏、力量、空间的变化可以发展或者创作出新的可舞性动作。[6]其次，在幼儿们的自然形态动作中找出典型动作，每个人都有不同的性格和动作特征，典型特征折射的就是典型人物，那么典型动作表现的即是典型人物。这种典型性更能打动人心，而且体现出创作者与众不同、独具慧眼的创作功力。最后，可以通过即兴的形式来捕捉幼儿可舞性动作语汇。即兴与创编之间有着不容置疑的联系，学生可以先确立主题构思，通过即兴的手段使幼儿自由地舞动，创作出个人新颖的舞蹈版本。总之，动作可舞性的捕捉途径就是学前专业学生走近幼儿、接触幼儿、发现幼儿动作特征、尊重幼儿身体反应的观察结果。

（二）情节可舞性语汇的捕捉

舞蹈的情节性语汇能更好地塑造人物形象，刻画人物性格。舞蹈《宝宝会走了》在情节设计中按照宝宝爬、站、走这三个动态铺展开来，在每一个动态中，编导还增加了很多趣味性。在“爬”的动态中，孩子们跟着大皮球一字排开的爬着，皮球跑得快了，就引发孩子们站立的欲望。“站”又站不稳，不断地摔倒爬起再站立，哇哇大哭中听到了妈妈熟悉的叫声，鼓起勇气的宝宝终于学会了“走”。看似简单的学走路，编导在爬、站、走三个情节设计中层层递进，新颖有趣。

如何才能捕捉幼儿舞蹈中可舞性的情节呢？学前专业的学生可以通过以下几个方式来尝试。首先，幼儿生活是舞蹈情节内容的主要来源，学前专业的学生要学会关注与幼儿生活中看似平凡的情节和细节，用舞蹈的眼睛观察幼儿生活。其次，幼儿诗歌、绘本、儿歌、童话故事等都可以作为幼儿舞蹈情节创作的范本。朗朗上口的诗歌、熟悉喜爱的故事、情节生动的绘本都可以用舞蹈的形式重现，幼儿即获得感官上的满足，也达到了舞蹈教育的目的。最后，就是传统与时代相结合，多角度的体现舞蹈的教育作用。任何艺术形式都应与时代紧密地结合在一起，在幼儿舞蹈创编中引导并启发现代大学生对于中国传统文化题材的选择，使传统文化注入新的活力和意义。

(三)表情的可舞性语汇的捕捉

表情性在舞蹈中既突出在面部外在的喜怒哀乐，也有动作配合上的传情达意。舞蹈《宝宝会走了》不光舞蹈动作贴近幼儿生活，表情的丰富变化也为舞蹈增色几分。在舞蹈中，不光表现宝宝高兴时的喜悦，还有宝宝摔倒后哭泣无助的表情。尤其在听到妈妈的呼唤声，宝宝眼中带泪又渴望的情绪让人又爱又怜。这么可爱动人有趣的表情是任何成年人不可复制和模仿的。

学前专业的学生年龄段多在 20 岁左右，幼儿幼稚、夸张的表情与他们羞涩、成熟的心理确实存在很大的差距。那么如何实现表情的可舞性语汇的捕捉呢？首先，还是细致地观察孩子，孩子的思维和表达很多来自于他们的表情。例如，高兴的时候他们眉眼弯弯、哈哈大笑手舞足蹈，蹦蹦跳跳；伤心难过的时候他们从不掩饰自己的情绪，或沉默不语、小嘴撅起，或哭天喊地、撒泼打滚；在探索未知的时候，他们专注认真、眉头紧蹙。其次，学前学生平时要学会贴近孩子，模仿孩子，在有限的与孩子接触的时间里同孩子一起笑、一起闹、一起玩，可以唤起儿时的记忆。同时在模仿中能感受不同孩子的喜怒哀乐，可用于不同的形象创作。最后，表情的发生一定与肢体动作有关，不能一味地强调面部而忽略身体动作，只有身心合一的表情才是真实可信的。由此看出，只有用心在孩子身上，善于观察孩子，与孩子为伴，一心为孩子着想的幼儿舞蹈创编者才能创作出符合孩子特征的，优秀的幼儿舞蹈作品。

四、结语

幼儿舞蹈虽然也属于舞蹈的范畴，但就如何在舞台上营造一个“儿童的世界”是我们每一个幼儿编创者应该思考和反思的问题。正如林怀民说“身体对了，做什么都好看”。[7]简言之，就是幼儿舞蹈创编出来的动作语汇只要是围绕着幼儿身心特点创编的，表现幼儿“童真、童趣、童乐”那就是好的幼儿舞蹈作品。

参考文献：

[1]商务印书馆．现代汉语词典[M]．北京：商务印书馆，2013.

[2]隆荫培，徐尔充，欧建平．舞蹈知识手册[M]．上海：上海音乐出版社，1994.

[3][5]吕艺生．素质教育舞蹈[M]．上海：音乐出版社，2014.

[4]田培培．第六届“小荷风采”全国少儿舞蹈展演[J]．舞蹈，2011(8)：9.

[6]桂迎，赵丹丹．欣赏与创作[M]．杭州：浙江大学出版社，2006.

[7]刘青弋．身体是什么，人在哪里——著名现代编舞家林怀民访谈[J]．舞蹈，2007(9)：21.

大一学生作业指导：问题、原则与方法*

——基于任课教师的视角

丁永为①

在针对本科生的一项调查中，史秋衡教授发现，大学一年级在整个大学学习生涯中起着至关重要的作用，大学的学习过程类似于衰减的马尔可夫链式过程，第一年是大学学习生涯的开端，它在很大程度上决定了该生在大学后三年的学习成绩。[1]徐小洲教授的研究也证实了这一点。[2]由此可见，不断提升本科第一学年的教学质量应成为教学管理的重要目标。

教学质量是按照一定标准，对教学活动的过程和结果所进行的高低、优劣的评价。在德国教育学家赫尔巴特看来，完整的教学活动过程包含四个前后相继、缺一不可的阶段，即："清晰""联想""系统"和"方法"。前三个阶段通常在课堂教学中完成。"方法"指的是在学习新知识之后，由教师指导学生完成对新知识的练习和巩固，主要是在课后和课外进行的。与"方法"对应的教学活动主要是作业指导，包括布置作业、检查与评价作业。

一、存在的问题

1. 认识不足

有学者对武汉地区高校本科生学习指导现状进行了调研，结果发现，近60%的被调查者反映在大一学年缺少或几乎没有教师指导其学习过程。超过50%的学生在大一学年还不会使用图书馆资源和网络信息检索工具。[3]根据笔者的经验和对学生进行的随机访谈，我校情况总体良好，但也有一定问题。尽管按照学校教务处和各学院的要求，任课教师须布置作业，并对作业进行指导和评价，大多数教师也照此去做。但是作业究竟应该怎么选择、怎么开展、需要怎么修改和完善，这些问题因为缺乏有效指导而困扰着不少学生。从学生的反馈来看，一部分教师缺乏从促进学科发展和有利学生成长的角度去认识作业指导必要性。

---

* 本文属首都师范大学2017年在线课程建设一般项目"外国教育史专题"阶段性成果。

① 丁永为，男，教育学博士，首都师范大学教育学院，副教授。

2. 随意性较大

作业指导是一项复杂的专业实践活动，需要有科学的教育理论作为指导。高校教师一般接受过长期的学科专业训练，在学科专业知识和方法方面很有造诣。但是，高质量地完成学科教学工作，仅凭对所教授的知识和方法的精通还是不够的，还需要教育实践的技艺与教育学理论的运用。通过随机调查发现，一些教龄较短的教师，由于缺乏教育实践的经验，也不太了解教育学的一般原理，对学生进行作业指导时缺乏有效的沟通技巧，作业指导的随意性较大，尽管他们对学生的成长非常用心、用情、用力，但是效果并不明显。

3. 忽视同伴指导

大多数当代教育学者承认，同伴指导在提高学生学习质量上有重要价值。徐小洲教授认为，在大学低年级就开始推广小组合作学习有助于提高学生思考问题的兴趣，培养学生独立思考的能力和习惯，了解科学研究的基本程序，从而获得研究性学习的基本能力。[2]同伴指导指的是学习者在作业完成过程有同学的参与、支持、帮助和引导。小组合作是同伴指导的最常见形式。对学生的随机访谈发现，我校大一学年三分之一的课程作业并不要求同伴指导，而主要是由学习者独立完成。即使具有同伴指导意识的教师，对于如何指导小组合作从而提高小组合作的有效性也并不十分清楚。于是，实际教学活动中，小组合作被简单理解为让学生自由分组，要求他们共同完成一个课题，然后汇报研究成果，教师对汇报进行点评的过程。一些小组合作产生了消极效果，如个别成员存在的投机和依赖心理、优等生“能者多劳”、两极分化加剧等。有的教师在实行了一段时间的同伴指导后发现效果并不理想而选择放弃。

4. 轻视修改和完善

大一学生的学习态度和学习方法受其在基础教育阶段形成的学习习惯的深刻影响。在基础教育阶段，教师的经常性的作业指导成为督促学生成长进步的重要方法。但是，一旦进入大学，教师的作业指导频率明显少于高中，学生容易出现学习动力不足、学习兴趣不浓、学习方法不当的问题。[1]高中教师指导学生修改和完善作业的情况十分普遍，而大学教师出于多方面原因(如学生人数众多，教师的科研负担和生活压力很重、学术自由的传统等)不太重视指导学生修改和完善作业。[3]一些学生抱怨，教师的打分过于随意和不透明。笔者多年组织和指导本科生毕业论文设计，发现少部分学生大一时作业中存在的问题，在毕设中依然存在。试想四年当中历经五六十门课程的学习、成百次的结课作业的训练，一个学生还缺乏科学研究的基本规范、所应具有的基础能力和方法。这种现象值得反思。作为教师，我们是否真正尽到指导学生修改和完善作业的责任？

二、作业指导的必要性

1. 履行教师职责

作业指导是高校教师的教学工作的重要内容，很多大学教务部门都出台文件对高校教师教学工作进行规范和约束，其中都包含着作业指导的相关条款。例如，《首都师范大学关于教师教学工作的若干规定(修订稿)》(校字[2002]59号)就规定："教师要按教学要求布置课外作业(文科课程每学期作业一般不少于三次，理科课程每学期作业一般不少于九次)；教师应指定一定的自学章节和必读书目。……教师要认真、及时地批改作业(含实验报告)，每次批改量不少于1/2。"因此，对学生进行作业指导是完成教学管理相关规定的必要。

2. 促进学科发展

高校是传授和探究高深知识的场所。学科既是高深知识的体现，也是高深知识再生产的平台。每一个学科的传承根本上都有赖于精通学科知识和方法、并对本学科具有热爱和忠诚品质的新人。一般而言，每一门大学课程其设置的初衷都应该包含有为学科发展培养新人的宗旨。不经过"方法"阶段的训练和巩固，所习得的"高深知识"和方法是不能在心灵上扎下根的。作业指导不仅有助于提高学科知识和方法训练的水平，同时还有利于增进学科理解，培养学科兴趣，形成学科意识和学科忠诚。

3. 帮助学生成长

学生是具有可塑性的、有独特成长诉求的个体。他们对课程的某一方面的内容或许有着特别的兴趣而迫切渴望得到帮助。课堂教学中教师同时面向所有人讲授共同的内容，当然是必要的。但如果没有布置多样化的基于学生个性诉求的作业，又缺少个别性的、针对性的作业指导，那么我们很可能挫伤了学生的积极性，不利于学生学术能力的成长。有效的作业指导给师生之间的课外互动、对话、切磋提供了机会，有助于融洽师生关系，"亲其师而信其道"，成为学生智慧成长的引路人。

三、作业布置的原则

1. 学科性原则

教师的作业指导首先需要考虑的是作业内容的选择。大学中每一门课都是对该学科基本知识和基本方法的传授和训练。因此，作业内容的选择应该严格遵循学科性原则，也就是通过作业，使学生更加熟悉本学科最基础和最基本的知识、技能和方法。有的教师在布置作业时，忽视学科性原则，结果学生作业的选题五花八门，有些选题根本不属于本学科的问题领域，且不能运用已经学过的学科知识和方法进行探究。这样的作业没有学术价值。

2. 开放性原则

在遵守学科性原则的前提下，作业的形式和主题可以多样化和个性化。作业的形式可以是论文的，也可以是调查报告、新闻评论、诗歌、散文，还可以是视频或录音。主题也可以广泛，本学科的争议性问题和前沿问题都可以作为研究选题，如果是其他学科的问题，若能够恰当运用本学科的方法和工具加以解决的，也应欢迎。遵循开放性原则，有助于打破僵化、封闭的学习模式，鼓励学生个性化发展，培养学生创新性思维。[4]

3. 探究性原则

斯坦福大学非常重视对本科生探究能力的培养。“在大学各项活动中，核心的价值在于寻求知识。本科教育最重要的一点是让学生参与知识的探究与发现过程。在这一过程中，教与学、讲授与研究、知识的交流与发现浑然一体。”[5]这就是说，为学生布置的作业应具有一定的挑战性，不应过难，以至于学生产生强烈的挫败感而最终不能解决，也不应过于简单，以至于学生轻易地对付，从而对学科知识的高深性和复杂性形成错误的认识。心理学家维果茨基提出“最近发展区”概念，运用到作业指导上，就是要求任课教师准确估计学生现有能力和可能达到的目标之间的最远距离。因此，作业不应满足于对课堂学习内容的复述和简单的应用，而要有前沿性和学理性，应能够引起学生探究的欲望，并经过教师的指导可以获得成功。

4. 指导性原则

指导性原则，要求教师提前告知学生作业评价的具体标准和完成作业所需要的知识和技能。例如，如果作业的形式是读书报告，那么教师有必要在布置作业时便明确告知学生教师将会怎么判断一份读书报告的优劣。此外，教师还有必要告知如果要做出一份优质的读书报告，学生需要具备何种知识和技能，需要何种帮助，以及这种帮助可能在什么地方获得。例如，图书馆的使用和网络信息检索工具的应用方法等。如果是作业的形式是学术论文，那么教师有必要提醒学生，一篇学术论文一般应包括哪些要素，如“问题产生的背景、形成过程、研究方法、思维角度、发展方向”[6]，以及在每一部分的撰写中常见的错误和正确的写法。

四、作业评价的方法

1. 激励法

指的是教师要着重指出学生的优点和进步之处。尊重学生的个性和独特的视角。要使学生对本学科产生兴趣、拥有自信。错误的做法就是“挑错”，以一个成熟的学者标准要求一年级的新生，言辞激烈，不重视发现作业中可能存在的闪光点。其实，温和而具激励性的言说，有助于使学生放下保护性心理，虚心地接受改进的建议。

2. 完善法

指的是为学生的成长提供台阶，指出作业中存在的可能经过何种努力得到提高的地方。要注意因人而异，根据学生不同的能力水平和学习态度，来提出可能完善之处。有的老师出于激励性的考虑，认为指出学生的错误，会伤害学生的自信，而对学生的作业不做反馈，或者只是形式上反馈说“收到”“不错”“很好”之类的话。这种做法会让学生以为现状就足够好了，不明确还有可以完善的地方。实际上，教师看到了学生的错误却不指出来，这无助于学生真正自信心和尊严的形成。

3. 差异法

意味着，第一，评价要区分人，不同的人，即使犯了同样的错误，评价的方式是要有区别的。第二，对待同一个人，在不同学习阶段的作业的评价也应有所不同，注意与其之前的作业相比，是进步了还是退步了，或者停滞不前了。第三，区分作业中存在的主要问题和次要问题。重点要指出的是主要问题，以及让学生理解为什么这个问题是主要问题。教师的判断标准是什么。第四，还要区分哪些是学生能够解决的问题，哪些是暂时不能解决的。把暂时能解决的问题优先做，较难的事情随后做。最后，要区分事实性错误和价值性错误。重点要指出的是事实性错误。在不违反社会主义核心价值观的前提下，有关价值观的争论可以暂时悬置。

4. 客观法

指的是对学生作业的评价标准要公开、一视同仁。评价标准在布置作业时便应当面公示。评价作业时必须按照当初说好的标准。切忌把个人情绪或者私心牵扯进去。忌讳教师个人的政治观点和价值观点作为评价学术性作业的标准。

参考文献：

[1]史秋衡，林秀莲．中国大学本科生学习过程规律研究——以厦门大学为个案[J]．清华大学教育研究，2007(2)：62—67.

[2]徐小洲，王天嫱．论研究型大学本科教学的小组合作学习[J]．中国高教研究，2002(5)：57—58.

[3]张利荣．我国本科生学习现状的调查与分析——以武汉地区高校为例[J]．国家教育行政学院学报，2012(4)：83—86.

[4]孙芬．方法视角下的创新型人才培养策略研究[J]．黑龙江高教研究，2013(5)：142—144.

[5]张虎生．美国斯坦福大学的本科教学与启示[J]．江苏高教，2004(5)：115—117.

[6]杨允菲．高等学校素质教育的几点思考[J]．高等理科教育，2001(2)：55—57.

[7]李洁，徐世猛．美国研究生教学助理培训制度研究[J]．教师教育研究，2015(2)：107—112.

基于创客教育理念的大学生综合能力培养与实践教学探索

刘京锐①

随着创客运动的兴起，创客教育以其实践性、开放性、共享性、协作性、创造性和创新性等特质[1]，作为在校大学生以满足社会需求为培养目标的一种能力教育，成为高校培养创新型人才的新抓手，并形成一种新型教学模式。利用学生在校期间的创客教育，旨在培养其动手实践能力、创造性思维能力和改造创新能力，提高其综合素质，全面提升其自生素养，这也与目前国内各高校注重学生创新创业教育和不断探索实践教学新模式的理念不谋而合。

一、创客教育本质

(一)创客和创客文化

关于“创客(maker)”，目前尚无公认的定义。创客概念可以从两个方面来理解，广义上的创客是指有创意并且能够付诸实践进行创新的人，狭义上的创客是指那些酷爱科技、热衷实践、乐于分享，努力把各种创意转变为现实的人[2]。因此，创客是一群不以营利为目的，具有实践能力和一定的专门领域知识储备，具备创新意识和交流共享方式，出于自身兴趣爱好或为了体现个性化，利用各种开源软、硬件资源以及互联网、3D 打印等新兴技术和金属加工、木工等传统工艺，能够将创意DIY(自己动手去做)为实用物品的人。

创客的本质是创新，创客精神的内涵是“自强进取、个性开放；协作分享、融合创新；重工尚器、民智国强”[3]。因此，创客应具有以下一些特征：(1)创新意识。创新是创客的首要特征，他们通常具有创造性思维和创新精神，能借助一些技术、工具和手段来设计制作出新颖独特并具有一定实用价值的实体；(2)实践能力。创客通常根据创意利用各种技术的开源使用，基于广泛的兴趣和爱好、开放的个性化进行改造和创造，具有较好的动手实践能力；(3)交流合作精神。创客一般善于

① 刘京锐，男，首都师范大学信息工程学院，高级实验师。

与他人交流和沟通，具有较好的与人合作和协作、共同探讨并解决问题的能力，强调参与的平等性，打破年龄和学科等差异，能将自己的创意、成果与他人分享以达更趋完善；(4)求知欲。创客具有较强的主动学习和不断求知的能力，打破技术垄断思维，使复杂的事情简单化，将跨界的知识、技术、技能融入自己的创意作品中。

国内学者杨现民认为，“创客既是一群喜欢或享受创新的人，又是一种文化，一种态度，一种学习方式”。创客文化由基于各种技术的DIY文化延伸而来，强调自己动手实践创造，强调创客的技术特性和创意转化的特点，也强调创客的文化属性，这主要体现在利用电子器件、3D打印技术、数控工具、机器人甚至传统的金工、木工和工艺美术，勇于尝试在传统金属加工、书法绘画、影视制作和计算机编程等不同领域之间的跨界[4]，创造新物品或弥补现存物品的缺陷。创客文化依托互联网等社交渠道在创客空间和创客社区中通过创意交流实现交互，形成资源、信息和知识共享，强调非正式的、网络化的、同伴协助的以及由趣味性和自我实现所激发的共享性学习，并鼓励对技术的创新应用。因此，创客文化就是一种自由、开放、共享、跨界、容错和快速迭代的草根文化。

(二)创客教育理念

“创客教育”是一种以信息技术为基础，传承了体验教育、DIY理念、项目式学习方法和创新教育，培养学生具有一定的理论基础，善于思考、探究问题，具有创新思维和创新能力，以“学中做、做中学”为主要学习方式的教育理念。创客教育的本质就是以实践性、多样性和非营利性的方式，实现实践力、探究力和创造力等综合能力的提升，实现创新型人才的培养，促进高等教育学习变革。创客教育对于个体而言，注重培养自强进取、个性开放的精神品质；对于社会而言，意在培养社会群体相互协作、交流共享的精神，以实现融合创新；对于国家而言，旨在为全社会营造重工尚器的民族文化氛围，提升我国科技的综合竞争力。

创客教育理念的核心在于，通过为参与者提供适宜的用于创造创新的环境、资源和机会，在动手实践中培养学生的创新精神、创新意识、创新思维和创新能力，帮助学生解除课堂上带来的各种套路型理论约束；通过对创新的基本认知，在解决实际问题中形成敏锐的观察力和思考力，着重培养学生发现问题、主动学习、设计解决方案并将方案付诸实践的能力。因此，创客教育是传统课堂教学的有效补充之一，是培养学生综合能力、激发学生创造力乃至提升个人素养和综合素质的平台。从更广泛的意义上讲，创客教育的实施对于学生优化学科知识结构并改变其学习方式，突破现行的教育体制规约和资源限制具有双重意义。

此外，创客教育不是额外教育，也不是附加课程[5]，不可能孤立于知识技能的传统教育之外，创新的多样性决定了创客教育的丰富性。因此，创客教育既是实验、实践技能以及书本外知识的有效补充，也是实际经验的广泛积累；既不局限于小制作、小发明，也不是为了迎合各种无休止的竞技和竞赛，而是着眼于激发、培养和提高学生发散性创新思维和 DIY 能力，目的在于创意分享、检验实践创新成果；更不是少数人的特权或某些学科的专利，它既然根基于民主、自由、开放、共享的草根文化，其实施效果的好坏不应由技术、设备的先进与否决定，而取决于创客教育中是否蕴含实践、创新、共享的创客精神和创客文化，即使没有先进的工具，也不妨碍将其办成优质的创客教育。

创客教育对我国大学生创新创业教育的影响体现在：改变了学生的学习方式，提高了学生的交流合作能力，加强了高校与企业间的合作，为学生的就业提供了更多机会，推动了教育教学改革的步伐[6]。

二、创客教育与学生综合能力培养

综合能力是多方面的，主要包括自我管理和行为能力、学习和动手实践能力、发现和解决问题能力、沟通与合作能力、制订计划与实施能力等，体现在能对所掌握的各种知识和信息进行综合考察、分析整理、取舍重组和科学抽象，并能根据现状和条件进行合理处理。简言之，所谓综合能力，是指观察能力、思维能力、实践能力、整合能力和交流能力。创客教育中重点要培养的创新思维、创新意识和创新能力，其本质就是创造性思维能力，它是由上述五种能力形成的“综合能力”，指思维活动的创造意识和创新精神，表现为创造性地提出问题并创造性地解决问题。

要提高个人综合能力，应从积累和实践两个方面加强训练与提高：(1)积累是通过大量的学习与再学习，收集、整理、消化各领域、多方面的知识、技能以及得失经验，提高个人观察、记忆、思维、抽象和想象等能力；(2)实践是在积累和掌握了大量知识的基础上，在社会实践的进程中不断摸索，反复、合理、灵活地综合运用，敢于面对失败，才能将各种知识变成自己在实践中的有利帮手。只有把所学知识用于实践，才能巩固提高自己的专业知识。

实践能力和创新能力是一种重要素质，它既是个人能力发展的动力，更是社会发展的需要。创新意识是实现发明创造的目标与动力，解决“为什么创新”和“为谁创新”的问题，对于创新人才的培养具有至关重要的意义。创新能力是能把创新思维(即创造性思维)转化为有价值的、前所未有的精神产品或物质产品的实践能力。而创造性思维是创新意识和创新能力的基础及前提条件[7]。

国外的创客教育基本上是一种基于个人兴趣爱好的创客活动，或只是强调 DIY 和“做中学”的“体验教育”，完全靠创客自己到创客空间去感受、体验、实践和摸索，其创新成果一般是一些新颖的“实体作品”，这对培育“创客”人才可能是一条快捷有效的途径，但对创新人才的培养却不见得有效。

与国外“体验式”创客教育不同，具有中国特色的“创新式”创客教育，在吸取和总结了国外创客教育经验的基础上，以积极培养创新型人才为目标，主要从创新人才必须具有的创新意识、创新思维和创新能力这三方面素质的“创造性思维能力”培养着手[8]，作为实践教学的一种补充，使其成为创新教育的有机组成部分，以基于大数据的“数字校园”“智慧校园”建设来推动创客教育与教育体系的融合，进一步推动中国特色的创客教育体系的发展。

创客教育是基于创客模式的实践教育，将创客精神、创客思维、创客特征与传统教育相结合，注重亲身体验，重视项目式学习方法，在参与模式、学习内容、师生互动以及学习目标等各个层面为创新人才培养提供新思路，其最终目的是培养和释放学生个性。创客教育在参与模式方面强调跨学科、跨年龄、跨年级地平等参与；在学习内容方面，学生通过完成创客项目来获取知识和技能；在师生互动方面，打破传统教育一对一教授的方式，创客教师变成了学习情境的设计者、人员资源的管理者、学习过程的调控者、实践质量的提升者，而并非仅仅充当书本知识的传授者；在学习目标方面，创客教育注重对现实问题的解决，鼓励学生发现问题，寻求创意的解决方法并使之变成现实。

三、创客教育与实践教学探索

创客教育根基于传统教育，是传统教育的发展与革新。如何把创客教育理念有效地融合于传统教育体系中，培养学生的动手能力和创新能力，并在此基础上培养出更多的“创客”，是进行实践教学改革的首要任务。

创客教育关注于“问题探究、合理设计、动手制作”，是一种问题导向式学习和能力导向式教育，强调学习过程的真实情境性、设计性、迭代性以及成果化[9]。为了充分发挥实践教学在学生实践创新能力培养中的作用，针对传统的实践教学体系需要形成一种多阶段、多层次、能力递进式的教学模式。基于创客教育理念的实践教学过程大体可分为以下两大阶段。

1. 基础实训阶段

创客教育的内容和目的是在掌握基础知识和基本技能的同时通过实践和创造激活知识和技能，使知识用于实践，实践产生新知识。为此，教育方法可以依据教学情境灵活选用，包括验证式、体验式、参与式、案例式、启发式、项目式等，教育时空由封闭走向开放，教育主体由单向主导转为平等交互，教育资源充分利用信息化和现代化，教育评价强调多主体、过程性和延续性。

基础实训阶段主要以模块化进阶式课程讲解和课内实验设计为主，使学生得到知识和技能的系统性学习与训练，掌握各种实验器材和仪器设备的基本操作技能，旨在启发和拓展学生的创新思维，重在“授之以渔”。首先，以案例式教学方式，使学生充分了解并清楚一个实际问题的“提出—分析—方案—设计—解决—完善”的完整流程及其实施过程；其次，针对预留的实验项目，只给出每个实验应达到的基本要求，不再对实验类型、实验内容、实验步骤及实验方法做过多限制，充分发挥学生的自主独立性，提高其器材选用、综合应用和灵活运用能力以及实验设计能力；最后，对每个学生的实验结果给出评价和改进建议，进一步引导和启发其创新思维。

这一阶段的实验类型多以设计性实验为主，验证性或体验性实验只起到抛砖引玉的作用；在实验内容设置上，不设过多的门槛，让学生根据现有的实验器材和实验条件自行独立地设计并实现实验，教师主要完成课程讲解、实验模拟、现场指导、课堂答疑、结果评价等任务，真正体现学生的主体地位。

2. 综合实践阶段

通过各个模块课程进阶式实训阶段的学习，学生具备了一定的知识储备和实践技能以及独立思考、独立设计和独立解决问题的能力，锻炼了动手实践能力，为后期创新能力的培养打下了基础。

综合实践阶段多以某个场景、某些对象或某种文化为主题，主要为学生提供一个能够进行线上线下相互交流、拥有一定技术和适用工具、能够动手实现创意的环境，并提供更加丰富多彩、充满想象力和创造力的实践活动和实践内容。

这一阶段主要采用项目式设计方式，按实践小组依据“灵感”“顿悟”或共同探讨的创意，充分发挥资源共享、创意分享以及团结协作、团队合作的优势，设计并制作一个或一组贴合主题要求的实用作品，使学生的综合能力得到进一步递进式提升。在实践方法上，打破传统实验过程受时间、课程和场地安排的约束，全开放在线的创客社区、线下的创客空间和各种开源资源，学生可以从在线的创客社区或利用微信群、QQ群等社交渠道将教师提供的教学讲义、设计案例、开源软件、工具材料使用说明等资料进行自主学习[10]，可以利用指定的实验时间得到教师的现场指导和答疑解惑，也可以利用课余时间继续完成自己的设计制作并记录遇到的问题，还可以通过线上群组与教师、同学进行交流互动、信息发布、创意征集和分享、问题解答和共同探讨、吸纳意见和建议、作品展示等，使实践过程真正做到“以创意为起点，以实践为手段，以学生为中心，以互联网为渠道，以收获为成果”，真正打造符合时代特点的“互联网＋创客”教育模式。

四、结语

社会发展需要创新，只有不断地鼓励学生进行发明创造，才能够促进科技进步和人类的文明程度。基于创客教育理念，结合实际教学情况，充分利用创客空间和现有的实验条件、实践环境，共享各种资源和创意，努力探索新的实践教学模式，能够弥补现有教育体系中的种种不足，让学生们通过创新创造体会理论学习与投身实践的乐趣，可以对学生的实践能力、创新能力进行递进式培养，可以极大地提高学生的综合能力和专业素质，使其成为满足国家发展和社会进步需求的、具有较强创新精神的高素质应用型人才。

参考文献：

[1]张茂聪，等．创客教育：本质、功能及现实反思[J]．现代教育技术，2016，26(2)：14—17.

[2]张其亮，等．创客教育背景下的高校实践教学体系构建[J]．实验技术与管理，2016，33(12)：25—28.

[3]路璐．创客教育理念下的大学生创新创业教育[J]．济南职业学院学报，2016，119(6)：68—75.

[4]黄荣怀，等．创客教育与学生创新能力培养[J]．现代教育技术，2016，26(4)：12—15.

[5]杨刚．创客教育：我国创新教育发展的新路径[J]．中国电化教育，2016，350：8—20.

[6]张义玲．基于实践论的大学生创客培育路径研究[J]．经营与管理，2016(10)：154—156.

[7]何克抗．创立中国特色创客教育体系——实现“双创”目标的根本途径[J]．中国教育学刊，2017(2)：50—54.

[8]朱龙，等．面向创客教育的设计型学习研究：模式与案例[J]．中国电化教育，2016，358：23—29.

[9]靳旭莹．探析创客教育在大学生创新创业教育中的作用[J]．中国现代教育装备，2016，243：110—112.

[10]张睿，等．创客教育背景下大学生创客素养的养成[J]．当代青年研究，2016，342(3)：89—94.

论加强物理规律思想的物理探究实验方法研究

左　剑[①]

物理探究实验课程是物理系师范班在大学物理基础实验之后的一门重要实验类课程。该门课程目前是选修课程，以供对物理实验和物理理论的应用有广泛兴趣的学生选修。因此探究实验的题目的设计不但要立足于本科生们的基础物理课程的物理规律，又要满足学生的实验动手能力，以及物理规律的实验重复和现象探究，更加重要的是探究实验需要深入到当今世界最新的科研成果前沿活动中，让学生领悟到一流的科技成果是来源于基础的物理规律，同时学生也能够通过巧妙的实验设计领悟物理基本规律思想。为了实现这一宗旨，笔者在这几年的物理探究实验教学精心设计了几组实验，学生通过实验实现了以上的学习目标，加强了物理规律的思考深度和广度，为他们研究生的学习和工作奠定了基础。

一、相干光学物理规律的理解和物理探究实验设计

大学生在物理光学课程中学到的一个重要理论是相干光学理论。相干光学理论中一个很重要的光路设置是迈克尔逊干涉仪。迈克尔逊干涉仪最早是由迈克尔逊本人用来证实以太的不存在的实验装置，并且通过这个实验架构和具有启发性的实验结果获得了诺贝尔物理学奖。随着激光的出现，激光本身就是一种相干光学的产物，所以在相干光学领域迈克尔逊干涉光路发挥着重要作用。2017 年，引力波 LIGO 团队利用迈克尔逊干涉路结构测量获得了黑洞双星体系发射出的引力波信号从而获得诺贝尔物理学奖，又一次让迈克尔逊干涉装置起到了重要作用。在这个引力波探测器实验中，引力波探测器 LIGO 实际上就是个迈克尔逊干涉结构装置，只是他们搭建的是几千米长度的迈克尔逊干涉仪探测装置，科学家们用它发现了广义相对论预言的引力波。这套装置采用了诸多精妙的技术来提高其测量精度，同时还有各种辅助探测器来检测干涉仪的工作条件，从而分析各种可能的外来干扰（噪音和信号）。而传统的迈克尔逊干涉仪是一种“分振幅”的干涉装置，一束激光通过一个

① 左剑，男，首都师范大学物理系，讲师。

半透半反镜(入射光有一半的可能性通过，另一半的可能性被反射)，分解为相互垂直的两路光(称为干涉仪的“两臂”)，干涉仪两臂都有个反射镜，把这两路光沿着原路反射回去，当他们再次到达半透半反镜的时候，就会在那里发生干涉，干涉的结果由一个探测器进行检测(测量的是干涉光的光强或者光斑变化)，调节干涉仪两臂之间的光程差，探测器的输出可以在干涉极小值和干涉极大值之间变化。这个变动的大小只是激光波长的量级(通常是微米)。引力波的物理理解是比较有难度的，但是对于引力波探测方法的理解是可以让学生知晓的。

笔者在探究实验课程中引入了自行搭建迈克尔逊干涉光路，观察光路对光斑的影响的实验课程设计。课程主要引领学生自行利用科研级别的设备组装搭建迈克尔逊光路系统。在搭建的过程中，学生首先体验到科研级别设备的精确性和准确性，如图1所示的激光光斑和光学镜片组。可以让学生体会到激光光束的实际光斑之小，其发散角随着光传播距离的增加而变化，以及如何通过调节镜片的俯仰角和光阑准直设备实现对光线方向的准直处理，如图2所示。在实验过程中，学生体会到了光斑的大小严重影响了干涉条纹的成像效果，因此学生会利用几何光学的原理实现了激光光束的扩束，如图3所示。掌握了光路搭建的细节问题后，就需要按照迈克尔逊光路原理方法搭建出实验整体图，如图4所示。从图中可以看到，干涉条纹是从两个光路中的激光汇合(共轴)形成的。

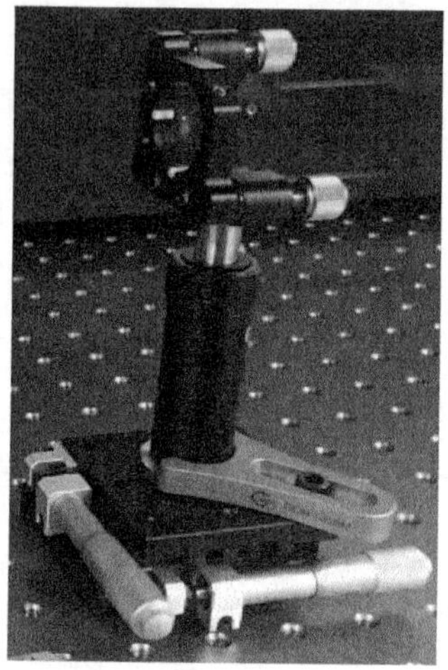

图1 迈克尔逊光路中运用的激光光斑和光学器件

图2 自行搭建的光阑准直设备

图 3　激光光束的扩束

图 4　自行搭建的迈克尔逊光路装置图

迈克尔逊仪器最大的特点是能够通过两个镜片之间的平行或者不平行的设置从而获得不同样式的干涉条纹，这个实验目的是对学生对相干光学传统认识的挑战。学生会体会到如何摆放两个镜片之间的角度创造出平行和不平行两种情况，这对于成像机制来说是极其重要的一步。学生在本次实验中探究任务也在于此，即如何通过变化的条纹得知此时的相干状态以及镜片的平行情况。

本组实验的探究任务并不仅限于此，学生会通过上述课程的训练知晓了相干光学的成像特点。探究课程的下一步便是引导学生去理解引力波的探测原理。为了测量微弱的引力波信号，我们需要非常灵敏的干涉仪，希望能测量到量级为 10^{-22} 的相对长度变化，为了达到这个目标，LIGO 采用了哪些手段呢？迈克尔逊光路能给这个探测带来什么样的启发呢？干涉仪每臂的长度调节成了 4000 米，每臂上都添加了一个光学共振腔，使得激光能够在其中多次反射：其品质因数 Q 大约是 300，光要来回跑 300 次才能逃出来，这相当于把每臂的长度增加到 1200 公里。同时又把整个干涉仪(除了激光器)以外放到另一个光学共振腔里(只是在半透半反镜附近添加两个高反射率的镜子而已)，其品质因数大约是35，这相当于把激光功率增大了35倍(从20W增大到等效的700W；也可以认为，功率没变，但是臂长又增大了35倍，也就是4万公里)。以上描述的这些都是相干光学最基本的物理规律内容，而且学生也完全能够通过搭建一个迷你版本的迈克尔逊的增强信号探测的灵敏光路实现。学生在处理这些问题的同时还会遇到另一个问题即激光的稳定性带来的影响。这也是物理探究实验所带来的对物理实验的深度认识，比如说，激光的功率、频率和光束质量都必须极端严格的稳定。这一问题的延伸到引力波探测方法的理解中，就会让学生探究的深度增加。这4公里长的干涉臂都是安放在隔绝震动的管子里的，管子直径1.2米，长度4000米，里面都要抽真空，气压低于1个微帕，也就是标准大气压的一千亿分之一(10^{-11})。所有的镜子都是悬挂在“四级悬摆系统”上来隔振的，它们可以把地面震动对镜子的影响减小10个数量级。当然这些仅仅是引力波探测实验中很小的一部分而已。于是，学生通过此次探究实验就能够综合了解到引力波的探测方式与迈克尔逊光路之间的相同点和不同点，加深了对相干光学的理解和应用。

二、超短光脉冲激光器与太赫兹科学技术的探究实验设计

本科生进行实验探究学习，也有利于对前沿科学技术特点的了解、掌握和应用，特别是最新的物理规律思想的总结和应用[1]。笔者的探究实验课程的另外一个重要目的就在于此，探究实验的目的不但是对基础物理规律思想的探索，而且更是在已有物理规律了解的基础上对前沿物理事实的了解，对最新物理规律思想的探索。本着这一目的出发，笔者的探究实验课程的设计巧妙地把相干光学基础物理知识—信号与系统基础物理知识—超短光脉冲激光器—太赫兹时域光谱采样等这四个方面结合在一起。主要分解为两个方面，一方面是依托于光学基础物理知识的超短光脉冲激光器等物理规律的学习和应用，另一方面则是依托于信号与系统知识基础上的太赫兹时域光谱采样技术的了解和应用分析。

在课程设计中，学生需要复习的是相干光学中的光的干涉、光的相干长度、光学谐振腔、光的量子理论，等等。然后学生需要在物理规律思想上拓展到锁模技术、色散补偿、电场信号的自相关/互相关测量原理等前言原理，在探究实验方面设计了飞秒激光振荡器产生的激光信号作为探究的数据分析和实际操作实验平台。在上一组探究实验中，学生的自主性是最大的，教师的角色是答疑解惑；而在这种类型的探究实验任务中，教师的角色的作用是牵引型，即必须在前面指路，带领学生在物理理论思想的理解以及物理实验操作要领和实验数据如何和理论对应等关键

问题上必须手把手给予传授和演示，如图5所示探究实验中所应用的飞秒激光振荡器。

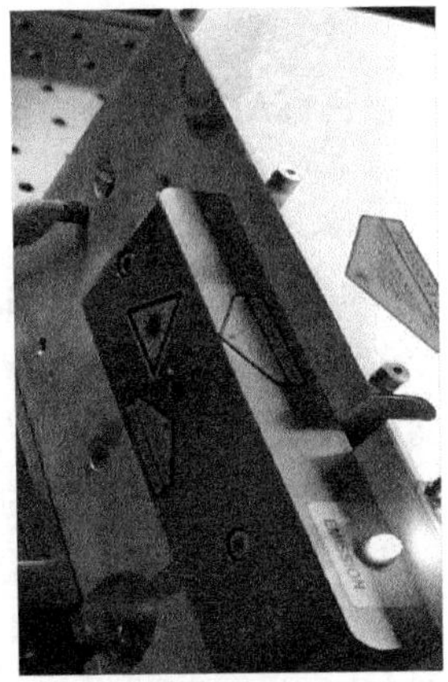

图5 探究实验运用的激光振荡器

探究实验中主要探究任务是激光器输出波长和波形变化。学生需要从光学基础知识出发理解为什么能产生如此之强的激光信号。进一步，学生要去探究为什么这个激光信号的时间尺度是在飞秒量级，就必须从量子力学中的不确定性关系出发，理论上去探索激光脉冲信号在时间尺度和频率尺度之间的反比关系。教师会应用自相关技术手段让学生看到我们可以测量到飞秒秒冲的时间信号轮廓以及波形。接下来如何理解自相关测量技术就需要引领学生一起回顾信号和系统的基础物理原理，如图6所示是能够测量激光脉冲的自相关系统。这时候，学生就能看到这套系统恰好就是上一节中讲述的迈克尔逊干涉光路测量系统。

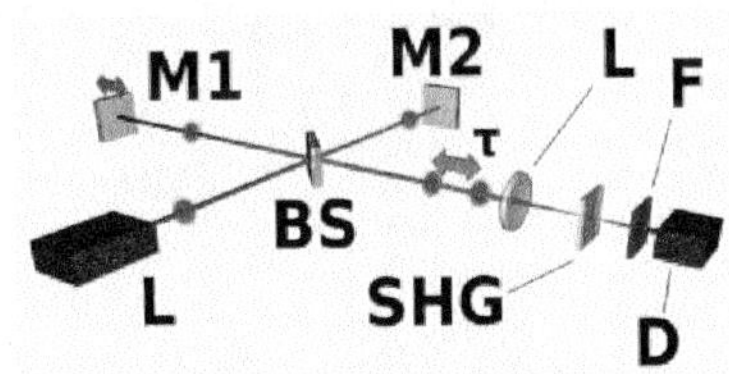

图6 测量激光脉冲的自相关系统

接下来需要给学生展示超短激光脉冲现象带来一个重要应用方向，即太赫兹时域光谱技术。探究课程的设计任务就是带领学生分析太赫兹时域光谱光路的特点，任务的核心是分析太赫兹信号是如何采样出来的。这个采样的过程就需要利用超短脉冲激光器的时域特点去满足对太赫兹信号的采样。学生的探究任务是理解太赫兹信号的获得过程，可以通过图表等形式展现出来。这个过程中非常重要的物理原理是对于光学延迟线的理解以及基于光学延迟线的太赫兹产生—探测技术。如图7所示，实验光路中应用了光学延迟线设备，通过光路中光程的变化引入了探测光和太赫兹产生光之间的时间差，这个时间差可以作为一个探究任务让学生理解并计算出来，注意学生要掌握其数量级概念。同时，学生在任务的探究过程中，需要理解太赫兹信号产生与超短激光脉冲信号之间由于时间延迟线的存在而产生的时间差异值。学生会探究到延迟线上镜片的位置移动导致的超短激光脉冲信号与太赫兹信号之间时间差值成正比。正是由于这样光路的特点，学生会联想到迈克尔逊光路的特点，从而作一正向类比理解了太赫兹信号如何探测。这一探究实验设计巧妙地让学生把光学、信号和系统和本系特色方向即太赫兹方向做了有机结合。

图7 太赫兹延迟线探测技术

三、总结

本文阐述了通过探究实验的课程设计，一方面，课程能够把学生学过的物理光学、信号与系统课程知识做到了衔接和整理，学生不但有动手实验设计，还有理论上物理规律的理论推导分析过程的体验。另一方面，探究课程不拘泥于普通实验本身，探究实验会引导学生从基础物理规律原理出发，从基础物理实验过程和结果出发，让学生接触最新的科研方向(比如本文中的太赫兹探测过程)，使学生了解到新的科研防线也是建立在传统的物理规律原理的基础上，但是新的科研方向是通过诸多的技术技巧实现了这些原理的再现，因此这一技巧过程正好就是学生探究实验课程开发的重点和关键点。

参考文献：

[1]曹显莹，曲阳."大学物理实验"课程教学方法改革研究[J].大学物理实验，2015，28(6)：111－113.

教学改革理论创新

新时代学科发展下的元素无机化学教学改进*

田　洋①

元素无机化学是一门比较古老的学科，因此如何与时俱进的做好元素无机化学教学是非常必要的。进入新世纪、新时代，新能源（如氢能、锂离子电池、染料电池、太阳能电池）、新材料（如纳米材料）成为社会进步的重要动力，因此元素无机化学的地位正在逐渐提高，成为当今科学的热点和前沿之一。本文我们就来探讨在新时代下元素无机化学教学面临的问题和机遇，以及应对措施。

一、元素无机化学面临的主要问题

基础无机化学就其内容而言分为基础理论和元素分论两部分，其中元素分论是无机化学教学的主体和核心，理论部分则是为研究和说明无机物性质服务的，二者互相渗透紧密结合构成无机化学的主题。长期以来，元素无机化学在内容上多是物质的存在与制取、元素通性、化合物性质及反应特性等描述性内容的罗列，包括成千上万条化学反应方程式及众多化学事实[1]。但是随着社会的发展和科技的进步，元素无机化学中很多内容正日趋老化，如不及时更新将不能满足当前社会发展的需要，急需新鲜血液的注入。在教学上，由于内容的庞杂枯燥，使学生在学习过程中往往感到抽象、困难，产生一看就懂、一听就烦、一放就忘、一用就不会的感觉[1]。而且，很多人认为元素无机化学与以后的专业课或其他课程联系不紧密，用处不是很大。因此，元素无机化学不太容易引起同学的重视[2]。

二、新时代下元素无机化学面临的机遇和应对措施

元素无机化学虽然是一门古老的自然学科，但是随着新能源、新材料等新领域的崛起和发展，元素无机化学的地位正在焕发新的力量。无机新材料和新能源现在已经成为当今科学的热点和前沿之一，而无机非金属和金属材料是材料学上两个非

---

* 本文受首都师范大学2016年人才交叉课程建设项目“面向生命科学专业的《无机化学》”资助。

① 田洋，男，首都师范大学化学系，教授。

常重要的分支，它们与人们的日常生活紧密相连、密不可分。随着科技和生产水平的提高，人们对生产生活所需材料的性能要求越来越高。而人们在寻找新型高性能材料的时候，特别是无机功能材料时，通常要借助元素无机化学的内容，从它们丰富的性质中去探索和发现。例如，2007年诺贝尔物理学奖就授予了在无机化合物$La_xBa_{1-x}MnO_3$中发现巨磁阻效应的科学家，该化合物可用作信息存储材料，是当前电子信息技术朝小型化和超高速化发展的基础和重要保证。因此，科技的飞速发展离不开元素及其无机化合物。这就要求我们重视元素无机化学，不但要让学生打好扎实的基础，还要使其关注元素及其化合物在新材料中的应用这些比较前沿的内容，培养学生的兴趣、激发学生发现与创造的激情。另外，由于无机材料本身具有很广泛的应用性，与人们日常生活联系比较紧密，因此同学们通过材料的性质与功能反过来在理解和记忆元素及其化合物的性质，会感觉更具体、更真实。

以碱金属一章为例，元素Li及其化合物在过去都不是本章的重点。但是现在人们的日常生活已经无法离开Li及其化合物，特别是在电池领域，如手机、笔记本电脑、电动汽车等电子产品中，锂离子二次电池已经大范围的取代了以往的干电池；而且发达国家还在努力研究，以提高锂离子二次电池的性能，如提高电池的充放电容量、延长使用时间、拓宽使用温度范围等。然而我们现在的教学内容还停留在以前的范围里，使得学生对于锂离子电池的原理及构造仍然不了解。这样不但使同学们对于Li单质及其化合物很难有具体的认识，更重要的是他们不能把握学科的前沿，很容易失去对学科的兴趣。相反，如果针对当前科技发展及时进行学科内容上的改革，把无机新材料的相关前沿内容与元素无机化学相结合，既加深了他们对无机元素及其常见化合物的认识和理解，还可以培养其学习兴趣、激发创造力，使他们可以更加灵活地运用知识，真正做到学有所用。而且这样也可以促进元素无机化学的发展，为其注入新鲜血液，可谓一举多得[3]。

另外，教与学是相互依存不可分割的统一体，注重具体的教学方法也是很重要的[4]。只有当师生之间真正和谐地融洽为一体，才能真正发挥出教学相长的理想局面。教师在元素无机化学教学中要注重因材施教，应鼓励学生多提问题。教师要注意学生的反应，并不断的提出问题让学生现场作答，采用启发式、研讨式教学方法，这样既可以提高学生的注意力，又能让老师随时掌握学生的学习状况。师生互动环节可以在课堂内进行，在课外也要注意师生间的沟通，在教学和学术方面不断交流，引导学生去思考和创新，激发学生大胆质疑，促进学生合作探究[5]。虽然学生们是一年级学生，教师可以在他们初步掌握该课程的基础之上，有意识地逐步指导他们查阅科研文献，撰写一些自己感兴趣的论文，激发他们在元素无机化学方面的兴趣和潜能，这也为学年后期开展无机化学研究性综合性实验、熟悉科研项目基本过程的运行打下基础。作为大学一年级的新生，能够通过自己查阅文献撰写一篇小论文，对于他们来说也是非常新奇、非常难忘的。

此外，绝大多数学校现在都鼓励本科生参与科学研究，因此可以充分利用这种良好的机会对于学生进行前沿性相关学科教育。其实大学一年级很多学生对于科学研究怀有很大的好奇心和兴趣，教师如果将科研成果及时转化为教学实验，使学生尽早融入科学前沿中去，在研究中学会发现问题，解决问题的方法。教师要把更多的时间和空间留给学生，让他们去阅读，去学习，去思考，去设计。教师在这个过程中可以给学生充分的指导，可以尽量满足他们实验中所涉及的试剂和仪器的需求，让学生有机会尽早接触到最新科研前沿内容。虽然可能加入到科学研究队伍的同学是少数，但是根据调查发现，学生们平时都会进行这方面的交流。没有做科研实验的同学会非常想知道那些正在做科研同学们的研究内容。通过这种交流，使他们对于所学课程有进一步的认识。也有相当一部分学生们现在最大的烦恼之一就是不知道所学的知识有什么用，他们认为大学学习的内容今后没什么用，认为以后当中学老师甚至小学老师，现在的知识就已经足够了。这种对知识的浅薄的认识是十分有危害的，因此适当的接触一些有意义的科学研究，帮助他们正确的认识和看待所学的知识也是很有益的[6]。

三、结论

总之，元素无机化学相对其他化学专业课来说，内容烦琐，理论规律比较少。特别是元素无机化学具有更快的更新速度，因此对其教学需要保持与时俱进。只要同学们有兴趣，能够用心感受里面丰富多彩的化学元素，对于今后无论从事教育工作还是科学研究都会起到良好的基础作用，对于今后认识问题，分析解决问题的态度与方法也有积极的心理影响。

参考文献：

[1] 王崇臣．元素化学教学方法探究[J]．大学化学，2007，22(4)：28—30.

[2] 文君．无机化学中元素化学教学的探讨[J]．贵州教育学院学报：自然科学版，2005，16(2)：59—60.

[3] 金凤，朱军．无机化学教学改革的探索和实践[J]．宿州学院学报，2009，24(3)：143—145.

[4] 邓玉恒，李夏，王少亭．普通化学原理绪论课的一点教学体会[J]．首都师范大学学报，2007，28(12)：6—11.

[5] 杜婕．高校无机化学课程教学现状及其改革思路研究[J]．2011，6(2)：79—81.

[6] 展树中，邹智毅，黄莺．《无机化学》元素部分的教学改革与实践[J]．中国科教创新导刊，2010 (1)：82—82.

定点突变教学实验体系的建立

王海龙[①]　杨志伟　刘晓晴　陈志玲　牛　畅　鞠传丽　张玮玮

分子生物学实验技术日新月异，而且越来越成为生命科学各学科的基本工具。我校生命科学学院面向本科生开设的分子生物学实验课程以基因工程实验为核心，包含了基因的获得、体外克隆、克隆基因的表达、检测等内容。但是一直没有涉及克隆基因的定点突变等技术。而该技术已经成为当前生命科学各专业实验室研究生的必备技能之一。本项目计划以增强型绿色荧光蛋白 EGFP 的 cDNA 为模板，通过基于 PCR 的定点诱变技术，突变 EGFP 基因中一些编码荧光生色团中关键氨基酸的核苷酸，达到减弱 EGFP 发射荧光能力的目的。通过这个过程，帮助学生熟悉体外定点突变技术，并强化遗传信息从 DNA 到蛋白质及生物表型的基本概念。

一、引言

荧光蛋白的应用打开了许多适用于活细胞研究的先进生物成像技术的大门。如不同细胞区适时标记，创新的 FRET 方案或纳米技术等。生物发光现象，在无脊椎动物中很普遍。它是生物能量的一种转换方式。在水母(Jellyfish)中，当能量从 Ca^{2+} 活化的水母蛋白(Aequorin)转移到绿色荧光蛋白 (Green Fluorescent Protein，简称 GFP)上以后，它即发出绿色荧光。纯化的 GFP 能够吸收蓝光，放射绿光。因此可以用紫外灯、荧光显微镜或荧光活化流体分光光度计进行活体检测。由于 GFP 稳定、灵敏度高、无生物毒性、荧光反应不需要任何外源反应底物及表达无物种或细胞组织的专一性，因此它是一种独特的报告蛋白(Reporter Protein)，可广泛用于基因的表达与调控、蛋白质的定位、转移及相互作用、信号传递、转染与转化，以及细胞的分离与纯化等研究领域[1]。

通过前期的文献调研，我们发现 EGFP 的第 222 位谷氨酸 E222 参与荧光生色团的构成[2-4]，对 EGFP 的发射荧光的能力至关重要。而绿色荧光蛋白又是我们教学里用得最多的实验材料，表型也容易检测。所以我们计划以 EGFP cDNA 为模板

① 王海龙，男，首都师范大学生命科学学院，副教授。

通过 PCR 介导的定点诱变技术突变该位点，并检测荧光强度是否发生变化。

依赖于近年越来越多的高效耐热 DNA 聚合酶的成功应用，现在实验室最常用的基于 PCR 的定点突变技术是一步反向 PCR 法，通过在引物中引入突变，利用高保真 DNA 聚合酶扩增包括载体片段在内的重组 DNA 分子，之后实现 PCR 扩增产物 5′末端磷酸化和分子的自身环化，从而获得定点突变的重组子。我们采用这一技术利用 EGFP 为材料，设计了定点突变实验教学体系。

二、实验系统设计

实验材料选用商品化的 EGFP 质粒，一方面我们整个分子生物学实验教学体系都采用这一基因作为材料，学生比较熟悉；另一方面 EGFP 的绿色荧光比较容易监测，这样有利于观察突变后的表型。关于突变方法，我们计划采用现阶段实验室最常用的长引物一步 PCR。我们通过查阅一些文献发现，EGFP 上的某些氨基酸突变后其发射荧光的强度会有所减弱。我们设计了一对特异的引物(PF：5′－CACATGGTCCTGCTGCAGTTCGTGACCGCCGCC－3′和 PR：5′－GGCGGCGGTCACGAACTGCAGCAGGACCATGTG－3′)，在引物上设计突变，可将 EGFP 的第 222 位谷氨酸突变成谷氨酰胺。这样可以比较大的改变该位点的微环境，但对整体结构改变不大。通过这种长引物，对野生型 EGFP 质粒进行 PCR，可在体系内合成含有突变的新质粒，再用 Dpn1 核酸内切酶消化，去除原始质粒，即可得到在 222 位点产生突变的新质粒。将该质粒转化入感受态细胞，扩增，质粒提取，可得到突变质粒。对质粒进行测序，可确定突变是否发生。将野生型质粒与突变质粒转入 293T 细胞，即可在荧光显微镜下观察 EGFP 荧光的强度。

三、实验结果

(一)点突变质粒序列比对结果

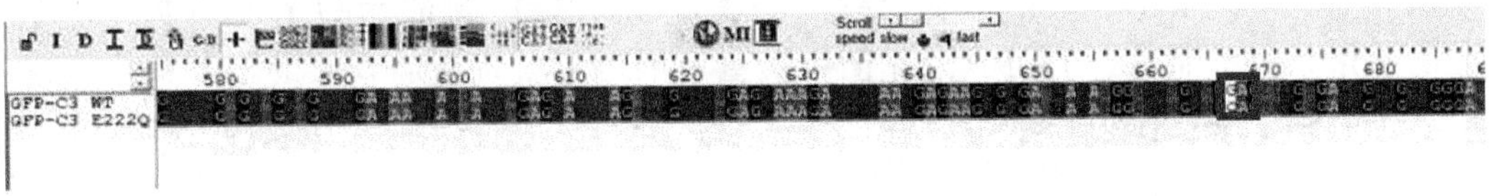

图 1　序列比对结果显示，对 222 位氨基酸的点突变成功，氨基酸由谷氨酸突变为谷酰胺

(二)通过荧光显微镜观察 GFP 荧光蛋白点突变前后荧光的变化

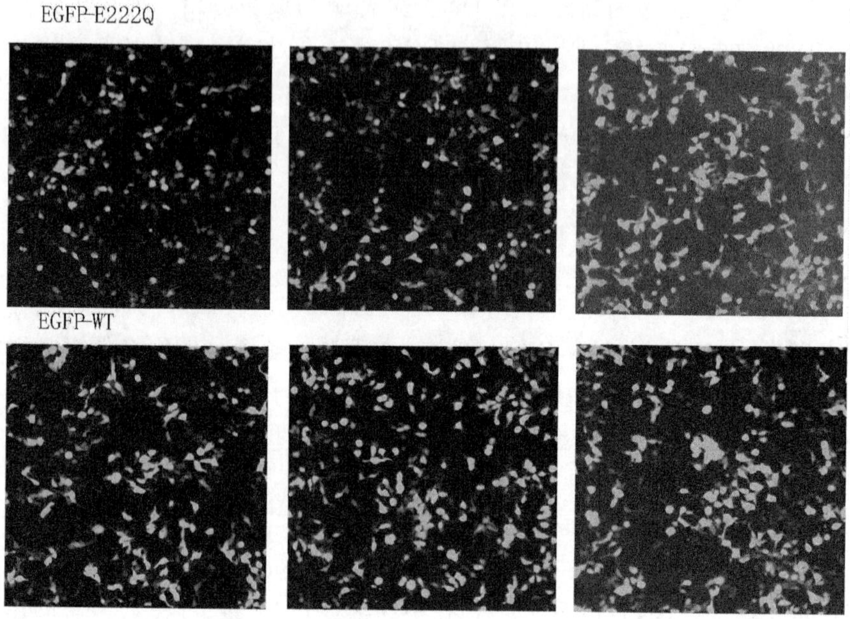

图 2 野生型及 E222Q 突变体绿色荧光蛋白在 293T 细胞里的发光情况

(三)结果分析

通过设计突变引物、PCR 扩增等步骤我们得到了一些潜在的 EGFP 突变体基因，编码 E222 的密码子 GAG(Glu，E)被成功突变成了 CAG(Gln，Q)(见图 1)。通过基因测序，发现在我们设计的位置，EGFP cDNA 发生了突变。说明定点突变实验室完全成功的！而且在实验室简单易行。

进一步的，我们将野生型 EGFP 质粒(EGFP－C3 WT)及 E222Q 突变体(EGFP－E222Q)293T 哺乳动物细胞系表达野生型及突变体绿色荧光蛋白，在荧光显微镜下观察含有野生型及突变体绿色荧光蛋白细胞的荧光情况。如图 2 所示，E222Q 突变并没有使 EGFP 完全丧失发射荧光的能力。但是，明显地 E222Q 突变体的发光能力比野生型 EGFP 要弱一些。这一结果说明，E222 可能参与了 EGFP 发光集团的构建，但可能不是 EGFP 发光团中最重要的或唯一重要的氨基酸，其他氨基酸应该也起到了重要作用。

四、实验教学体系的实施设计及可行性

我们成功地建立了可用于教学实验的体外基因定点突变技术。我们前期为了实验成功使用的是赛百盛公司的试剂盒，后来发现该试剂盒并不是必要的。用一些公

司的高保真聚合酶同样可以完成诱变，说明我们的技术简单易行，成本低，适用于教学实验。通过这一实验，学生可以重温 PCR 技术，熟悉定点突变实验的设计和实施，初步的熟悉 DNA 测序技术，如果条件允许，还可以在细胞内检测突变后蛋白的表型，是一个非常好的教学实验模型。

实验的整个过程比较长，可根据实验课的整体安排及教学实验室的条件做出调整。比如可以停在测序结束，不做荧光强度的分析。测序结果已经代表了突变的发生与否，不一定非要进行表型的分析。

我们的整个分子生物学实验教学体系缺少了现在非常实用的定点诱变、序列分析等技术的培训。现在的一代测序虽然都可以在公司完成，但是其实大部分学生对于如何准备样品、选用引物、测序结果分析等都不清楚。到了研究生阶段，一般导师又觉得这些都是很容易的事情，没有相关的培训。这一教学实验的建立将很好地弥补这些缺陷。使学生初步地掌握成熟、有效地定点诱变技术，并熟悉实验室 DNA 序列测定的基本流程。并加深基因(DNA 序列)决定蛋白质性状的基本生物学概念。

参考文献：

[1]T. D. Craggs. Green fluorescent protein: structure, folding and chromophore maturation[J]. Chemical Society reviews, 2009, 38: 2865—2875.

[2]R. Bizzarri, M. Serresi, F. Cardarelli, S. Abbruzzetti, B. Campanini, C. Viappiani, F. Beltram, Single amino acid replacement makes Aequorea victoria fluorescent proteins reversibly photoswitchable[J]. Journal of the American Chemical Society, 2010, 132: 85—95.

[3]S. Abbruzzetti, R. Bizzarri, S. Luin, R. Nifosi, B. Storti, C. Viappiani, F. Beltram, Photoswitching of E222Q GFP mutants: "concerted" mechanism of chromophore isomerization and protonation[J]. Photochemical & photobiological sciences: Official journal of the European Photochemistry Association and the European Society for Photobiology, 2010(9): 1307—1319.

[4]D. Bourgeois, V. Adam, Reversible photo switching in fluorescent proteins: a mechanistic view[J]. IUBMB life, 2012, 64: 482—491.

“游戏化艺术教育活动”干预低年龄自闭症儿童“视觉”研究

刘丽新[①]

一、自闭症发病率和思考

（一）自闭症抽样统计

近几年“自闭症”成为热搜词，主要源于此病逐渐增长的比例数字。据调查：到目前为止，全球160名儿童中就有1名儿童患有自闭症。英国、日本、韩国都做过抽样调查，发病率为英国1.1.6％（2006年报道）、日本1.1.8％（2008年报道）、韩国2.64％（2011年报道）。美国疾病控制与防控中心2014年统计：2012年出生的孩子发病率为68∶1，其中男孩发病率为42∶1。

我国2006年对全国残疾人第二次抽样调查中将儿童自闭症纳入精神残疾范畴，调查结果显示：在0—6岁的精神残疾儿童占总数的1.10‰，约为11.1万人，其中自闭症导致的精神残疾儿童占到36.9％，约为4.1万人。21世纪初，福建、江苏、安徽、天津、广东、北京等12个省市都做了筛查工作[②]，增长的数字不可小觑。

（二）“自闭症”带来的思考

日益增长的自闭症儿童（包括发育迟缓儿童）不得不给我们警示。

1. 不同领域的人思考不同问题

医务工作者思考：如何筛查自闭症、哪些临床症状可以用药物或相关手段控制，伴随性肠胃问题、睡眠和焦虑问题如何用药……医生的任务是缓解生物体自体病症，最大限度减轻、控制病情发展。

康复工作者思考：首先思考如果通过ABA训练模式改善患儿的行为问题；其次思考如何让患儿开口讲话？第三思考如何对患儿感觉统合进行训练，如改善患儿走路不稳等状态；最后思考如何使患儿数数、说动物和生活用品名称、自主选择要玩的物品等。康复师训练患儿的目的是改变自闭症儿童的“不良状态”，如刻板行

① 刘丽新，女，首都师范大学学前教育学院，副教授。

② 徐云：《自闭症儿童的早期发现、干预、教育研究进展》，科学出版社，2017年版，第16—17页。

为、攻击行为、动作障碍、无语言等，对患儿视觉能力及其引起的能力联动内因思考不足……

笔者是教育者，首先会思考如何从本质上提高他们智力和非智力水平，用有效教育手段激发患儿各方面潜能，使其未来有能力生存，为社会、家庭减轻负担。目前常用的ABA训练也许能克服行为问题，但换个环境行为问题又清晰地显现出来。如果从因果关系中思考，用教育方法和手段从根本上解决问题才是理想的结果。笔者思考的另一个问题：人的"心理理论建构"源于生命早期感官与环境互动，如果以患儿基本水平为基础增加感官刺激，特别是视觉刺激，有可能弥补早期心理理论缺失……

2. 自闭症儿童的后续问题

自闭症是早期发病终身精神障碍性疾病，75%伴有智力、语言等方面问题，他们的康复和未来能否就业都是家庭和社会关注的重要问题，此刻主要从经济方面谈对社会的影响。美国2012年宣布，本年为自闭症支出的社会经济成本为260亿美元，到了2015年美国预测每年将为自闭症支出268亿美元，占美国GTP1%；2007年英国统计，每年为自闭症支出总成本250亿英镑①。我国对自闭症康复成本没有具体数字统计，但残联对自闭症儿童家庭的资助已达到8000元/月……研究证实：如果早发现早干预，会有效改变大部分患儿状况，使其做到自食其力大幅度降低社会成本是可能的。

二、自闭症根源及视觉问题分析

为了规避自闭症的发病率，笔者亲身参与设计自闭症干预活动，汇总医学及个体发展文献，专门寻求患儿视觉注视的根源问题。

(一)神经发展及根源假设

医学证实，自闭症是神经性发育障碍。我们首先了解一下神经发展过程：母亲怀孕第4周，第一个形成的就是神经系统(最震惊的是神经开始形成的时候粗心的母亲可能还不知道自己已经怀了宝宝)，受精卵中发育出的第一根神经开始对外界刺激发生反应，但随着个体成长，直到神经髓鞘化才发育成熟。怀孕8周时大脑皮层粗略分化，随个体成长大脑会因沟回逐渐增多而复杂起来，神经纤维的长度、分支和突触数量也会增加，它们随脑的结构复杂变化从各方向伸向脑的深处，为大脑这个"司令部"搭建无数联系通道，使神经元间的联系越来越丰富。当大脑神经纤维不断建构的同时，部分最先发育的神经开始髓鞘化(就像电线外面的绝缘塑料皮，

① 徐云：《自闭症儿童的早期发现、干预、教育研究进展》，科学出版社，2017年版，第11页。

主要作用保证神经兴奋按一定通道有序传递），直到 6 岁末左右，髓鞘化完成，神经在发育过程中如有偏颇会出现精神发育障碍问题。

自闭症在神经开始形成到髓鞘结束的复杂发育过程中，可能在某个阶段出现了问题，如通路搭建是否够长度？神经长度是否能将指令被传送到位？假如某根神经末梢没有髓鞘化也可能出现信息不能按照固定通道传递出现混乱……笔者推测，自闭症儿童个体病状有差异和个体神经发育过程中出现问题的阶段和位置不同有密切关系。

(二)眼睛发育与神经中枢

眼睛形成的关键期在受精后 24—29 天①(粗心的母亲甚至不知道已经怀宝宝)，眼胚在 4 周左右有雏形之后逐渐完善。眼睛器官虽不断完善但子宫内黑暗，因此视觉相对触觉和听觉器官发育晚。胎儿 3 个月左右眼睛结构基本形成，眼睑已覆盖眼球，4 个月左右眼球可以缓慢移动，6 个月左右眼睛可以睁开闭合，能感知子宫外较强光的变化；9 个月左右眼球转动自如流畅，对子宫外的任何光都有敏锐的感觉……胎儿眼睛成长由遗传和子宫环境决定，产检无法检测视觉能力是否有问题。

新生儿就有视觉但视觉能力水平低，视觉调节能力很差，眼功能不能根据视域中物体变化而进行调节，所以暂看不清周围的物体，新生儿偶有对眼是视觉调节能力差的原因。出生后 1 个月内视觉发展和变化是惊人的，出生时是边缘视觉(只能看到物体边缘处)，很快就能对视线范围约 20～38 厘米的物象聚焦，满月时最远可看约 90 厘米处的物。

眼睛的发育和视觉能力是两个不同的概念，很多自闭症儿童视力没有问题的②，问题出在视觉—空间信息加工紊乱，属于中枢神经系统的通路和调控问题，因此自闭症是神经发育障碍的说法是合理的。笔者从教育角度认为：早期环境也是诱发自闭症非常重要的因素。

(三)自闭症的视觉特点

自闭症儿童有注视吗？2015 年美国加州理工学院研究人员用眼动仪器记录了自闭症儿童对图像视觉停留的情况，结果证明：无论图像中心点是什么画面，比较容易被画面中心点吸引③。还有研究表明：自闭症儿童只对人脸的下半部分有注视……这是非常让人雀跃的发现，直觉告诉笔者：自闭症的视觉注视与视觉经验和视觉兴趣有非常密切的关系。

---

① David R. Shaffer Katherine Kipp，邹泓译：《发展心理学》，中国轻工业出版社，2011 年版，第 109 页。

② Stanley L Greenspan，M. D，Serena Wieder，Ph. D：《地板时光》，华夏出版社，2014 年版，第 103 页。

③ 徐云：《自闭症儿童的早期发现、干预、教育研究进展》，科学出版社，2017 年版，第 3 页。

三、视觉注视问题与心理发展关系分析

教育者不仅要研究生物医学给出的核心症状，而且要研究三大症状与心理发展及教育的关系，笔者更愿意从个体发展角度看自闭症儿童。

(一)自闭症儿童视觉与心理发展水平差异

儿童心理发展既有阶段性又有连续性、既有独立性又有联系性。尽管自闭症儿童存在无社会性沟通、狭窄兴趣、刻板行为、不能对视、缺乏注意等关键问题，但“症状”只是医学描述的精神发育障碍现实状态。笔者认为，自闭症儿童是独立的个体，虽然他们偏离发展规律呈现独特性，但每个自闭症儿童都具有各自心理和心理水平。

儿童发展心理学表明：人早期的心智发展与感官接受环境刺激的多少有密切关系，特别是视觉信息的输入，因此自闭症儿童视觉注视缺失必定导致其心理发展迟缓。

基本信息	冲冲(男 5 岁 9 个月)	小墨(男 5 岁半)
观察记录	无语言、无视觉对视，大动作符合年龄水平，喜欢音乐节奏，音乐响会随音乐摇头，多数时间什么都不做，发愣……	小墨，有语言、有视觉但很短，大动作符合年龄特点，能听懂基本指令，无指令时不主动做事，一直发愣……
绘画作品	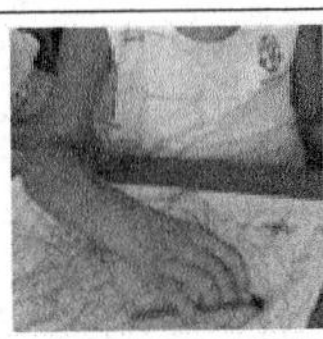 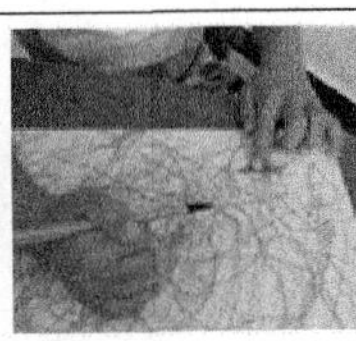	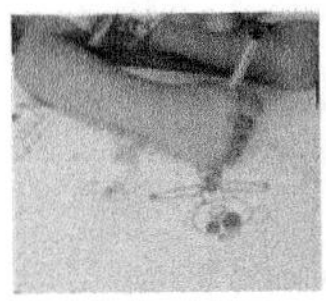 
心理水平分析(根据绘画心理分析方法)	画面分析：冲冲的绘画水平在涂鸦期，能用大动作和腕部动作涂鸦，画面没有真正象征意义的符号，冲冲虽已经 5 岁半，但心理水平与 3 岁内儿童水平相仿	画面分析：小墨绘画进入象征期，能画出人特征，但“稻草人”缺乏动态感，但心理水平比冲冲高很多，但与同年龄正常儿童比水平还是稍低

如果了解每个患儿视觉和心理水平，制定有效果教育干预方案，会有利于视觉能力发展，有利于向正常儿童程度靠得更近。

(二)环境刺激与视觉发展

皮亚杰经典研究验证了“儿童是在与外部环境的互动中得到发展的”。孕期宝宝肌体发育是生理基础，心理发展是从出生后开始。新生儿只要清醒时就会吸纳性感受声音、物象及色彩，以此获得各种经验从而促进脑的发育发展。如果根据视觉发育规律，为其创造良好视觉环境，如：新生儿视觉只对黑白边界感兴趣，可用黑色

纸剪些物象贴在白纸上，在他清醒的时候给他看，之后用鲜艳的玩具吸引他的视觉……丰富的环境不仅对其视觉对视、视觉追随等能力发展有重要作用，而且视觉能力发展对脑神经发展及心理发展都有重要作用，脑的发展又对视觉能力起到互利作用。

研究表明：正常个体获得信息中80％以上源于视觉，前提是必须有视觉注意。注意是心理活动对一定事物的指向和集中，它不是独立的心理过程，它本身没有特殊内容，它表现在感觉、知觉、记忆、思维想象等心理过程中①。自闭症儿童长期没有注视便不能从周围环境中获得有效信息，神经通路便无事可做，脑无须做任何编码工作而被束之高阁，长此以往脑部与视觉相对应部位的神经功能会迟缓甚至逐渐萎缩，相应的心理发展也会停滞不前。

儿童出生后视觉能力有高低，如：眼睛能否扫描、凝视和专注？视敏度如何？②这些能力取决于他们从周围世界中获得了什么样的信息，他们能够看到整个客体，还是只能看到客体的局部，如：边缘、某一部分、一个平面还是立体空间状态等。经过两年的探索，笔者确定：无论自闭症儿童视觉处于哪种水平，用绚烂的色彩、丰富的材料及游戏化的形式，可以为自闭症儿童打造优质持续的视觉刺激环境，对不同视觉能力自闭症儿童的视觉发展非常有效。

（三）早期发现对视觉发展的重要性

很多研究表明：早期发现干预，对自闭症儿童的康复效果和未来是否能融入社会有关键作用。如果真正关注宝宝，通过视觉注视就可以发现问题，如：妈妈喂奶时宝宝是否会对视？妈妈唤宝宝名字时是否有反应？宝宝是否爱笑……儿研所神经科金主任诊断出的最小的自闭症患者只有将近4个月。谈话法知道：妈妈发现2个月宝宝不会循声转头，但没太在意，一天晚上带宝宝出去，路灯一闪一闪从车窗划过，宝宝没反应，妈妈怀疑宝宝眼睛看不见，经过鉴定患儿有自闭症倾向……这个宝宝干预后发展很好，我收集多个早期干预后可入学的案例。

四、游戏化艺术教育干预低年龄自闭症儿童视觉能力的可能性

将脑科学、儿童发展心理学成果与教育结合，对低年龄自闭症儿童发展有更多的可能性，可能性如下：

（一）低龄儿童神经的可塑性

儿童早期脑神经的可塑性很大。如：桑标在《儿童发展心理学》中描述脑损伤与语言发展之间具有密切联系，使我们清晰了解语言敏感期前，即使大脑主管语言区

① 伍棠棣、李伯黍、吴福元：《心理学》，人民教育出版社，1982年版，第54页。

② 桑标：《儿童发展心理学》，高等教育出版社，2011年版，第108页。

域损伤，只要早期干预，其他神经中枢系统会代替语言中枢发挥作用。北京师范大学学报2007年第三期刊登的《脑的可塑性研究：现状与进展》中表述：大脑神经系统具有极强的可塑性，即使聋人和盲人的神经系统同样具有可塑性……

重要的是，必须在患儿低幼时期筛查出患有此病，并尽早进行强密度干预，才有利于神经系统的发展和塑造。

(二)游戏化艺术教育活动的基本框架

相对其他感觉器官而言，自闭症儿童对物的兴趣较大，具有“视觉优势”特点，游戏化艺术活动运用其视觉优势特点，创造出丰富、有趣、持久的教育环境。

1. 理论依据

皮亚杰理论表明：学习过程不是简单的信息输入、存储和提取，是新旧知识经验之间的双向的相互作用过程，也就是学习者与学习环境之间互动的过程，是同化、顺应和平衡的过程[①]。在了解低年龄自闭症儿童个体心智水平的基础上设计有效干预课程，使其在学习中逐渐同化和顺应，就可得到发展。

“最近发展区理论”是维果斯基提出的。指儿童发展的两种水平，一种是现有水平，一种指在教师引导和帮助下可以达到的较高水平，两种水平间的差距称为最近发展区。低年龄自闭症儿童的心智与年龄没有密切关系，因此评估和鉴别个体心智水平很重要，以此寻找他们的最近发展区是促进心智发展最重要的措施。

2. 干预方法借鉴

最初笔者将ABA训练法运用在艺术活动中，但总觉得活动不够鲜活，不能达到心智共同发展的目的。之后继续寻找更适合低年龄自闭症儿童的训练方法，遇到了“地板时光”。地板时光是一种干预疗法，美国精神病学家史丹利·格林斯潘长期研究创造的干预模式，简称DIR模式。核心方法：通过成人与患儿游戏互动和共同做事，使患儿的眼神交流、语言及情感交流得到改善。2016—2017年间，笔者将DIR与ABA结合，共同运用于艺术教育活动中，创设出“游戏化艺术活动课程”。

3. 课程体系

课程体系是在心理学、健康教育、艺术教育、ABA和DIR训练法的基础上建构起来的。整个体系以自闭症儿童个体水平为基础，以视觉刺激和丰富感知为基本方法，其中体育游戏主要针对视动觉、大动作、前庭、本体觉进行教育和训练；游戏性绘画主要针对视觉注视、本体觉、触觉、精细动作、手眼协调等进行教育训练；音乐游戏主要针对视觉注视和模仿、听觉、听动觉等进行教育训练；绘本主要针对视觉、听觉、基本语言沟通进行教育和训练；儿童剧和皮影主要针对视觉、视听觉等方面进行教育和训练；情境主题主要以生活情境再现对轻度患儿和程度较好

① 刘丽新：《地板时光与艺术教育融合探索》，《才智》，2018年第6期，第56页。

的儿童进行全面教育和训练，为其未来社会化提供帮助。

（三）游戏化艺术教育活动教师培养

游戏化课程体系初步完成后需要实践验证，然而到哪里寻找既懂教育又了解自闭症儿童的教师呢？没有！于是笔者研究出“四模块七环节跟进模式教学法”，可在短期培养出适宜的教师。“模式法”的发现与总结对笔者热衷的“幼儿园美术教师培养”也起到借鉴和促进作用。

跟进模式，指对没有自闭症儿童教育经验的新教师的系统培养方式，由四个模块七个环节组成。四个模块包括：培训、转换、实践、验证与反思。七个环节包括：了解自闭症基本知识、体验游戏化艺术课、精准观察、教育方案转换、教育实践与比对分析、修正过程、总结结论。

五、结论

经过实践法、观察法、眼动仪视注视收集法、记录法、分析总结等方法可知：实践过程中收集的大量材料都能证实：自闭症儿童在参与活动的过程中，对视觉注视能力，对情绪控制、视觉注视、空间知觉、精细动作、认知等能力有不同促进作用。

参考文献：

[1] 徐云．自闭症儿童的早期发现、干预、教育研究进展[M]．北京：科学出版社，2017：16—17，11.

[2] David R. Shaffer Katherine Kipp．发展心理学［M］．邹泓，译，北京：中国轻工业出版社，2011：109.

[3] Stanley L.，Greenspan，M. D，Serena Wieder，Ph. D．地板时光［M］．北京：华夏出版社，2014：103.

[4] 伍棠棣，李伯黍，吴福元．心理学［M］．北京：人民教育出版社，1982：3.

[5] 桑标．儿童发展心理学［M］．北京：高等教育出版社，2011：54，108.

[6] 刘丽新．地板时光与艺术教育融合探索［J］．才智，2018(6)：56.

2017年力学教学改革之探索与实践*

赵丽丽①

一、引言

2017年秋，物理系实行教学改革，力学课程由大一下学期改为大一上学期。这次改革，是建立在前期大量的调研基础上的，得到老师和学生的认可。这次课程的调动，唯一让我们担心的是：由于力学课程需要用到矢量和微积分两大数学工具，而且，这两大方面内容会贯穿整个力学课程中。然而，高数中微积分方面的内容也需要一学期才能学完。这次调动，一方面，给任课教师的每一步教学会有一些影响，另一方面，高数知识的缺乏对学生的学习也带来了较大的影响。

从知识内容本身来看：大学物理与中学物理的最大区别在于研究对象更加广泛，研究的问题更具有一般性。中学物理的研究对象总是一个理想模型，例如力学中的常见研究对象是质点，电磁学中的常见研究对象是点电荷。而对于大学物理，研究对象由常见的质点到刚体，由点电荷拓展到一般带电体。中学物理的研究问题也是最理想的一种状态：匀速直线运动、匀加速直线运动、恒力、匀强电磁场，等等。然而当我们学大学物理的时候，忽然发现理想状态一下回到了现实：变速运动、曲线运动、变力，等等。初学大学物理的学生，很难接受这种改变。研究问题本身变复杂了，还需用到相应的高等数学知识；而这些高数知识，学生还没有学习，这给学生对知识的理解掌握造成一定的困难。尤其中学物理知识对他们来说印象颇深，他们很难去接受这种转变，总是试图用中学的思路去解决大学物理知识。

从另一角度看，物理是数学知识的直接应用，如果教学过程中能够精炼，逻辑的给学生介绍微积分思想，使他们能在较短时间内掌握微积分的精华，并在物理中给出实际的应用，这对他们数学的学习也有很大的帮助。

上学期，我们在教授力学课程中已做了初步尝试。本文，我们将对教授力学课程的经验进行整理、总结，并通过对学生学习过程，心得感受的调查，针对学生的具体的问题探讨出更好的方式。总结出学生学习过程中存在的障碍，希望学生能够

---

* 本文所属项目：力学课程中如何引入微积分思想。

① 赵丽丽，女，首都师范大学物理系，副教授。

更好地适应力学课程的学习。

二、微积分课程教学的简单介绍

1. 导数的应用

这部分内容中学虽然学过，但学生并不清楚来龙去脉，仍然需要按新知识一步一步去讲，这部分知识掌握得是否清楚，直接影响到学生积分的学习。在教学过程中，我们的基本思路如下：

1）从实际问题出发引入导数

在中学，定义过匀速直线运动中速度的概念，匀加速直线运动中加速度的概念，电荷均匀分布的带电体的密度的概念等，然而，当变速运动，变加速运动，电荷不再均匀分布，这些物理量如何定义？

（1）先让学生回顾理想状态下这些物理量的定义。

（2）引导学生去思考并得出：当时间很短，体积很小的时候，变速运动可视为匀速运动，电荷分布不均匀可视为均匀。

（3）给出这些物理量的表达式，例如：速度为：$v = \lim\limits_{\Delta t \to 0} \Delta x / \Delta t$ 。

2）从数学角度给出一元函数导数的定义，并给出几个特殊函数导数的计算，以及相应的其他函数的导数。

3）导函数的几何意义：这部分内容非常重要，积分的一些图像需要用到这部分知识。学生会很不屑一顾地告诉你：导数是切线的斜率。其实，他们只记住了结论，几何图像并不是很清楚，所以，还需要一步一步让他们加深理解。

4）微商的性质：这部分的难点是复合函数的导数，力学中不断要用，所以，需要加强练习。

5）矢量的微商：物理学中，很多物理量都是矢量。力学一开始的学习，就要接触位置矢量，速度，加速度。因此，非常有必要引入矢量的微商。

2. 积分的应用

积分对于新生来说，是一个崭新的知识点。在较短时间内，让他们了解并熟练掌握积分的内容，需要在课程的设置上，下很大功夫。为了引入积分，我们查阅了高数课本，但总觉得某些知识的讲解还会略显突然。经过思考，查阅资料，最终找到了较为满意的引入方法。不同于一般高数书的引入方法，我们直接从定积分入手：

1）定积分的引入：给定一曲线 $y = F(x)$ ，在曲线上取两点：P：(x_0, y_0) ，Q：(x_N, y_N) ；将 x_0 到 x_N 的线段分成 N 等份，相应的 y_0 到 y_N 的线段也分成了 N 份，并且 $y_N - y_0 = \sum\limits_{i=1}^{N} \Delta y_i$ ，当 $\Delta x \to 0$ ，便给出了定积分的定义式。（这部分引入，需

要学生对导数的定义以及图像非常清晰）

2)不定积分的引入以及常用公式，运算法则。（这部分内容可从上部分的讲解顺理成章得到）

3)定积分的应用：这部分内容相当重要，力学中的很多基本的定义，计算用到积分的思想。这部分通过上课的引入，并给出力学中用到的积分内容作为例题，作业题，让学生逐步掌握积分思想。

定积分应用这部分的教学过程中，可采用如下步骤：

(1)先从中学的简单定义出发，引导学生如何将变变为不变，如何由不均匀变为均匀。（通过微分取微元，此时，各小部分可视为恒量）；

(2)利用中学物理简单的定义，计算物理量在每部分的表达式；

(3)然后再把它们累积起来求和；

(4)最后利用积分的定义，用积分式子将所求问题表达出来。

物理学中运用微积分解决问题虽然内容不同，但解决问题的思维方法相同，其基本思想就是先微分，后积分。整体分成小微元再求和的思维是微积分的核心，通过举例，反复强调，让学生掌握概念和应用，形成定式。

4)了解了最基本的积分思想之后，下面几个问题，还需学生在学习过程中自己不断去总结，这个过程将会贯穿整个力学过程：

(1)积分变量的选取。

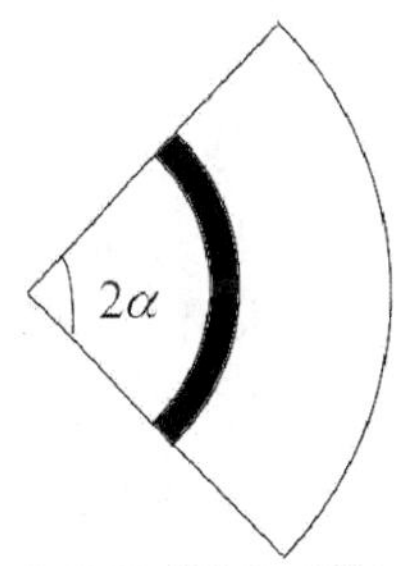

积分变量的选取在很大程度上决定了解决问题的繁简程度，积分变量越少，即积分重数（或维数）越少，问题的求解越简单。在大学物理中，最常见的积分就是对空间的积分：例如计算质心，求刚体的转动惯量，已知电荷分布求电场等都涉及对物体的体积分。积分变量的选取注意以下几点：

(i)首先要根据物体自身的形状判断用线积分、面积分还是体积分。

(ii)根据物体及相关物理量的对称性选择合适的坐标系，判断是否能将体积分转化成面积分，或面积分转化成线积分。

例如：计算半径为 R，质量为 m 的均匀扇形板，相对于圆心处的转动惯量。

(i)转动惯量的定义为 $I=\int r^2\mathrm{d}m$（这里不再叙述刚体转动惯量定义式所涉及的积分思想）

(ii)由于扇形板为二维形状，故需选择面积分 $\mathrm{d}m=\sigma\mathrm{d}s$（$\sigma$ 为质量面密度）

(iii) 对于扇形板，选择极坐标系方便，$\mathrm{d}s=r\mathrm{d}r\mathrm{d}\theta$

需特别注意的是：若需要简化变量，即体积分变为面积分，或面积分变为线积分，一定要保证所选取微元相对应的物理量容易计算出来。例如，该问题，若选取黑色部分为微分元，其转动惯量为 $2\sigma\alpha r^3\mathrm{d}r$，之所以能够这么选取，是因为该微元任何一点到圆心的距离均为 r，该微元的质量可用一个变量即可表达。

在教学过程中，有的同学会选取 θ 角很小的扇形形状的微分元，这样选取是不对的。因为即使 θ 角很小，各个点的 r 不同，所选取微分元的转动惯量未能表达出来。

（2）积分路径的选取。

积分路径的选取通常有两个原则：一是要遵循客观规律；二是求解问题简单。例如：在求解力做功的问题中，首先要判断力是保守力还是非保守力，若是保守力，考虑到保守力做功与路径无关，则选择最简单的积分路径，若是非保守力，则不能任意选择路径，而必须沿物体经过的路径积分。

（3）积分限的选取。

积分限的选取直接决定了物理问题的求解结果，有的物理问题，积分限由实际的物理过程决定。然而，有的物理问题，积分限并不明确，此时要根据物理问题的客观规律进行选取。例如：势能零点的选取和电势零点的选取并不是一成不变的。重力势能并不是都选地面为势能零点；电势能也不是都选无穷远处为电势能零点。

微积分这部分内容，给大一的新生带来了巨大的挑战。这部分内容学习时间短，又是崭新的内容，整个力学课程要不断地应用。这部分内容的学习，让他们也深刻体会到进了大学的门，不像传说中那样轻松，可以尽情地玩了！相反，他们需要多思、多想才能明白！新生们不停地吐露心声，大学哪里有那么轻松？是啊，刻苦努力地学习，才是真正的大学生活啊！在学期末的时候，我们做了一个调查问卷，其中一项内容就是微积分这部分内容对力学的学习是否有影响，90％的学生回答："没有多大影响！"，他们认为，真正的难点是物理，质心系，刚体部分。

三、学生学习过程中遇到的问题及解决方案

1）问题：不熟悉微积分思想，微元之间的关系

解决方案：（1）将力学课程中所有涉及微积分思想的内容编成例题和作业题，讲完微积分之后，除了课堂例题，让学生集中做作业。

（2）查阅高数课本，整理总结数学的角度，训练学生熟练微积分的方法，并作为典型例题以及作业题让学生熟练掌握。

经过几天训练之后，大多数学生足以应付物理中用到的微积分知识。在开始上课的时候，学生不明白的地方停下来给他们解释清楚。由于他们没有基础，提出的问题可能会很细微，甚至老师都意识不到是问题。所以，开始几节课，一定需要不时地询问学生情况，即时解决他们的疑问，以帮助他们很快会使用微积分这一数学工具。

2)问题：学生思想松懈下来，他们接受的教育是“上大学了，就会轻松了”。

解决方案：(1)思想教育，力学第一节课，我们给学生写了一封信，具体内容包括：大学阶段的总体目标，针对总体目标，对学生的具体要求；关于学习方法的建议；学习力学的时间分配；上课要求等方面的内容。

(2)学习内容上：一开始学习微积分，对他们来说真的是挑战，他们已经深有感触。在以后的学习过程中，我们布置的所有的作业均高于课堂，出的每道题都不能用中学的方法解决，让大部分学生真正体会到他们不用功，是学不会的。

(3)经常会出一些思考题让学有余力的同学去做，我们会周末给出答案。并在群里出一些讨论题鼓励学生参与讨论。其实，一开始，参与讨论的学生并不多，我们的经验是参与讨论的题目不宜过难。可以有一些灵活性，贴近实际生活更好一些。

3)不大适应大学的学习生活，尽管多次强调复习的重要性，学生一开始仍然是高中的学习方式，希望老师多讲题。而且，课后，他们把大部分精力放在写作业上，写完作业就万事大吉，不去复习，更不会整理笔记。

解决方案：第一节课告诉学生学习方法，重视复习。这时候，实施的学生并不多；课上遇到以前讲过的内容，学生忘记时，也会提醒学生要复习，甚至整章结束之后也要求学生复习；其实真正听老师话的学生并不多，直到期中考试。期中考试，对大多数学生是一个重大打击，50%学生会不及格，均分也只有55分。期中考试之后，一半学生会警觉，会自省，也会试着用老师的方法去学习。

四、经验总结

大一的新生，应该说是一个特殊的群体。他们富有朝气，单纯可爱，对大学生活极其向往，对老师极其信任，便于开展工作。他们有各种迷茫，迈出了自己独立生活的第一步。他们独立学习、独立生活的能力有待提高，他们各方面的能力需要老师去指导！下面对学生学习方面的指导做一下总结：(1)开学第一件事情就是让他们信任老师，相信老师能教好他们，相信老师提出的各种建议，相信老师布置的每一项任务对他们有帮助。我们想第一节课的准备很重要，要反映自己的思想，有理有据，要打动孩子们的内心。(2)其次，认真备好每一节课，特别是一开始讲微积分，孩子们没有基础知识，老师能做到的就是在较短的时间内直中要害，还要有逻辑性，符合他们的认知。甚至有的时候，把自己习以为常的知识揉碎了去讲解。(3)不断向同学、助教收集学生的学习状况并及时帮助他们解决问题。2017年，物理系实施了助教制度，每周2次，派2名高年级同学去答疑。他们每次会把学生的学习问题反馈给我们，而后我们会根据学生的学习情况，及时做出调整。(4)让学生体会到你对他的关心。我们会以宿舍为单位，调查学生学习、生活等各方面问题，以便及时了解学生动向。(5)第一、二次学生交的作业很重要，基本第一次作业，就能筛查出学习态度有问题的学生，这样可以及时帮助他们。(6)我们始终相信，老师自身对学习的激情，对物理问题的理解以及思维方式会传染给学生。学生的身上，将会闪现出对他有影响老师的影子，特别是我们教的学生，将来也是一名教师，也会影响到他的学生。因此，老师能做到的就是不断提高自己的专业素养以及各方面的能力，希望自己能够对学生产生积极的影响。

五、结语

本文介绍了2017年力学教学改革过程中出现的问题以及解决方案。力学课程中要提前用到微积分内容，由于课时的限制，这部分内容须在两周内完成。本文特别给出了讲解微积分知识的非常规方法，希望学生在较短时间内直入微积分的精髓，并能熟练用到物理学中。本文还从自己的实际经历出发，给出大一这个特殊群体的学生学习过程中所遇到的实际问题以及解决方案，希望能对今后的教学提供帮助。

中国古代文学教学中存在的问题及改革实践论略

郭　丽[①]

中国古代文学是高校汉语言文学专业学生的必修课程，也是培养学生文学素养的核心课程。然而当下高校中国古代文学教学却存在不少问题，其中最显著的问题是教学时间的极大压缩。教学时间的极大压缩直接导致了教学容量过大与教学时间过少的矛盾。然而对于高校中文系汉语言文学专业的本科生而言，所有学生都需要完成学年论文和毕业论文，但实际情况是他们中几乎绝大部分人对科研和论文为何物茫然无所知，对如何写作学术论文摸不着头脑，其中很多人的惯性思维就是用现代人遇到问题时所采用的最简便直接的方式——求助于互联网，然后将网上所搜罗的他人言论拼凑组合。这怎么能够称之为学术论文？而综观本科生四年的教学过程，却并未设置学术论文写作和学术规范训练这样的专门课程，但完成学年论文和毕业论文却是修完本科学业必须完成的任务。同时，高校中文专业的大学生有很大一部分将在大学毕业之后进一步攻读硕士、博士学位，日后将成为学术研究队伍中的一员，成长为从事专业研究的学者，这就要求他们必须在大学阶段就初步具备一定的专业研究能力。要想解决这些问题，让本科生能够掌握撰写学术论文的基本方法，培养他们初步的科研能力和科研兴趣，无疑就给任课教师的课堂教学提出了严峻的工作任务。

笔者在教学过程中发现这一问题后，曾长时间思考和探索有效的解决方法，最终选择了一个比较满意的方案进行改革实践，并据此设计和申请了三项学院和学校层面的教学改革项目，取得了比较显著的效果。这项改革实践的完成形式不同于任何其他科研项目和教学改革项目而具有它自身的独特性。其独特性主要表现在两点：第一，它是完全配合课堂教学进行的。换言之，它的完成过程和内容是与学生的课堂学习和课堂教学内容完全同步的；第二，它是在教师指导下由学生完成的。完全打破了以往教学改革项目以教师撰写教学改革论文为终结的传统模式。

然而美好初衷是一回事，实际操作又是另一回事。其间遇到很多难以调和的问

① 郭丽，女，首都师范大学文学院，副教授。

题，都需要想办法一一克服。

首先，时间问题。《中国古代文学史》是汉语言师范专业本科生的必修课，笔者负责讲授的魏晋南北朝隋唐五代部分的授课对象是本科二年级学生。这一时段涉及的重要文学史现象多、重要作家多、著名作品也多，培养计划规定讲完这部分课程的时间是半个学年，最初课时量九十课时，后来在授课内容未变的情况又一度遭到培养计划改变而删减课时的窘况，课时量由原来的九十课时减到了六十四课时。这样问题就来了，如何在六十四课时里不影响正常的课堂讲授，又能顺利推进这项教学改革呢？答案是，根本不可能。要在六十四课时里讲完正常的课堂内容都捉襟见肘，更别说空出时间讲论文写作了！于是笔者就与学生讨论协商，利用其他时间进行辅导，包括课前、课间和其他任何可供利用的课余时间。这对学生而言，是增加了学习量；对教师而言，是增加了工作量。尽管有时会觉得苦不堪言，但所幸仍然苦中有乐。当看到有些学生很快能领悟科研的基本要领并能严格遵守学术规范，很快像模像样的进入研究状态时，笔者又感觉颇为欣慰。这样的感觉一定程度缓释了高强度额外劳动带来的疲累感。而当学生体验到学术研究的真正乐趣时，他们也便不觉得辛苦，而是更加激发了对学术研究的兴趣。

其次，学生接受能力问题。笔者的授课对象是本科二年级学生，这些学生刚刚进入大学一年时间，在学习上还一定程度上沿袭着初、高中的学习模式，不善于自己探索和发现问题，对学术研究完全没有概念。一切学术基础知识都得从头教起，耐心引导。面对毫无基础的学生，如何在短短半学年时间内让他们具备基本学术素养和技能，最终能撰写出合格的学术论文来，这是笔者花费了很多时间去思考的问题。经过思考后笔者认为，其实本科生如果具备了阅读能力、文献检索能力以及发现问题、分析问题的能力和书面表达能力四种基本能力，就可以初步达到上述要求。

第一，阅读能力。要阅读必须选择阅读的材料，中国古代文学使用的材料几乎全是古籍，而古籍又有不同版本，当今出版业发达，各类出版物鱼龙混杂。培养学生的阅读能力首先要做的是教会学生选择正确的版本，这就需要同时向学生讲授古籍版本等的文献学知识。

第二，文献检索能力。要具备中国古代文学的科研能力，很重要的一点是要求学生能了解学术界的研究动态，哪些问题前人已有研究，研究的最新成果是什么？哪些问题尚有争议，争论的焦点是什么？了解了这些之后才能在阅读原典过程中发现问题从而确定哪些问题是可以进一步研究的，哪些问题是研究十分充分无法超越的，而这就要求学生必须掌握文献检索能力。比如图书馆的大量数据库，知网、独秀、万方、超星、中国基本古籍库、四库全书，等等，这些数据库的使用都需要掌握文献检索的方法。当今互联网技术十分发达，作为出生和成长在互联网时代的大学生，这样的检索技能他们很容易掌握，可以做到一教就会。但同时，也要适当向学生讲授一些古籍目录学知识，要让他们明白检索出大量文献之后如何有所选择和淘汰，如何正确引用，如何通过目录学著作追踪相关资料。

第三，发现问题、分析问题能力。要培养学生在阅读中发现问题的能力，就需要通过实例分析培养学生学会对比不同观点、归纳分析材料并为已发现问题寻找解决的途径。

第四，书面表达能力。发现问题并解决问题之后，要用规范的学术语言将自己的观点明晰地表达出来，这就需要培养学生的书面表达能力。这样的书面表达不同于一般的文章写作，而是要有很强的逻辑脉络，要使用简洁明晰的学术语言，同时需要遵循严格的学术规范。

这四种基本能力的培养都需要教师全程参与并亲自指导，将集体指导与个别指导相结合。最初需要集体指导，指导参与的全体学生一起集体讨论，完成选择权威版本、阅读原始文献、发现问题分析问题、检索文献、选定论题、拟写提纲、修改提纲等正式撰写前的一系列准备工作，开始撰写后又随时解决学生写作过程中遇到的一切问题。从选定问题开始又要个别指导，初稿完成后就存在问题也需要逐个指导修改打磨。最后亲自把关，按照严格的学术论文体例修改格式，定稿排版，形成论文集。

选择论文写作的25位学生在学期末都交出了一篇自己撰写的学术论文，甚至有些论文已经完全达到了研究生初入学水平。实践表明，将这四种能力运用于实践，就能在短短半年时间内让大学二年级的学生撰写出相当专业的学术论文。由于这种方法极大地发挥了学生的主观能动性，同时又让他们体验到了学术研究的神圣和乐趣，学生的积极性和热情都很高涨。从长期效果看，这些接受过这项学术训练的学生在大三和大四的学年论文和毕业论文写作中，都明显表现出高出其他学生的学术素养。其中一部分学生由此对学术研究产生了浓厚兴趣，选择继续攻读硕士学位，有的已经被本校或其他高校所录取，其中不乏北京大学、南京大学这样的著名高校，正如宋代诗人杨万里《小池》诗所云："小荷才露尖尖角，早有蜻蜓立上头。"[①]笔者欣慰于他们的飞速进步，相信经过研究生阶段的系统训练，他们终将会成长为中国古代文学研究的生力军。这同时也启发我们，学无止境，教亦无止境，无论现实教学中遭遇何种问题，都应该积极努力探索应对方法，相信最终一定会有一种适合的解决方案。孟子曾云："君子有三乐，而王天下不与存焉。父母俱在，兄弟无故，一乐也；仰不愧于天，俯不怍于人，二乐也；得天下之英才教育之，三乐也。"[②]得天下英才而教育之，是教师这一职业赋予所有教师的人生乐趣，在实施这一教学改革项目的过程中，笔者就体验着这样的乐趣。

---

① 傅璇琮等：《全宋诗》卷二二八一，北京大学出版社，1998年版，第26164页。

② （清）阮元：《十三经注疏》，中华书局，1980年版，第2768页。

简论高校博物馆与文博专业实践教学*

朱光华① 梅 婷

博物馆与教育事业密切相关，研究表明世界最早的博物馆，即创建于公元前284年的古埃及托勒密王朝亚历山大博物馆被称为"缪斯学园"，就是一座带有学校性质的博物馆②；1905年由张謇创立的我国第一座博物馆——"南通师范学校南通博物苑"也是一所高校博物馆③，由此可见博物馆最初的社会定位是教育机构的组成部分，发挥教育职能、服务高校教学是其创建的本意。时至今日博物馆事业已取得长足的发展，其类型、功能与社会定位都有了显著变化，但服务于公众教育仍然是其最重要的社会职能，而高校博物馆在科研创新、专业教学、校园文化建设等方面的职能定位则更为突出。目前关于高校博物馆的社会定位与发展方向学术界仍然有不同意见，如何克服高校博物馆的局限性，充分发挥其教育职能，服务于专业人才培养等都还是需要进一步思考的问题，结合国内高校博物馆发展现状，在此笔者试述一管之见。

一、我国高校博物馆发展的主要成就

如前所述我国高校博物馆起始于晚清时期张謇创办的"南通博物苑"，经过一个多世纪的发展，迄今已形成初具规模富有特色的高校博物馆类型。通过综合分析有学者将我国高校博物馆的发展划分为四个阶段④，较为客观地反映了国内高校博物馆发展的历程，即20世纪40年代以前的"初创期"、20世纪50至70年代的"初步发展期"、20世纪70年代至20世纪末的"发展期"、21世纪以来的"大发展期"。据统计目前我国高校博物馆的数量多达430座⑤，从收藏陈列涵盖的范围来看我国高

* 本文为首都师范大学2018年本科教学建设与改革项目"考古专业实践教学模式探索"的阶段性研究成果。

① 朱光华，男，首都师范大学历史学院，副教授。

② 刘立勇、朱与墨、马红英：《高校博物馆在大学创新教育中的功能》，《高等教育研究》，2011年第1期，第97页。

③ 张晓旭、蓝韶清、李玉茹：《高校博物馆教育功能研究综述》，《黑龙江教育》，2013年第8期，第18页。

④ 续颜、刘世恩、邵学汶：《20—21世纪初的中国高校博物馆》，《文化学刊》，2007年第3期，第5页。

⑤ 陈理娟：《高校博物馆教育功能刍论》，《西北大学学报》，2017年第9期，第163页。

校博物馆主要有社会历史类、自然科学类、综合类三个类型。近年来我国高校博物馆事业获得飞速发展，在创新型多元发展模式、虚拟现实与数字技术运用、专业教学与素质教育等方面都取得令人瞩目的成就。

首先，我国高校博物馆的创新型多元发展模式目前取得了可喜的进展。一方面高校博物馆的建设不再局限于传统的博物馆形式，开始出现大型的综合性高校博物馆，比如上海中医药大学博物馆、西北农林科技大学博物馆等，都是涵盖了多个类型的园囿与展馆；另一方面高校博物馆的职能更加多样化、专业化，集合了专业教学、素质教育、校园文化展示、休闲旅游等多项社会功能。其次，包括虚拟现实、数字技术在内的现代科技手段目前在我国的高校博物馆中已得到较为广泛地运用。虚拟现实技术丰富了博物馆展品的陈列模式，改善了博物馆参观的可认知度与趣味性，数字技术的运用则为博物馆藏品的综合利用提供了便捷的方式，促进了博物馆藏品价值的更好实现。最后，高校博物馆作为高等教育机构的重要组成部分其教育职能得以充分发扬。目前我国高校博物馆多数作为相关学科专业的实践基地，在专业人才培养与科研创新力提升方面发挥了重要的作用，专业教师与学生一定程度参与博物馆的具体工作，使博物馆的展览陈列更加专业化、更具有吸引力，讲解也更加贴近观众。

“大学博物馆是高校发挥文化传承创新功能的直接载体，是高校发挥文化建设示范作用的重要窗口，是高校发挥文化辐射作用的重要基地”[①]。目前我国高校博物馆的发展是与国内经济文化领域所取得的进步相适应的，是在国家相关政策指引下才取得如此显著成就的。2006 年国务院颁布《全民科学素质行动计划纲要》，将推动全民科普与素质教育作为一项重要的政府公共服务职能，而博物馆在其中承担了较为重要的角色，全国有十余所高校博物馆成为“全国科普教育基地”。2011 年国家文物局、教育部联合颁布《关于加强高校博物馆建设与发展的通知》，自此我国高校博物馆获得快速发展，其数量、规模不断增加并且在内容与形式上焕然一新，同时各类高校博物馆联盟纷纷成立，高校博物馆的协同发展卓有成效。此外 2015 年颁行的《博物馆条例》也从政策细则的角度为高校博物馆的发展做出了指引，其中就博物馆的对外开放、社会服务与人才培养等提出了详细的规范与要求。总之近年来我国高校博物馆在提升专业科研创新水平，开展校园文化建设，服务专业实践教学等方面都取得不俗的成绩。

二、我国高校博物馆教育职能的现状

经过近几十年来的发展，国内高校博物馆无论是在展馆建设、陈列设计方面，

① 蔡劲松：《大学博物馆转型发展的定位及策略》，《中国高等教育》，2015 年第 1 期，第 54 页。

还是在经营布局、管理创新方面都有了长足的进步。高校博物馆在专业教育与素质教育领域都发挥了重要的作用，服务于教学科研的同时，部分高校博物馆的社会知名度也不断提高，并逐渐成为区域经济发展或文化旅游事业中的亮点。然而需要指出的是我国高校博物馆发展的地区不平衡现象依然十分突出，整体而言与国外高校博物馆的发展水平也有一定差距，此外国内高校博物馆在硬件设施、管理理念，以及教育职能的发挥等方面也还存在一定的问题与不足。

综合来看国内高校博物馆发展中的不足主要表现在以下几方面：第一，多数高校博物馆在硬件设施、配套资金、管理人员等方面的问题较为突出。高校博物馆隶属于教育机构，不少博物馆在其中有明显的边缘化现象，因此其发展水平受到资金短缺、场地不足、展品匮乏、管理人员较少等问题的制约，与之相应的是在高校的专业教学或区域素质教育中难以发挥应有的作用；第二，部分高校博物馆在办馆思路与经营理念方面仍需完善提高，主要问题表现在办馆宗旨不明确，局限于传统的实物陈列，网络资源与数字化手段运用水平较低，在展品陈列设计、资源共享，以及展览的科学性、专业化方面明显不足；第三，部分高校博物馆较为封闭，对外宣传工作力度不够，服务社会水平较低，未能充分参与地区素质教育或文化事业，同时也制约了专业研究与教学水平的提高。

针对目前部分高校博物馆发展中的问题与不足，我们需要改变固有的理念并积极地转变观念，思考完善发展策略。我们认为首先在高校博物馆发展的硬件与配套设施方面，可以考虑积极争取高校主管部门的支持，此外还应充分发挥主观能动性，筹措可行的办法，比如就资金短缺问题可以考虑举办特色展览以吸引企业赞助，就管理人手不足的问题可以考虑增加专业教师与学生对博物馆工作的参与度；其次在办馆宗旨方面应积极汲取先进理念，与时俱进，并充分运用高新科技手段，推动展览陈列的多样化，促进高校博物馆展品价值的实现，并以此提升高校相关专业的教学水平、促进校园文化展示与馆藏资源的共享；此外高校博物馆在提升高校文化积淀、提高专业教学效果、形成校园文化特色等方面也具有较为重要的意义，因此高校博物馆应不断拓展教育服务职能，做好对外宣传工作，逐渐形成校园文化特色，并积极参与高校相关专业教学与科学研究工作。

三、高校博物馆教育职能的探索与思考

通常来说博物馆是文化传承与素质教育的主体之一，承担着收藏、研究与教育等方面的社会职能，高校博物馆属于众多博物馆类型中的一个类别，自然也具有博物馆的这些一般属性，但比较而言高校博物馆在职能定位方面有着一定的特殊意义，具体来说也就是指其教育职能与高校专业教学的密切关系。从我国高校博物馆

的发展历程及相关研究可知，高校博物馆的基础定位是社会教育机构的组成部分，开展以学生为主体的专业教育与素质教育是其最基本的职能，此外校园文化建设、旅游休闲、文化创意、公众素质教育也是新时期社会赐予高校博物馆的重要新职能。如何充分发挥高校博物馆的教育职能，具体来说就是如何借助高校博物馆的资源优势促进高校教学实践工作的开展，并以此提升专业学生的实践水平与科研创新能力，这不仅是高校博物馆发展的关键问题，也是其核心价值与办馆宗旨的体现。我们认为高校博物馆应以藏品类型与高校专业设置为基础，积极思考如何有效融入高校的整体教学框架，参与学校相关专业的教学、科研创新及校园文化建设，并通过举办专题展览、开展文化创意活动，或者开展以学生为主体、以博物馆藏品为基础的专题研究等，以全面实现高校博物馆的教育价值与功能，在高校专业教学与科研活动中发挥积极的作用。

作为高等教育机构组成部分的高校博物馆，其筹建目的一般是服务于学校专业教学与校园文化展示，筹建过程常常与高校专业建设或相关学科的发展同步，藏品征集往往围绕专业特色或研究方向展开，总的来说我国高校博物馆是与所在学校的专业教学相适应的，并逐渐成为高校学科体系的重要组成部分，从这个角度来说高校博物馆教育职能的实现不仅具备良好的基础而且与其自身的发展方向一致。如前所述我国高校博物馆在发展过程中存在着资金、场地与管理人员方面的局限，影响了博物馆教育职能的发挥与教学实践工作的有效参与，针对此问题除了积极争取主管单位与部门的支持外，充分发挥高校博物馆管理人员与相关专业师生的主观能动性更加关键。高校相关专业教师与学生参与高校博物馆的具体工作，可以在开展教学实践工作的同时，有效缓解高校博物馆资金、人员或场地的限制，以实现与彼此相互促进、协同发展的局面。目前国内不少高校博物馆都已成为相关学科专业的实习基地，通过开展多种形式的陈列设计、教学观摹、学术研究等活动，在教学实践过程中扮演着重要角色，有效促进了高校博物馆的教育职能的完善。

值得注意的是高校博物馆作为中国博物馆的组成部分也具有社会公共资源的属性，作为全社会文化资源的高校博物馆显然不能完全封闭于校园之内，其相关的馆藏资源与研究成果理应与全社会共享。不过以往由于高校博物馆的人力、物力、财力等方面存在的实际困难，其藏品价值或资源共享并没有得到很好的实现。就此而言新时期高校博物馆的数字化技术革新将是绝佳的契机，同时也是高校博物馆教育职能拓展与实现的机会，现代科技包括数字技术、虚拟现实技术的综合运用，不仅可以实现藏品资料的远距离再现与利用，资料的数字化与数据库的建立对于教学实践效果的提升也非常重要，同时高校博物馆也因此将成为相关数字技术与传媒专业教学实践与科研创新的重要平台。

参考文献：

[1]朱玉杰．高校博物馆的现代化与全球化[J]，经济视角，2011，10(5)：69—70.
[2]谢祥，章鑫，沙迪．高校博物馆发展现状、问题及对策探讨[J]，自然科学博物馆研究，2016，4(2)：22—29.
[3]黄维娟．关于我国高校博物馆发展的思考[J]，江苏高教，2012，12(6)：63—68.

基于微信小程序的物理实验报告自动化批阅系统

刘丽峰①

物理实验教学是高等物理教学不可或缺的有机组成部分。而实验报告的批改是这个部分的重要一环。但是由于大学物理实验需要测量很多实验参数，数据量大，并且在实验报告中，经常需要用各类图形来展现实验结果，教师在批改实验报告时，需要花费大量时间进行计算，核对学生的实验数据，检查实验处理结果，因此，批改物理实验报告的工作量十分繁重。在这种背景下，就要求能够利用现代科学技术实现实验报告批改的自动化，减轻教师的教学负担。已有众多研究者对电子实验报告，虚拟实验，以及基于网络的实验报告给予了广泛的关注，建成了相应的批阅系统。但随着智能终端的快速普及，受众获取信息的方式发生了重大的变化，现在学生更倾向于从手机等移动设备获取信息，对于传统的 PC 桌面版建成的信息化网络系统使用热情不高。技术的进步与革新又要求人们开发基于智能手机终端的实验报告自动批阅系统。相较于原生的手机 APP 而言，微信小程序不需要安装，跨平台使用，开发成本低，用户体验出色，是开发实验报告自动批阅系统的理想平台。

一、微信小程序简介

微信小程序是微信生态群中的一个分支应用。微信小程序于 2017 年上线，为各类服务商们提供了一个可以在微信 APP 内发布自己应用的平台。与原生 APP 相比，微信小程序有很多优势。首先用户对于偶尔使用的应用服务不需要下载安装 APP，这就节省了智能手机的资源。手机桌面上不会再有五花八门的 APP 图标。微信小程序使用非常简单方便，用户只要扫一扫或搜索一下，即可直接打开应用。不用退出微信，就可以使用各种应用服务，比如订餐、使用共享单车、查找充电桩等。微信小程序完美地体现了下一代移动互联网的服务理念：缩短使用路径，节省

① 刘丽峰，男，首都师范大学物理系，讲师。

资源，无须安装，卸载，随时使用，用完即走。作为社交媒体 Facebook 最大的竞争者，微信拥有每月超过 10 亿的用户。可以想见在这样的生态系统中，微信小程序的潜力不可限量。

二、自动批阅系统的设计

1. 系统设计目标

学生利用小程序，在智能手机上填写实验报告，输入实验原始数据。小程序根据教师预设的数据处理程序处理学生的实验数据，并将结果与学生输入的结果进行比对，从而评分。在小程序评分基础上，教师在小程序教师端进一步对自动评阅的实验报告进行审阅，调整分数并将评分结果反馈给学生。小程序自动评阅替代实验报告的传统手工评阅方式，提高实验报告的批阅时效，切实减轻实验教师的工作负担。

2. 系统前端设计

小程序有两个界面：学生操作界面和教师操作界面。在登录时，不同用户输入不同的账号和密码，会进入不同的界面。学生界面能够实现实验报告的增加、删除、修改功能。实验报告原始数据，能够以表单形式输入。由于手机端缺乏公式编辑、作图功能，实验原理部分要求学生在纸上手写后，用手机拍照上传。教师操作界面，能够分类浏览学生上传的实验报告、检索、筛选实验报告。实验报告初始状态已有小程序给实验报告各部分的评分，教师进行审阅，对需要调整分数的部分手动键入新的分数，保存后，可将实验报告状态改为“审阅完成”，学生端将不能再修改。教师端还可以进行实验报告成绩的统计分析。

3. 系统后端设计

小程序要求程序文件大小不超过 2Mb，这就要求必须有后端数据库支持小程序。对于后端，本系统创建两个数据表，和一个附件存储空间。用户表存储学生、教师、管理员三类角色的账号和密码，以及身份。实验报告表存储提交人、实验报告名称、实验报告内容、附件存储地址、评阅状态、得分等信息。附件存储空间存储学生通过手机拍摄的照片。

三、自动批阅系统的开发

1. 系统的微信小程序开发框架

微信小程序采用 MINA 应用框架（Apache MINA），其框架分两大部分：页面视图层和 AppService 应用逻辑层。其中，页面视图层用来渲染页面，由 wxml 文件和 wxss 文件构建：wxml 文件用于描述页面的结构，wxss 文件用于描述页面的样式。AppService 应用逻辑层用来处理事务，由 JavaScript 编写交互逻辑、网络请求、数据处理等。使用小程序开发者工具创建一个工程后，我们可以看到该项目已经初始化并包含一些简单的代码文件。最重要的，也是必不可少的：app.js，app.json 和 app.wxss。带.js 后缀的文件是脚本文件，带.json 后缀的文件是配置文件，带.wxss 后缀的文件是样式表文件。app.js 是小程序的脚本代码。我们可以监视和处理小程序的生命周期函数，并在此文件中声明全局变量。我们还可以调用框架提供的大量 API。app.json 是整个 Mini Program 的全局配置。在此文件中，我们可以配置 Mini 程序包含哪些页面、窗口背景、导航栏样式及其默认标题。app.wxss 是整个程序的公共样式表。我们可以直接使用 app.wxss 中声明的样式规则对页面组件中的 class 属性。

2. 前端开发

前端开发我们选用 Touch WX 程序。这是一套完全免费的微信小程序开发框架，包含丰富的 UI 控件用于官方组件的补充。将 Touch WX 工程中所写的代码进行编译，直接输出为微信小程序工程原始代码。扩充的 30 多种组件，完全是基于小程序官方的自定义组件。

程序入口是登录页面，根据用户输入的账号，将用户跳转到学生操作界面或教师操作界面。学生操作界面首页为实验报告列表页面。底端为 tabBar，有两个选项卡：首页和账户管理。首页实验报告列表使用可滚动视图容器，列表采用单行列表组件，有实验报告名称、日期附加信息和箭头链接。使用一个固定视图容器存放一个“增加”的图标，用户点击将输入新的实验报告。输入页面采用 popup 模态容器。输入页面是一个表单。包括实验名称，实验目的、器材、原理、步骤、原始数据、数据处理、实验总结、思考题等内容。其中实验名称采用选择器，学生通过点击，从列表中选择实验题目。实验原理为一个上传按钮，用户点击上传图片。原始数据输入为一个表单。其余内容为文本输入框，允许输入多行内容，并可对最多字数进行限制。学生提交实验报告后，首页会刷新，列出新增实验报告。每个列表项目，使用一个滑动菜单，学生向左滑动，可看到“编辑”和“删除”两个按钮，点击相应按钮编辑已提交的实验报告。账户管理页面，可以实现账户密码修改和成绩列表。

教师操作界面也包括首页和账户管理页面。在首页是实验报告列表。点击列表项目，可看到实验报告的详细内容，实验报告每部分列有系统自动的评分，教师可以修改调整，保存提交后，成绩会返回到学生端。教师界面重点是分类筛选、查询功能，例如按日期、实验名称、班级等分类显示学生实验报告。为此，首页在顶端使用吸顶容器和折叠面板，折叠面板下是分类依据选择器。账户管理页面可修改账户信息，对学生成绩进行统计。

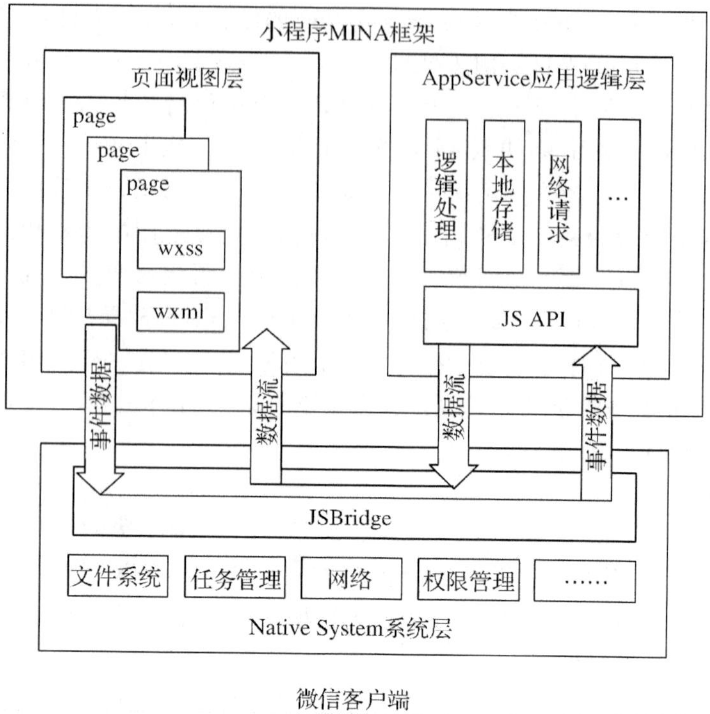

图 1　微信小程序框架

3. 后端云数据库

后端云我们选择 BMOB 云服务。BMOB 云服务免去了小程序开发中服务器搭建、域名备案、数据接口实现等烦琐流程。让开发者专注于业务逻辑的实现，使用 Bmob 云开发小程序，门槛更低，效率更高。Bmob 小程序 SDK，功能强大，也能轻如此量级，无须担心超过小程序的 1Mb 限制。在 BMob 注册获得账号后，登录控制台，点击后台界面左上角"创建应用"，在弹出框输入"实验报告评阅"，然后确认，就拥有了一个等待开发的应用。点击进入这个应用，进入设置/应用密钥，将 AppID(小程序 ID)和 AppSecret(小程序密钥)填写到 Bmob 中，点击复制，即可得到 Application ID 和 REST API Key，获取 Application ID 和 REST API Key 后，下载 SDK。把 SDK 复制到小程序根目录下的 dist 文件夹中。参照 Bmob 给出的开发文档在 app. jason 文件中初始化和引入 SDK。在每个开发页面中也引入，就可以在逻辑层中使用 Bmob 数据库了。

四、结语

实验报告自动批阅系统的开发使用，实现了微信小程序和高校物理实验教学的结合，为物理实验教学提供了新的辅助手段。微信小程序是一个非常具有潜力的新应用模式。高校本科生作为最先接受新鲜事物和前沿科技产品的年轻群体，有着天生的好奇心以及丰富的创造力，基于微信小程序开发的物理实验报告自动批阅系统非常适合这个年轻群体。同时利用微信小程序来辅助物理实验教学，也更好地减轻教师的负担，提高实验报告的批阅效率和准确性，推进了物理实验教学的信息化管理。

参考文献：

[1]孟祥增．基于网络的电子实验报告管理系统[J]．实验技术与管理，2007，24（4）：66—68.

[2]胡玮，胡昊．电子实验报告软件的设计与应用研究[J]．武汉职业技术学院学报，2005（3）：58—61.

[3]胡明晓．一种带有抄袭识别的电子版实验报告管理系统[J]．温州大学学报：自然科学版，2009，30(1)：45—50.

[4]许丹，汪诗林．虚拟实验环境下通用实验报告系统的设计与实现[J]．计算机工程与设计，2007，28（18）：457.

[5]朱学宁，林加论，张锦．大学物理实验报告自动批阅系统的设计与实现[J]．现代电子技术，2013(12)：58.

“金银器鉴赏”课程教学改革与实践

员雅丽①

金银的使用从古代到当今，一直是人们作为财富储藏和进行各种社会文化活动的重要媒介，与社会生活息息相关。古代人类社会创造了丰富多彩的金银器物，使用金银的传统一直延续到现代社会，蕴含着大量的科技、历史、文化和政治信息。在大力倡导素质教育的今天，如何通过有效途径提高学生的人文素养成为教育界关注的热点。古代金银器即为学生了解古代社会同时提升人文底蕴提供了一个良好的平台。随着近年来教学改革的不断深入，如何通过各种教学环节的创新来适应新时代人才培养的需要，是高校教师面临的共同课题。

根据目前的考古发现，中国古代对于金银的认识和利用要晚于铜，而国内学术界对于金银器的研究起步也相对较晚。随着近年来金银文物的不断出土，以及多种研究方法的介入，对于金银器鉴赏课程的教学改革也势在必行。本文结合我校本科生培养的总体目标，提出对金银器鉴赏课程进行教学改革，改变传统课堂由教师单一授课的教学模式，增开在线课程和线下互动讨论的教学环节，以小组讨论式的教学模式，增进学生的学习兴趣和实力能力。同时结合专业自身特点，突出实践性教学，构建理论、实地调查和实验教学一体化的课程体系。将实践教育贯穿于人才培养的整个过程，以促进教学质量的提高，在推进学生素质教育和创新能力方面做出积极的探索。

一、“金银器鉴赏”课程特点

金银器鉴赏通过讲授古代金银器发展的基本脉络，从其时代特征、基本类型、社会文化背景等方面，使学生对古代金银文化有深入了解，具备金银文化遗产的基本理论和技能。金银器鉴赏课程以中国古代史、世界古代史和中国考古学通论等为先修课程，是涉及古代史、技术史、考古学、艺术史、中西方交流史等多学科交叉的课程。金银器鉴赏课程综合多学科，具有综合性、实践性、研究性等特点，要求

---

① 员雅丽，女，首都师范大学历史学院，讲师。

学生具备扎实的基础知识，所以在金银器鉴赏的课程教学中，理论、实践和讨论相结合是必然的趋势。

二、教学现状

“金银器鉴赏”课程是面向我校文史专业本科生的专业选修课。目前教学中存在如下几个亟待解决的问题：教案内容老化、教学过程互动性薄弱、学生的实践性不够。以往的全课堂教学模式，突出理论的重要性，而对学生的实践和独立思考能力缺少重视，使得教学内容没有在实践环节得到很好的应用。

(1)金银器鉴赏课程在自 2013 年开设以来已有五年历史，目前教材内容以古代金银器的发展脉络为教学对象，重点讲授中国各个时期金银器的基本特征和制作技术特点、古代文献中所记录的与金银文化有关的历史事实。在过去的五年间，各地考古发现和研究工作层出不穷，目前的教学内容已不能完全系统吸纳新近的考古发现和研究成果。

(2)目前的教学过程以教师讲授为主，课程中穿插有提问环节和学生展示作业环节，但整体而言，教师讲授内容仍占主导，留给学生的讨论时间相对有限。随着教学内容的深入，如不能引导学生更多地自主参与课程讨论和课后小组阅读，有些学生就会产生懈怠心理，导致学生在学习过程中缺乏主动性、积极性。

(3)教学过程以课堂教学为主，实践教学环节相对较少。金银器鉴赏课程是一门依托于金银文物为主题的课程，对于器物本身的观摩、研究对提高学生对金银器的认知程度具有重要作用。但目前的教学过程限于教学条件有限，实践环节基本很难实现，对于提高学生的科研能力和创新能力带来了一定的困扰。

针对以上问题，教学改革应首先加强实践性教学环节。实践性教学是培养和提高学生创新能力和知识转化的重要途径。特别对于文化遗产保护和考古专业的学生，具备基本的实验技能也是其培养目标。因此建立和完善教学、科研相结合的多功能实验室，改善实验教学条件，更新实践教学内容，设立综合性、设计性实验教学与科研相结合的实验教学模式。同时，要重视学生开展参观博物馆和专业实验室的实践活动，积极组织学生有计划有准备地参观各类与古代金银文物和文化相关的展览和实践活动。

三、教学改革

1. 教学改革指导思想

课程教学改革应首先以激发学生的学习兴趣和培养学生的综合能力为目标。要遵循学生理论与实际动手能力协调发展的教学理念，培养真正具备实际操作能力的创新性人才。只有让学生得到实践性、创新性和综合性能力的培养，训练基本的实验技能，使学生形成创新思维，巩固理论基础知识以提高学生学以致用的综合能力和素质。

金银器鉴赏课程从教学体系、教材内容和教学方法等方面提出了教学改革方面的规划，探讨课程建设与教学改革。结合古代金银器的理论知识和实验教学进行在线课程建设，贯彻“知寓于行，创以致用”的教学理念，在线下课程部分增加实践性教学环节。

目前金银器鉴赏授课内容主要依托于自编讲义，下一步在建设在线课程和实验平台的基础上，编写金银器课程的专门教材，完善古代金银器的理论知识和研究方法，同时补充实验教学内容。通过案例分析教学法，同时结合理论和实验教学方法，进行“金银器鉴赏”教学改革。

2.“金银器鉴赏”课程教学体系

课程总体设计应突出教学体系完整、教学内容新颖和实用性的特点。增加开设古代国外金银器、中外金银文化和技术交流相关的课程 7 次，目的是让学生全面了解世界金银器的发展脉络、中国与世界金银文化和技术的关系，同时了解金银器在历史发展过程中的地位。此外课程中增设实验和博物馆观摩环节，一方面提升学生对古代金银文物的认知度，另一方面，可以使学生掌握金银文物分析研究的方法以及鉴别的能力。

3. 注重教学与科研的紧密结合

大学承载着学生更好地走向社会的艰巨使命，因此教学、科研和服务社会三项职责要紧密结合，既要夯实好学生的专业基础知识，同时也要有独立思考和创新的能力，达到学以致用的目的。反之，没有科研和社会服务做支撑，则会导致教学远离学术前沿和社会实践，教学内容缺乏生机和活力。具有良好科研素养和能力的专业教师，对其教学领域的前沿学术问题有比较深入的了解和体会，具备成熟的学术思想、研究方法和创新能力。不仅能给学生带来最合理的知识结构、最新的知识资源，而且可以传授给学生获取知识和创新能力的方法。由此可见，教学与科研二者相互促进才能共同发展。作为大学教师应合理把握二者的关系，一方面，要以教学内容为基础，通过长期的教学工作能够在所教授的学科方向中确定研究领域、研究方向以及研究课题；另外，科研的目标之一即是为教学服务，因此科研上的进步也会促进教学能力的提升。

钱伟长先生曾指出：“教学没有科研做底蕴，就是一种没有观点的教育。”而缺乏对教学的关注，势必也会失去提高科研水平的机会。因此，做一名学者型教师才能够担当起把专业知识、创新思维和严谨的科学态度传授给学生的使命，不断向社会输送科学知识和创新能力兼备的优秀人才。

4. 在线课程平台建设

鉴于课堂容量有限，课程中的实践环节并不适合于传统课堂展示，构建“金银器鉴赏”的在线课程平台非常必要。在线课程的主要内容如下：(1)将该课程的主要学习资料、参考书目及课程 PPT 数字化后上传至网络平台，供学生们自主学习。其中课程 PPT 打破传统的以时间序列为顺序的授课模式，而是以具体的知识点为单元进行逐一讲解，这样的授课方式有助于学生对某个知识点有深入的思考和发现学术问题，体现了教学对于科研的促进作用。(2)传统的课程授课时间主要用以解决教学内容中的重点和难点问题、回答学生疑问并开展小组的专题讨论和发言。(3)增加网络平台互动环节，如网络讨论、网络答疑和网络测试等环节，使课程真正做到调动学生积极性并对教学过程及时监督和反馈。(4)传统和现代教育手段相结合的教学方式。传统的教学方式主要以教师的 PPT 讲授为主，而以在线课程平台为依托的教学模式，增加了学生自主学习的时间，同时通过课上讨论等方式进一步增进对学习内容的理解，可以激发学生更大的学习兴趣，并逐步培养其科学研究的能力。

5. 教学和科研实验平台建设

构建教学和科研实验平台，是强化实践性教学的关键环节。课堂教学主要以完成对学生理论基础知识的传授，而学生的动手能力、分析和解决问题的能力，则主要通过实践教学来完成，这个环节可以培养学生的积极性和主动性，提升学生的综合素质和能力。实验平台主要包括两方面，首先是与教学和科研直接相关的科技考古与文物保护实验室，一方面积极努力推进我校尚处于规划和建设初期的实验室，同时也要与其他文博单位开展积极的合作，借助首都各大博物馆与科研院所已有成熟实验室的有利条件，让学生能够真正体验到实验室教学和科研的基本流程和操作方法，具备进行金银文物科学研究和保护实验的知识和能力。实验平台的另一方面是到各大博物馆的社会实践活动。一方面通过观摩博物馆中与金银文化相关的展览、器物来提升学生对于古代金银器的理解，另外对博物馆展览的陈列布局、馆藏环境等方面进行考察，可以使学生对于金银文物的保存条件、陈列和策展方式有一定的理解。

6. 田野调查和社会实践

金银器鉴赏课程不仅要求学生掌握金银文物本身的文化内涵，同时要对其原材料来源、生产加工过程和流通等环节有所了解，这就要求课程设计中有对古代金银冶炼遗址、生产作坊和银楼等方面的调查。另外，金银器在当今社会仍然是体现人们文化和精神生活的重要载体，因此对当今国际金银工艺品市场和现代金银生产工艺也应有所了解，而这一内容则主要是通过多种形式的社会实践活动来实现的，如关注与古代金银文物相关的文创产品的设计和开发、国际大型拍卖行有关金银文物的流动等问题。上述两方面的实践内容是提升教学整体效果的重要环节，因此在课程设置中有必要增加田野调查和社会实践的环节，联系相关的文物考古单位、文创产品设计机构和大型拍卖行，积极搭建为学生进行田野调查和社会实践的平台，将理论知识与社会实践切实有效地结合起来，真正达到实践教学的目的。

7．完善课程学习评价体系

"金银器鉴赏"课程要求学生一方面要完成课前阅读、课中讨论和课后作业，此外学生还要完成与课程内容相关的实验和社会调研工作。因此对学生学习过程的评价，既要包括对理论知识的考核，也要对实践环节进行评价。这样的评价体系不仅可以促进学生学习的积极性和主动性，同时也能使教师更直观地了解学生对教学内容的理解和掌握程度，适时调整教学方法和教学内容。

四、结语

大学课程的教学改革是一个循序渐进、不断深化的过程，改革涉及的内容较多，从方案提出到具体实施，最终保证教学过程顺利进行，仍需要在不断的摸索中一步步推进，以达到提高教学质量和学以致用的目的。培养创新型人才是现代社会对高等教育提出的新要求，因此大学教育要始终坚持知行合一的教学理念，注重培养学生的学习主动性、创新精神和研究性思维，提高学生解决实际问题的能力。在教学理念、教学方式和教学内容方面既要秉承传统教学的优势，同时也要与国际高水平大学接轨，及时吸收和补充新的教学方法和教学内容，使我们的大学教育始终保持健康发展的道路。

参考文献：

[1]郑春龙，邵红艳．以创新实践能力培养为目标的高校实践教学体系的构建与实施[J]．中国高教研究，2007(4)：85－86．

[2]吴琼，朴在林，许童羽，等．高校青年教师的教学与科研融合发展研究[J]．科技创新导报，2013(34)：157－158．

学前教育专业幼儿歌曲弹唱课程教学改革与创新*

祁萍萍①

当前，随着社会发展和时代进步，学前教育越来越受到社会的重视，对幼儿师资水平提出了越来越高的要求。《幼儿园教师专业标准（试行）》明确指出，幼儿园教师是履行幼儿园教育工作职责的专业人员，需要经过严格的培养与培训，具有良好的职业道德，掌握系统的专业知识和专业技能。学前教育学院作为培养幼儿园教师的专业高等院校，应该以《幼儿园教师专业标准（试行）》作为培养幼儿园教师的主要依据，不断改革幼儿教师培养的教育教学模式，将提高学前教育质量、培养优质幼儿教师作为专业建设的重要任务。

按照学前教育专业的教学目标和课程设置要求，合格的学前教育专业学生应该具备一定的钢琴演奏能力，包括幼儿歌曲伴奏能力。幼儿歌曲弹唱课作为学前教育专业必修的专业技能课之一，是集理论、技术、实践为一体的课程，要求学生既掌握相应的音乐基础理论和钢琴弹奏技能，还要具备幼儿歌曲弹唱技能。这种技能在幼儿音乐教育中被普遍应用，是一种重要的音乐教学手段。笔者经过分析研究，对我院幼儿歌曲弹唱课的教学现状和存在的问题进行了梳理分析，并在此基础上对教学改革与创新做了一些研究总结，希望对有关类似课程的教学改革贡献一分力量。

一、现状分析

从当前我院学生的整体情况来看，有相当一部分学生的幼儿歌曲弹唱能力还比较薄弱，即便一首简单的幼儿歌曲，从编配伴奏到边弹边唱，都不能很好地适应幼儿园实际教学工作的需要。究其原因，主要有以下几方面：

（一）学生音乐基础理论知识匮乏，钢琴演奏水平较差

幼儿歌曲弹唱课是一门综合性课程，除了要具备一定的键盘演奏和声乐表演能

---

* 本文属首都师范大学2018年本科教学建设与改革项目“学前教育专业幼儿歌曲弹唱课程教学改革研究”项目。

① 祁萍萍，女，首都师范大学学前教育学院，讲师。

力外，还需要掌握编配伴奏的相关理论知识(尤其是和声、曲式等方面)。而大部分学生在入校前所具备的音乐素质和修养并不高，音乐基础理论知识匮乏，特别是在和声编配和即兴伴奏等方面能力明显不足，有的甚至从未接触过五线谱。部分学生钢琴弹奏水平较差，双手协调性不够，满足不了边弹边唱的基本要求，加之部分学生存有一定的畏难情绪，课下练习又不到位，导致弹唱水平参差不齐，教学质量普遍不高。

(二)课程设置存在问题

学前教育专业课程中，钢琴课的学习时间设置是两年，其中就包含幼儿歌曲弹唱，但在这之前必须要先进行一年的钢琴基本弹奏方法的学习，所以幼儿歌曲弹唱课的学习基本须在一年内完成，这对于零起点的学生来说具有一定的速成性，难以实现既定的培养目标；同时，课程设置中缺乏对音乐理论课程的系统学习，导致学生在理解作品、分析作品和编配儿歌时，很难达到预期的教学效果。

(三)教学模式存在不足

尽管目前我院的弹唱课采用的是分组教学模式，但并未按照学生的能力水平进行划分，整体而言，内容比较简单，进度比较缓慢。大部分学生只会一些基本的伴奏音型，对稍有难度的歌曲就会感到力不从心，已无法很好地适应幼儿园的实际需要。其次，一直沿用以教师讲授为主的传统教学方法，缺乏灵活性，不能很好地激发学习兴趣，导致学生的应用能力和创新能力明显不足。再次，除了课上和课下的练习，学生缺少实践体验的机会，对幼儿歌曲弹唱在实际幼儿教育需求中的重要性了解不深，对课程的重视程度不够。

(四)教材缺乏系统性和规范性

教材是提高学生弹唱能力的有效学习资料，而目前基本没有专门适合学前教育专业幼儿歌曲弹唱课程学习的教材，大多数都是面向艺术教育专业学生学习的教材，内容过于专业化，与幼儿教育的实际结合得不足，实用性较低；同时，与学前专业学生的实际情况脱节，无法做到循序渐进、系统全面地推进教学，也影响了弹唱课的教学效果。

二、有针对性的教学改革与创新

(一)明确幼儿歌曲弹唱课程的教学目标

学前教育专业培养的是幼儿教师，需要的是全能型、综合型人才，而非专业的钢琴演奏人才。学生在日后的实际工作中，幼儿歌曲弹唱的应用非常多，是工作中不可缺少的重要技能之一。作为学前教育专业的钢琴教师，要明确幼儿歌曲弹唱课是钢琴课教学中的重要内容，在教学中要抓住幼儿教育的核心，突出基础性与师范性的特点，加强学生的实践能力，特别是对幼儿歌曲弹唱能力的训练，努力提高课堂教学的实效性，在有限的时间内，让理论基础薄弱、钢琴技能水平不高的学生快速掌握幼儿歌曲弹唱的技能，最终胜任幼儿园的音乐教学工作。

(二)加强学生演唱及视奏幼儿歌曲的训练

为了培养学生养成看简谱为歌曲编配伴奏并弹唱的习惯，在教学内容的安排上，每周会布置 3 首幼儿歌曲，要求学生首先大声演唱，准确把握音高、节奏、节拍、速度、歌词等要素；其次要对歌曲的调式、调性、曲式、风格进行分析，配置好合适的和声和伴奏音型；最后再通过右手弹奏旋律、左手弹奏伴奏音型，同时边弹边唱的方式强化练习。经过一个学期的实践锻炼，学生在学会一定数量幼儿歌曲的同时，还在节奏、音准、编配伴奏及弹唱等方面取得了较大进步。

(三)加强歌曲移调的训练

为了适应幼儿的实际演唱需求，很多幼儿歌曲需要进行适当的移调处理。所以，为幼儿歌曲移调伴奏和演唱，是学前教育专业学生和幼儿教师必须具备的能力，也是提高弹唱能力的关键所在。在以往的教学中，通常要求学生在一升一降和两升两降的调式上进行弹唱，有时课时不够，还会缩减内容，学生总体上对键盘和调性的把握不够熟练，也就不能实现在任意调上进行弹唱。经过一个学期的改革实践，打破了原有模式，运用半音移调的方法，使学生熟练掌握 24 个大小调基本的和弦位置，同时强化学生对首调概念的理解，通过选择篇幅短小的歌曲，要求在不同的调上练习弹唱，最终提高学生的移调能力。从期末考核和弹唱展示的结果看，学生在拿到一首新歌时，能够在较短的时间内比较准确、完整地完成弹唱，在歌曲的移调及常用调的把握上都有了明显的进步。

(四)运用灵活多样的教学方式，激发学生的学习兴趣

兴趣是最好的老师。在教学方式上，除了老师讲授之外，又增加了“我弹他唱”或“我唱他弹”等练习模式，给学生提供自弹自唱的练习机会，营造模拟教唱的气氛；利用课余时间，组织观看优秀的弹唱表演视频，加深对恰当的音乐表现力的感悟；同时轮流安排学生选择自己喜欢的幼儿歌曲进行自弹自唱，提高学生的参与度和积极性，营造了轻松的气氛。通过一系列灵活多样的教学方法，既增加了学生学习的兴趣，也提高了弹唱能力和音乐表现力。

(五)增加实践教学内容，提高学生的创新能力

1. 对于每周布置的弹唱歌曲，不要求编配的伴奏完全一样，而是注重让学生在掌握基础知识和基本技能的基础上，活学活用地把所学知识灵活运用到实际弹唱中去，以提高学生的创新能力。

2. 顺应时代发展，建立了幼儿歌曲弹唱教学的微信群，学生可以上传弹唱作业视频，也可以把自己编配的儿歌弹唱视频发到群里，供师生指导鉴赏，畅通交流渠道。

3. 每学期末定期举行幼儿歌曲弹唱技能比赛，既是对学生学习成果的检验，也为学生提供了展示自我的机会，并通过评奖的方式激发学生学习幼儿歌曲弹唱的积极性。

4. 在见习实习期间，鼓励学生组织幼儿进行歌唱、舞蹈、音乐游戏、音乐欣赏等活动，发挥自身的创造力与能动性，运用边弹边唱的表现形式，让幼儿清晰直观地看到教师的表情，亲身感受所表达出的乐感。

(六)完善课程评价模式

真实、公平、合理的评价方式，能使学生变被动接受为主动探索，将理论与实践结合，也便于教师更好地了解学生的差异性，充分挖掘每一个人的潜在能力，因材施教，在提高弹唱能力的同时也不断促进创新能力的提高。根据这一理念，我们在原有的基础上又完善了课程评价模式：

1. 评价方式：过程性评价、阶段性评价和鉴定性评价相结合。过程性评价，就是每周一次的弹奏作业，教师根据学生的学习态度、学习能力以及对知识技能掌握的程度给出分数。阶段性评价，即在完成了一个单元的教学内容后，让学生自己编配伴奏并自弹自唱，教师据此进行教学成绩评估，再结合学生自评互评等，给出阶段成绩。鉴定性评价，是指期末考试，所有钢琴老师根据学生现场发挥，做出客观评价，给出综合成绩，力求公平与公正。

2. 评价标准：儿歌伴奏的节奏及和弦配置的准确性；儿歌弹唱的熟练程度和完整性；对儿歌作品风格、内容、伴奏音型的把握；人声与伴奏的协调；伴奏编配的创新性；自弹自唱表演中的心理素质和表现能力等。

3. 考核方式：一是考察学生的移调能力，任意抽取 2 首本学期弹唱的幼儿歌曲，由老师现场指定任意调弹唱。二是考查学生为歌曲限时配弹伴奏的能力，现场抽取一条新儿歌，准备 15 分钟后，现场进行边弹边唱演奏。

4. 评价比例：课堂出勤 10%，平时作业成绩 40%，期末考试 50%。

三、反思

此次对于儿歌弹唱课的教学改革与实践，虽然取得了一些成果，但仍有不足之处，期望在后期的教学实践中继续深入开展研究改革，不断提高教学质量。

1. 幼儿歌曲弹唱是儿歌弹奏与演唱的结合，二者是相互依赖、不可分割的整体。作为钢琴教师，更多注重的可能是弹，而忽略了唱。在今后的教学中，钢琴教师不仅要加强对学生手口协调配合能力的训练，还要教授学生用怎样的声音和方法去演唱，加强教师的示范性和专业性。此外，钢琴教师还要不断丰富自身职业修养，与相关交叉学科（如声乐等）教师合作进行实践策略研究，了解声乐演唱的理论与方法，并适当地运用到现有课程中，以适应课程不断改革发展的新要求。

2. 作为学前教育专业的钢琴老师，需要经常深入到幼儿教育一线，了解最新的音乐活动教材，加强与相关机构人员的交流，不断积累实践经验，着力开发适合幼儿教师岗位需求的幼儿歌曲弹唱教材，或在现有教材的基础上，开发补充性、更新性和延伸性的辅助学习教学资料，以适应幼儿教育不断变化的需求。

四、结语

幼儿歌曲弹唱是一门集多重音乐知识与技能为一体的综合课程，它可以提高学生的综合艺术素养，培养学生的创新能力。作为学前教育专业的钢琴教师，必须根据幼儿教师教育课程标准的要求，和学生一起，在学习过程中不断进行实践尝试和研究，深化弹唱课程的教学改革，探索行之有效的教学模式和方法，提高学生的弹唱水平，为学生毕业后从事幼儿教师工作打下坚实基础。

参考文献：

[1] 王懿颖．学前儿童音乐教育[M]．北京：北京师范大学出版社，1997.

[2] 徐卓娅．幼儿园音乐教育活动——歌唱活动[M]．南京：南京师范大学出版社，2006.

[3] 陈桦．学前教育专业钢琴即兴伴奏课程教学改革的思考[J]．理论观察，2013(12)：164－165.

[4] 罗诚．论基于应用能力培养的钢琴即兴伴奏教学创新与实践[J]．音乐创作，2017(9)：192－194.

[5] 吴世超．学前教育钢琴即兴伴奏教学的实践探索[J]．中国教育学刊，2015(8)：71－72.

大数据背景下的高校公共管理类专业课程教育范式转型研究*

吴 芸[①]

高校教育范式往往带有时代烙印。如果给我们当前的时代加一个定语，用“大数据”来限定我们当前的时代特征最为恰当不过。大数据、互联网、物联网、云计算等创新型信息技术推陈出新，推动整个经济社会发展日新月异。党中央和国务院也适时提出了“互联网＋”的发展理念，国家和各省市频频出台促进大数据信息技术发展的相关政策。在大数据时代，信息成为战略资源，影响到经济社会生活的方方面面，对高校教育的影响也正在凸显。十九大报告强调，教育现代化必须被放在突出位置来落实。高校教育现代化在当代的首要意涵即为高校教育与大数据时代背景相适应。换句话说，高校教育现代化意味着在大数据背景下高校教育实现教育范式的转型。本研究聚焦本人所从事的公共管理类专业课程教育实践，论述大数据背景下高校教育范式转型的需求和过程。

一、大数据背景下的高校公共管理类专业课程教育范式转型的需求

（一）公共管理实践需求

高校公共管理类专业课程的培养对象是即将走上公共管理类工作岗位的学生，教学内容也是与公共管理实践息息相关的专业知识。大数据背景下，公共管理实践面临的场域和公共管理行为方式都发生了转变。

一方面，公共管理实践的场域发生了转变，要求高校公共管理类专业课程教育范式的转变。公共管理实践是以政府为主体的公共组织在政治、经济、社会等方方面面的公共生活领域建立公共秩序的努力。大数据时代，互联网就像一张无形的但无所不包的网络，它能够超越时间和空间的限制传递信息，信息传递快速、便捷、准确。以共享单车为例，通过对单车启动、归还、行驶路线、使用频率等数据的收集和把握，共享单车公司掌握着大量真实的公共出行需求数据，通过对这些数据的

---

* 本文属教工委2017年北京市优秀人才培养资助项目“基于社会网络视角的京津冀高等教育协同发展路径研究：以公共管理硕士（MPA）办学为例”，项目编号：2017000020124G137。

① 吴芸，女，首都师范大学管理学院，讲师。

把握和运用，企业可以获得利润。但同时，这些数据是对城市公共交通体系建设十分重要的数据。如何对这些数据进行安全保障和收集分析，成为公共政策制定者需要重点考虑的问题。面对公共管理对象、环境等方面的转变，高校公共管理类专业课程的教学内容也需要跟上时代步伐、符合社会需要。

另一方面，公共管理实践的内部管理方式发生了转变，要求高校公共管理类专业课程教育范式的转变。公共管理实践也包含改善公共组织自身的管理模式、管理方法和技术的内容。当银行可以通过个人电脑终端、手机 APP 的服务方式完成业务交易，公共组织也需要运用先进的科学技术来赶上组织的运行效率。公共组织不能继续维持繁文缛节、办事效率低下的组织行为方式。如何运用先进的信息技术武装公共组织，成为公共管理者不得不面对的重要问题。面对公共组织内部管理方式、管理工具等方面的转变，高校公共管理类专业课程的教学内容也需要跟上新技术发展、符合公共组织内部管理的需要。

(二)学生知识技能需求

高校公共管理类专业课程的培养目标是培养具有扎实专业知识功底、熟练掌握专业技术的学生。大数据背景下，高校公共管理类专业学生的信息获取方式发生了深刻转变。

一方面，高校公共管理类专业学生面对更开放的信息环境，要求高校公共管理类专业课程教育范式的转变。大数据时代，学生可以便捷、快速地通过计算机、手机等网络平台掌握大量的信息。政治、经济、社会等方面发生的重大、热点事件，高校公共管理类专业课程教师与学生通过相同的渠道、获得同样的信息资源，高校教师并没有在获取公开信息方面占有任何优势。公开信息的快速流通、变化，主导着高校公共管理类课程中对最新管理理念、管理方式、管理对象等的界定和解读方式。面对这种共享、大量、快速变化的大数据环境，高校公共管理类专业课程的教育范式急需转型。

另一方面，高校公共管理类专业的学生享有更多元的学习资源，要求高校公共管理类专业课程教育范式的转变。大数据时代，各类市场组织依据市场需求制作、上传各种视频、音频等丰富生动的学习资料，学生可以通过计算机、手机等网络平台学习感兴趣的知识和技能。“互联网＋”是依赖互联网、在信息高速流动的基础上形成的新业态，是运用互联网等先进信息技术对传统产业进行改进，与之深度融合，促成传统产业升级转型的政策导向。当前，“互联网＋”是我国传统教育产业创新转型的契机。高校是教育和培养高素质人才的教育场所和教育环节。面对这种学习途径竞争的高校教育环境，高校公共管理类专业课程的教育范式急需转型。

二、大数据背景下的高校公共管理类专业课程教育范式转型的过程

“范式”的概念来源于库恩《科学革命的结构》中的观点，可以归纳为以下四点。第一，科学进步表现为范式转换，即先前理论和知识结构的重建。第二，范式是某一领域中确认研究问题和研究方法的标准，包括一个世界观和两个基本标准。一个世界观是指建构理论用以揭示科学事实的相关性。两个基本标准是指，脱离了科学活动的竞争态势，从而吸引了一批稳定的追随者；同时，它又是足够开放的，为后继者留下各种各样需要解决的问题。第三，范式并不一定是自我涵纳的，在同一学科中可能会存在着竞争性的范式，甚至不是所有的研究活动都有范式引导。第四，范式不同于规则。基于此，高校公共管理类专业课程教育范式转型的过程体现在教学导向转型、教学内容转型和教学形式转型三个方面。

(一)教学导向转型：成绩导向向能力导向转型

大数据时代，我们的经济和社会领域发生了重大的变化，大数据具有丰富性、海量性、价值性等特性。此时，我们的公共管理领域已经完成了可以匹配这场巨大的市场和社会变化的同样变化吗？带着这样的好奇，高校开设公共管理类专业课程，研讨公共组织，尤其是政府组织的管理活动及其规律。公共管理类专业课程，以基本理论问题为出发点，并关注各个领域的管理实践，旨在使学生理解公共问题、公共需求、公共利益、公共秩序、公共权力与责任等核心概念工具，掌握公共组织、公共政策、政府职能、公共部门绩效评估、公共预算、公共组织中的领导、公共管理责任与伦理、政府改革与治理等方面的知识，使其对我国公共管理有深刻的认识。作为研修公共管理类专业课程的学生，应能够积极和有效地参与公共问题的分析和解决过程，具备使用恰当的公共管理工具构建公共秩序的素质和能力。具体来说，高校公共管理类专业课程聚焦于学生“公共管理理论研究能力”“公共问题分析与解决能力”以及“公共管理工具选择与使用能力”的培养和训练。

教学导向由成绩导向向能力导向的转型，在高校公共管理类专业课程教学中体现为四个方面。第一，改变迫使学生被动学习的课程教学思维，树立引导学生主动学习的课程教学思维。传统课堂由教师讲授而学生被动接受，然而，高校公共管理类专业课程设计旨在最大程度调动学生主动学习的积极性，通过课堂中的提问、讨论与教师有效反馈，实现学生参与式学习。第二，改变迫使学生理论学习的课程教学思维，树立引导学生实践学习的课程教学思维。教材知识抽象，对于学生来讲不易理解。高校公共管理类专业课程通过典型案例的带入、解释，在课堂中示范如何将教材中的知识、理论应用于实践，并且通过课下作业布置运用课堂所学知识进行案例分析的方式，提升学生的调查能力、实践能力。第三，改变迫使学生遥远学习

的课程教学思维，树立引导学生体验学习的课程教学思维。学生对课堂知识不感兴趣的原因之一是认为教材知识距离生活太远。然而，从学生身边寻找日常生活中可以体验到的典型案例，对课堂知识进行解释，能够提升学生的学习兴趣。第四，改变迫使学生记忆学习的课程教学思维，树立引导学生启发学习的课程教学思维。传统的课堂教学，以知识传递为主，学生的学习思维主要是记忆而非分析、探索。例如，高校公共管理类专业课程设计中将政府职能的测量的部分设计为教学难点，没有讲授学生需要记忆的知识本身，而是引领学生观察政府职能，并找到可靠可行的观察政府职能的测量工具，主要体现了启发式教学的教学理念。

(二)教学内容转型：教材内容向实践内容转型

大数据时代，经济社会发展的不平衡更多地体现为人才知识结构的不合理。高校在专业人才特别是高层次专业人才的教育方面任务更繁更重。高校教育中对大数据技术的接受和教授，并不意味着教会学生对数量巨大、范围广泛的数据进行简单的汇总，而是将大数据技术与相关专业深度融合，运用专业化的数据处理手段将相关专业的信息进行更好地处理和分析，包括分类、整合、将其统计学意义与现实意义相结合。那么，大数据时代的大数据背景下的高校公共管理类专业课程教育内容转型就体现在教授内容从教材内容向实践内容转型。

授课对象熟悉对教材知识记忆背诵的思维方式，但缺乏将教材知识与个人生活体验相结合的思维方式，因此要通过案例示范公共管理何以与每个个体的生活体验相关。于是，教学内容由教材内容向实践内容的转型，在高校公共管理类专业课程教学中体现为两个方面。第一，将主要参考教材的知识点糅合，抓住重点难点；第二，深加工教材知识，结合教材知识制作原创案例，帮助学生深入理解知识点，并示范运用知识解决实际问题。高校公共管理类专业课程采用专题式教学，例如，公共管理学课程大致分为“公共组织”“政府职能”“公共政策”“公共部门绩效评估”“公共部门人力资源管理”“公共预算”“公共组织中的领导”“电子政务”“公共管理责任与伦理”“政府改革与治理”等若干个专题模块。每个模块的教学内容方面，重点难点突出。例如，关于政府职能这一宏大课题，不去进行大而全的论述，而是选择从大数据使用过程中的矛盾冲突入手，从前沿入手，来描述和分析问题。从冲突焦点中选择有趣味性、值得探讨的内容进行研讨式拆分精讲。

(三)教学形式转型：课堂教学向在线课程转型

高校是先进技术、高科技的创造前沿和使用前沿。高校在培养高素质人才的过程中，由于高素质人才对新技术、高科技有更敏锐的发现能力和使用潜力，所以，高校在面临着迫切的教学形式转变的压力的同时，也报有强烈的教学形式转变的动力。只有将教学形式趋向数字化、信息化，将教学工具与大数据结合，才能提升高校的教学质量，才能推进高校教学形式的转型。

在目前的高校教学规定和框架下，教学形式由课堂教学向在线课程转型需要经历一个循序渐进的探索过程。在这个探索过程中，需要以教学形式提升学生兴趣为第一个阶段性目标。授课对象对形象生动的案例故事感兴趣，对提纲挈领的教材语言缺乏兴趣，因此要以案例引入并配合多媒体阐释教材知识；同时，授课对象有一定的生活体验，有运用所学知识解决实际问题的心理动机，因此要通过提问和讨论激发学生的参与兴趣。基于此，高校公共管理类专业课程综合运用 PPT、多媒体、板书等多种教学手段，加入视频、照片、图表、数据等多种视觉听觉元素，增加课程展示的层次。并且，除了一般课堂讲授，增加了在线课程教学的环节，注重培养学生的批判性思维，提升学生的学习兴趣。

参考文献：

[1]M. Barzelay, B. J. Armajani, breaking through bureaucracy [M]. The Regents of the University of California. Reprinted by permission of the University of California Press, 1992: 3—9, 115—133.

[2]彭正玲．大数据环境下文献检索课多维教学情境构建研究[J]. 农业图书情报学刊，2018，30(5)：115—119.

[3] 薛洁，徐姗．大数据时代《统计学》课程教学改革探讨——以 H 高校经管类专业为例[J]. 教育现代化，2018(24)：62—64.

[4]梁银禧．大数据时代下高校教学方法改革模式研究[J]. 黑龙江科学，2018，9(11)：96—97.

浅谈互联网信息资源在西班牙语教学中的应用

刘 柳[①]

根据相关资料显示，我国的西班牙语教学始于20世纪50年代，距今已有六十余年的历史。[②] 在2000年以前，我国仅有十几所高校开设西班牙语专业，而全国每年的西语毕业生也不过五六百人。进入新世纪以来，伴随中国不断加深同西班牙以及拉美和加勒比地区国家的经贸和人文交流，我国政府、企业和教育文化界对西班牙语人才的需求急剧增加，由此在我国兴起了一股西班牙语学习热潮。由于将西班牙语作为第一外语和第二外语学习和使用的人数大幅增加，西班牙语教育在我国也呈现出蓬勃发展的态势。

如今，我国开设西班牙语专业的高等院校有七十余所，但各高校课堂上使用的教材数量却相当有限，仅仅有十余种，几类常用的教材包括西班牙语精读课使用的新版《现代西班牙语》，西班牙语泛读课使用的《新编西班牙语阅读课本》和《西班牙语阅读教程》，西班牙语听力课使用的《走遍西班牙》和《西班牙语听力教程》等等教材，这里就不一一列举了。这些教材是我国西语界学者呕心沥血之作，其权威性和经典性毋庸置疑，只是略显乏味和古旧，缺少了些许时代气息。就拿西班牙语泛读课上常常使用的《新编西班牙语阅读课本》和《西班牙语阅读教程》来说，前一本教材编写于1999年，而后者则对前者有所改善和补充，编写于2009年，距今仍有近十年的历史。

面对西语教材的时效性差这一尴尬处境，互联网成为突破困境的最佳选择。互联网上的西班牙语学习资源不但可以弥补教材的时效性差这一劣势，还可以让课堂内容更加贴近学生的生活，同时更好地提升学生的学习兴趣，培养学生的自主学习能力。在这里我们将对互联网上的西班牙语学习资源做调查研究，以求更好地服务于西班牙语教学研究与课堂内外的学习。

---

① 刘柳，女，首都师范大学外国语学院，讲师。

② 北京外国语大学于1952年开设西班牙语系。

一、西班牙语广播电台和电视台网站

(一)国际在线西班牙语频道(http://espanol.cri.cn)

国际在线是由中国国际广播电台主办的中央重点新闻网站，通过多语种对全球进行传播，是一个拥有多形态传播渠道的国际化新媒体平台。西班牙语频道作为国际在线的重要组成部分，其页面内容充实，思想内涵丰富，提供西班牙语视频、音频、文章以及在线电台收听。在这个网站，西班牙语学生不仅可以学习到如何用西班牙语来准确表述中国的政治、经济、体育和文化等各个方面的重要事件，还能够了解到全世界各个国家的发展态势并学会如何用西班牙语去表达。

(二)西班牙广播电视官网(http://www.rtve.es)

西班牙广播电视公司(RTVE)是一家西班牙国有企业，管理西班牙的公共广播和媒体电视，每天 24 小时播送节目，内容涵盖新闻时事、经济、文化、体育及音乐等，是西班牙语媒体企业的领导者。在这个网站的对外广播电台版块提供多个栏目给西班牙语学习者在线收听，其内容包罗万象，涵盖全世界众多国家，如 24 小时、今日亚洲、开放的欧洲、五大洲，等等。同时，该网站还提供下载功能，西班牙语学习者可以在收听后下载感兴趣的音频进行学习。

二、西班牙语网络报刊

(一)《人民日报(西语版)》(http://spanish.peopledaily.com.cn)

《人民日报(西语版)》是世界十大报纸之一《人民日报》建设的以新闻为主的大型网上信息发布平台，也是国内最大的西班牙语新闻网站之一。对于西班牙语学习者来说，广泛的阅读是提升语言技能必不可少的环节。面对国内西班牙语教材数量少、时效性差的问题，网络报刊在很大程度上可以弥补这种不足。作为中国的西班牙语学生，应当大量阅读人民日报的西语文章，一方面可以扩充西语词汇量，提升翻译、写作及口语的水平；另一方面，也可以更好地把中国介绍给西班牙语国家的友人，从而促进中国和西班牙语世界的文化交流，加深文化好感。

(二)西班牙世界报(http://www.elmundo.es)

《西班牙世界报》，全名《21 世纪世界报》，是西班牙国内发行量最大的日报之一，也是西班牙访问量最高的电子版报刊。该报刊内容不仅涵盖了西班牙社会生活的方方面面，也有来自世界各地的新闻，广受西班牙国民热爱。西班牙世界报为中国的西班牙语学习者和研究者提供了一个全面了解西班牙和拉丁美洲国家的窗口，我们一定要擅用这个优质的学习工具，使之助力我们国家的西班牙语教育更上一层楼。

三、西班牙语在线学习机构

(一)沪江网校(https://es.hujiang.com)

近年来，各类外语在线学习网站遍地开花，市场竞争异常激烈，沪江网校则成为顺利突围的代表，一跃成为国内最领先的互动在线外语学习平台之一。沪江网校的一大优势是其课程性价比高，比起很多实体西语教学机构费用少很多。除了在线课程之外，这个网站的另一优势在于它拥有强大的学习资料和附带软件，包括DELE备考、电影、音乐等一系列学习资源。其设计的课后练习也颇为实用，比如开心词场，每一课都有相对应的词汇练习，恰好可以作为我们课堂教材的补充。如果将这些资源有机融入教学活动，一定能够打造出一个多姿多彩的西语课堂。

(二)塞万提斯学院虚拟中心(https://cvc.cervantes.es)

塞万提斯学院作为西班牙在全球的语言和文化推广机构，其权威性不言而喻，但是价格在西语学习机构中也是最高的。目前，塞万提斯学院开设有线上和线下西班牙语课程。此外，塞万提斯学院虚拟中心还在其官方网站的教育专栏中提供了诸多电子读物，多为西班牙语小说节选，难度分为初、中、高三个级别。同时，每个阅读文本配备背景资料介绍和词汇小结，可以供学习者参考，以便更好地理解文本。在课堂教学实施过程中，教师可以根据不同年级的需求，将不同难度的阅读文本融入课堂，不断培养学生的语感，提升学生的阅读素养。

简而言之，互联网信息化的学习资源不仅可以极大地丰富西班牙语课堂内容，弥补教材的不足，更为重要的是它可以激发学生学习的内在动力，使学生乐学、好学、爱学、善学，从而最终达到培养学生的自主学习能力和创新能力的目的。在课堂教学实施过程中，教师要注重运用多种教学手段，合理创设教学情境，要注重把互联网上优质的海量教学资源与课堂内外的学习活动聚合起来，不断催生新的教育形态，努力把学生培养成一个会运用新工具学习的人、一个创造新生活的人、一个真正与时俱进的人。当前，教育教学和信息化脱节的现象依然存在，许多身处智慧教室的教师，依然使用陈旧的方法和手段教学。因此，我们仍需大力推进教育信息化，使信息化教学真正成为教师教学活动的常态。

我们不妨来听听身边的同学们平时怎么说。有的同学说："可以看的书太少了，除了课本和老师发的资料，还有什么能看呢?"有的同学说："老师，我想提升自己的西班牙语水平，有什么课外班可以推荐给我呢?"还有的同学说："老师，我非常喜欢《午夜的巴塞罗那》这部电影，请问如何找到它的西班牙语版本呢?"看来同学们的痛点大多集中在学习资源的匮乏上。诚然，由于我国西班牙语教学的突破性发展在2000年以后才出现，国内的西班牙语教材和课外读物的数量与英语相比不过是太仓一粟。然而，如果我们能够教会学生如何利用互联网上的西语资源进行学习，是不是同学们的问题就会少很多呢？

《国家教育事业发展“十三五”规划》指出，要“鼓励教师利用信息技术提升教学水平、创新教学模式”①，要“形成线上线下有机结合的网络化泛在学习新模式”②。因此，走进信息时代的教师一定要认清时代要求，认识到将信息技术有机融入课堂教学的重大意义。一方面，教师要更新教学理念，让信息技术走进课堂，充分利用互联网等多种技术手段丰富课堂教学活动，拓展教学思路，创新教学设计；另一方面，教师还要切实提高学生的信息素养，以课堂为载体全面培养学生利用互联网获取高质量的学习资源的能力，调动学生的自主学习积极性，使学生真正学会学习的方法与技能，从而为国家未来培养创新型人才，助力我国建设为科技强国。

参考文献：

[1] 岑楚兰，蔡少龙．新编西班牙语阅读课本(第1册)[M]. 北京：外语教学与研究出版社，1999.

[2] 董燕生，刘建．现代西班牙语1(学生用书)[M]. 北京：外语教学与研究出版社，2014.

[3] 焦建利，贾义敏，任改梅．愿景与决策：教育信息化战略研究[M]. 北京：高等教育出版社，2016.

[4] 刘长申．西班牙语阅读教程1[M]. 上海：上海外语教育出版社，2009.

[5] 刘建，李放，温大琳．西班牙语听力教程1[M]. 上海：上海外语教育出版社，2010.

[6] 马丁内斯，等．走遍西班牙1(学生用书)[M]. 北京：外语教学与研究出版社，2008.

① 参见《国务院关于印发国家教育事业发展“十三五”规划的通知》，http://www.gov.cn/zhengce/content/2017-01/19/content_5161341.htm。

② 同上。

《操作系统》教学分析与思考

霍其润① 孙卫真 徐远超

一、引言

《操作系统》课程在计算机专业课程体系中处于承上启下的重要地位，课程的理论性和实践性都较强，既需要学生掌握许多抽象的概念和原理，又希望培养有较强的实践能力。而在学习过程中，由于概念及其原理较抽象、不易理解，通常学生感觉课程较难；实践环节涉及的知识面广，综合性较强，既需要较高的编程技术，又要有底层硬件的基础，实现难度较大。

近几年，教指委开展了加强学生系统能力培养的教学改革[1]，由北航、浙大等知名高校牵头，突出将数字逻辑、计算机组成、操作系统、编译技术这几门课程构成一个衔接紧密的课程群。通过课程间的有序衔接和配合，希望使学生具有设计"一台功能计算机、一个操作系统、一个编译器"的完整计算机系统的开发能力。这种理念更加符合业界对计算机人才的实际需求[2—4]，我校的组成原理课程也参加了此项改革，获得"首批系统能力培养试点校"的称号，基于课程群的建设，操作系统课程教学也在朝着这个方向进行努力。

二、现状分析

目前大多数普通高校的实验内容，以及国内出版的实验教材大多是在 Windows/Linux 实验环境下进行用户态的系统编程实验，通过编程观察、理解操作系统的行为和原理，让学生体会操作系统的设计思想。但应当看到，透彻地了解操作系统的最佳方式莫过于分析实际操作系统的内核代码，但由于开源的 Linux 内核代码高达数百万行，实验设计起来难度较大，也容易使学生产生畏难情绪。

当前国内一流高校为提高操作系统教学水平，逐步向国外研究型大学看齐，尝试借鉴他们的实验素材。像麻省理工、卡内基·梅隆等国外知名大学都有同一个理

① 霍其润，女，首都师范大学信息工程学院，讲师。

念：要想学好操作系统，最好的办法就是自己编写一个操作系统[5—6]。

通过在北航跟听一整学期的操作系统及其课程实践，对北航的课程教学体系有了较为详细的了解。北航的教学比较侧重工程实践能力的培养，作为专业核心课程，除了一周4课时的理论讲授外，又安排了较多的实践课时。设置的实验共计50课时，但实际上还需要学生课下花大量时间来完成实验内容。实验内容是让学生自主开发一个基于mips的小型操作系统。具体实验划分了六个模块来进行，最后通过调试将六部分链接起来，使之成为一个能够运转的操作系统。根据系统能力培养的研究目标，操作系统的实验后续可以与硬件课程实验和编译实验进一步集成，学生可以将设计的教学操作系统移植到学生自己开发的硬件平台，并且运行学生自己开发的编译器所编译的程序。构成一个基本的计算机系统。

此外，从社会对人才的需求角度来看，针对不同专业、不同学习能力的学生，我们可将教学要求基本划分为以下几个不同的层次：

(1)熟练掌握操作系统的基本概念、工作原理，了解其内部结构，掌握基于操作系统支持的系统软件和应用软件的设计原理和开发技术，掌握国际主流操作系统的用户接口以及系统调用技巧。

(2)注重从设计者的角度来讨论操作系统的工程实现和基于操作系统的系统开发，并与现实中的主流操作系统对应来理解操作系统的原理，重点培养学生在系统软件方案、设计、开发、实现上的能力，以及系统程序的设计、开发与实践能力。

(3)侧重培养学生抽象、分析、结构、设计方面的能力，对大型系统软件的设计开发能力，解决操作系统领域中问题的能力，研究和发展操作系统的创新能力，培养科学作风与综合素质，并使学生获得项目管理与团队协作的必要训练。

三、构建梯度化实验教学体系

结合我们学校自身各方面条件及其对学生的培养目标，教学实践环节除了需要让学生理解操作系统的行为原理外，还可进一步增加阶梯性的实验内容以提高学生设计和创新能力，因此本课程的实践教学环节大体可划分三个层次，即系统编程实验、模块设计实验和内核开发实验，完成相应实践过程，达到能力训练和启发创新的目的。

1）系统编程实验

在Windows/Linux实验环境下进行用户态的系统编程实验：通过编程观察、理解操作系统的行为和原理，让学生体会操作系统的设计思想。

2）模块设计实验

主要完成模块设计和程序设计，是难度较大的实践环节，通过案例复现和模块替换实验等，掌握技术实现和模块设计的方法与技巧，提高学生的专业技能。

3）内核开发实验

较大型的内核开发实验，可以以学生团队方式参加，完成一个小型操作系统的设计。根据情况，部分课题可以拓展到本科毕业设计课题完成。

以上第一部分内容是所有学生都应该要了解并掌握的知识，后两部分内容针对不同专业、不同程度的学生自主选择。具体实施我们可从如下几个方面着手来进行：

（1）在现有实验教学体系的基础上，逐步增设一些探究性实验，循序渐进地对我们的实验教学体系进行改进，更加贴近适合学生和社会需求的模式。

(2)对于内核开发实验的探索，可以首先作为学生项目或是学生的毕业设计题目的形式来进行尝试；随后逐步引入操作系统课程学习过程中，最初从少量优秀学生入手，按意愿和能力挑选几个学生，尝试小操作系统的设计开发；通过不断尝试找到适合我们同学的内核设计规模，以及相应的实验模式，从而向更多学生推广。

(3)同时考虑到和理论课程的进度衔接问题，小操作系统的开发实践也可选择放在原理课程之后作为后续的课程设计环节。

四、课堂教学的相辅相成

由于课程本身理论性很强，如何使学生树立起浓厚的学习兴趣，提高课堂教学效果也是非常关键的。通过多年的教学和体会，我们也逐步引入了许多方法来让学生易于对新知识的接受，如：

1)自顶而下

我们目前的授课方式是采用自顶向下的思想介绍操作系统，首先介绍操作系统的核心概念——进程，围绕进程依次介绍各个软硬件的管理分配方式，这种讲授方式更容易让学生掌握操作系统的整体架构和设计思想。

2)问题驱动法

操作系统的设计思想也是前人遇到问题并加以解决后总结出来的，所谓“需求推动发展”，因此在教学中我们也尝试创设一些问题情境，引导学生积极主动地去分析问题和解决问题，例如，讲到 CPU 的调度方法时，引导学生站在系统管理的角度设想当有多个进程需要 CPU 时，应按什么规则顺序来分配 CPU、很直观公平的方法是什么、如何提高整体性能等，从而很自然地引出各种方式及其相应的特点和使用场合；再者，讲到虚拟内存中的置换算法时，让学生思考按常理应该如何选择淘汰页面，肯定是选后续不用的，那如何预计哪些不用，引出各种方法，以此让学生体会出遇到类似的问题自己也能设计出类似的方法，从而激发学生的学习兴趣。

3)生活化类比

操作系统课程中有许多抽象的知识点，通过长期的教学体会，我们尽可能地将生活化的形象事例与这些复杂的概念原理结合起来，例如，在分时系统的讲解中我们结合了幼儿园老师喂小朋友吃饭的方法来让学生体会这种共享 CPU 的巧妙设计；介绍进程状态的设定及转换时机时我们类比了售票大厅买票的过程。采用这些类比方式使原理更加通俗易懂，让更多学生容易接受，消除对课程的畏惧心理，提高学生学习信心。

此外，为了更好地培养和提高学生的综合素质，该课程中我们引入了双语教学，选用英文原版教材，锻炼学生阅读和写作专业英语、科技英语文章的能力。在教学过程中虽然我们采用的是国外原版教材，学生初始压力很大，但只要学生能认真听讲并按要求进行相应的练习巩固，原理部分的学习现在大多数同学都还理解得不错，期末复习相当一部分同学还能自行列出整个课程的知识脉络。我们的考试也是以知识的理解和灵活运用为主，采用题库式考试方式，隔几年一次性地出十多套各不重复的试卷。出题时参考了多种版本教材及其近年的考研试题、参考书等不同难度的题目，之后就每年由教务人员随机抽选试卷来考试，考前老师都不知道要用哪套考题，但考核结果目前学生大多能达到预期的成绩水平。

五、结语

当前其他高校在操作系统实验教学方面的探索和建设，对我们后续的教学改进提供了宝贵的经验和基础。我们希望在有限的教学时间内，充分激发学生学习的积极性，培养他们的系统能力，达到对本课程内涵的深入理解和灵活运用；基于课程群思想，加强操作系统系列课程间的联系，教学中强调理论、技术与实验紧密结合，课程内容与时俱进并持续发展，鼓励并创造机会让学生提出新的算法、实现方法，使学生真正认识现代操作系统，理解操作系统的设计精髓，培养大型系统程序的设计能力和合作开发项目的能力。后续我们将不断地对课程体系进行更合理的研究和构建，推进相关课程间的联系，达到课程建设与时俱进。

参考文献：

[1]高小鹏．计算机专业系统能力培养的技术途径[J]. 中国大学教学，2014(8).

[2]陈文智，陈越，庄越挺．面向系统设计能力培养的教学改革探索[J]. 计算机教育，2013(20)：70—76.

[3]赵鹏，刘慧婷，姚晟，等．基于系统能力培养的操作系统课程改革和建设[J]. 计算机教育，2016，253(1)：56—58.

[4]施青松，陈文智．强化计算机课程贯通教学深入面向系统能力培养[J]. 中国大学教学，2014(12).

[5]王雷．国外操作系统课程分析[J]. 计算机教育，2008(5)：85—87.

[6]徐远超，孙卫真，吴敏华．中美“操作系统”课程教学比较与思考[J]. 计算机教育，2015(19)：57—59.

基于微信平台的混合学习模式研究

陈晓正[①]

作为一种新型的学习模式，混合学习(Blended Learning)将基于面对面的传统学习手段与数字化的网络在线学习手段相结合。其本质思想是通过对信息传递通道的研究，根据不同问题、需求，采用不同方式解决问题，实现付出代价最小化、取得收益最大化[②]。

当前，由于传统网络教学平台的运行主要依托于计算机，在文件兼容性、设备运行负载等方面难以满足移动互联网时代的要求。2012 年 8 月 23 日，微信公众平台(WeChat Public Platform)正式上线。作为腾讯公司推出的一项微信订阅服务，平台主要面向名人、政府、媒体、企业等机构推出合作推广业务。通过打造一个微信的公众号，个人和企业即可在该平台推送文字、图片、语音、视频四个类别的信息资源。

微信公众平台的应用而生，为混合学习提供了一个全新的沟通场景和教育平台。微信公众平台一对多的信息传播属性，使得其推送和记录功能与各个教学环节的无缝链接成为可能，填补了传统课程学习与网络学习平台之间业已存在的鸿沟，真正实现混合学习的教学环境和教学诉求。

一、针对微信公众平台教学功能的文献综述

在教学设计与教育实践中，微信公众平台应发挥何种功能与价值，其对教学模式与教育理念将会带来怎样的挑战和启示，业已成为教育教学领域的一个热点话题，目前国内已有学者对该领域展开了研究和探索。

袁磊等重点分析了微信的教育功能，并借此构建了微信支持下的混合学习模式。随后以“摄影基本技术”课程为例，阐述了微信支持下的主题混合式学习案例的

---

① 陈晓正，男，首都师范大学管理学院，讲师。

② 何克抗：《从 Blended Learning 看教育技术理论的新发展》，《电化教育研究》，2004 年第 3 期，第 2 页。

设计方案、实施过程，以及实施效果[①]。纪家涛等通过将泌尿外科学生分为实验组和对照组的方式，评估微信案例教学法在临床实习中的作用，并为临床实习教学探寻新的改革路径[②]。朱学伟等搭建了一个微信支持下的移动学习平台，设计了平台总体框架和平台功能模块，随后以“土木工程施工”课程为例，设计了相关教学过程，并对其进行了效果分析[③]。王丽等通过分析微信的移动学习支持功能，构建了一个基于微信的交互式翻译移动教学平台。通过对移动教学模式的应用实验，发现较之传统模式，新模式能够有效提升翻译教学的交互水平[④]。

以上研究内容多是针对一门具体的课程，利用微信及平台的功能进行教学方式的革新，并通过简单的数据分析来评估其成效，对微信平台的教育功能阐述不够透彻，而且对其在教学过程的实际应用也稍显单薄。

本文通过对微信公众平台教学功能的探讨，对教学活动的全过程进行梳理，进而以“公共政策分析”课程为例进行教学实践，为基于微信公众平台的混合学习研究提供有益的探索。

二、微信公众平台的教学功能

微信公众平台并非专为教育行业而设，但随着平台设计的逐次迭代和平台功能的逐步完善，其教育功能逐渐被扩展和挖掘开来。将微信公众平台和教学实践相结合，发现其可以提供以下五个方面的功能：

交互化教学功能：教学交互可实现三种形式的交互，包括学生与教师的交互、学生之间的交互，以及学生与教学内容的交互。微信极大地提升了教学交互的便捷性和即时性，教师可以通过微信公众平台上传或分享互动式的教学资源，开展协作学习，实现教师和学生、学生和学生、学生和教学内容的多角度、多维度的教学交互[⑤]。

多元化教学功能：微信公众平台为教学内容的展现提供了多元的选择空间。平台并未将教学内容限定于单调的文档形式，而是对包括文字、图片、音频、视频、

① 袁磊等：《微信支持下的混合式学习研究——以“摄影基本技术”课程为例》，《中国电化教育》，2012年第7期，第128—132页。

② 纪家涛等：《微信及结合案例教学法在泌尿外科实习教学中的应用探讨》，《中国高等医学教育》，2014年第2期，第42—43页。

③ 朱学伟等：《微信支持下的移动学习平台研究与设计》，《中国远程教育》，2014年第4期，第77—83页。

④ 王丽、戴建春：《基于微信的交互式翻译移动教学模式的构建与应用》，《外语电化教学》，2015年第3期，第35—41页。

⑤ 张红艳：《浅析微信及微信公共平台在师生教学交互中的应用》，《中国教育技术装备》，2015年第8期，第22—23页。

超链接在内的多媒体形式开放，提供了一个多元性的教学“工具箱”和“素材库”。

移动化教学功能：微信公众平台可以真正打破时空限制，实现教育教学的泛在化[①]。在移动设备的帮助下，学生和教师可以随时随地进行不同目的和方式的学习。可携带性、无线性和移动性，塑造了一个移动的学习环境，并且提供了教师与学习者之间的双向交流。教学空间从教室延伸到户外任何地方，教学时间从固定变为随时，真正摆脱了传统教学模式下对时空的束缚。

碎片化教学功能：碎片化阅读正在成为移动互联网时代的主流阅读方式，微信应用本身也是针对碎片化的沟通方式而设计的，因此非常适合碎片化阅读时代学习任务的开展[②]。不论是平台推送的教学内容、课上设置的小组讨论，以及课程投票和测试，都符合学习内容碎片化的特征。

反馈化教学功能：传统的课堂教学评价注重结果，而微信公众平台提供的是群体参与的“形成性评价”[③]。相对于传统式教师主导的“暗箱化操作”更透明，也更能有效地敦促教师重视学生的观感。教师通过与学生交流及时了解教学效果，以及了解在课后提升阶段学生的评价与需求，可以及时更新教学内容与教学方式。

三、“公共政策分析”在微信公众平台的教学应用

（一）课程简介

作为公共管理类专业的主要学科基础、研究方向及核心课程之一，“公共政策分析”是一门运用各种知识与方法来追踪政策过程、解决政策问题的学科，是一个综合性跨学科的课程领域。作为纯理论研究和纯操作性研究之间的一个过渡性研究领域，“公共政策分析”具有两个显著的特征：一是以问题为中心，二是以实践为取向。这就必然要求在教学内容和教学设计中，更多地将理论知识与社会实操紧密结合，切实提高学生对政策问题的识别能力、对政策方案的甄选能力，以及对政策效果的评估能力。

政策分析能力的培养不再仅仅局限于理论知识的讲授，更要求将教学与实习、理论与实践串联起来，对既有的教学体系和教学方法进行颠覆性的革新。微信公众平台适时地担负起了这个革新者的角色，一种全新的混合学习模式呼之欲出。

（二）微信公众平台搭建

微信公众平台共有两种类型：其一为服务号，有较多的接口和功能，需要专业

① 王丽、戴建春：《基于微信的交互式翻译移动教学模式的构建与应用》，《外语电化教学》，2015年第3期，第36—41页。

② 冯彦菩、王文俊等：《试论碎片化时代的电子阅读》，《新闻世界》，2011年第11期，第108—109页。

③ 邓晓霞：《微信公众平台辅助课堂教学实证研究》，《现代计算机》，2014年第2期，第41—46页。

团队来开发和运营，主要针对企业、政府组织和事业单位等；其二是订阅号，使用微信公众平台的基础接口，涵盖了接收用户消息、向用户回复消息、接受事件推送等功能，主要面向各种类型的自媒体和个人使用者。

作为课程平台而言，订阅号可以即刻完成对各种教学资源的统合与编辑，并将其转化为推送内容进行群发，学员也可以通过发送预先设置好的关键词自行获取所需要的资源。同时，平台还可实现一对一和一对多的互联沟通，因此订阅号即可满足各项教学活动的需求。选择申请微信公众平台的订阅号，并设定微信公众号名称"陈老师的公共政策分析课"、设置头像、生成二维码，学生可通过搜索微信号或扫描二维码两种方式关注公众号。

（三）基于微信公众平台的教学设计

微信公众平台支持下的教学活动通过与传统课堂教学相结合，可以将课前预习、课上教学、课堂评测和课后反馈等全过程涵盖进去，具体教学设计如下：

1. 案例推送：基于其自身特征，"公共政策分析"课程天然地具有实践性导向。因此，课程的教学要求必须以现实的政策过程为对象，结合课程的教学内容开展政策案例教学。根据教学进度和课程知识体系，该课程精心选择了 15 个相关案例。每次课前，均会将案例内容通过文本、图片、音频和视频相结合的方式放置公众平台的素材库。为了保证学生端良好的用户阅读界面和碎片化学习需求，课前都会将这些教学素材进行编辑、设计及排版，然后利用平台的信息推送功能为学生推送教学案例和相关素材。

2. 互动讨论：微信公众平台可以实现对添加订阅号的用户进行分组和管理，如只对某一分组的学生发送群消息。利用微信的分组功能，可以将全班同学分成若干小组，每组 3—4 人，每个小组按照教学进程选定特定的研讨主题，学生们可以选择在微信群内讨论，也可面对面讨论。随后要求每个小组派一个代表上台陈述小组的观点，这位代表的发言水平作为小组成员讨论的成绩。这种教学方法一方面调动了每位同学的学习积极性；另一方面也增强了小组成员的集体荣誉感，达到了比较好的效果。

3. 智能回复：微信公共平台后台可以设置自动智能回复，根据关键词自动处理一些常用查询和提问。该功能有助于便捷、精准地获取课程内容。实际教学过程中，会将教学内容中的重、难点与相应的理论和模型进行相互关联。例如在讲到政策议程的设定这一章节时，将"议程"一词设置为关键词，学生们只需在公众号的对话框中输入"议程"，平台就会针对该关键词进行匹配，并调出"约翰·金登的多源流分析模型"等相关议程设定的学习资料。同时，智能回复的功能也可以应用于学生对课堂练习和测试成绩的查询，通过查询交互，学生可以及时得到相关的教学信息和成绩信息，从而使整个教学环节拧为一根绳。

4. 一对一问题解答：微信公众平台除了提供一对多的信息推送功能之外，还提供一对一的双向沟通功能。如果学生对课堂讲授方式和教学内容有任何的疑惑和问题，可以选择在微信的对话框中输入自己的问题，教师在后台可以即时看到留言，并且予以回复。借由该种渠道，老师能够对学生的疑惑和问题进行一对一的个性化辅导，更具针对性和精准度。同时，一对一的解答模式也有助于打破学生不敢当面举手提问的羞怯心理，增进师生之间的感情。另外学生的留言在微信后台以文字形式有条理地呈现，也有助于教师定期将其收集整理，在学期末进行集中讲解，帮助学生巩固课程的重点、难点知识。

5. 学习状况分析：微信公共平台在其管理页面中，提供了大量有关用户、图文、消息、接口等不同类型的统计数据。根据平台数据统计功能中的“图文转化率”，可以了解阅读每条消息的人数及阅读次数，使得教师获知学生的学习进度，进而有效引导并控制教学过程。同时利用这些数据分析结果，教师也可了解教学内容的完成度，并以此作为对学生课堂评价和个性化指导的参考依据。

四、基于微信公众平台进行混合学习的思考

基于微信公众平台的混合学习模式有助于解决传统教学模式下学生被动学习、教与学相互脱节等问题，真正突破了教学时空和场所的限制，并迎合了碎片化时代的要求。将微信公众平台与传统教学相结合，可以充分发挥其强大的多元互动、资源发布和检索、用户反馈和分析等功能，真正实现移动学习模式与传统课堂教学的相互交融，达到混合学习的教学意图。

微信公众平台可以有效地迎合移动互联网时代对课堂教学提出的新要求，其教育功能值得继续探索和挖掘。但任何一种教育模式的革新和教学技术的应用，都应将教师和学生放置在核心的位置，而绝不能舍本逐末。借助于微信公众平台这个工具，让我们看到了教师和学生达成有效互动的广阔空间，未来还应在调动学生自主学习的积极性，以及提升教师的教学掌控力上做更多的尝试和努力。

参考文献：

[1]严大虎，等．微信公众平台支持下的问题教学活动设计[J]．现代教育技术，2015(11)：79－85.

[2]冯彦菩，王文俊，等．试论碎片化时代的电子阅读[J]．新闻世界，2011(11)：108－109.

[3]王萍．微信移动学习的支持功能与设计原则分析[J]．远程教育杂志，2013(6)：34－40.

[4]田嵩，魏启荣．混合云模式下移动学习环境的设计与实现——以微信公共平台下阿拉伯语课程学习为例[J]．开放教育研究，2014(12)：103－109.

[5]袁磊，等　微信支持下的混合式学习研究——以“摄影基本技术”课程为例[J]．中国电化教育，2012(7)：128－132.

[6]朱学伟，等．微信支持下的移动学习平台研究与设计[J]．中国远程教育，2014(4)：77－83.

[7]王丽，戴建春．基于微信的交互式翻译移动教学模式的构建与应用[J]．外语电化教学，2015(3)：35－41.
[8]纪家涛，等．微信及结合案例教学法在泌尿外科实习教学中的应用探讨[J]．中国高等医学教育，2014(2)：42－43.
[9]张红艳．浅析微信及微信公共平台在师生教学交互中的应用[J]．中国教育技术装备，2015(8)：22－23.
[10]徐梅丹，等．构建基于微信公众平台的混合学习模式[J]．中国远程教育，2015(4)：36－45.

论行政法案例教学模式的创新

崔俊杰①

2017年5月3日，习近平总书记在考察中国政法大学时指出："法学学科是实践性很强的学科，法学教育要处理好知识教学和实践教学的关系"②。根据习近平总书记的重要指示精神，当前和今后一段时期，法学教学改革的核心是创新和发展中国特色社会主义法治理论体系，是要在教学环节始终坚持正确的政治方向和强烈的使命担当、始终坚持时代导向和问题导向、始终坚持引领风气和励志笃行，总结和提炼一些创新性的、原创性的、标识性的概念、命题、观点和学说，以"四个自信"的高度掌握和运用中国特色社会主义法治的话语体系。③

多年来，法学案例教学已经被广泛的教学实践证明了是能够切实提高学生深入分析复杂现实、科学总结背后特征，抽象凝练规律性认识的能力的重要手段，是总结中国特色社会主义法治实践，并对实践经验进行理论概括和思维提升的重要抓手。在法学教育面临深刻变革的新时代，研究和探讨符合创新发展中国特色社会主义法治理论体系要求，符合高等法学教育改革精神的案例教学模式显得尤为重要。由于笔者主要担任行政法案例教学的工作，故本文将主要围绕本学科案例教学展开，但其中关于案例教学模式的多数探讨，均能扩展适用于所有法学课程的案例教学改革之中。

一、"黑板行政法学"及其困境

1985年以来，我国行政法学教学从无到有、从小到大，在学科理论体系日臻完善、教学方法不断创新、人才培养体系不断健全的同时，也面临一些突出的问题。特别是重理论、轻案例；重讲授、轻实践，"在一定程度上陷入顶天不够、立

---

① 崔俊杰，男，首都师范大学政法学院，讲师。

② 付子堂：《完善中国特色社会主义法学体系》，人民网 http：//theory. people. com. cn/n1/2017/0607/c40531－29322619. html，访问时间为2018年8月20日。

③ 《国家重大委托项目"创新发展中国特色社会主义法治理论体系研究"开题报告会成功召开》，中国政法大学法大新闻网 http：//news. cupl. edu. cn/info/1011/26439. htm，访问时间为2018年8月20日。

地不足的'黑板行政法学'境地"[①]。

客观地讲，目前的行政法与行政诉讼法本科教学中，案例教学方法已经为多数授课教师所自觉采用和有益尝试。譬如，有的老师尝试着将《最高人民法院公报》、《中国行政审判指导案例》、《人民法院案例选》、裁判文书网、中国司法案例网、Openlaw等权威渠道登载的典型案例引入课堂教学，使法科学生能够及时关注经典案例，并就其审理结果和其中法理进行思考；有的教师借助担任兼职律师的便利，主动将自己办理过的优秀行政案件引入课堂教学，使得行政法理论与最新案例实时相交；有的教师尝试着将课堂教学与社会热点事件相结合，突出行政法理论对现实的回应并反哺行政法理论的创新[②]。但总体而言，当前行政法案例教学在课程设计、案例选取、分析方法和教学手段上都存在比较突出且具有共性的问题。

(一)课程设计的单一化

尽管多数高校近年来均已开设行政法与行政诉讼法的案例教学课，但在课程设计上，该学科的案例教学还呈现出单一化的倾向，基本上都是在"行政法与行政诉讼法学"(通常为48—64个课时)(有条件的学校拆解为了"行政法学""行政诉讼法学"，一般分别为32个课时)的一到两门主干课的教学中将案例穿插在具体知识点的讲解中。专门开设行政法案例分析课程的学校虽然不少，即使开设了，也往往作为专业选修课来设置，实际开课的情况并不理想。传统行政法学涉及组织法、行为法、救济法等多方面内容，学科体系本就烦冗，随着行政法学研究范畴的不断扩展以及互联网法、服务行政、柔性行政以及部门行政法等领域的相继充实和发展，行政法学的内容已日渐丰富和前沿，行政法学的范围也大为扩展，主讲教师如能在有限的课时内讲授完行政法学总论的知识已实属不易，客观上已经没有充裕的时间去精研案例了。

在首都师范大学2014版《培养方案》中，每一门法学核心课程的必修课均配置了同等学时的实训课程，这是我校教学模式改革的一大创举。以行政法与行政诉讼法为例，即分别开设了"行政法与行政诉讼法学"理论课程和"行政法与行政诉讼法实训(案例研究)"两门课程，分别为48个课时[③]。从总量上看，本校学生学习行政法与行政诉讼法的总课时量是增加了，但由于理论课与实训课的授课老师往往为同一人，在实际操作中，两门课的区分度并不是很大，不可避免地导致课程设置的单

① 司坡森等：《推动依法行政，建设社会主义法治国家》，《行政法学研究》，2002年第3期。

② 比如浙江大学法学院在方林富诉杭州市西湖区市场监管局行政处罚案的判决书发布的第二天，就迅速在行政法教学中对该判例进行研讨。

③ 考虑到最高学分限制要求，尽管两门课程分别为48个学时，但仅为行政法与行政诉讼法理论课程保留3个学分，行政法与行政诉讼法案例研究课程为0个学分，不单独考试或考查。

一化[①]。新近修改的《培养方案》除了将实训课调整为实践课程环节以外，还在没有增加理论课程学时的前提下进一步压缩了实践学时（从48个学时压缩至32个学时）。课时压缩之后，课程设置单一化的问题可能不仅没有解决，反而可能进一步强化，实际上也增加了实践教学的难度。

（二）案例选取的单一化

在以往的案例教学中，司法判例均居于所用案例的绝对主导地位。这一局面的形成有不可归因于授课者的客观原因。一方面，在民事和刑事法律的案例教学中，司法判例就长期居于主导地位。在这两个学科中，于司法案例之外，除一些经教师对照知识点而主观设计的相对“狗血”的案情环节以外，鲜有完整的事例出现。另一方面，纵使在行政法领域，除了司法案例，还存在大量的行政复议案例，但囿于过去行政复议案例的公开远不如司法公开这样全面，致使有关行政复议案例的选取已属少数。而即使算上行政复议案例，有关案例的来源也主要集中于行政救济环节。对于大量没有进入行政复议和行政诉讼的行政立法、行政决策、行政执法等行政事例而言，日常教学中就更是甚少关注，导致学生疏于对行政管理真实过程和有关价值平衡的了解，不可避免地堕入形式合法性的单一映像之中。

笔者常在日常教学中将司法审查比作“切豆腐”，司法裁判者也好，学生也好，都习惯于用形式法律的“唯一准绳”去评判行政过程，就像切豆腐一般齐整，要么合法，要么违法。而事实上，被评判的行政过程也许从一开始就不是一块好切的“豆腐”，而更加类似于一块“肉皮冻”。行政过程本身充斥着复杂的价值判断，且事事有别，很难用单纯的合法与否进行判断，在是否合法以外，还有诸多复杂的中间项。故而，将那些虽尚未进入复议或者诉讼环节，却能够很好地体现行政过程艰难性、复杂性的事例引入课堂教学就是一个十分必要的选择。

（三）分析方法的单一化

由于案例选取绝大部分为司法判例，因此“以请求权基础为核心”是开展有关案例分析的主要选择。授课教师和学生都往往自觉或者不自觉地站在法官的立场，按照“要件审判九步法”的要求，分析当事人在个案中所可能主张的法定权利、行政机关的行政行为侵犯了哪些法定的权利，法律框架下赋予当事人怎样的救济途径以及行政争议解决机关应当如何做出判断。这种结果导向的分析进路，“在本体上，是一种基础规范分析方法，是指以构成诉讼基础的基础规范作为出发点，通过分析并涵射规范要件对案件做出裁判的方法，其实质也就是请求权方法，最关键的是以权利请求基础作为诉讼的出发点”[②]。故而，这样的案例教学方法是站在法官（行政复

① 有的教师认为案例教学课程的开设压缩了理论课程的课时，故而选择将理论课程与案例教学课程合一使用，进一步加剧了这种课程设计上的单一化。

② 邹碧华：《要件审判九步法》，法律出版社，2010年版，第1页。

议机关）的视角进行法律适用方法的训练。然而，这样的案例教学方法往往遮盖了案例背后的“故事”，忽略了案件发生时的政治经济社会文化背景，进而无法超越个案探寻良好的治理之策。

与西方国家不同，中国的行政法治不是法院主导的，不是议会主导的，而是党政主导的。裁量是现代行政活动永恒的主题，每一个行政活动的做出几乎都蕴含着复杂的利益冲突和政策考量。在党政主导的行政法治进程中，党政协力、裁量普遍和由此产生的“平衡论”思潮是中国行政法治的鲜明特色。现代行政法也只能试图用程序的正义消弭前述的利益冲突，因此，传统的请求权基础分析方法因议题局限和静态论断已无法因应这种现实需求。①

（四）教学手段的单一化

在教学手段上，基本上沿袭“三段论适用”的形式逻辑方法，即事先预设标准答案，引导学生通过具体条文的解释进行个案处理。这种封闭、僵化的讲授模式也许可以在一定程度上应对司法考试的需要，但难以有效训练学生的发散性思维，也难以真正激发出学生对行政法产生浓厚的兴趣。

特别是考虑到 2015 年 12 月，中共中央办公厅、国务院办公厅印发的《关于完善国家统一法律职业资格制度的意见》，将现行司法考试制度调整为国家统一法律职业资格考试制度，更多的法律从业人员将被纳入法律职业资格考试的范围。由于法律职业主体的大幅度扩大，将司法环节的法律事务参与者扩大到立法和执法环节，可以预测国家统一法律职业资格考试相较于以往的司法考试，在命题设计、题型、考察方式等方面都有可能发生大的改变，现有个案处理的教学手段也必须做出调整。

二、行政法学对案例教学的独特需求

“随着世界经济全球化的演进和我国社会转型的深度展开，一种脱胎于传统公法，但其内涵和外延均有别于传统公法的新型公法正在世界上许多法治发达国家和我国形成。行政权力无论在边界上还是在深度上，都较传统公法而言，大大强化了。在诸多行政权力运作的情形中，对于公权力的合法性判断，很难找到一个令所有各方，尤其是价值取向明显对立的各方都能接受的标准。因而，一个具有开放、反思性质的公权力运作过程以及相应的合法性判断过程，就成了实现或者确保公权力合法化的有效途径”。② 这一转变，使得行政法学对于有关的案例教学产生了独特的需求。

① 章志远：《行政法案例分析教程》，北京大学出版社，2016 年版，第 2—3 页。

② 沈岿：《公法变迁与合法性》，法律出版社，2016 年版。

(一)熟悉现代行政国家的权力运行的需要

民法刑法都是司法导向的法，行政法则是行政权力运行的法。在行政法发展的初期，由于崇尚“守夜人”角色定位，一种被称为“传送带”[①]的模式获得首肯。在这种模式下，行政权力十分有限，行政法的教学和刑法、民法无甚区别，即着眼于司法上的形式合法性的审查，而忽视了更为特别的政策性考量。在现代规制国家的背景下，传送带模式已然消解，单纯的合法性审查已经难以回应行政国家发展现实的需求，什么样的行政手段是好手段业已成为更具前瞻性的问题。李克强总理2016年提出的“法无授权不可为、法无禁止皆可为、法定职责必须为”的市场经济、法制经济原则深刻阐释了在强化公共服务的背景下，政府必须有所为、有所不为的要求[②]，一定程度上突破了传统行政法在形式法治方面的“底线”。可以预见，未来围绕政府的管制政策必然会引发诸多争论，由此而形成的社会事件当然需要被纳入行政法学的分析框架。

(二)增强行政法学理论回应性的需要

长期以来，我国的行政法学教学更多注重静态的规范研究，对行政法的规范和制度加以解释。教师更多关注规范和控制行政权的一般性原则的传授，而具体的行政过程更多时候成为实务部门的“自留地”。由于政策必须在个案中进行价值评判和感知，故而对行政法案例教学提出了不同于民法、刑法案例教学的新要求。行政法学教学固然仍应以形式合法性为依归，以规范解释为基础，但也应该在对形式合法性进行持续追求的同时，探讨对实质合法性的追求。行政法案例教学的改革就是要引导学生在坚守形式法治原则的基础上，关注具体行政法律制度在中国社会中的运行，关注其是否合乎宪法和法律的规定，符合立法和法律理论的要求，符合市场改革和行政改革的方向。同时通过不断开发、创新、改革各种行政组织、行政活动、行政手段，进一步推动制度改革型行政法学知识的传播。

(三)因应行政法学范式转换的需要

传统行政法是行政行为占主导地位的行政法。行政法教学的一个很重要的任务就在于在《行政处罚法》《行政许可法》《行政强制法》的实定法框架下引导学生对为数众多的行政行为进行分类，并分别行政处罚、行政许可、行政强制、行政指导、行政征收征用等众多类型化的行为。然而，现代行政管理是一个异常复杂的专业活动，在某一具体领域，行政机关往往需要动用各种手段开展规制活动，很难将这一类的活动类型化为某一个或者某几个具体的行政行为。比如，笔者曾经与学生共同探讨住房城乡建设部门开展住房销售网签的行为的性质，有的学生说是行政许可、

① ［美］理查德·斯图尔特，沈岿译.《美国行政法的重构》，商务印书馆，2003年版，第10页。

② 肖楠：《李克强：不作为的“懒政”也是腐败》，中国政府网 http：//www.gov.cn/xinwen/2014－10/09/content_2761524.htm，访问日期为2018年7月21日。

有的说是行政确认、有的说就是一个民事法律行为，但似乎都不够准确。行政过程已经很难用一个行为来进行分类了，围绕某一具体行政过程的得失，各方利益群体都会有不同的态度和行动，对有关行政案例，特别是行政过程本身的分析会契合这种行政法学范式的转变。

三、行政法案例教学新模式的展开

（一）课程设计上应独立设置行政法案例分析课程

行政法与行政诉讼法作为三大实体法与三大程序法的重要组成部分，与民法、民事诉讼法、刑法和刑事诉讼法相比，课时量显得整体偏少。民法和民诉，刑法和刑诉均是分别单独配备理论课和实践课，但行政法与行政诉讼法是实体法和程序法不分的法，是作为整体来配备理论课程和实践课程的，因此课时的总量是相对不足的。

在这样的条件下，不能采取因噎废食的态度，即不能为了开设实践课而压缩理论课程的比例。根据笔者在教学中的测算，要初步讲完且讲透行政法与行政诉讼法的理论课程，一般需要 72 个课时，最少也不能少于 60 个课时。应该在保障上述课时量的基础上，单独配备同比例的实践课程。实践课程的配备应优先考虑必修课的方式，最少也应确保作为专业限选课而存在，从而匹配行政法与行政诉讼法在法学教学中的重要地位，并保障相应的学习效果。

需要指出的是，独立设置课程是一种保障教学任务的手段。在强化这种手段运用的同时，也要注意协调好与理论课的关系。案例教学不是为了案例讲授案例，课程的设计尽管要强化其本身的独立性，避免成为理论教学的附属工具，但也要与理论知识点有所呼应。有关案例的选取要避免随意、散乱，要兼顾知识点的内在逻辑体系。

（二）案例选取上，司法案例与行政实例并重

行政法案例教学新模式在案例选取上应同等重视司法判例（行政复议案例）与行政实例，并时刻关注行政管理领域发生的热点事件。之所以叫行政实例，是因为这些行政过程中的环节并未进入到司法审查的环节，还未形成一个独立的案件。行政实例并不等同于行政复议的案例，这是因为，行政复议的案件虽然既可以处理合法性的问题，又可以处理合理性的问题，但其与诉讼案例的相似性在于，都是基于一个具体的请求权而展开的。

在行政实例的选取上，要注重挑取那些富有典型性，具备时效性，充满争议性的话题。第一，典型性。只有那些备受社会关注、引发社会共鸣的案件才是真正意义上的典型案件，比如各地机动车限购限行、住房限售限贷、控制吸烟等实例。第

二，时效性。即指那些刚刚发生，媒体正在关注的典型事件。比如前文述及的方林富诉杭州市西湖区市场监管局行政处罚案等。这就要求每一年授课教师都应更新行政法案例教学的案例资料。第三，争议性。那些反映问题单一，且具有“标准答案”的案例不是富有争议性的案例。由于“标准答案”的预设，不利于训练学生的多维分析能力。相反，那些极具争议性的社会热点事件往往会因利益不同、立场不同而产生若干不同的解决方案，更有利于在不同的解决方案中动态平衡，从而有助于学生理解行政政策形成的真实过程。

(三)教学方法上的多元教学方法

1. 行政实例的教学方法

(1)全背景展示行政实例发展全过程。行政实例从产生到发展到有关社会后果的形成往往是一个时间跨度较大的过程，因此回放上述过程是开展案例教学的基础。对行政实例的分析不能局限于表面报道，不能聚焦于只言片语，不能满足于人云亦云，不能仅仅停留在“记者的语言”和“评论者的分析”，而应当从有关法律原理出发，引导学生深度发掘行政实例背后的复杂社会背景和政策抉择难题，并用依法行政与有效行政的标准进行反复评价。要特别注重引导学生在切入案例的同时，就做一个实践派，而不是纸上谈兵，价值无涉。

(2)勾连行政实例涉及的知识要求。讲授者要分别从形式与实质两个方面分析有关案例所涉及的专业问题：形式上的问题主要是基于法律优先和法律保留原则研讨不同法律规范之间的冲突，即法律、法规、规章和行政规范性文件之间的逻辑关系；实质上的问题则是引导学生学会划定政府的边界，就一个具体的领域引导政府应当做什么、社会应当做什么、市场应当做什么、个人的自由如何等。

(3)探寻行政实例的治理路径。司法判例是结果导向的，是基于司法最终裁决原则对行政过程的一种终极评判。相比较而言，行政实例则能够返还事情发生的始末，返还行政主体在重大、典型事件治理中的各种考虑和艰难纠结。学生如能了解上述行政过程，则有助于对有关现实问题的解决方案进行相对理性的认知，促使理解一个成熟而有效的政府规制政策的形成过程。由于行政过程中各种学科知识、各种分析方法的广泛运用，在对上述事件的分析过程中，可以引导学生切身体会成本收益原则、比例原则、不同利益群体之间权利的冲突与消解以及政府对公共利益的判断与维护①。

① 章志远：《行政法案例分析教程》，北京大学出版社，2016年版，第10页。

2. 司法案例（含行政复议案例）的教学方法

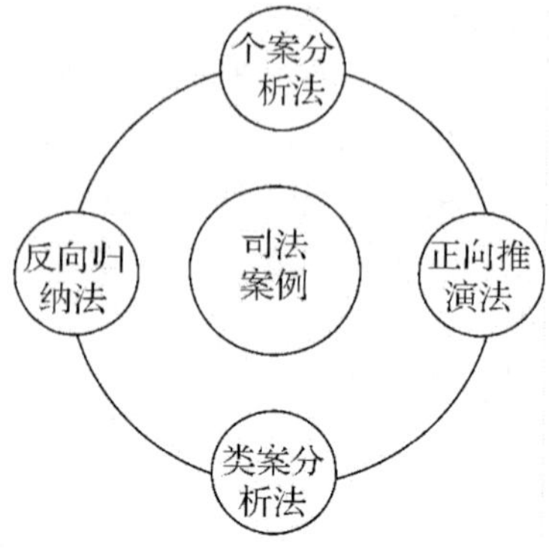

（1）个案分析方法。个案分析是行政法案例教学的基础，也是目前常用的分析方法。这种分析方法能够培养学生运用形式逻辑的能力。不过，对司法案例的分析不要预设标准答案，既需要尊重既有的裁判结果，同时也需要保持必要的批判立场，这实际是训练案例比附适用方法的绝佳机会。当然，与民事诉讼、刑事诉讼相比，行政诉讼更为复杂，受制于多种因素的影响，法院的裁判也许并非是一个纯粹的法律问题，而不可避免涉及对政治效果、社会效果的追求。对于这类司法案例，要充分考虑案件的客观环境，在坚持法治信仰和维护既判力的基础上，对生效法律判决开展理性评价，从而达到反思个案和发展规则的目的。比如，在讲授比例原则之时，笔者选取了王丽萍诉河南省中牟县交通局交通行政赔偿案（河南省郑州市中牟县人民法院〔2002〕牟行初字第 4 号）进行分析，在批评了该案判决书误用比例原则的同时，也指出该案裁判之时，比例原则尚未在中国司法中得到清晰使用的历史背景，一定程度上肯定了该案为清晰化比例原则适用条件做出的探索。

（2）类案分析方法。行政法案例教学除了选材个案之外，还可以选材一组案件，通过对批量案件裁判结果的观察，提炼中国本土的司法智慧，并发展为具有可操作型的规则①，甚至可以反哺行政法总论。比如，抽象行政行为和具体行政行为的区别一直是学生反馈的难点问题，即使在理论上做出一个相对明晰的说明，实践中也难以学会操作。为此，笔者集中收集了方小燕等诉杭州市人民政府案（浙高法〔2001〕浙行终字第 26 号行政判决书）、董永华等诉重庆市人民政府案（最高人民法院〔2001〕行终字第 14 号行政判决书）以及易泽广诉湖南省株洲县人民政府送电线路建设工程征地拆迁补偿安置决定案［中华人民共和国最高人民法院行政审判庭编《中国行政审判案例》（第 2 卷），第 44 号案例］等类案，通过比照判决书说理，归纳出司法实践中判断此类问题的实践标准。由于抽象行政行为和具体行政行为的区别事

① 章志远：《行政法案例分析教程》，北京大学出版社，2016 年版，第 13 页。

关行政诉讼的受案范围问题，笔者还借此机会从保障相对人权利的角度出发，衍生说明了在难以判断行政行为性质之时，从价值衡量角度论证行政行为性质的必要性，取到了较好的教学效果。

(3)正向推演和反向归纳结合法。形式逻辑的训练依旧是法科学生的基本能力，但在使用行政法案例的时候，也可以结合群案分析方法，通过援引不同司法案例，反向归纳求得司法裁判的实践逻辑。比如，在讲授行政的发展历程之时，笔者选取了 PT 水仙九位股东诉中国证监会和上海证券交易所、长春亚泰足球俱乐部诉中国足协、中国工商银行股份有限公司石家庄石正支行诉河北省产权交易中心、残疾人于某诉北京市残疾人联合会等多个司法或行政复议案例，展示非行政机关主体作为行政诉讼被告或者行政复议被申请人的情形，进而归纳出行政主体在公共行政背景下从一元走向多元的知识脉络。

参考文献：

[1]中共中央宣传部．习近平总书记系列重要讲话读本(2016 年版)[M]．北京：学习出版社、人民出版社，2016.

[2]叶俊荣．行政法案例分析与研究方法[M]．台北：三民书局，1999.

[3]解亘．案例研究反思[J]．政法论坛，2008(4).

[4]胡敏洁．论行政法中的案例研究方法[J]．当代法学，2010(1).

[5]余凌云．行政法案例分析和研究方法[M]．北京：中国人民大学出版社，2008.

[6]章志远．行政法案例分析教程[M]．北京：北京大学出版社，2016.

[7]邹碧华．要件审判九步法[M]．北京：法律出版社，2010.

[8]沈岿．公法变迁与合法性[M]．北京：法律出版社，2016.

三递进互动教学法探赜

——以《西方法律思想史》教学为例

汪　雄[①]

《西方法律思想史》是法科学生的必修课，是所有法律课程的基础课。1949年以前，李达先生在武汉大学讲授过《西方近代自然法学派思想史》。50年代中期，我国少数院校，如人民大学、西南政法学院、北京政法学院等，按苏联教材开设过政治学说史课程。80年代初，我国各政法院系逐渐开设西方政治法律思想史课程。1981年10月，北京大学和中国社会科学院法学所设立了第一批法律思想史硕士点，招收中国法律思想史和西方法律思想史硕士研究生。《西方法律思想史》成为法律系的基础课。

百年来，现代中国法律的法律史就是一部移植西方法律的历史，主要是移植欧洲法律，以《法国民法典》《德国民法典》为代表。不能从源头理解欧洲法律的发展起源，就无法理解中国现代法律。欧洲法律史并非波澜不惊。相反，前后断裂，甚至冲突，例如罗马把希腊征服，但希腊精神却反过来把罗马征服了，罗马法有自己的独特精神，也受希腊的影响；又如，基督教的解经法影响了后来的法律解释，中世纪教会法体系也是罗马法体系的重要补充，但是马基雅维利之后的法律观念彻底颠覆了古典法律思想。学习《西方法律思想史》的目的就是带领同学们揭开历史的重重迷雾，立足中国，探索西方。

一、《西方法律思想史》教学中的三大矛盾

现在各大高校法学专业都开设了《西方法律思想史》，它既是一门基础课又是一门提升课，这就决定了《西方法律思想史》的教学不仅需要有其他部门法作为基础，而且存在理解的难度，使得教学呈现出三大矛盾。

（一）课堂时间的有限性与教学范围的广阔性之间的矛盾

《西方法律思想史》横跨上下三千年，涉及数百位思想家，每位思想家的法律思

---

① 汪雄，男，首都师范大学政法学院，讲师。

想博大精深，研究文献汗牛充栋，其内容是开放式的，没有固定的知识体系。老师在讲解过程中总是期望传授更多的知识，这也使得教学内容庞杂。但是课堂时间是有限的，只有短短的48学时，对于三千年的历史来说如沧海一粟，这对教学构成极大的挑战，要求老师提前做好课程安排和课程设计。

(二)学生排斥外文阅读与外文阅读的必要性之间的矛盾

《西方法律思想史》所涉及的内容从古希腊罗马到欧洲中世纪，再到近现代，主要以古希腊文、拉丁文和英、法、德五种文字书写，而真正地学习必须深入原著之中才能领略其思想原貌。但是这些原著有汉译的部分只是冰山一角，所以学生有必要进行外文原著阅读，但学生对阅读外文很排斥，主要原因在于外文阅读能力低、原著过于晦涩等。这是教学过程中的另一个矛盾。

(三)学生求知的实用化与教学内容的哲学化之间的矛盾

法学是一门实用的学科，现在同学们学习的目的也偏实用性，凡是对自己无用的知识都没有学习的热情，而西方法律思想史上的大家以哲学家居多，其言说带有抽象性和哲学性，属于典型的“无用之学”，学生学习热情不高，给教学造成了极大的挑战。

二、美国课堂中《西方法律思想史》的教学经验

《西方法律思想史》是西方法学院的基础课程，但是在西方本土，其课程名称不叫“西方法律思想史”，而叫法律理论或者法理学。无论是在大陆法系还是在英美法系，法理学都是法学院的必备课程之一，因为，法理学教育是从终极意义上告诉学生们什么是法律，即使在提倡案例教学的美国法学院也避免不了对法律的终极追问，法理学也是一门必修课程。通过考察他们的法理学课程或许对我们有借鉴意义。

在美国法学院的JD和LLM教育中，法理学是作为Lecture讲授，即由老师在讲台上讲，学生听和做笔记。这种满堂灌的讲课方式逐渐暴露了一些缺陷，不能满足一些学生对法律本身的终极思考，所以法学院开始与哲学院合作，寻求新的法理学教育方式。

美国排名靠前的各大法学院都在法理学教育中寻求与哲学院合作，开创“法哲学联合项目”。开启这个项目先河的是哥伦比亚大学法学院，它于1997年设立“Center for Law & Philosophy”中心，这个中心的成员来自哲学、政治科学和法学领域。紧接着，德萨克斯大学法学院与哲学院于1998年合办的“Law and Philosophy Program(LPP)”，其设置了两名主任。耶鲁大学则于2005年与哲学系合办了“Yale Center for Law and Philosophy(YCLP)”，YCLP开设了很多法理学课程，供

JD和PHD的学生选修，修满学分要求的学生将同时拿到JD和PHD学位。

这些联合项目设立的机构中，有的是独立性的，例如，南加州大学的"The Center for Law and Philosophy"，它是独立于哲学院和法学院的一个机构，其他多数机构大多数都隶属于哲学院。至于他们的课程设置，主要有两种：一种是组织本机构的研究人员为攻读联合学位的学生开设Seminar。例如，Brian Leiter在其法哲学工作室中分春秋两季开设《法理学(上)》和《法理学(下)》Seminar，在《法理学(上)》中讨论法律和司法的一般理论，在《法理学(下)》中讨论道德、政治和法律理论的各项问题；另一种课程是以本机构的名义邀请全球这个领域的校外专家过来做短期Lecture。例如，加利福尼亚大学洛杉矶分校法哲学项目组就邀请Ronald Dworkin于2012年2月6—17日来做短期讲座，而德萨克斯大学法学院的LPP则邀请过Jules Coleman (Yale)，John Gardner (Oxford)，Joseph Raz (Columbia)等学者。只要是攻读JD或攻读PHD的学生，通过一定的选拔程序后就可注册这种联合学位项目，JD学生修完哲学院对PHD要求的学分，PHD学生修完法学院对JD学生要求的学分，就可获得法哲学联合博士学位。

可见，至少在美国法学院，法律思想史类的课程不存在中国课堂的第二、三对矛盾，因为欧美的学生不存在外文文献的阅读问题，而选课的同学有一部分是来自哲学院，也不会存在学生求知的实用化与教学内容的哲学化之间的矛盾。对于第一对矛盾(课堂时间的有限性与教学内容的广阔性之间的矛盾)，他们的课程设置中采取的是以问题为线索的上课方式，通过设置几个核心问题来把错综复杂的晦涩思想整合为一个体系，这值得我们借鉴。所以，国内《西方法律思想史》的教学也可以以问题为中心来建设。对于第一对矛盾(课堂时间的有限性与教学范围的广阔性之间的矛盾)的解决，只能通过把教学从课堂延伸至课前，督促同学们用更多的实践阅读，锻炼快速理解英文文献的能力；对于第二对矛盾(学生求知的实用化与教学内容的哲学化之间的矛盾)，可以通过与学生更多形式的互动来训练他们的抽象理解能力。这要求教学的阶段要延长，教学的互动要多元。

三、三递进互动教学法的操作要点

三递进互动教学法强调教学的互动性，只有在互动中才能更好地引领学生理解抽象的法律思想。互动的方式是多种多样的，这里结合笔者在自己的课堂上重点使用了"文献互动""书面互动"和"口头互动"，每一种形式对应一个阶段，前一个阶段是后一个阶段的准备。在第一互动阶段重点是文献互动；第二阶段的重点是书面互动；在第三阶段的重点是文献互动。前两个阶段是在课前完成，是为课堂的深入互动做准备，最后一个阶段是在课堂上进行，这是教学的重点阶段，教师将在这个阶段帮助学生理解和升华知识。

(一)第一阶段：文献互动

面对课堂时间的有限性与教学范围的广阔性之间的矛盾，如何在 16 周内把三千年西方法律思想史的精华呈现给同学们？这需要教师和学生在课前做工作。对教师而言，需要提前做好教学规划，16 周讲什么不讲什么要有通盘考虑，要精选文本，引导学生直接接触一手文献，和文献互动。每位思想家的著作等身，如何取舍？取多长的内容合适？外文文献和中文文献如何搭配？在诸多的中文译文中挑选一个好的译本，等等。具体而言，教师需要做的工作有：第一，至少提前一周布置下次上课的课堂材料，以三份为宜；第二，针对这三份精读材料布置三个问题，引导学生阅读和思考；第三，指定至少三位同学做课堂报告。

对学生而言，需要牺牲课外时间精读老师布置的文献，具体而言：第一，全体同学独立阅读；第二，独立阅读完之后，以小组为单位讨论各自的困惑、分享阅读的体会；第三，讨论结束之后分头撰写读书报告，每人的报告不少于一千字，禁止抄袭。这三项工作中，前一项是后一项的准备，当然，这三项工作并不是一次完成，可以循环往复多次完成。

(二)第二阶段：书面互动

文献互动的成果就是每位学生形成书面读书报告，在上课之前先和教师有书面互动。具体而言，全体学生以纸质或电子版的形式向教师提交读书报告，读书报告有三个要求：①读书报告要立足文本，概括文本的核心意思；②每份读书报告都要认真回答教师提前布置的三个问题；③读书报告的线索和思路要清晰。教师收到学生的书面报告之后，认真批阅，有针对性地备课。具体而言，教师要通过读书报告考查学生在阅读文本上时忽略的内容以及忽略的愿意，总结学生的共同问题，结合问题和现实案例备课，做到有的放矢。把思想史的哲学化内容深入浅出讲出来是关键，需要结合实践找对应的事例，可以是编纂的事例，但最好是现实中发生的热点事例，事例要具有典型性和启发性，提高同学们的抽象思考能力。

经历了这两个阶段的互动之后，学生提前知道了课堂内容，心中也有自己的困惑和问题，听课不再是漫无目的。教师通过阅读读书报告，也知道了本次课的难点、重点和疑点，也更能精确地安排课堂内容，做到轻重有别。这两个阶段是课前阶段，为增加课堂效率和讲解深度打下坚实的基础。

(三)第三阶段：口头互动

这一阶段主要是教师和学生面对面的口头互动，经过了前面两个阶段的准备，学生和老师都很期待见面互动。《西方法律思想史》是 48 学时，每周三节课，一共 120 分钟，可以分为三个小阶段：第一阶段围绕学生的读书报告互动，20 分钟；第二阶段是老师梳理文本和学生提问和阐发自己的观点，80 分钟；第三阶段是老师的最后提升及总结和学生提问，20分钟。

具体而言，在第一小阶段中，学生们商量选择一个小组一位代表上讲台阐释读书报告的精要，此小组其他成员补充；报告完毕之后，此小组之外的其他同学针对报告提问，同学们先自己回答问题，教师补充。然后教师再点评书面报告，主要谈三点：第一，如何撰写优秀的读书报告；第二，本次报告的闪光点；第三，同学们的不足和应改进的地方。

然后进入第二小阶段，老师先有针对性地进行文本疏解。讲解本次课的阅读文献与前面课的关系，本次课所讲解的内容在思想史中的位置，理解本次课法律思想的要点和途径是什么，同学们在课前阅读时共同忽略的内容和共同的错误是什么，如何避免此类错误。在疏解的过程中，同学们可以随时提问，教师要积极诱导学生发问，甚至要故意给出疑难问题，鼓励同学们相互诘问和驳难。

最后，教师梳理本次课的要点，总结并表扬提问的学生，鼓励学生多提问与思考，预告下次课的内容并指出阅读下次课文献的关键点。

四、总结

不仅仅《西方法律思想史》，而且其他以经典文献疏解为主的课程都可以借鉴三递进互动教学法。它可以提高学生的课堂参与度，课前布置阅读文献让学生提前熟悉，能极大提高学生接受课堂知识的能力，鼓励学生提问增加学生自信，改善课堂效果；它还可以改善学生外文阅读能力：外文文献占有小部分比例，老师引导学生阅读，课堂讲解，能帮助他们一步步突破阅读障碍；并且，还能锻炼学生的写作能力：每次课前都要独立阅读与写作，并且老师针对同学们的读书报告，进行点评与总结，能极大地提高学生的写作能力；此外，也能极大改善教师驾驭课堂的能力，因为每次都是有针对性地备课，且上课前老师提前批阅学生的读书报告知道学生知道什么、不知道什么，老师对讲解内容了然于胸，讲起来更得心应手，所以能很好地驾驭课堂。

虚拟仪器教学实验仪的设计与改进

张盛博[①]　赵国忠　何敬锁

虚拟仪器课程是首都师范大学校级精品课程，带领学生应用虚拟仪器技术完成相应的物理及自动化实验，培养学生自动化控制思维、观察能力、分析能力以及动手能力，是物理系的特色课程之一。该课程设置在大二第二学期，与电路分析课程相衔接，同步模拟电子技术和通讯原理课程。在已经掌握了电路分析理论的基础上，学生既可以通过虚拟仪器实验对该课程知识进行验证，巩固知识点，又可以自主设计实验，探究正在学习的知识内容，帮助理解和记忆。同时，利用在虚拟仪器课程上学习的测控原理和技术，学生还可以开展相关科学创新活动。

作为信息和测控类的课程，虚拟仪器课程在光电信息科学与工程专业的整个培养方案中起到承上启下的作用。

一、现状及存在的问题

在 2014 年修订的培养方案中，虚拟仪器课程容量为 60 人，是光电信息科学与工程专业必修课，物理学(师范)专业选修课，共 32 学时。

课程内容分为理论教学、软件操作、硬件设计实验三个部分，上课教室需根据课程内容在三个教室进行调整。作为实验环节，学生在虚拟仪器课程上需完成一系列基于美国国家仪器公司便携式多功能数据采集卡 myDAQ 所进行的相关电路实验，如数字 I/O 的使用、模拟 I/O 的使用、信号特性测量、传感器的数据采集等。由于虚拟仪器课程理论、软件、硬件结合的特殊性，传统的实验课教学课堂讲授进度慢、实验仪器效率低等问题在一定程度上影响了同学们的学习积极性与课堂教学效果。

1. 上课空间受限

当前，由于教学设备有限，且实验仪器笨重，不易移动，虚拟仪器课程被设置在了三个教室进行教学：理论教学课在多媒体教室 415 进行、软件操作课在 318 机

---

① 张盛博，男，首都师范大学物理系，物理实验教学中心，实验师。

房进行、硬件设计实验部分需要分组在虚拟仪器实验室220进行。教室安排分散，不利于教师的管理，影响课堂秩序以及上课效率。

2. 电路搭建不便

一些实验在实验之前学生需要用面包板、导线、电子元件自己动手搭建电路，教师往往需要占用一部分课堂时间来协助学生搭建电路，偏离了教授虚拟仪器技术的授课重点，大大降低了课堂效率。

3. 设备和器材规格不统一

NI myDAQ数据采集卡是美国国家仪器公司近些年来才推出的适用于学生的口袋式多功能数据采集卡，我校2015年才购入开始试点教学，而实验室原有的虚拟仪器实验板卡购置于2006年前后，适配于早期的PCI模块化仪器板卡。仪器和实验板卡线路接口不符，导致学生搭建过程缓慢且易错，元器件零散不好收纳。

4. 实验内容不适用

目前实验室拥有一款线性元件伏安特性测量系统和两款虚拟仪器实验箱。线性元件伏安特性测量系统主要用于二极管伏安特性曲线的测量和绘制。功能单一，结构简单，且体积过大，不便于整理收纳。实验连接线与NI myDAQ接口不符，需要额外转换，使用不便。两款实验箱由吉林大学开发研制，其提供的实验课题基于测控和自动化专业，并不完全适合物理系虚拟仪器的初学者。实际教学中只能使用实验箱的小部分功能，还有许多功能派不上用场造成资源浪费。

5. 设备老化

现有的常规设备有的已经老化，已使用12年的时间，技术上相对落后，已经不能适应目前基于USB技术的发展趋势。

二、实验仪器的改进设计

为解决以上问题，我们开发了一款虚拟仪器教学实验板。

虚拟仪器教学实验板套件共五件，分为“虚拟仪器教学实验板基础板”、“电子元件的伏安特性测量”、“电机转速的控制和测量”、“传感器的数据采集”以及“扩展电路板”五个部分，如图1所示。各板之间采用插接方式连接，功能齐全、规格合理、使用方便，能根据课程要求完成NI myDAQ软面板的使用、伏安特性测量、电机调速等实验。

虚拟仪器教学实验板套件依托印刷电路板，重量轻，绝缘安全性能好，外形美观；每块实验板尺寸均为89mm×137mm，与NI myDAQ尺寸一致，电路板之间使用定制的2×10Pin排针和排座连接，排针排座的电气功能一致，学生可以根据实验需求自行选用电路板插接使用，并可随意改变使用顺序，五块电路板与NI

图 1　虚拟仪器教学实验板套件

myDAQ 拼接后整体尺寸为 540mm×137mm；实验电路连接采用 2mm 香蕉线，可累加插接，使实验实际电路简洁，方便检查；接口选用 2mm 的 K2 香蕉座，手工焊接，牢固不松动，维修方便；虚拟仪器教学实验板基础板上设计了与 NI myDAQ 的 20 路输入输出兼容的扩展接口，方便使用。

1. 虚拟仪器教学实验板基础板

“虚拟仪器教学实验板基础板”是整套虚拟仪器实验开发版的基础。实验板左边安装 20Pin 插口，可直接与 NI myDAQ 的 20 路端口连接，可以完成万用表的使用、信号发生器的使用、示波器的使用、DIO 端口的使用等实验。

2. 电子元件的伏安特性测量实验板

电子元件的伏安特性测量实验板主要用于完成电子元件的伏安特性测量与曲线的自动绘制实验。绘制伏安特性曲线通常采用逐点测试法，电子元件在不同的端电压 U 的作用下，测量出相应电流 I，然后逐点绘制出伏安特性曲线。

二极管为非线性元件，其伏安特性并不是过原点的直线，而是一条曲线。因此，利用二极管来练习电子元件伏安特性测量的实验，能使学生更好地理解 NI myDAQ 的用法，建立编程思想。

3. 电机转速的控制和测量实验板

电机转速的控制和测量实验板可以帮助学生初步学习电机的基础知识。在使用实验板的过程中，通过改变电压和脉冲信号占空比可以实现对电机转速的调节，通过对光电对管输出的信号测量可以实现电机转速的测量。

4. 传感器的数据采集实验板

传感器的数据采集实验板上设置了 4 种传感器元件，分别是霍尔元件、硅光电池、光敏电阻、热敏电阻。这 4 种元件包含了电流、电压和电阻的变化，较为全面地反映了各类传感器的特点，在使用时能让学生练习到各类传感器的使用方法。

5. 扩展电路板

扩展电路板上由五个转换插孔和一块规格为 550mm×850mm 的面包板组成。转换插孔主要用于香蕉头线和杜邦线之间的转换。本实验板主要用于学生的自行搭建扩展电路，开发实验。

6. 演示程序

在虚拟仪器实验教学中，学生往往会面对软硬件的双重困难，程序不会编，硬件不会连。为了解决这个问题，我们将实验程序进行整理，编写出了一套演示程序。

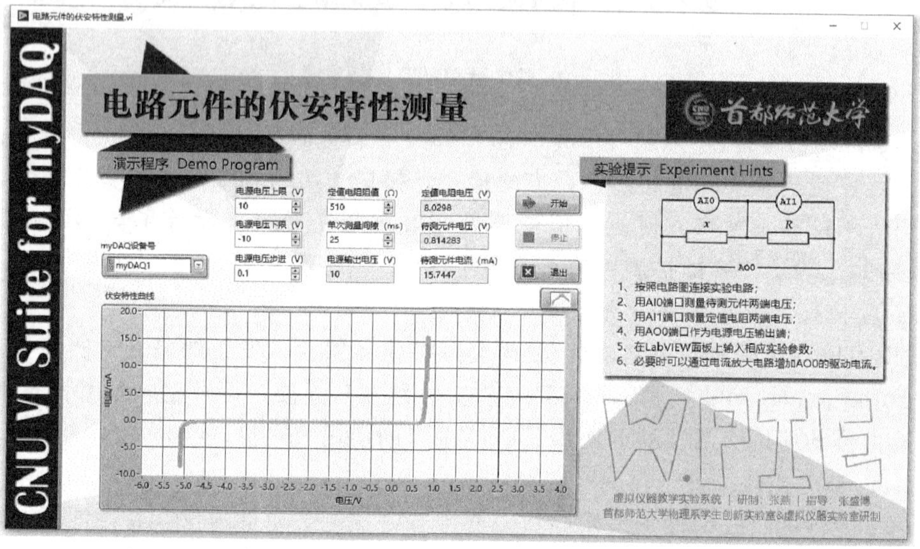

图 2　虚拟仪器教学实验板演示程序

演示程序可以实现相应实验的所有功能，界面美观，鲁棒性好，可以作为演示使用。学生先依照演示程序标明的实验提示连接电路，然后运行程序，观察程序运行效果是否良好，从而推断出自己的电路连接是否正确。进而，学生可以利用已经搭建好的电路，仿照演示程序的执行效果来编写程序，进行 LabVIEW 软件编程的练习。这样的方式，有效规避了学生同时面对软硬件双重挑战的困境，其次清晰的界面也给学生在软件方面的编写提供了思路，帮助学生实现硬件和软件的一一攻破。值得强调的是，此处将程序框图进行了加密处理，需要输入密码才可以看到，消除了对学生编写程序的思维限制，有助于提高学生编写程序的自主性。同时，本演示程序使用方法简单，也可用于对制作完成的虚拟仪器实验板进行功能测试。

三、实验仪器的使用效果

本实验仪于 2017—2018 学年第二学期的虚拟仪器课程中进行了试用，学生利用该套件的“虚拟仪器教学实验板基础板”、“电子元件的伏安特性测量”和“传感器的数据采集”三块实验板进行了相关实验。与往年相比，利用该虚拟仪器教学实验板，学生对电路搭建和LabVIEW软件编程等难点的接受情况好转，教师答疑次数明显减少，在相同的课时中学生可以进行的实验数和实验成功率明显提高，虚拟仪器课堂的教学效果有明显改善。

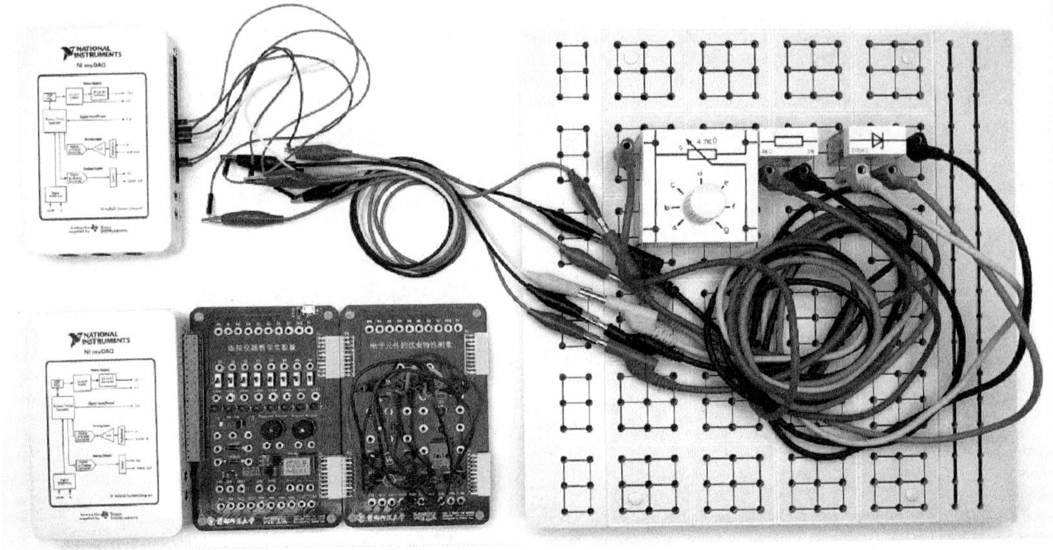

图3　新旧实验对比图

同时，在课堂开展形式上，利用该虚拟仪器教学实验板套件可以大幅缩减实验空间，使学生在机房中即可完成简单的数据采集联系。以伏安特性曲线测量试验为例，用线性元件伏安特性测量系统进行实验，由于连接线规格不同，之间需要用鳄鱼夹线进行转接，实验总共需要用到18根连接线。而且导线连接点过多，容易造成短路。而用虚拟仪器教学实验板进行实验，只用连接8根线，不仅使用方便，而且电子元件位置摆放清晰，易于实验电路的检查。

四、结论

本文介绍了研制虚拟仪器教学实验板的背景情况、设计思路、实验过程以及优势特性等问题。利用该虚拟仪器教学实验板套件，不仅可以提高教学效率，还可以提高学生学习兴趣，使学生能更好地掌握虚拟仪器知识，显著地提升了虚拟仪器课程的教学效果。

参考文献：

[1] 徐明．虚拟仪器在实验教学中的应用研究[D]．济南：山东师范大学，2005.

[2] 古军，习友宝，袁渊．虚拟仪器技术在实验教学中的应用研究[C]// 2003 电子高等教育学术研讨会，2003.

[3] 路亚峰，陈义军，温新岐，等．虚拟仪器技术研究现状与展望[J]．国外电子测量技术，2010，29(11)：35—37.

[4] 伍星华，王旭．国内虚拟仪器技术的应用研究现状及展望[J]．现代科学仪器，2011(4)：112—116.

[5] 卢名荣．虚拟仪器技术在国内外的应用现状研究[J]．科学与财富，2014(11)：411.

[6] 刘艳．浅谈实验教学的重要性[J]．教师，2012(15)：49—50.

[7] 李甫成．基于项目的工程创新学习入门：使用 LabVIEW 和 myDAQ[M]．北京：清华大学出版社，2014.

仪器分析实验教学的思考及探索

张　兰[①]　王英锋　李杏茹　李中锋　李　凯　李雅萍

现代仪器分析应用了现代分析化学的各项新理论、新方法、新技术，研发出了物性分析、微区分析、原子光谱、分子光谱、色谱等现代分析仪器，计算机的应用则极大地提高了仪器分析能力，实现了分析仪器的自动化和样品的连续测定[1]。各种分析仪器作为现代的分析测试手段已被广泛应用于材料、生态环境、生物、化学化工等诸多领域，为各学科的发展和进步提供了必需的技术支持[2]。分析仪器目前已在现代分析中广泛应用，这就要求仪器分析实验教学必须把掌握必要的大型分析仪器的应用方法作为其重要组成部分。基于此，我系从 2010 年起开始对硕士研究生一年级的学生开设了《仪器分析实验》课程，通过该课程的学习，可以使学生进一步熟悉各种大型仪器的工作原理、仪器组成、操作规程，测试条件的选择等；同时重点培养学生的学以致用的能力，使学生能借助相应的分析手段更好地开展科研工作，也为学生将来继续深造或就业奠定良好的科学基础。

本文从笔者 8 年的实验教学实践出发，针对目前研究生开设《仪器分析实验》课程的教学现状及存在的主要问题，进行了分析和总结，并对如何进一步提升教学质量进行了思考及探索；提出了一些建议以期能够给同行提供参考并能更好地让学生掌握这些现代仪器分析测试技术。

一、开设研究生《仪器分析实验》遇到的主要困难和问题

1. 外在因素（教学时间的安排，生源学校的层次等）和内在因素（学生的被动学习）的共同作用致使学生的主动性和积极性不高

目前，我系研究生的学习现状与国内其他多数院校都采用的是一学年，其中学位英语和学位选修课程占据了大部分学习时间。本课程一般安排在第一学年的第二学期开设，时间上与别的课程存在一定的冲突，同时多数学生已经进入科研室开展导师分配的科研任务；加上科研所用到的仪器设备与实验教学所用的部分大型仪器

---

① 张兰，女，首都师范大学化学系，实验师。

相关度不大，学生的主动性和积极性不高，不愿意投入相应的精力和时间；这些因素都导致了实际的教学效果不理想。

另外，我系的研究生来自不同层次的高校，基于这些学校在硬件和软件方面的差异，导致了研究生《高等仪器分析实验》课程所需的基本实验技能差别较大。通过近几年开展的教学实践中了解到部分学生的实验基本技能较差，在实验教学的事件环节，他们的主观能动性导致积极性不高，不愿主动参与到实验中去，基本上只是机械地跟着实验老师的指导步骤，做一些简单的实验。在实验的过程中少了思考和问为什么，因此在经历一两次实验课的学习之后，多数同学只是机械地记住了这个实验名称，做了什么，至于怎么操作仪器还是不清楚。很多学生在毕业找工作的时候才会积极主动地学习各种大型仪器。

除了上述外部因素之外，还有内部因素存在。由于学生自身的惰性或者兴趣不高，对没有接触过或目前科研暂时用不上的大型仪器的基本原理和基本操作不了解或者已经遗忘，在实验课前缺乏预习也不愿意提前查阅相关资料就进入实验室，直接按照实验讲义，照方抓药进行操作。在这种情况下，学生始终处于被动地位，致使实验教学达不到好的教学效果。

2. 有限的实验教学学时和教学内容，致使学生的主动性和创新性不高

目前我系每年有约 36 人选修仪器分析实验，受教学学生人数和仪器台数的限制，一般分 6 组，每组 6 人/次实验，每个实验大约 3 小时，这种目前存在的有限的实验课教学学时导致了教学内容非常有限。实验课程开设过程中也只能以老师演示实验为主，学生实验为辅，每人自主操作的机会有限，因而学生在课后对仪器的操作规程仍然非常生疏。而且仅通过一两次实验教学，学生的实验能力并没有得到很大的提高，这不仅无益于学生的学习主动性和积极性的提高，更何谈培养学生的创新能力。

此外，就目前而言，实验课程遇到的主要困难在于没有现成的实验教材，实验教学效果的考核也没有一个很好的考核体系。以上这些原因，导致了学生的主动性和创新性不高，难以达到好的教学效果。

二、开设研究生《高等仪器分析实验》的建议

针对目前该课程的现状和存在的问题，笔者结合近 8 年从事《仪器分析实验》教学的体会，对提高本课程的教学效果，深化仪器分析实验教学内容及教学手段的改革，开辟更宽的仪器分析实验教学新路提出了以下建议：

1. 更新实验内容，激发学生学习兴趣

首先，实验内容需要更新。实验内容的更新可以是测试新技术，新方法的更

新。随着科技发展的日新月异，新仪器、新方法更新速度非常快，在实验教学中既有现有仪器的基本原理，测试对象的介绍又可以融入国内外的最新仪器，新方法的介绍。学生在课上除了掌握最基本的仪器理论和操作，还可以及时、全面地了解该领域仪器的发展动态和新技术新方法的革新，既开拓了学生视野也在一定程度上激发了学生的兴趣和积极性。就我所带的实验课来言，既介绍光谱领域目前的仪器如原子吸收光谱仪、原子发射光谱仪、原子荧光光谱仪、电感耦合等离子体质谱仪各自的特点，应用领域，优缺点；也介绍目前出现的新仪器如微波等离子体原子发射光谱仪(MP－AES)，2012年安捷伦公司推出的全球首款电感耦合等离子体串联质谱仪(ICP－MS－MS)等。在新方法新技术的介绍时讲述现在的光谱仪器不仅局限于测试元素的总量还能和一些高分离度的仪器(如液相色谱，离子色谱，毛细管电泳，气相色谱等)联用进行砷、汞、铬，锡等元素的形态分析。

其次，实验内容的更新还体现在对样品前处理方法的介绍，目前多数实验课并未有相关方面的介绍。众所周知，整个分析检测环节中，60%的误差来源于样品前处理环节。那么如何减少检测环节中样品前处理的误差呢?“工欲善其事，必先利其器。”正确地选择样品前处理方法是减少误差来源的最关键因素。其次，人员的操作水平是减少误差来源的最重要因素。因此，在实验教学的过程中，教师应介绍一些最基本的样品前处理技术的知识。如在光谱实验的教学中，教师应介绍一些最基本和常用的无机样品前处理技术，消解试剂和方法的选择等。很多不是分析专业的同学会忽略或不重视样品的前处理过程。看似简单的一个前处理过程，如果不注意实验细节，一样达不到理想的测定结果。例如用ICP－MS-MS测定晶体或配合物中的硫元素时，如果在溶解过程中不注意实验器皿的洁净程度、试剂纯度，操作过程如滴管滴加试剂等的规范性，就会很容易致使空白溶液中的痕量硫元素污染。因此，正确的前处理技术不仅能保证测试结果的准确性，也会大大缩短实验分析时间。

再次，实验内容的更新还体现在要与当前社会关注的热点问题和科研相结合。我系也鼓励老师们把一些好的科研成果转化为实验内容。可以把目前社会关注的热点问题如饮用水安全、大气中$PM_{2.5}$的检测，食品安全等都可以设计成实验应用到实验教学中，还可开设一些比较大的综合性实验如通过联合使用多种仪器方法解决问题，使学生得到较为全面的仪器方法训练。如光谱实验的教学中元素的形态分析时，我会结合自己的科研成果：藏药中砷，汞元素的形态分析，以及藏药中砷、汞元素在大鼠体内代谢组学的研究。通过这些具体的科研成果的介绍，让学生对实验内容产生兴趣从而更积极地参与到实验教学的环节中来。

要想达到好的教学效果，还需定期完善和自编实验讲义。我有幸参与编写的《仪器分析实验》就在内容上避免了与仪器分析理论教材重复，注重突出实验方法和技能。通过介绍各种分析仪器的操作规程、注意事项以及维护和保养介绍、基本参数的设定和仪器的调试，以及各种参数对实验的影响等内容，加强学生对仪器使用、基本测定方法和参数优化等内容的理解。目前该教材已于2015年出版并作为本科生仪器分析实验的教材，在教学中获得学生们的认可，取得了良好的教学效果，基本上达到全面提高学生实验技能和培养创新能力的目的。因此研究生的仪器分析实验课也需要结合我系的实际，加入新的内容来丰富和完善实验讲义。

2．学生做好预习并书写预习报告环节必不可少

要想达到好的教学效果，书写预习报告是必不可少的环节。我系的本科生的实验课均采用了这种方式，并取得了较好的教学效果。研究生的《高等仪器分析实验》课更要强调做好验前预习。一方面所涉及的仪器多为大型仪器设备，价格较昂贵，操作程序和界面相对复杂，而且多数仪器的操作系统为英文，学生存在畏惧心理；另一方面实验的目的就是理论与实践相结合，通过实践加深对理论的认识和理解。只有做好实验预习，才能保证学生有目的地、顺利地完成实验。学生通过书写预习报告简单了解实验目的、内容、基本原理、仪器结构原理、实验注意事项等，做到心中有数，有一定印象。

3．以学生操作为主，合理安排实验内容，体验仪器分析实验的完整性

本课程的教学对象为硕士研究生，他们进入到科研室已经开展了一些工作，具备一定的动手操作能力，在实际教学过程中，老师可以合理安排实验内容。受授课时间和学生人数的制约，没法做到让每个学生都能从头到尾上机进行单独实验，只能采用分组实验的办法，同时还要根据不同仪器的使用情况，来合理安排实验内容。一般教师在授课时分为两部分：教师授课和学生上机操作。老师在课堂上先讲授本次实验中涉及的仪器的一些相关内容：包括仪器的基本原理、基本结构、仪器的检测对象和应用领域，数据的处理等内容。在仪器边上，授课教师可以对着仪器讲授仪器的配套组成，仪器操作软件的使用和仪器使用的注意事项等内容。在仪器的基本结构的讲授上方法可以多样：可以对着仪器逐步讲解其基本结构，也可通过仪器拆卸来直观感受部分结构。对于集成化高难以拆卸达到直观观察到的配件，可以充分利用实验室淘汰闲置的旧仪器设备或是换下来的配件，将仪器设备分解拆开作为辅助教学工具进行使用；也可以让学生观看视频，通过这种多样化的讲授能让学生更好地理解或了解仪器的原理。

要达到以学生上机操作为主，体验仪器分析实验的完整性前提是必须让学生提前预习实验讲义的内容。学生在教师讲解完后按照讲义的具体要求和实验步骤进行分组实验，以检验授课效果。在仪器分析实验的安排上，除了要用到各种仪器测试样品得出相关结论外，配制样品也安排学生亲身参与，有利于学生对各种分析方法完整性学习的认识，如配制标准溶液，样品前处理，数据处理等。例如：在进行电

感耦合等离子体定量时有半定量和全定量两种方式，这两种定量方式有何区别呢？安排学生自行准备水样，分别用半定量和全定量测定试样中 P_b^{2+} 的浓度，从而使学生真正掌握并理解本定量和全定量的异同和应用条件；在进行 ICP－MS 法测定试样中痕量 Hg^{2+} 浓度实验时，安排学生分别用标准加入法与外标法配制试样，然后上机测试。通过这样完整的实验操作使学生对半定量与全定量、标准加入法与标准曲线法的知识从理性认识上升到感性认识，更易于对知识的理解和记忆，使学生的学习更加系统和完整。

在对待做实验的学生，要因人而异，具体问题具体分析。对于部分迷迷糊糊的学生，注意力不集中，做实验玩弄手机的学生一定要严格要求；对于不够积极主动去操作、存在胆怯心理担心安全或怕把贵重的仪器弄坏的学生要多鼓励，加强指导，发现问题及时纠正。在实验过程中指导教师教学方法可以多样，可以主动提问，师生讨论，也采取启发式教学的方法，引导学生思考。这样一方面活跃了实验气氛，加深学生对实验原理的理解，扩展知识面，还可以提高实验兴趣。指导教师在指导学生仪器操作的同时，也应注意学生的基本操作技能。如分析测试时，样品瓶盖的放置，标准储备液的取用和系列溶液的配置等，一旦发现操作不规范，要及时纠正，让学生养成规范的基本操作习惯。

4. 基于翻转课堂的仪器分析实验教学新模式的研究

翻转课堂作为一种新兴的教学模式，通过对知识传授和知识内化过程的颠倒，实现了师生角色的转换，为学生自主学习、师生互动交流提供了一个良好的教学环境与平台，体现了“以学生为中心”的教学理念。

朱鹏飞等[3]结合仪器分析实验教学特点及其教学现状，分析了翻转课堂应用于仪器分析实验教学的可行性和必要性，提出并实施了基于翻转课堂的仪器分析实验教学模式，提高了学生学习课程的兴趣，增强了对学生主观能动性和综合能力的培养，取得了良好效果。李彤彤等[4]采用元分析方法对翻转课堂如何影响学生学习效果，探究了翻转课堂对学习效果的影响。因此翻转课堂的“学—教”模式颠覆了传统课堂的“教—学”模式，并且弱化“教”，强调“学”，突出“做”，改变了传统教学中的师生角色，真正实现了“以学生为中心”的教学理念。

针对仪器分析实验教学现状，我认为仪器分析实验教学可以适当地引入翻转课堂教学模式，这种当下时兴的教学模式的引入在一定程度上可解决有限的学生实验时间、师生互动机会少，被动学习等传统教学模式难以解决的问题，使学生由知识的被动接受者转变为主动探索者，为仪器分析实验教学打开了新思路。但是在实践过程中也要解决好以下问题：1. 教师投入精力大、教师创建教学视频的能力（课程设计的内容和节奏），2. 学生自主学习和自我约束能力、学生自主学习效果的考核体系；3. 师生对转变传统教学的理解和接受程度。如何有效地解决这些问题，促进翻转课堂教学模式更好地应用并服务于仪器分析实验教学，还需要不断地研究和探索。

三、结论

仪器分析实验作为高校面向硕士研究生所开设的一门实验课程，具有重要意义，因此我们需要探索并推进实验教学改革提高其实践效果和学生的动手能力、创新意识。尽管在实验教学改革中会遇到一系列困难，我们需要正视当前存在的困难和问题，通过更新教学内容、完善自编讲义、丰富教学方法、探索新的教学改革模式、建立完善的多元化的考核体系、加强主讲人员对实验教学的重视并提高讲授水平等一系列举措，以期达到较好的教学效果。只有这样，才能充分调动起学生的学习积极性和主观能动性，培养学以致用的能力，成为具有独立思考和创新能力，具备较高的专业素养和有一定竞争性的人才。

参考文献：

[1] 荆俊杰，谢吉民．研究生开设仪器分析实验课程的探索与实践[J]. 教育教学论坛，2012(17)：211－212，165.

[2] 周金池，王美娟．研究生仪器分析实验课程改革思路初探[J]. 实验室研究与探索，2011，30(6)：138－141.

[3] 朱鹏飞，刘梅，杨林．基于翻转课堂的仪器分析实验教学模式研究[J]. 实验科学与技术，2017，15(4)：87－90.

[4] 李彤彤，庞丽，王志军．翻转课堂教学对学生学习效果的影响研究——基于37个实验和准实验的元分析[J]. 电化教育研究，2018，39(5)：99－107.

北京市九年义务教育初中体操课程现状的研究

王　晶[①]

国民体质始终是一个国家兴旺繁荣的标志。学校体育是民族体育的基础，对提高国家体育和体育技术水平具有重要的战略意义。而学校体操是学校体育的重要内容之一，它不仅是所有体育运动的基础，其锻炼作用对促进体质健康具有特殊意义。体操项目更被教育部列为国家七大重点扶持体育项目之一，七大重点体育项目是教育部提出的而非体育局。教育部是从国家层面建设基础设施、培养师资力量、锻炼孩子体质的角度出发。如今体操再度被重视，也是对体操运动教育进行改革的重要机会，通过对现今中小学体操课开展调查与研究来看，体操运动在儿童及青少年学生中发挥着不可取代的能够有效促进学生体质健康的重要作用。

一、体操运动对于青少年学生身体发展的作用

青少年学生身体机能正处于增长的黄金时期，身体各个机能和心理品质都在急剧地发生变化。初中生每天学习的时间在 12 个小时以上，缺乏锻炼、睡眠不足，导致正处于青少年时期成长发育的初中生体质下降，力量、灵敏、协调、平衡等能力素质下降，无形中危害到学生的身体健康，所以初中生不仅要发展学业，更要注重生理和心理的全面发展。体操运动在增长学生的体质和促进学生的身体健康方面具有重要的作用[②]。体操运动不仅可以有效帮助学生开发和改善身体管理技能，如强度、耐力、灵活性、敏捷性和身体控制，同时能够为学生提供创造、挑战、冒险的机会，有效增强学生心理素质。近年来，青少年学生由于学业紧张及不良生活习惯，养成了“久坐少动”的习惯，再加上学校和学生家长对身体形态方面的教育欠缺，部分学生自然而然的形成了驼背等人体失衡形态的变化，因此导致青少年学生的身体机能能力下降，如肺活量、肌力等都有所降低，对此这引起了学校教师及家长关注。体操运动不仅能够塑造完美身材，同时对改善身体的形体也有着很好的促

---

① 王晶，女，首都师范大学体育教研部，助教。

② 宁玉成：《体操教学对学生体态和心理影响的研究》，东北师范大学硕士论文，2010 年版。

进作用，在给人体美感的同时，对其自信心的锻炼也具有很好的建设性作用。因此，广大体育工作者已经意识到，学校体操教学正面临着改革的迫切需要。

二、学校体操发展的现状

当今的学校体操却没有得到较好的发展，逐年走下坡路，学校体操更应该有较好的发展，这样不仅能提升学生体质健康，还能为输送国家体操做好后备储蓄力量。早在20世纪50年代我国借鉴苏联的竞技体操模式，使得竞技体操在我国形成了快速发展的阶段。体操动作丰富多彩，给人以欣赏的美感，且能有效地增强体质健康，在当时自然成为社会人群及学校群体比较喜欢的体育运动①。60至80年代，体操在学校体育中有着十分重要的地位，也受到了广大青少年的喜爱，它对增强学生体质，提高健康水平起到了非常重要作用。但进入20世纪90年代以后，受多方面因素的影响学校对体操课的重视程度逐渐下降，如受应试教育的影响基本体操逐渐薄弱，现有的场地及器材不能满足课堂教学，体育教师自身体操能力薄弱，学校对体操教育的重视程度不够等若干问题和多年的恶性循环导致体操开展不理想②。因此，通过对北京市初中体操课程现状的调查与分析，探讨体操与体操教学的课程教学倾向，找出当前体操课程中存在的问题，结合实际情况提出看法和建议。旨在为更好地开展初中体操课程，提高教学质量提供借鉴，为促进初中体操课程改革取得更大的成功提供有益的参考。

三、北京市初中体操教学现状分析

（一）体操课开设年限及年级情况分析

在《体育与健康课程标准》里，体操课一直都是一项学校必须开展的体育项目，但是由于体操项目的特殊性，且器材较大、较复杂有许多学校没有多余的场地来放置，一些学校是根据学校的实际情况而制定体操课程或开展体操课程，包括师资、场地、器材等因素，因此导致体操课程开设的年限不同。

开设体操课程1—2年的学校占10%；开设体操课程3—5年的学校占35%；开设体操课程6—10年的学校占25%；开设体操课程10年以上的学校占30%。调查中45%的学校开设体操课程年限较短（1—5年）；55%初中开设体操课程的年限

① 陈新熙、陈锡尧等：《刍议学校体育中的“学校体操”》，《上海体育学院学报》，2001年第2期，第89—91页。

② 王灿：《中学体操课程教学目标的价值取向与教学发展方向的研究》，《中国学校体育》，2009年第7期，第44页。

相对较长(6—10 年以上)，说明北京市初中开设体操课程的情况是根据学校实际情况而制定，在开设体操课程年限上存在一定的差异。

在开设体操课程的年级中，被调查的学校中初一开设体操课程达到 100%，被调查的学校全部开设；初二有 95%学校开设体操课程，开课率较高；初三只有 45%学校开设体操课程。调查表明，初一、初二学生为主开展体操课程，初一、初二学生年龄阶段生理、心理正处于快速生长的特殊时期，接受各种事物的能力较快。这时进行体操动作练习，能有效提高学生的身体素质及身体协发展；初三学生涉及升学的原因，增加文化课的学习，因此导致开设体操课程的学校较少。

(二)体操课学时及授课形式情况分析

根据国家义务教育课程设置规定，初中一般为 3—5 节体育课，不包括课外班。北京市初中体操课程安排有 25%学校每周开设 2 节体育课，45%学校每周开设 3 节体育课，10%学校每周开设 4 节体育课，20%学校每周开设 5 节体育课。结果表明，有部分学校没有按照课程设置规定安排体育课学时。

另从调查的北京市初中学校的体操课授课形式来看，采用单元形式进行授课的学校占 50%；学校采用体育课中一部分内容为体操的授课形式占 35%；开设独立体操课的学校只占 15%。结果显示，现今北京初中体操课在体操课程安排中各学校根据实际情况进行，对体操动作或体操项目利用现有的场地和器材，通过一个阶段的学习让学生完成并熟练掌握。开展独立体操课的学校较少，独立体操课要有丰富的体操资源才能够有效实施，如体操师资队伍、体操场地、体操器材等，说明北京市大部分初中条件还达不到开展独立体操课的要求。

(三)体操教学内容实施情况分析

1. 基本体操教学内容情况分析

体育课的教学内容是根据体育教学的目标、学生身体发展的需要和教学条件的需求所选择出来的，在体育教学中传授给学生的体育知识、运动技能、比赛规则等。但体操课的教学内容会受到场地、器材等外部因素的制约，导致部分初中设定的体操教学内容与实施情况并不相符。根据《体育与健康课程标准》、《体育与健康》7—9 年级教科书，并在此基础上增加一些学校校本教科书中经常出现的体操教学内容为参考。对北京市初中的体操教学内容进行调查实施情况如下：

北京市初中体操课基本体操内容教学中，队列队形、广播体操及徒手体操内容在初中各个年级的体操课中地位较高。队列队形、广播体操及徒手体操这三类基本体操内容都对学生的身体发展非常重要，队列队形的练习能使学生保持良好的身体姿态，对矫正形体也有很大的帮助；广播体操及徒手体操能锻炼学生手脚配合在一起运动的协调能力。而轻器械体操和实用体操开展情况较不理想，尤其实用体操没有学校开展。

2. 垫上技巧教学内容情况分析

被调查的初中学校垫上技巧内容基本集中在初中一年级，初二、初三开设体操教学内容的学校较少。

在开设垫上技巧教学内容的学校中，滚翻类动作占多数，尤其是前滚翻和后滚翻，这两个动作应当是小学的体操内容，但调查显示北京市初中最多的教学内容还是以这两个基本滚翻类动作为主，说明小学和初中的体操教学内容出现断层，不能较好地延续。其次是倒立类动作，以肩肘倒立为主，肩肘倒立教学内容也应当在小学开展，男生有少部分学校开设头手倒立教学内容。手翻类动作最少，侧手翻动作对学生身体素质要求较高，尤其是上肢力量，如果学生身体素质达不到一定的要求，是难以开展侧手翻教学的。根据男女生身体素质差异性，其所涉及的动作也不同，如男生力量强可以学习鱼跃前滚翻等动作，而女生则没有较强的力量可学习单肩后滚翻成跪撑等动作。

3. 单杠教学内容情况分析

被调查的初中学校单杠教学内容学校较少，多数学校并没有开设单杠教学内容，在开设的单杠教学内容上基本集中在初中二年级，初一、初三开设单杠教学内容较少。

在开设单杠教学内容的学校中，上法类及下法类动作占多数，此类动作相对杠上及回环类动作较为简单，多数以低单杠作为练习器械。从调查中可以看出，杠上动作及回环类动作较少，尤其回环类动作在被调查学校中只有极少数学校开设，回环类动作需要学生较强的身体素质，再加上教师熟练扎实的保护与帮助方法才能更好地完成，此类动作危险性较高，因此开设的学校较少。调查结果还显示出女生学习较难的动作少，如后倒挂膝上、回环类动作等，说明男女身体素质有差异性，女生并不适合练习这些动作。

4. 双杠教学内容情况分析

被调查的初中学校双杠教学内容学校较少，多数学校并没有开设双杠教学内容，在开设的双杠教学内容上基本集中在初中二年级，其次是初中一年级，初中三年级开设双杠教学内容最少。

在开设双杠教学内容的学校中，支撑类动作占多数，此类动作为双杠动作的核心，基本支撑类的动作有支撑摆动、外侧坐、分腿坐前进；支撑前摆屈臂伸及后摆180度分腿坐动作较难使用在体操教学内容较少。上、下法类动作，上法类动作较难，只有一所学校为男生开设，下法类动作主要以前摆挺身下为主要教学内容。结果表明，各学校出于安全问题的考虑，在双杠内容教学中主要选择较简单动作进行学习。不单单受到安全因素的影响，同样因为身体素质达不到，导致较难的动作根本无法进行学习。

5. 支撑跳跃教学内容情况分析

被调查的初中学校开设支撑跳跃教学内容学校较少，多数学校并没有开设双杠教学内容，在开设的支撑跳跃教学内容上基本集中在初中二年级，其次是初中一年级，初中三年级开设支撑跳跃教学内容最少。

在开设支撑跳跃教学内容的学校中，腾越动作占多数，此类动作主要以分腿腾越为主，其他腾越类动作开设得较少。其次跳上跳下基础类动作较少于腾越类动作，表明多数学校选择直接教学生腾越类动作而忽略了基础类动作，没有将基础类动作作为腾越类动作的基础，这样在学习中学生很容易出现伤害事故。

以上结果显示，器械类体操内容要少于垫上运动类教学内容且男女之间动作具有差异性。这表明考虑到安全问题，器械上的体操动作比较垫上技巧动作，人体不仅要在器械上完成动作，且空间的变化会让学生产生心理恐惧感，容易在体操教学中出现事故。另一方面北京市初中学校场地及器材受限，没有良好硬件设施，无法保证体操教学内容的正常开展。从调查中还可以看出，初三开设体操教学内容较少，由于初中晋升高中需要中考的原因，学生在抓紧学习文化课的同时体操课被冷落，导致体操教学内容不规范，以至于晋升高中以后体操内容几乎和初中一样，重新学习，这样没有起到体操应有的延续性，一直在重复地练习同样的内容且没有较好地掌握。

(四)体操课组织教法情况分析

体育课教学组织形式要用合理有效的方式结构进行安排，这是为调动教师和学生之间的积极性、确保互动性及融洽的师生关系，提高教学效率、教学质量提供保证。体操动作有较难的特殊性，因此体操课更加要在采取多种形式的教学组织模式下完成教学。教学方法是实现教学目标的保证，不同的教学方法所产生的教学效果也不同。在体操课中，学生能否掌握体操的知识、技能、技术，养成良好的学习习惯，这与教师的教学方法密切相关。体操的教学方法多种多样，每一种都是独特的特点、功能和作用，体操课应根据教学目标、教学任务、教学内容和学生的特点以及场地、器材等情况来具体决定，这才能有效地运用教学方法以取得较好的教学效果。根据体育课常规组织教法做出以下分类：

在体操教学中分组教学、个别指导和集体教学是经常采用的教学组织形式，集体教学及分组教学是体育课经常使用的组织形式，但个别指导教学组织形式在体操教学中显得更加重要，因体操动作较难、较复杂，学习中要求学生的身体素质较高，在动作学习中能够体现出学生个体的差异性，使得教师在体操课教学中要对体型、身体协调、接受能力方面较差的学生进行单独指导。学生自学教学组织形式在体操课中采用得最少，因体操动作的特殊性，在初学时学生是没办法自己完成，必须需要教师进行保护与帮助才能将动作完成，所以学生自学的教学组织形式在体操课中不建议采用。因此，北京市初中体操课教师所采用的教学组织形式较为合理。

四、北京市初中体操课程现状的对策

首先要提升体育教师的教学能力及自身专业能力。体育教师的教学能力是学生学习体育知识和掌握运动技术的基础，是用来衡量教师教学水平的关键，体育教师在体操教学的过程中充当示范者与指导者的角色，因此体育教师教学能力的高低直接影响到教学效果。在体操教学中，要从学生的实际情况出发，不能只追求教学进度，而是要让学生了解体操、喜欢体操及运用新颖的教学方式让学生不惧怕体操，且能够较好地掌握体操动作。要重视的是，体育教师所采取的教学方式、方法是否科学合理，这将直接影响到学生对体操动作的掌握程度。

参考文献：

[1]宁玉成．体操教学对学生体态和心理影响的研究[D]．长春：东北师范大学，2010.

[2]黄燊．体操[M]．北京：高等教育出版社，2000.

[3]陈新熙，陈锡尧，等．刍议学校体育中的“学校体操”[J]．上海体育学院学报，2001，25(2)：89－91.

[4]王灿．中学体操课程教学目标的价值取向与教学发展方向的研究[J]．中国学校体育，2009(7)：44.

[5]蔺新茂．构建大、中、小学体操教育系统化的研究[J]．北京体育大学学报，2010，33(2).

[6]王晓娅，曹守和．我国中学体操阶段性发展变化的研究[J]．西安体育学院学报，2010，27(4).

[7]张京平．呼和浩特市中小学体操教学现状及影响因素的调查研究[J]．内蒙古师范大学学报：自然科学汉文版，2005，34(2)：248－252.

[8]公冶民．拿什么去锻炼学生体魄[J]．沈阳体育学院学报，2011，30(2)：1－2.

[9]吕万刚，孙立海，等．大、中学校体操教学现状的调查及分析[J]．武汉体育学院学报，2006，40(7)：94－97.

[10]李卫东．香港地区学校体操教学发展与改革探析[J]．北京体育大学学报，2006，29(6)：831－832，838.

[11]茅杜．中小学体操课开展现状及对策研究[J]．当代体育科技，2014(12)：54－55.

[12]施明雅．中学体操教学的现状调查与分析[J]．当代体育科技，2013，3(26)：125，127.

浅析大学健美操教学与终身体育

简晓青①

一、研究目的

当代的高校体育课内容丰富、时尚、多样，受到广大学生的喜爱，而大学体育课又是学校体育教育的最后一个阶段，也就是高等体育教育阶段，在体育教学中，教师应把握好这一最佳时期对大学生进行终身体育教育。

大学时期，理解力、求知欲强，也是各种兴趣和习惯逐步形成的时期。在高校体育教学中，教师应抓住大学生的这一特点，加以培养。用终身体育的思想来指导教学，增加实用性较强的项目，同时也要重视对学生体育意识、兴趣、习惯和能力的培养，为终身体育打好基础。

二、研究对象与研究方法

1. 研究对象：本校 2015 级至 2018 级健美操的学生。
2. 研究方法：文献法、观察方法、实验法。

三、研究结果与分析

(一)终身体育的价值

终身体育是连接学校体育和社会体育的桥梁，终身体育作为一种生存理念，充分体现了以人为本的现代意识，重视个体的生命质量，关系着民族生存质量的优劣。终身体育的思想已被越来越多的人们认识，特别是受到广大学校体育工作者的重视。

终身体育，即人的一生中持续不断地参与体育活动，并从中获得快乐。终身体育的特点，就在于增强人们的体育意识，培养人们的体育兴趣和能力，养成终身从

---

① 简晓青，女，首都师范大学体育教研部，讲师。

事体育锻炼的习惯。

终身体育的组成有三个方面，即家庭体育、学校体育和社会体育。实现终身体育目的的关键在于使家庭体育、学校体育和社会体育实现一体化、一贯化。高校体育作为终身体育的中间环节，应起到承上启下的作用。

(二)高校体育教学工作中开展终身体育教育

1. 加强对终身体育的认识，转变思想

终身体育的思想已被广大高校体育教师所认识，然而在教学中如何体现出来？广大高校体育教师是否关注高校体育与社会体育的衔接？是否能帮助广大学生树立终身体育的意识并养成自觉锻炼的习惯？有所思考？以上问题，说明高校体育教师应加深对终身体育思想的认识，应转变观念。明确高校体育教学是学校体育教学的最后阶段，应承担起连接学校体育和社会体育的任务，帮助大学生在步入社会前建立自觉锻炼身体的意识、养成自觉锻炼身体的习惯、培养自觉锻炼身体的兴趣和能力。

2. 丰富教学内容

(1)加强“终身体育”理论的教育和相关理论知识的传授。

例如，在体育理论课上介绍有关终身体育的思想、目标、地位、作用……；有关项目的运动处方；介绍运动营养学、运动生理学、运动医学、运动心理学等理论知识，运动损伤和预防；热门项目的裁判法等，加强体育健康知识的普及和体育文化的传播等。

(2)增加健身性、实用性、娱乐性较强的运动项目。

改革以竞技运动项目为主的传统教学内容并加以取舍。增加健身性、娱乐性和趣味性较强的运动项目的比重。使学生在校期间平均每人掌握1—3种实用的健身方法。如，健身操、太极拳、游泳、健身跑、网球、气排球等。使学生在校期间和走上工作岗位以后，能因地制宜，因人而异地继续参加各种各样的体育活动。

(三)在健美操教学中加强终身体育教育，完善教学内容

1. 任课教师需要加强认识及重视度

21世纪，高校健美操教学不仅要考虑增强学生的体质和专项素质，传授知识和技能，更加重视培养学生的综合素质、促进学生知识、能力、素质的综合提高。教师也应转变观念，提高自身的整体素质，不断完善健美操教学内容，重视培养大学生的学习兴趣、终身体育能力。

普通高校健美操课中的创编教学，是在学生有至少一学期，甚至三学期的健美操课系统学习的经历的基础上开展的，学生有一定的健美操基础和素材的积累，同时对健美操学习有浓厚的兴趣和创新意识。

高校健美操课中的创编教学有别于健美操成套规定动作的教学，更重视学生的

学习能力、创造能力等实践能力、自信心、学习兴趣、意识、习惯的培养。同时对培养学生的编排能力、艺术修养、审美意识、社会适应能力等综合素质有促进作用。同时，也是高校体育向社会体育过渡的一个很好的平台，有较强的实用性，任课教师应明确这一教学的重要性，更加重视这一教学的实施。

2. 提高自身的专业理论水平和艺术修养

熟悉健身性健美操的编排原则和方法，学习和研究相关理论知识，观看国际、国内健美操比赛、表演等的录像，开阔视野，提高专业素养。提高自身的艺术修养，包括音乐、舞蹈、美术等文化艺术领域的欣赏和体育表演类项目的鉴赏。

3. 改进教学方法，丰富教学内容，提高教学质量

学生创编一套健身健美操，按有氧健身操的编排原则及要求，从编排设计和完成演示两个方面来评价成绩。任课教师必须明确告诉学生，既要有好的编排，又不能忽视完成动作的质量。教师在安排教学计划时，应把编排设计的教授和基本步伐的练习穿插进行。

健身健美操的创编教学有别于健美操成套动作的教学，任课教师应明确这一点。在教学方法的运用上应区别对待，由教授型向指导型转变，多思考、多总结、不断改进。给学生提供一定的空间充分发挥学生的创造力，调动学习的积极性，由被动学习转变为主动学习。在教学过程中，注意培养学习兴趣，树立自信心，团队精神、组织能力等综合素质，寓教于乐，把素质教育渗透到体育教学中。

教学内容不断丰富、充实。多增加相关素材，加强音乐知识和艺术修养的培养，使创编教学更生动，更有吸引力。明确学生的健美操的基本技术和理论基础，有针对性地实施教学计划。例如，大一和大二选修健美操课的学生，基础较扎实，系统学习过大众健美操一至五级的成套动作且能力较强，教师可适当增强教学素材，如：形体组合、拉丁组合、搏击组合等，以丰富教学内容开阔学生的视野，在编排设计方面可多下功夫。反之，对基础较差的学生，要加强基本步伐的练习，在编排设计方面降低要求，简单易行的方案即可。

(四)健美操创编教学促进学生终身体育能力和综合素质的提高

健美操创编教学应注重从以下几方面来培养学生的综合素质，并促进学生综合素质的不断提高，为终身体育打好基础。

1. 健身性健美操的创造能力和编排能力的培养

大学生健身性健美操的创编教学既是一个学期的主要教学内容，也是一项考核内容，充分挖掘大学生的潜力，由其对创新能力和编排能力、艺术修养等综合素质的提高有积极的作用，同时创造了良好的、主动学习氛围和发挥的空间。

让学生多学习健美操的理论知识，熟练掌握健美操的基本技术，多积累素材。明确有氧健身操编排的基本原则和基本模式，初步掌握创编有氧健身操的方法，学

习有氧健身操的编排知识，先创编简单的基本步伐组合，并通过反复练习和不断学习，提高编排设计能力，再过渡到对音乐和动作进行有的放矢的编排，最后完成一套具有大众初、中级难度的健身性健美操的创编。

2. 艺术修养和审美意识的培养

艺术修养是指对文学、艺术等方面知识的掌握程度。学生个人综合素养拥有的程度将直接影响学生对音乐、动作以及整套动作创编的理解，从而影响其学习和掌握程度。健美操课程是一门艺术性较强的课程，而艺术性的集中表现就是美。优美的动作、动听的旋律、流畅的编排、健美的形体、激情的表现等各种因素综合成一个和谐统一的整体。任何一部分被忽略，如音乐的节奏感差，身体姿态不好、造型不美、神型分离等均会影响整体的美。创造性的完美表现靠学生具备较高的文化、艺术修养，能够感知美、理解美，才能动作美、表现美。由于学生生活环境教育基础和文化素质的差异，对美的理解和认识不够，美感表现也缺乏。所以，教师应通过创编教学对学生在这一方面的素养加强培养，使学生在自身不同的基础上对健美操的“美”有充分的了解和认识。

健美操不仅突出动作“健”和“力”的特点，而且更强调“美”。它将人体语言艺术和体育美学融为一体，使健美操成为一个极具观赏性的体育运动项目。具有高度的艺术性、强烈的节奏性等特点。

健美操的创编教学中，教师应培养学生的审美意识、音乐和舞蹈等方面的艺术修养，从开始学习到最后的编排设计这一过程，接触了许多相关素材，受到不同的音乐和舞蹈、文化等风格的艺术感染，营造出良好的艺术氛围，使学生创编的成套动作更生动更有艺术价值。教师在音乐的选择、动作风格与音乐风格的一致性、动作编排的流畅性等方面加以指导。

(1)音乐修养的培养。音乐是声音的艺术是健美操的灵魂，在创编中不可忽视，音乐能激发练习者的情绪，并使其在练习中获得乐趣，能给人美的感受，在音乐伴奏下做动作才能培养练习者的节奏感和韵律感。创编中选择合适的音乐很重要，音乐应符合健美操的特点；音乐的节奏与速度要与本组成员的能力和基础相符，选择音乐的风格应与动作风格相符，可以突出个性，设计时，要使开始部分和结束部分的动作风格与音乐风格相符合。一首动感强劲、节奏鲜明的乐曲，能给人美的感受，使健美操的动作更有生命力和艺术性，充分调动学生的积极性和表现力。

(2)以优美的身体动作来展示美，富有艺术创意的编排设计，都需要不断提高个人的审美意识和艺术修养。教师在教学中应注意以下几点：

加强有关理论知识的讲解，让学生欣赏不同风格的音乐，安排学生观看健美操、体育类其他表演项目、舞蹈等的录像和表演，以提高观赏能力和审美能力。

加强形体练习。通过练习能培养学生良好的身体姿态和气质，提高肌肉控制能力，使动作准确、舒展、优美。

加强身体素质练习，适当增加上肢力量练习。使动作力度增加、幅度增大，动作表现力增强。

(3)积极培养学生体育兴趣、体育意识、体育能力和体育习惯，为终身体育打好基础。

高校体育是学校体育的最高阶段，高等学校是培养高素质人才的场所。现代高校体育教育的目的是培养学生体育意识和体育能力、体育兴趣，掌握科学的健身知识和方法。增强学生体质、养成终身锻炼身体的习惯。体育能力和体育意识是体育教学中教师对学生综合能力的培养，包括专项技术、身体素质、学习能力等。

体育意识就是培养学生具有对体育运动的主观能动性，能够根据自己的需要，适时地运用所学到的体育知识技术和技能去参与各项体育运动，以达到增进健康，保持身体机能并愉悦身心的目的。

通过健美操的创编教学，充分激发了学生对健美操学习的主观能动性，热情、自觉地投入到对健美操理论知识、技术和技能的不断学习和练习中，并从中体验到创造、实现自身价值的乐趣。

体育能力是各种能力的综合，不仅仅是单纯的技战术、体能，更多的是意识、观念、知识等，是完成体育活动的保证，体育教学中培养大学生的体育能力，已被越来越多的人所重视，既是每个体育教师的义务和职责，也是素质教育的主要任务和课题。

健美操的创编教学对学生各种体育能力的培养是显而易见的，比如，体育的学习能力、自信心的培养和竞争能力、体育的创造能力，和编排能力，体育的组织管理能力，语言表达能力，体育欣赏能力，自主健身能力，对学生综合素质的提高有明显作用。

(4)社会交往能力(人际交往和团队协作精神)的提高。社交能力主要是指待人接物、为人处事的能力。大学生在校期间应尽量多参加集体活动和社会实践等活动，多接触社会不断提高自己的社会交往能力，为将来毕业后走向社会、适应社会，做好工作打好基础。

在健美操创编教学中，创编成套动作需由几名学生共同合作完成。从音乐的选择、动作的编排及修改、队形的变化、造型动作的完成、成套动作的完成演示都需要小组成员之间良好的分工和配合，互相学习、互相帮助、互相纠正、扬长避短、共同进步。充分发挥团队协作精神，同时培养良好的人际交往能力，为今后进入社会、适应社会，奠定了基础。

四、结论与建议

为培养出高素质的人才以迎接新世纪的挑战，高校体育教学应重视学生的终身体育教育、综合素质的培养，普通高校健美操课的创编教学对提高大学生的终身体育能力和综合素质有积极促进作用，应引起足够重视。

参考文献：

[1]赵苏妙．谈素质教育形势下的高校体育教师[J]．西安体育学报，2003(20)：158—159.

[2]曾峰．兴趣与体育教学[J]．北京体育大学学报，2001(11).

[3]刘援．浅谈如何帮助学生走出体育学习中的困境[J]．哈尔滨体育学院学报，1999(17).

课程教材教法研究

师范生生命教育理论与实践探索

刘　慧[①]

生命教育是每一位学生都应接受的教育，尤其是师范生更为必要。这不仅源自师范生自身正处在遭遇与思考生命问题的重要阶段，而且还源自他们未来所要从事的教师职业的需要。2012 年教育部颁发的幼儿园、中小学《教师专业标准》中将生命教育理念贯彻其中，对儿童生命的认识与理解，为儿童提供适合的教育，是国家对合格教师的基本要求。为此，教师教育，无论是职前培养还是在职培训，都应包括生命教育。所谓生命教育是以生命为基点，遵循生命之道，借助生命资源，唤醒、培养人们的生命意识、生命道德与生命智慧，引导人们追求生命价值，活出生命意义的活动。其中，以生命为基点是生命教育的逻辑起点，遵循生命之道是生命教育的基本原则，借助生命是最佳的生命教育资源，唤醒与培养生命意识、生命道德与生命智慧是生命教育的过程性目标与内容，引导人们追求生命价值、活出生命意义是生命教育的目的所在。概言之，生命教育就是引导人们认识生命之真，践行生命之善、创造生命之美。但目前有关师范生生命教育的理论研究与实践探索还十分匮乏，如何在师范生中实施生命教育，是教师教育和生命教育研究的重要课题。本文结合笔者十余年的实践探索就此问题做如下初步阐释。

一、满足个人与职业角色需要：师范生生命教育的价值与意义

(一)满足师范生自身对生命教育的需要

生命教育对大学生的价值与意义，许多研究者和实践者已有论述。对大学生而言，生命教育对其个人的生命健康成长必不可少。可以说，现在的大学生在基础教育阶段所受到的更多的是知识教育，而缺乏生命教育，他们对生命的认识与理解、对生命价值的认识与理解、对人与生命之间关系的认识与理解等都十分匮乏。

大学生群体在现实生活中出现的个别自杀现象，“刘海洋事件”“马加爵事件”

---

① 刘慧，女，教育学博士、博士后、博士生导师。首都师范大学儿童生命与道德教育研究中心主任、初等教育学院院长、教授；中国陶行知研究会生命教育专业委员会常务副理事长；主要研究方向为生命教育、小学教师教育、德育原理、初等教育学。

“复旦投毒案”等，虽说都是极端的事例，但他们在成长过程中所遇到的生命困惑却是常常存在的。正如有学生所言：“生命是什么？生命的意义是什么？人为什么而活？人这一生应当如何度过？人应当如何看待生命？……这些问题无时无刻不出现在我们的生活中。尤其是当我们感到迷茫，困惑，失去方向时，这些问题就会出现，会困扰我们。”可见，大学生需要生命教育，尤其是师范生在接受高等教育中必须补上生命教育这一课。通过生命教育帮助大学生确认识与理解生命、人与生命之间的关系、生命的价值与意义，同时帮助他们开发生命潜能，开启生命智慧，提升生命质量。

（二）帮助师范生树立正确的生命教育观

师范生所受生命教育的意义与价值，不仅在于他们是大学生，还更在于他们毕业后所要从事的教师职业。师范生是教师的预备队，在校期间，培养他们的生命意识、生命教育意识与能力，对他们未来走向教师工作岗位，落实“以人为本”的教育理念、促进儿童的生命健康成长，都有着十分重要的意义与价值。

在师范教育中，帮助师范生正确理解与领悟教育的本质，是最为根本的任务。其中，他们对生命与教育关系的理解，会直接影响未来基础教育的状况，影响到儿童的生命发展，也直接影响他们自身的专业发展。长期以来，基础教育存在着以知识为主体，忽视学生作为儿童的存在、作为个体生命存在的现象，儿童生命沦为知识学习与考试的工具。现实学校教育中发生的一些事情，如由于教师的不当言语行为所造成的儿童自杀、心灵受到伤害等一些问题与现象，都与此密切相关。一定意义上讲，绝大多数教师并非真心想这样，但因没有摆正生命与教育的关系，被知识学习、考试分数、成绩排名等所困，迷失了作为教师最为重要的使命。

生命教育明确回答了教育的几个基本关系，如生命与教育的关系、学校与个体生命之间的关系、教师与学生之间的关系等。从生命教育的角度看，以生命为基点来定位教育，教育是为了生命的，而不是生命为了教育；学校应为儿童提供适合的教育，而不是将儿童变成适合学校教育的学生；个体生命的成长过程是自身生命潜能不断实现过程，个体生命生长与发展是需要能量的，包括物质的和精神的，教育存在的意义就在于为个体生命的健康成长提供有效的精神能量；教育要以人的生命为基点，回到个体生命之中，关注个体生命的经历、经验、感受、体验与感悟，开发生命潜能，以生命教育生命。[1]因此，生命教育能够帮助师范生树立生命教育观，是他们实施真正教育的重要思想观念保证。

（三）为师范生毕业后开展生命教育提供帮助

生命教育的师资培育是生命教育诞生以来的一项重要任务。无论是家庭生命教育，还是学校生命教育，教育者的生命教育培育都是不可或缺的。尤其学校生命教育，更需要有受过训练的教师来实施。

师范生的生命教育，不只是针对他们个人，而且还兼顾他们毕业后所从事的教师工作。师范教育中的生命教育内容包含了如何在基础教育中实施生命教育的理念、方法与途径等，并在师范教育中“示范”了有关生命教育的课程开发、学科体现、课堂教学、教法探索等。这为师范生毕业后从事基础教育中的生命教育提供了帮助，也为在基础教育中实施生命教育提供了师资储备，当师范生进入学校后，还可以影响、带动有关教师开展生命教育，是教师生命教育的重要方面。

二、凸显生命性与师范性：师范生的生命教育特性

师范生的生命教育，既体现大学生的生命特性，还体现教师培养的特性，是生命性与师范性的结合。具体体现为以下五方面。

(一)一体性：生命教育涵盖职前与职后

职前职后“一体化”是教师教育的重要特性，也是师范生生命教育的重要特性所在。所谓一体化是指对师范生的生命教育，不仅仅着眼于他们的大学生身份，也要着眼于他们未来的教师职业，将对大学生的生命教育和培养他们未来走向工作岗位后从事生命教育工作的意识与能力相结合，使他们不仅能接受生命教育，而且还能实施生命教育。师范生生命教育“一体性”的特性体现在其教育目标、内容、方法与途径等各个方面。

(二)双重性：生命教育的接受与实施

正是师范生生命教育的“一体性”之特性，也带来了其双重性的特性。即师范生的生命教育，既要符合大学生的需要，提高他们自身对生命、生命之间的关系、生命存在的价值与意义等的认识与理解；同时还要考虑他们走向教师工作岗位后开展生命教育的需要，如何帮助他们正确理解生命与教育的关系，如何在基础教育中实施生命教育等。也就是说，师范生的生命教育要提升他们的生命与生命教育意识与能力，为他们入职后开展生命教育打基础。

(三)示范性：生命教育过程的示范

师范生生命教育的过程非常重要，具有特殊意义。它不仅是完成对师范生实施生命教育的历程，而且是为师范生成为教师后如何实施生命教育提供示范。这是师范生生命教育的又一特性所在。师范教育本身具有示范性，师范生的生命教育也不例外。师范生毕业后就职于中小学后如何开展生命教育，是需要在校学习期间接受训练与熏陶的。就目前的情况看，师范教育中还不可能设置生命教育专业(或方向)，也不可能拿出大量的学时开设生命教育课程，只能在有限的学时内完成师范生生命教育的两重任务。因此，师范生生命教育必然要将如何实施生命教育作为其中一部分，将生命教育的过程作为实施生命教育的示范。

(四)探究性：生命教育的开发与创新

如何应对生命问题与困惑，尤其是未来走进中小学，如何开展适合儿童的生命教育等，诸多方面都是未知的、不确定的，并没有现成的答案，需要从事生命教育的教师在实践中积极探索，不断开发与创新。因此，师范生的生命教育不仅仅是为他们提供实施生命教育的示范，更为重要的是培养师范生对生命教育的认同、热爱之情，有积极、主动探索如何在中小学开展生命教育的能力，如生命教育的校本课程开发、教学设计与实施、悲伤辅导等。故师范生的生命教育充满了探究性，师范生的生命教育要能为中小学培养充满生命活力的、具有探索生命教育精神与能力的教师。

(五)分层性：生命教育的普及与深化

生命教育对于教育，尤其是对基础教育而言，具有基础性、核心性。生命教育既是一种教育理念，也是教育的一种重要原则，同时又是教育中不可或缺的内容、一种有效的教育方式。对此，全体师范生都应了解、理解，同时还应有部分师范生能有效地实施生命教育。可见，师范生的生命教育具有分层性，既要普及，也要深化。所谓普及是对全体师范生实施的生命教育，这是一般性的、基础性的生命教育；所谓深化是在普及的基础上，在部分师范生中开展更为深入的、具体的、翔实的生命教育，如生命教育课程开发、绘本教学、活动设计等，还有一些特殊事件的处理，如自杀干预、悲伤辅导等，这是专业性、实践性的生命教育。师范生的生命教育在此两方面都必不可少，这是教师生命教育的必然要求。

三、重在“两维三层”：师范生生命教育目标与内容

(一)师范生的生命教育目标

如何确定师范生的生命教育目标，是一个值得探讨的问题。本文主要依据生命教育意涵、教师职业需要、师范生生命状况，大学生生命教育目标，尤其是师范生的生命教育特性等，确定师范生的生命教育目标为两个维度、三个层次。其中，两个维度是指个体生命之维、教师角色之维；三个层次分别是，知晓生命和生命教育的意涵，具有初步的生命教育意识与能力，改造个体生命经验与提升自我理解。

师范生生命教育目标的第一个层面是认知层面，主要解决“知”的问题。知晓生命和生命教育的意涵，是师范生生命教育的基本目标。其中，知晓生命的意涵，包括了解生命特性、人之生命特性、个体生命特性、人之生命与其他生命的关系、生命的意义与价值等；知晓生命教育的意涵，包括了解生命教育的起源与发展、生命教育的含义、生命教育的内容、方法、途径，理解生命与教育的关系、生命教育与基础教育的关系等。

第二个目标层面是能力层面，除了自身具有生命教育所倡导的能力外，主要是针对教师开展生命教育的能力培养，帮助师范生掌握中小学开展生命教育的基本内容、方法、手段等，能激发他们对生命教育的兴趣，乐于以生命教育为研究课题和毕业论文选题，开展对生命教育理论与实践的探索，为他们未来走向教师工作岗位开展生命教育服务，这也是师范生生命教育的基本目标所在。

第三个层面是生命教育的根本目的所在，即帮助接受生命教育之人，通过生命教育改善师范生对生命的认识与理解，改造他们既有的生命经验，开启他们的生命追求、职业理想、生命潜能，不断提升自我理解程度，进而能活出生命意义，绽放生命精彩，这也是师范生生命教育的根本目的所在。

(二)师范生生命教育的主要内容

师范生生命教育内容是其教育目标的具体化，依据目标，主要内容也包括二维三层面。即针对师范生作为个体生命本身的生命教育，及作为未来基础教育阶段教师的生命教育。

针对师范生的生命教育内容，可以从有关生命常态与非常态两个方面选择与设置。所谓生命常态的教育，主要指对生命起源、存在、发展、消亡等的认识与理解，对人之生命的生老病死的认识，对人之生命历程中遭遇的困惑与挑战的认识与理解，对生命意义与价值的认识与理解等。这是对生命的一般性的认识与理解。所谓生命非常态的教育，主要是指针对个体生命的自杀、失去亲人、遭遇灾祸等意外事件的教育，也就是指个体生命面对现实生活中、具体情境中发生的生命的非常事件时应如何看待、如何应对等的教育。

结合生命教育的内涵，这方面的内容可以表述为生命之真、善、美的教育。生命之真的教育主要体现为认识生命、遵循生命；生命之善的教育主要体现为生命价值的教育和关爱生命、相信生命、敬畏生命的教育；生命之美的教育主要体现为丰富生命、享受生命、精彩生命的教育。[2]

师范生生命教育的另一维是在针对师范生本身的生命教育之维的基础上，并与此相“伴行”的有关中小学教师开展生命教育的内容，主要包括对生命教育的认识与理解；对教育是以生命为本、遵循生命之道、开发生命潜能、生命影响生命、促进个体生命健康成长之理念的认同与理解；对中小学如何开展生命教育的了解与行动，包括生命教育校本课程开发、案例分析、教学设计、活动设计、学科教学中实施生命教育的方式方法等。

四、构建立体课程：师范生生命教育课程建设

师范生的生命教育课程建设，包括学科课程与活动课程。学科课程主要是生命

教育课程和各学科课程中体现生命教育，活动课程包括生命教育科研课题与毕业论文、生命教育实践活动，以及体现生命教育的校园文化建设等。

（一）生命教育课程教学

内地一些高校已相继开设生命教育课程。[①] 课程是学校教育的主渠道，将生命教育理念落实于学校课程教学中，是实施生命教育的重要途径。

1. 构建“多层次”的生命教育课程

师范生的生命教育课程建设应“多层次”构建。所谓多层次构建是指在通识课、专业课、实践类课程中均将关于生命教育的理念、内容恰当地体现出来，即不仅是开设专门的生命教育课程，而且还在一些课程中增加生命教育的内容。

生命教育课程建设主要有三条途径：一是在教师教育课程中体现生命教育，可以从生命教育的视角审视与设计一些课程，如教育学、心理学等专业基础类课程，儿童心理学、德育课程、教师专业发展课程、班级管理等专业核心课程，使生命教育的理念体现其中，生命教育的内容进入其中。二是在不同学科课程中体现生命教育，如生理学、儿童文学、儿童游戏、儿童美术等，各学科教师从各自角度开展生命教育探索；以及在通识教育课程，如《大学生思想修养》等中体现生命教育。三是可以开设“生命教育兼修方向”课程，如生命科学、生命哲学等为基础类课程；生命教育案例分析、生命叙事研究、生命教育教学法等为核心类课程。

2. 生命教育教学活动注重体验，凸显“做中学”

生命教育课程教学活动主要指两方面，一是专门的生命教育课程教学，二是在各学科课程教学中体现生命教育理念与内容。

体验是生命教育的核心机制，生命教育有效实施的关键是遵循生命体验机制。生命教育不是简单的知识灌输，也不是单纯的生存技能训练，而是通过生命体验，认识生命、理解生命、感悟生命、提升生命。同时，师范生的生命教育教学过程必须充分体现生命教育教学的示范性，这是培养师范生毕业后走向教师工作岗位开展生命教育的能力所在，也是他们开展生命教育活动的参照所在。

因此，在生命教育教学活动中应凸显“做中学”，让师范生在活动体验中获得知识、能力与意识。可以采取多种形式，将师范生带入实践活动之中。如：①生命叙事活动，即组织师范生收集、撰写、讲述、分享生命故事，召开生命故事会等。②生命教育读书报告会，为师范生提供读书清单，要求师范生选读一至两本，撰写读

---

① 如笔者2003年在沈阳师范大学首次给师范生开设《生命教育》(36学时，2学分)学校通识选修课，选修人数达100人；2006年郑晓江团队在江西师范大学道德与人生研究所开设《生命教育与生死哲学》(32学时，2学分)学校公选课；2007年刘慧团队在首都师范大学开设《生命教育理论与实践》选修课，张丽颖团队在长春高等专科学校开设《医学生生命教育》课程；2008年何仁富团队在浙江传媒学院开设《生命学与生命教育》公选课；等。

书报告，召开读书报告会等。③生命教育活动设计及展示会。④创编生命教育简报活动，师范生自愿组成制作小组，要求主题鲜明、内容丰富，富有意涵，形式活泼、多样、完整；期末召开展示会，每一组同学集体亮相解说、展示。⑤组织师范生“创编小学生命教育教材”“创编生命教育绘本”“整理生命故事集”等。⑥在教育实习中完成“生命教育课堂教学”“生命教育主题班会”等实践活动。

(二)生命教育的科研课题研究与毕业论文撰写

师范生的生命教育，不仅在课堂教学中，而且还在科研课题研究与撰写毕业论文中。如果说开设生命教育课程的价值在于受众人数多，具有普及性，那么以生命教育为选题的科研课题与毕业论文的价值则在于培养部分师范生对生命教育的兴趣与深度理解，具有深化性。这是师范生生命教育的重要途径之一。

师范生的生命教育科研选题与毕业论文选题，可以从以下五方面来进行。①有关生命教育的文献研究、现状研究，通过这类研究，引导师范生了解生命教育的发生、发展；②师范生的生命状况调查研究，如“师范生生命意识的调查研究”；③学科课程教学中的生命教育研究，主要是中小学学科教材中的生命教育内容的梳理、在课堂教学中体现生命教育的研究等；如小学学科教材中生命教育内容分析、不同版本教材中生命教育内容比较、小学课堂教学中体现生命教育的状况研究、生命课堂的观察研究；④中小学生生命状况考察，如通过观察、叙事等；⑤实践探索类，这一类的课题研究创新性程度较高，实践性要求较高，主要是开发性、开拓性研究，如“大学生创业项目”“大学生素质拓展项目”等。

生命教育科研课题的研究过程，尤其开题报告、结题报告活动，是非常重要的生命教育过程。同样，毕业论文答辩会也是如此，在这样的活动中，不仅有毕业班的学生参加，而且还有其他年级的师范生参加，这对他们而言，是一次难忘的生命教育过程，也引发一些学生以生命教育为题开展课题研究与毕业论文写作。

(三)教育实习中的生命教育实践体验

教育实习是师范生生命教育的又一个重要途径。教育实习是师范生在中小学开展生命教育实践体验不可错过的机会，将教育实习中的生命教育实践与生命教育课堂教学相结合，能使师范生更好地体验、理解生命教育的意涵，提高生命教育实践的能力。

师范生教育实习中的生命教育实践体验活动，包括三个步骤：一是在教育实习之前，在生命教育课程教学中，为师范生完成一系列的任务，如教学设计、活动设计、生命故事写作、问卷设计、调查报告写作等给予相应的指导、帮助。

二是在教育实习中，师范生要以生命教育理念审视实习学校，撰写分析报告；关注中小学生中的“弱势群体与个人”，将生命教育理念付诸实践，体现对生命的关爱；将生命教育主题班会活动设计、学科教学中体现生命教育的教学设计等付诸实施，检验教学、活动设计的水平，并进一步改进；撰写有关中小学生的生命故事等。

三是教育实习结束后，回到学校在生命教育课上完成相关的一系列活动，如：①组织“中小学生命教育状况考察”报告会，报告状况、分析问题、给出对策思考；②组织“中小学生命教育教学活动、主题班队活动”经验分享会，并进一步修改教学设计和班队活动设计，以此来感受与提高中小学生命教育实践的要义与能力；③组织学生整理作业，进行作品展示活动；④组织师范生整理完成《生命教育优秀案例、故事集》，作为送给师范生选修生命教育课的礼物，及未来走向工作岗位的一个参照。其实，这个过程本身就是生命教育，同时也体现了师范生的生命教育特性。

今后，不仅需要在上述各方面进行深入的研究与探索，而且还应特别关注以下三个方面：一是师范生生命教育教材建设，这是生命教育课程建设的重要内容，编写适合师范生生命教育的教材是一项重要任务。尽管目前已有一些大学生生命教育的教材问世，但还没有针对师范生的，需要尽快组织编写、面世。二是体现生命教育理念的校园文化建设，这是师范生生命教育的重要方面，但目前这方面的工作还非常有限，需要学校领导层能够给予应有的认识与实践。三是师范生的生命教育模式探索，这是师范生生命教育研究的重要工作。目前已有相关研究，如《基于生命叙事模式的生命教育课堂教学探索——以首师大初教院小教专业为例》[3]，但有关研究还很鲜见，需要加大这方面的实践探索与研究力度，这样能更好地促进师范生的生命教育。

参考文献：

[1] 刘慧．生命教育内涵解析[J]．课程·教材·教法，2013(9)．

[2] 刘慧．生命教育导论[M]．北京：人民教育出版社，2015．

[3] 李宁．基于生命叙事模式的生命教育课堂教学探索——以首师大初教院小教专业为例[D]．北京：首都师范大学，2013．

“3S 技术方法与综合实践”课程群建设实践研究*

王艳慧[①]

一、引言

“3S”技术是遥感（Remote Sensing，RS）技术、地理信息系统（Geographical information System，GIS）技术、全球定位系统（Global Positioning System，GPS）技术这三个技术名词的最后一个单词的首字母的简称。RS、GIS、GPS 三者共同构成狭义的地理空间信息技术，也是广义的测绘地理信息技术的核心。RS 与 GIS、GPS 互相结合形成的 3S 技术方法与应用体系，作为当前地理空间信息技术领域的前沿发展方向，已成功应用于城市规划和管理、乡村振兴、环境保护、资源环境监测、减灾救灾、交通运输、电力水利等在内的众多行业细分领域，取得了显著的经济效益和社会效益，并日益成为 IT 行业的重要组成部分。

作为 3S 技术方法与应用的课程教学载体，“3S 技术方法与综合实践”课程群由地理信息系统原理与方法、地理信息系统空间分析、遥感图像处理、组件地理信息系统、3S 综合实习等五门地理信科学专业的专业核心课和专业方向课程组成。该课程群涵盖地理信息科学专业 3S 技术相关的基本原理与方法、核心技术以及综合应用实践等教学内容。课程群中的各课程之间既紧密衔接又相互独立，其教学对于地理信息科学专业的学生建立基本的 3S 理论素养，培养其理解 3S 技术内涵、掌握 3S 核心技术应用，具有不可替代的作用。因此，设计该课程群的建设目标与总体框架、梳理其核心建设内容，进一步改进教学方法和完善教学内容，并付诸地理信息科学专业本科生的教学实践，对于本专业学生的基础理论培养、实践能力的提升将具有重要作用，也对本专业应用创新型人才培养模式具有良好的实践意义和参考意义。

---

* 本文属首都师范大学“3S 技术方法与综合实践”课程群建设教改项目。

① 王艳慧，女，首都师范大学地信国际学院，教授。

二、课程群建设目标与框架

“3S 技术方法与综合实践”课程群以测绘地理信息行业对地理信息科学专业应用创新型人才的需求为出发点，研究应用创新型人才的知识结构需求与行业应用需求趋势，以地理空间数据的采集处理、建模分析和创新应用为教学主线，传授 3S 技术的关键技术理论与方法，以期用 3S 高新技术研究热点与应用潜力激发学生的学习热情，培养本科生自主学习、探究式学习的能力，进而提升其高新技术深入应用的水平，并为地理信息科学专业相关课程的建设、专业建设和人才培养模式建设提供可供借鉴的思路和方案。

如图 1 所示，在“3S 技术方法与综合实践”课程群中，“地理信息系统原理与方法”是本课程群框架的学科架构基础，该门课将提供给本科生 3S 方法和应用的基本知识体系与方法支撑，通过本课程的学习，使得学生在接触专业培养之初就能够基本掌握本课程群所涉及的 3S 空间信息技术的基础理论、基础技术和应用所学来解决专业实际需求问题的基本方法。“地理信息系统空间分析”和“遥感图像处理”两门课是本课程群的核心技术支撑，它们将分别从 RS 技术和 GIS 技术的角度，传授给学生利用 3S 高新技术解决地理学相关实际问题的关键技术方法和核心实践操作技能。“组件地理信息系统”课程将在讲授地理信息系统组件式开发的基本原理及主要开发实现方法的基础上，以知名组件地理信息系统软件 ArcGIS Engine(AE)的开发应用为目标，介绍 AE 中各种基本功能的使用和开发方法，并结合实例，选择相关的典型案例贯穿于课程前后，引导学生自己动手验证，进而让零散的功能模块形成整体，使学生初步形成运用组件式开发技术设计开发 GIS 软件的能力。而“3S 综合实习”课程将上述几门课的理论与实践相结合，通过集中式专题实践，引导学生掌握解决 3S 实际技术问题的基本方法，以及空间建模与辅助决策的基本方法和技术流程，培养学生发现问题、分析问题和解决实际问题的能力。以上五门课程相互衔

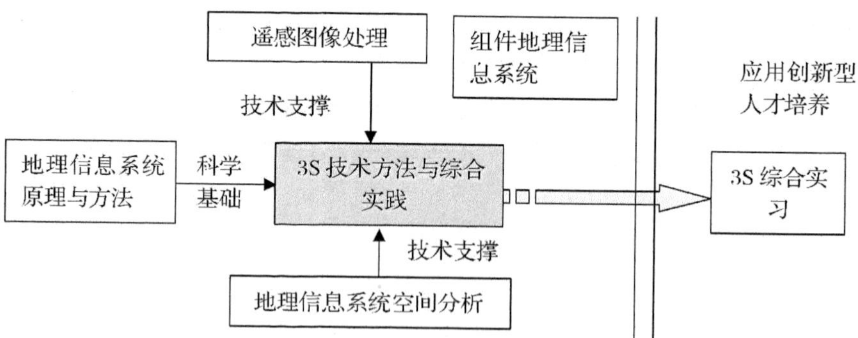

图 1　课程群构成及逻辑关系示意图

接，有机联系集成，最终达到地理信息科学专业应用创新型人才培养的目标。

三、存在问题与对策

从上述可以看出，鉴于“3S 技术方法与综合实践”课程群在地理信息科学专业人才培养过程中的重要性，结合首都师范大学专业学科一体化建设的目标定位，以及社会对高素质地理信息科学与技术应用人才的实际需要，依托其优质教学团队开展课程群建设工作具有切实必要性和可行性。但当前存在问题如下：

从校外相关专家的问卷调查结果看，普遍提出应加强学生对 3S 核心知识与发展前沿的深化理解与灵活应用、引导提高其 3S 综合实践应用能力的培养水平。但从学生的毕业去向及其与学生课程学习成绩的初步趋势可以看出，考取研究生、出国留学等本科毕业生的深造需求对学生深入理解 3S 基础知识、掌握实际应用能力提出了更高要求，这就表明在本课程群的各门课程内容衔接、课时安排、实验内容、教师教学素养等方面还存在很多的改进空间。如本课程体系的设置方面，地理信息科学专业迄今还依托于地理学一级学科，开设了较多的地理学相关课程，如自然地理、人文地理、土壤学、环境学等课程，但有些学生认为这些课程与 3S 无关，不喜欢学习这些课程并认为有点多；有些学生喜欢计算机类的相关课程但又觉得编程太难而在实践操作上存在某种程度的抵触情绪。有些学生认为课程群内的这些课程在 3S 技术方面的内容重复性较多，与测绘地理信息行业现实应用及专业技术的发展趋势相比稍显落后。而在师资队伍建设方面，由于该课程群涉及计算机、测绘、地理、数学等多学科专业教师，地理信息方向的、编程方向的、遥感方向的、地理方向的、测绘方向的师资老师均不能缺少，而且一般要求要具有一个相对合理的结构和比重，且每一个教师应该有一个相对固定的授课课程和相对明确的研究方向，但目前仍有部分教师的授课方向和自己的科研方向不完全对口，从教学的角度而言可能会导致教非所长，一定程度上既造成师资队伍的人才浪费，也容易因授课的深度和前沿性不足而导致学生高质量培养效果的先天不足。因此，有必要对本课程群的教学体系进行系统的规范设计，以进一步改进课程群的教学方法，完善教学内容，提升本课程群的教学质量。

因此，本课程群将以地理信息科学专业的高质量人才培养为中心，以行业对应用创新型专业人才的需求能力为出发点，研究本专业的人才知识结构与需求趋势，并以课程体系与教材建设、高水平师资队伍建设、教学方法与教学模式改革、实践教学体系改革为过程和手段，初步建立起课内与课外相结合、实验与实习相贯通、应用与创新同步的立体化人才培养平台。

四、建设实践

围绕上述课程群建设的问题、定位及目标，本课程群从以下几个方面开展了建设工作。

(一)师资队伍建设

本课程群由课程群负责人总体负责。课程群中每门课均设有教学团队，成立由教员和研究生助教构成的教学小组，其中有课程主讲教师和实验教师。专业核心平台课推行教学水平较高的主讲教师负责制；推进产学研的紧密结合。每门课程具体由主讲教师负责组织教学活动，并在课程群主持人的协调下，由课程负责人(主讲教师)落实本门课程的课程建设，参与制定或修订本门课程教学大纲、教学日历与教学计划。教学团队除每学年为本科生、研究生开设专业核心和公共课程外，还承担一定的专业实验、实习、指导学生科研立项、本科生和研究生毕业设计的工作，有力保障了课程群中各门课的理论学习与实验、实践、研究环节的有机集成。今后本课程群还将进一步完善与国内外著名高校与科研院所、规模行业企业的合作交流与人才优化培养机制，积极为本团队教师创造和提供更多的培训和进修机会，提高他们的教学水平、学术水平与育人水平，在本科生课程授课师资体系中，聘请高水平校外专家进本科生课堂。由此初步建立完善的3S课程群教学科研体系，并优化课程群教学科研队伍，建设高素质的教学队伍，提供齐全的教学实验设备，力争产、学、研、用紧密结合。

(二)教学内容和教学体系改革

在教学过程中，本课程群中各门课程落实“加强基础、强调应用、因材施教、分类培养”的教学体系改革和人才培养方针，紧密围绕地理信息专业的学科特点、发展趋势以及京津冀社会经济发展中的重大建设任务，培养学生掌握3S基本理论与技术方法、地理信息系统设计、开发与创新应用建模等基本技能。

实践教学中以学生的综合能力培养为核心，建立综合性、区域性、应用性和先进性相结合的理论教学体系以及“多层次、一体化、开放式”的实验教学模式。围绕“室内室外结合”“基础理论与高新技术应用结合”“现实世界环境演化与虚拟现实相结合”的实践培养模式，培养学生掌握基本的实验操作方法、正确操作仪器设备与软件、准确采集与处理实验数据、科学地分析与提炼实验结果、密切联系行业实际应用，并培养学生的科学思辨能力和创新设计、应用能力。

如组件地理信息系统这门课以GIS软件的二次开发应用为目标，结合科研立项项目开发实例，可以让学生掌握对各种3S常用模块的基本功能的调用方法。而选择典型案例贯穿课程前后，可以让零散的功能模块形成整体，可以提升学生运用组件地理信息系统技术设计和实现 GIS 专业软件解决方案的能力。“3S 综合实习”由教师团队主持科研项目中凝练的适宜性经典案例为实践题目组织教学，通过翻转课堂的形式，加深学生对 3S 技术基本原理与技术的理解，培养其掌握用 3S 辅助决策功能解决实际空间问题的基本方法和实用技巧。通过本课程的学习和锻炼，使学生基本掌握 3S 系统从设计、开发到应用的全部过程和技巧，并以 3S 高新技术应用激发学习热情，深入培养本专业学生的探究式学习和高新技术的深入应用能力。

(三)教材建设

本课程群积极推进优秀教材建设。根据专业学科一体化教学改革的指导思想，力求本课程群的理论教材和实验教材在内容设计上注重理论基础的经典型、实验内容与技术方法的综合性、实训项目的实用性和先进性，并体现理论与实际、课内与课外、经典与前沿的有机结合。而本课程群自编的遥感图像处理、3S 综合实习等系列实验教材和讲义，基本体现了课程群教材建设的理念。

除了传统纸质教材之外，本课程群配合新课程体系的改革，实行开放式教学，还加强了各门课程的多媒体辅助教学和网络平台的建设。将各门基础实验课程中涉及的单元操作项目和实验环节制作成网上在线课程，既可以用作教师在教学过程中对学生进行基础训练的规范，也可以为学生课下通过网络预习、复习相关教学和实验内容提供了方便。

(四)人才培养

本课程群以学生为本，积极引导学生进行探究性学习和创新性研究，已初步建立了“五个结合”的课程群人才培养模式，即：“高水平科学研究与创新型教学相结合”“地理信息科学基础理论与地理信息高新技术相结合”“本科生、研究生探究式教学相结合”“室内基础实验与野外综合能力培养相结合”“教学示范辐射与合作交流相结合”。以上措施既保证本专业学生具有较为宽厚的理论知识体系，又能充分调动学生的主观能动性，为进一步培养其成为基础扎实、视野开阔、适应能力和创新意识强的应用创新型人才奠定了坚实的基础。

通过课程群内一系列课程的学习，学生的实践动手实验能力和创新意识增强。每年有 10 多名学生进入科研实验室参加了教师的国家级科研项目。学生在参加全国大学生实验竞赛、全国高校遥感辩论会中成绩名列前茅。此外，在开放实验室立项、科研立项等方面，都取得了优异的成绩。出国留学的考研率、四六级通过率等人才培养质量目标都得到进一步完善和提高。

五、结语

近年来，本课程群通过明确定位、狠抓落实，夯实了建设内容，在师资队伍、平台建设、教学改革等方面积累了一定的经验，当然各方面还存在很多改进的空间。今后还将继续延续课程群综合建设，从精品课程、师资培训、精品教材、生产性实习基地建设等多方面进行建设，授课内容与实际应用结合紧密，紧跟学科发展，多角度、全方位提升学生的理论知识水平，培养学生的动手能力和应用创新能力。

参考文献：

[1]龙春阳．课程群建设：高校课程教学改革的路径选择[J]．现代教育科学，2010(2)：139－141.

[2]周爱华，孟斌，付晓，等．GIS专业测绘遥感课程群建设与实践[J]．北京测绘，2016(6)：148－150.

[3]杨永忠，胡月明．GIS专业的系列课程改革探讨[J]．教育教学论坛，2015(8)：126－127.

[4]王艳慧．GIS专业本科生课程教学改革的探讨[A]//地理学教学研究改革与实践．北京：北京大学出版社，2008：35－40.

[5]王艳慧，宫辉力，李小娟，等．GIS专业实践类精品教材建设的探索与实践[A]//探索的脚步——“十一五”北京高等教育教材建设论文集．北京：电子工业出版社，2010：314－319.

[6]宫辉力，李小娟，赵文吉．地理信息系统国家特色专业建设与发展[J]．中国大学教育，2009(11)：41－46.

[7]王艳慧，邓磊，段福洲．地理信息系统专业应用创新型人才培养体系的设计与实践[J]．科技资讯，2013(14)：205－206.

MOOC 环境下的《数据库原理》混合教学模式的改革探索

周丽娟[①] 张树东 王 华

一、引言

数据库技术是计算机科学的重要分支，数据库技术和数据库系统已经成为计算机信息系统的核心技术和重要基础。《数据库原理》在本科专业的培养计划中占有重要的地位，是计算机科学与技术专业必修课程，是计算机学科的主干课程之一。近几年的教学实践中，我们的老师感觉由于学生基础差异大、课堂学时有限，有些学生感觉"吃不饱"，有些学生感觉"消化不了"。因此，我们的教学也面临严峻的挑战，我们既要突出数据库类课程的基本内容，又要满足不同层次学生的学习需求，既要发挥老师教学过程的主导作用，又要体现学生学习的自主性，为此，我们探索将 MOOC 与传统课堂结合起来的混合式教学模式。

目前，MOOC 作为新的在线学习模式快速发展起来，受到了广泛关注，各高校也积极展开在线课程的建设工作。我们《数据库原理》这门课程也进行了在线课程建设，在线教学的探索和混合教学模式改革，一方面是对学生而言，有更丰富的资源进行自主学习和个性化学习，一方面是对教师而言，方便了教学活动，促进了教学改革和教学质量提升。

二、《数据库原理》混合教学模式改革之在线资源建设

第一，我们根据《数据库原理》的教学目标和教学进度，修订完善的教学大纲、教学计划、考试大纲、教学日历、课程介绍、重点难点指导、作业、参考资料目录，然后通过 MOOC 平台展示出来，以利于学生提前预习。

第二，我们根据课程的脉络按大纲要求制作短视频，提供在线视频呈现给学生，学生可以网上学习。制作视频，首先要整理大纲，划分出知识点，本课程内容

---

① 周丽娟，女，首都师范大学信息工程学院，教授。

模块分为五大部分：绪论基本知识、关系数据库、SQL语言、数据库理论、数据库保护。考虑到各部分内容的不同学习特点，设计好每个知识点哪段用PPT表达，哪段用Flash表达，哪段切换到实际操作。设计视频时长度要短，相对于宽泛的课堂教学，内容要集中，以便学生观看时注意力集中，达到预期的良好效果。

第三，设计多层次习题。由于学生的基础和掌握程度不同，考虑不同层次学生的差异，我们设计多层次习题以进行分层训练。我们设计了单个知识点的单元习题，这有利于学生对课程的知识点的掌握，并帮助学生树立自信心。我们也设计每章节的阶段训练题，包括填空题、选择题、判断题和应用题，学生学习每章后自我测试，查缺补漏。我们还设计了成套的综合试卷，难度分为简单、中等、较难和难四个等级，便于学生整体测试自己对这门课程的掌握情况。我们建立难易不同、类型丰富、题目灵活的多种习题，全方位训练学生的能力。

第四，建立拓展实训项目库。数据库是一个实践性很强的学科，学生在理论教学完成之后，要能通过实践完成项目的开发和应用。通过建立拓展实训项目库，编写典型案例和详细资料库对理论课进行补充。我们设计实训项目库，对实际项目提出需求，明确关键技术、重点难点、需要查阅的资料、开发的步骤，一步一步引导进行综合实践。利用MOOC平台共享最新学习资料、多媒体动画、案例、实训项目，帮着学生进一步掌握数据库的开发，通过循序渐进的方式启发学生分析和解决问题的能力。

在课程资源利用上，对于基础薄弱的学生，要求其完成基础的工作任务，以夯实基础，加深理解，熟练掌握基本知识。对于动手能力较强的学生，提倡完成提高拓展性任务，注重知识的扩展，能力的提高。对于少部分有扎实基础和很强动手能力的同学，鼓励他们完成实用性强、技术要求高的开拓性任务。这样保证各层次的学生都有最大程度的提高、收获。

三、《数据库原理》混合教学模式改革之课堂教学设计

第一，课堂教学内容不断更新。计算机是一个迅速发展的学科，针对传统教学过程中教学内容滞后等存在的问题，在教学内容方面进行与时俱进的更新，根据当前最新发展对这门课程教学内容进行必要的筛选、补充、更新和重组，使其既能反映该学科领域最基本核心的知识，又能反映该学科最新的进展和动态。我们依托科研课题和成果，了解前沿技术，不断增加新知识和新案例，保证我们的教学内容新颖，信息量大，反映当前社会技术先进水平。

第二，在课堂教学中教师根据本课程的教学大纲和与知识体系，让学生课前观看视频，学习相关的概念和原理，并查阅学习资料，有疑难问题在课堂提出，这样

教师可以有针对性详细分析和解答。学生在线下再观看视频，对照学习。

第三，课堂教学中数据库原理以案例为依托，教师根据教学目标和教学计划，教师在课堂上给出一个典型、完整数据库案例，比如，我们选用贴近学生生活的“学籍管理系统 ”，作为我们的典型项目案例，贯穿整个教学过程，将课程内容进行分解处理，每一次课堂教学都分解对应的知识点。在课堂上我们细致讲授重点、难点，并将教学中具有普遍意义的问题和重点难点设计多媒体动态 FLASH 动画，讲解时配合播放，生动展现，以便让学生更好地理解课程中的内容。

第四，课堂的教学内容上做到承上启下、循序渐进，以讨论方式和学生探讨知识点，让学生把在 MOOC 视频中学习的知识点对应起来，教师为主导引导学习，学生是主体主动学习，完成数据库知识点的掌握。对课堂教学实例，针对每个知识点在 MOOC 平台布置每堂课作业，检验学生对知识点的掌握情况，学生进行知识的理解和巩固。

第五，数据库这门课程，实际操作多，应用方面广，联系范围大，我们的教学要既注重学生理论知识的培养，同时也注重学生应用知识和实际动手能力的培养。课堂教学中我们设计一些拟要完成的任务和问题，将要传授的知识和技能蕴含于任务之中，让学生通过一系列的实验和操作在完成任务过程中，将理论知识和实际应用结合起来。

四、《数据库原理》混合教学模式改革之平台学习、反馈和考评

第一，在 MOOC 平台上我们提供了完整教学资源，包括每个知识点的视频、知识点练习、章节作业、成套试卷，还有教学大纲、考试大纲、参考书、教学计划、教学日历等。课堂上教师明确学习任务，线下学生可以通过 MOOC 平台，主动学习，可以根据需要反复观看视频，同时可以一边学习一边完成对应的练习，把知识及时消化。

第二，学生在作业和学习中有问题也可以通过 MOOC 平台提问，及时获得同学和老师的帮助。同时也可以在 MOOC 平台发起讨论，教师和学生都可以提出讨论题目，大家共同讨论，通过讨论加深问题的理解，解决有疑惑的问题。这样，使学习不受时间与空间的限制。

第三，我们在历年的教学中积累了大量的学生常出现的问题和在考试中经常出现的错误，汇聚成问题答疑库，也为学生的学习提供注意事项和捷径。

第四，对于考试命题和评分我们也进行了改革。原来基本就是期末试卷考试，理论知识的考核。作为一门实用性极强的课程，我们的考试改革，从内容上增加了对实际应用问题的分析、实际解决及动手能力的考核内容。同时增加了过程性的评

价机制，把学生的各个过程的学习情况及成效记录下来，采取目标与过程并重的价值取向，过程学习占一定比重，将学生的学习过程都体现在考评中。

期末总成绩由平时 MOOC 平台学习、MOOC 章节测试、考评作业、期中考试、期末试卷 5 部分组成。期末总成绩用如下方式计算：

期末总成绩＝MOOC 平台学习 10％＋ MOOC 章节测试 15％ ＋考评作业 5％＋期中考试 20％ ＋期末试卷 50％。

这样的考核机制——综合考核对学生的每一部分学习内容都兼顾到，体现素质教育和过程评价，可以激发学生日常学习的积极性，有助于取得更好的学习效果。

五、总结

在数据库的教学中我们坚持以实际应用为目的，提高动手能力为核心的教学思想，充分运用 MOOC 平台，开展混合式教学方法，教师作为主导引导教学，学生作为主体主动学习，提高教学质量，改善教学效果。

在这种混合式教学模式改革中，我们完善了课程资源，包括教学大纲、教学计划、考试大纲、教学日历、课程介绍、重点难点指导、作业、参考资料目录，通过 MOOC 平台便于学生有计划同步学习。在课堂教学环节，更注重教师的引导作用，学生提前观看视频，学生带着问题听课，教师更有针对性讲授，增加了课堂的互动。在这种混合模式下，学生 MOOC 平台学习反馈环节，解决了传统教学中课堂学时不足、内容拓展有限、学生训练较少等问题，同时，也降低了教学成本。同时，在这种模式下，学生的考核机制也发生变化，更注重学生的平时学习和评价，对学生的考核更合理、公正，也激发了学生的学习积极性。这种混合式教学完成了课程资源的混合、课堂教学设计的混合、考核方式的混合，把传统教学的优势和 MOOC 平台的网络学习优势结合起来，优势互补，有效地提高了教学质量。

参考文献：

[1] 王珊，陈红．数据库系统原理教程[M]．北京：清华大学出版社，2016.

[2] 莫礼平．MOOC 环境下电气工程类专业课程混合教学模式探究[J]．高等理科教育，2017(2).

论《跨境电子商务》的课程模块与教学模式*

——面向"一带一路"国家人才培养基地建设

荣毅虹[①]　彭　岩

2017 年 8 月，我校入选北京市"一带一路"国家人才培养基地。北京市"一带一路"国家人才培养基地项目是由北京市教委联合北京市财政局在全国率先设立的教育项目，计划于 2017 年至 2019 年三年重点建设不少于 30 个"一带一路"国家人才培养基地，为"一带一路"沿线国家的人才提供来京学习和深造机会。项目建设包含两个方面，即人才培养和学科专业建设。在人才培养方面又包括两个层次：一方面，设立"紫禁城奖学金"，计划自 2017 年起共资助 3 届学生来京学习，每年最多新增资助 300 名，资助总规模最多达 900 人；另一方面，计划每年最多资助 600 名短期来京研修人员，资助总规模最多达 1800 人。在学科专业建设方面，计划资助总规模最多达 450 门课程的课程建设[②]。北京市设立"一带一路"国家人才培养基地项目，不仅可以推动北京市与"一带一路"沿线国家的进一步合作交流，而且有利于推动北京与沿线国家在教育领域的资源共享多方共赢，提升北京教育在"一带一路"沿线国家的影响。

目前除我校之外，入选该教育项目的学校还有北京大学、清华大学、中国人民大学、北京师范大学、首都经贸大学等在京高校。我校"一带一路"国家人才培养基地的建设工作由国际文化学院牵头，管理学院、资源环境与旅游学院以及教师教育学院共同参与。《跨境电子商务》作为我校"一带一路"国家人才培养基地申报时规划的课程之一，其建设工作由我校管理学院承担。《跨境电子商务》的课程性质、教学内容和教学模式既要符合该教育项目的建设愿景，又要与前来学习和研修的留学生或高端人才的学习需求相匹配，还要与"一带一路"沿线国家跨境电子商务活动的实际需求相适应。

---

* 本文所属北京市"一带一路"国家人才培养基地建设项目(2017－2019)。

① 荣毅虹，女，首都师范大学管理学院电子商务专业，副教授。

② 北京市教育委员会：《北京市"一带一路"国家人才培养基地项目管理办法(试行)》，2017 年 6 月。

一、《跨境电子商务》的课程性质

（一）"一带一路"国家人才培养基地项目的课程类型

"一带一路"是"丝绸之路经济带"和"21世纪海上丝绸之路"的简称。2013年9月和10月，习近平总书记在访问中亚和东南亚国家时，提出共建"丝绸之路经济带"和"21世纪海上丝绸之路"这一重大倡议。2013年中国－东盟博览会期间，李克强总理强调铺就面向东盟的海上丝绸之路，打造带动腹地发展的建设支点。我国"一带一路"建设倡议得到国际社会的高度关注，各类合作项目不仅能激活"一带一路"区域内的市场潜力，促进投资和消费，拉动需求和创造就业机会，推动沿线各国的经济发展，而且能增进和加强沿线各国家和各文明之间的交流与合作，促进经济、社会、人文和民生发展。截至2017年9月，我国已同74个国家和国际组织签署了"一带一路"合作文件，所涉及的领域包括交通、能源、制造、投资、经贸、金融、科技、社会、人文、民生、海洋等方面。

根据国家发展改革委、外交部和商务部联合发布的《推动共建丝绸之路经济带和21世纪海上丝绸之路的愿景与行动》，开展合作办学、深化沿线国家间的人才交流、扩大相互间留学生规模是"一带一路"建设的重要内容之一。在这一建设方向上，具体的举措之一是我国每年向沿线国家提供1万个政府奖学金名额，帮助来自这些国家的留学生和研修人员完成学业。北京市设立的"一带一路"国家人才培养基地项目是北京市在与"一带一路"沿线国家进行人才教育合作框架内实施的具体措施之一。设立了"一带一路"国家人才培养基地的各高校根据"一带一路"沿线国家的需求，结合学校自身的优势和特色制定人才培养方案。

根据计划，该教育项目在学科建设层面上支持建设的课程包括以下四个类型：汉语或英文授课的专业基础及专业课程、非通用语种课程、中国概况和中国文化特色课程以及沿线国家相关文化、制度研究课程，等等。对于这些课程类型，可以做出以下诠释。首先，汉语或英文授课的专业基础及专业课程，是指为培养专业人才或者培训前来研修的高端专业人士而开设的专业基础及专业课程，根据课程特点以及留学生和研修人员的具体语言需求和使用水平，以汉语或者英语作为授课时的工具语言。其次，非通用语种课程，是指除联合国通用工作语——即英语、汉语、法语、俄语、西班牙语和阿拉伯语——以外的语言的课程。与"一带一路"建设相关的非通用语种包括欧洲国家使用的德语、意大利语、葡萄牙语、乌克兰语、瑞典语、捷克语、阿尔巴尼亚语、波兰语、塞尔维亚语等，西非国家使用的波斯语、泰语、朝鲜语、越南语、日语、印地语、马来语、缅甸语、僧迦罗语、豪萨语、斯瓦希里语等。再次，中国概况和中国文化特色课程，显然是用于帮助留学生和研修人员了解中国而开设的课程，例如中国历史、中国地理、中国文化、地方民俗、中国戏曲和戏剧等。最后，沿线国家相关文化、制度研究课程，是为留学生和研修人员了解"一带一路"沿线其他国家的文化、制度、政策而开设的课程。显而易见，上述四类课程全面地覆盖了"一带一路"国家人才培养基地项目的各层次人才的教育和培养需求，完成学业的留学生和研修人员不仅掌握了专业知识，还掌握和了解了语言、国情文化和政经法律法规等多方面的知识，为其未来的工作奠定了坚实的基础。

(二)《跨境电子商务》的课程性质

一方面，《跨境电子商务》是我校在申报设立"一带一路"国家人才培养基地项目时规划的课程之一，属于"汉语或英文授课的专业基础及专业课程"。另一方面，我国与"一带一路"沿线国家之间以及沿线其他国家之间的贸易往来和合作发展实践及趋势也定义了该课程的性质。

早在 2014 年，习近平主席就为"一带一路"建设中的贸易合作指明了方向。例如：把中欧合作和丝绸之路经济带建设结合起来，以构建亚欧大市场为目标，让亚欧两大洲人员、企业、资金、技术活起来、火起来；把丝绸之路经济同俄罗斯跨欧亚大铁路、蒙古国草原之路进行对接，打造中蒙俄经济走廊；优化中土(土库曼斯坦)贸易结构，逐步扩大制造业、农业等非能源化合作，共同推动丝绸之路经济带建设①，等等。显而易见，投资贸易合作是我国"一带一路"建设的重点内容之一，合作目标包括积极同沿线国家和地区共同商建自由贸易区，降低非关税壁垒，提高贸易自由化便利化水平，拓宽贸易领域，优化贸易结构，挖掘贸易新增长点，促进贸易平衡，等等。在 21 世纪的今天，贸易合作离不开互联网，也离不开电子商务。互联网和电子商务可以大大降低国家间的经济贸易活动的成本，并大大提高效率。在"一带一路"发展的大背景下，跨境电子商务更是作为一种创新型贸易方式，被寄予发挥新型商业业态、促进国家及地区间贸易发展的厚望。因此，"一带一路"国家人才培养基地项目中的《跨境电子商务》课程必须是一门能够为留学生毕业后从事相关实际工作提供实践指导和帮助的课程，是一门理论与实践相结合的课程，也是一门跟随互联网、电子商务技术和应用发展而发展、跟随我国和"一带一路"沿线国家国际贸易合作动态发展而发展的课程，还是一门综合性较强的课程。

二、《跨境电子商务》的课程模块构成

(一)《跨境电子商务》的先修课

作为一门专业课，《跨境电子商务》需要一些专业基础课作为先导课，为学生学

① 《图解：习近平邀请哪些国家共建"一带一路"》，http：//www.china.com.cn/news/2014－09/23/content_39606604.htm.

习该课程提供基础。

根据阿里巴巴给出的定义，跨境电子商务包括广义和狭义两个层次。广义跨境电子商务是指分属不同关境的交易主体通过电子商务手段达成交易，实现跨境进出口贸易活动；狭义跨境电子商务特指跨境网络零售，指分属不同关境的交易主体通过电子商务平台达成交易，完成跨境支付结算、通过跨境物流送达商品，完成交易，是一种国际贸易新业态①。目前，跨境电子商务在我国主要以B2B和B2C两种模式存在，前者是指企业利用在线平台进行广告和信息的投放与推广，而成交和通关等流程则是利用线下渠道完成的；后者包括两种：一是境内企业直接通过在线平台面向境外消费者销售个人消费品，二是境外企业直接通过在线平台面向境内消费者销售个人消费品，而商品主要是通过航空小包、邮寄、快递等方式送达到消费者手中的②。可见，跨境电子商务实际上是一种由不在同一个关境内的交易主体完成的电子商务应用。

随着“一带一路”建设的不断推进，我国与沿线国家的经贸往来和合作必将更加活跃、深入。我国及沿线国家之间的商贸活动，不论是企业对企业的还是企业对消费者的，都将更加频繁。学生在学习《跨境电子商务》之前，需要掌握基本的管理学基础知识、电子商务、网络营销、消费者行为学和电子商务物流管理等基础知识。因此，《跨境电子商务》的主要先修课程应包括《管理学原理》、《电子商务概论》(简称《电子商务》)、《消费者行为与网络营销》和《电子商务物流管理》。《管理学原理》提供基本的管理学视角，帮助学生了解和掌握管理的基本职能、管理学基本原理、原则和方法，学会如何分析企业运作中涉及的社会环境和具体环境，并根据市场竞争格局有效实施战略管理、构建适宜的企业文化，实现组织内外的顺畅沟通，最终达成企业发展目标。《电子商务》帮助学生全面完整地了解和掌握电子商务的基本原理、方法和原则，掌握电子商务分类、电子商务商业模式、电子商的盈利模式、网络零售方式方法、B2B和B2C电子商务流程、电子商务供应链、电子支付、电子商务客户关系、电子商务安全、电子商务伦理和法律等基础知识和原理，并修正学生在自己的网络购物经历中形成的对电子商务的错误认知。《消费者行为与网络营销》一方面，帮助学生了解和掌握消费者的注意、认知、记忆、态度、情感规律，了解个体因素、群体因素、文化因素对消费者行为的影响，学会运用恰当的研究工具对消费者的心理和行为进行研究，并据此制定有效的营销策略的方法和原则；另一方面，帮助学生了解和掌握网络营销的基本原理、网络市场网络营销常用工具和方法、以营销为导向的网站建设与评价、搜索引擎营销、E-mail营销、网络促销方法、网络广告实施等基础知识和方法。《电子商务物流管理》帮助学生了解和掌握电

① 阿里研究院：《贸易的未来：跨境电子商务连接世界》，2016年。

② MBA智库：《跨境电子商务》，https://wiki.mbalib.com/wiki/跨境电子商务

子商务物流管理的概念、理论、方法和技术，掌握电子商务物流模式和适用条件，学会根据具体的电子商务活动制定相应的物流模式解决方案和管理实施方案。

(二)《跨境电子商务》的课程模块

根据"一带一路"沿线各国间的跨境电子商务的商贸实践活动和课程性质，面向"一带一路"沿线国家留学生的《跨境电子商务》课程应由五大模块构成：背景篇、基础篇、运营篇、管理篇和实践篇(见表1)。

表1 《跨境电子商务》的课程模块和内容

序号	模块划分	具体内容
模块一	背景篇	电子商务起源与发展
		电子商务基础知识回顾
		"一带一路"经贸发展的历史与未来
模块二	基础篇	跨境电子商务的基本概念
		跨境电子商务的类型
		跨境电子商务的商业模式
		跨境电子商务的交易流程
		跨境电子商务的盈利模式
		跨境电子商务的主要平台
模块三	运营篇	跨境电子商务供应链管理
		跨境电子商务营销策略
		跨境电子商务支付方式
		跨境电子商务物流管理
		跨境电子商务平台设计技术与实现
模块四	管理篇	跨境电子商务企业管理
		跨境电子商务在线客户关系管理
		跨境电子商务安全与法律法规
模块五	实践篇	案例研究
		操作实验

模块一，背景篇。内容包括：电子商务起源与发展、电子商务基础知识回顾和"一带一路"经贸发展的历史与未来。一方面，帮助学生回顾并复习一下电子商务的基本内容和基础知识，为进一步学习跨境电子商务知识做理论准备。另一方面，通

过讲解和梳理“一带一路”沿线国家经贸的发展历史与未来，帮助学生将学习与沿线国家对跨境电子商务的实际需求连接起来，为学生进一步学习跨境电子商务知识提供动力。

模块二，基础篇。内容包括：跨境电子商务的基本概念、跨境电子商务的类型、跨境电子商务的商业模式、跨境电子商务的交易流程、跨境电子商务的盈利模式和跨境电子商务的主要平台。该模块帮助学生全面了解跨境电子商务的基础知识，知道跨境电子商务是什么、有哪些类型、常见的商业模式、一般交易流程、常用的主要盈利模式和各国做得比较成功的主要平台的特征、使用方法、盈利模式、经营特性和竞争优势等。

模块三，运营篇。内容包括：跨境电子商务供应链管理、跨境电子商务营销策略、跨境电子商务支付方式、跨境电子商务物流管理和跨境电子商务平台设计技术与实现。该模块帮助学生掌握跨境电子商务运营需要的各方面基础知识。跨境电子商务供应链管理内容涉及跨境电子商务供应链管理特征、优势、策略和方法。跨境电子商务营销策略内容涉及数字营销策略、邮件营销策略、社交媒体、渠道策略、品牌策略以及价格策略等。跨境电子商务支付方式内容涉及跨境电子商务支付方式、跨境电子商务支付平台、跨境电子商务支付安全等。跨境电子商务物流管理内容涉及跨境电子商务物流环境和跨境电子商务物流解决方案等。跨境电子商务平台设计技术与实现内容包括跨境电子商务平台设计通用技术、跨境电子商务平台设计步骤和方法以及跨境电子商务平台规划等。

模块四，管理篇。内容包括：跨境电子商务企业管理、跨境电子商务在线客户关系管理和跨境电子商务安全与法律法规。该模块帮助学生掌握成功管理跨境电子商务企业和创建维护良好的客户关系所需要的基本理论知识。跨境电子商务企业管理内容涉及跨境电子商务企业竞争环境、跨境电子商务企业的跨文化管理和跨境电子商务企业的组织沟通等。跨境电子商务在线客户关系管理内容涉及在线客户关系管理策略和解决方案、跨境电子商务在线客户关系管理中的跨文化交流、跨境电子商务在线客户关系管理的技术手段等。跨境电子商务安全与法律法规内容涉及常见跨境电子商务安全和应对方法、跨境电子商务安全管理、“一带一路”沿线国家的法律和法规等。

模块五，实践篇。通过案例研究和操作实验，帮助学生将理论知识与实际应用相结合，更好地掌握课程内容，更好地进行研究型和创新型学习。案例研究主要以当前跨境电子商务领域比较活跃的企业为主要案例来源，包括：阿里巴巴、eBay、京东全球购、网易考拉海、兰亭集势、中国制造网、敦煌网、环球资源网、蜜芽宝贝、顺丰海淘、聚美优品、小红书，等等。操作实验则充分利用管理学院计算机实验室资源，让学生利用速卖通等知名跨境电子商务平台模拟系统进行实操训练，了解平台特性、实践营销策略和客户管理策略等运营知识，熟悉平台特性和使用流程，为后续从事实际工作打下坚实的基础。

三、《跨境电子商务》的教学模式

（一）教学面临的挑战

《跨境电子商务》是我校在申报“一带一路”国家人才培养基地时规划的课程之一，其面向的教学对象是来自“一带一路”沿线国家的留学生和研修人员，在教学上面临的挑战主要来自四个方面。首先，语言障碍。按照常理，留学生到目的国度学习，基本上都应在到达之前做好语言能力上的准备，到达后即可以听懂教师用留学国度的官方语言进行的授课。但是根据兄弟院校的留学生管理经验，因为所属语系存在一定的差别，来自“一带一路”沿线国家的留学生在使用中文听课和学习时经常会出现障碍。另一方面，对于我们的任课教师而言，“一带一路”沿线国家的官方语言基本上都是没有学习过的小语种。因此我们的教师和留学生进行沟通时，需要借助双方都会的第三门语言来进行。这个第三门语言基本上是指英语。但是，来自“一带一路”沿线国家的留学生在使用英文时也存在着一定的障碍。另外，知名跨境电子商务平台使用的语言大多是中文或英文，对于大多数留学生而言都是非母语。其次，《跨境电子商务》既是一门内容涉及面较广的专业课，包括企业管理、商务运营、国际贸易、物流管理、消费者行为与网络营销等，又是一门实践发展较快且领先于理论发展的课程，因此授课需要大量的理论联系实际、由实践总结上升为理论的内容。换言之，课程内容是需要不断更新和深化的，需要教师和学生都要紧跟实践发展趋势和热点，不能仅仅依靠教材授课。再次，《跨境电子商务》的课程学习要求留学生具有一定的电子商务领域的基础知识，如果先修课程学时不足或者留学生的来源国家的电子商务欠发达，就需要他们在学习《跨境电子商务》时主动学习和研究额外的基础知识，也需要教师有针对性地将学生缺少的知识融入教学中。这就要求教师根据实际情况以恰当的方式和方法进行相应教学。最后，留学生来自“一带一路”沿线的不同国家，留学生之间、留学生与教师之间都或多或少地存在着一定的跨文化交流障碍，可能给授课带来一定的负面影响，授课教师必须充分考虑这一点。面对上述挑战，《跨境电子商务》教学只有采用适宜的模式，才能确保教学质量。

（二）《跨境电子商务》的教学模式

基于“一带一路”国家人才培养基地这一教育项目的初衷、《跨境电子商务》的课程性质和内容模块特征以及教学中将面临的挑战，《跨境电子商务》的教学模式必须做出相应的创新，才能更好地完成教学任务，满足留学生的学习需求，达到人才培养目的。因此，建议从以下五个方面创新性地完成实际教学（见图 1）。

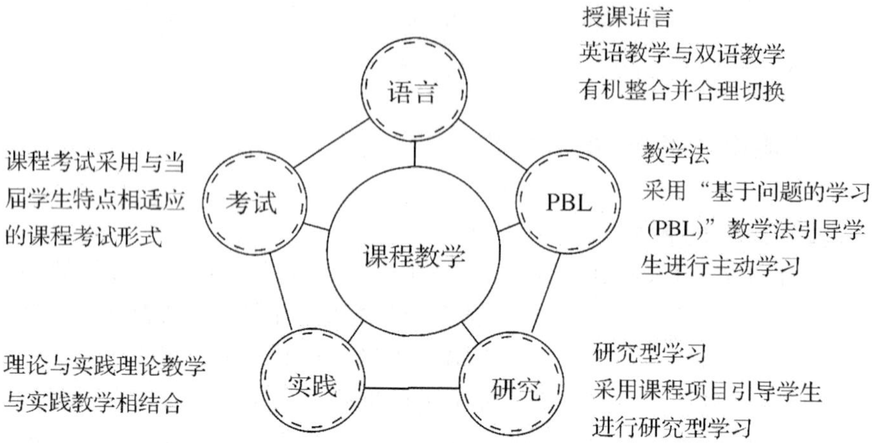

图1 《跨境电子商务》的教学模式

(1)英语教学与双语教学有机融合并合理切换

面向教学中存在语言障碍这一挑战，建议采用英语教学与双语教学有机融合并合理切换的方法进行授课。

建设一定数量的英语授课的专业课程是“一带一路”国家人才培养基地教育项目的课程建设内容之一。跨境电子商务本来就是在不同国家和区域之间建立起来的贸易往来，而英语基本上已是全球通用语言，因此采用英语教学是完全与项目初衷、培养目标和教学内容相适应的。然而，根据兄弟院校多年从事留学生培养的专业教师们的反映，由于留学生母语和英语所属语系不同，留学生的英语使用能力往往不足，难以比较理想地完成听课、写作业、与教师交流课程内容等任务。相比之下，由于他们在来中国以前都已经学习了中文，且到达之后的中文环境又大大提高了他们的中文实际应用能力，因此用中文听课、写作业、与教师交流课程内容的效果将远远好于用英语的效果。另一方面，很多来自“一带一路”沿线国家的留学生的学习目的之一就是为了以后跟中国人做生意，他们更希望了解并熟悉中国的情况，成为“中国通”，也更倾向于希望教师用中文讲授专业课程。鉴于上述情况，在《跨境电子商务》的授课中，根据当届留学生的语言水平，有机融合英语教学与双语教学并进行合理切换，将是比较适宜的形式和方法。特别是在讲授涉及中国跨境商贸内容的部分、以涉及中国的跨境电子商务实践活动的部分时，应尽量考虑多用中文进行教学，以便让留学生较好地了解并掌握中国的情况，帮助他们在后续工作中充分发挥留学经历所带来的优势。

(2)采用“基于问题的学习(PBL)”教学法引导学生进行主动学习

面向课程内容涉及面广且更新速度快的挑战，建议采用“基于问题的学习(PBL)”教学法，引导学生进行主动学习。

更新速度快、周期短，是互联网、电子商务行业发展的最大特点。跨境电子商务活动更是实时受到各国经济发展形势和各国的国际政治、经济、文化合作的动态变化的影响，唯一不变的就是不断变化。这就要求学生进行主动学习。因此，《跨境电子商务》的授课将采用"基于问题的学习"教学法引导学生进行主动学习。基于问题的学习(Problem Based Learning，PBL)，是一种以问题为导向的教学法，鼓励学生通过解决具体的问题或项目，积极主动地求知[①]。一方面，教师在课前向留学生布置问题，让其进行资料查找，通过研读资料完成知识预习。另一方面，教师在课前向留学生征集他们观察到的其国内的跨境电子商务实践中的当前动向和存在的问题，然后从中选择出合适的问题，布置给全班，引导学生进行探究式、研究型学习，最后教师在课堂上结合课程的理论知识、实际问题和学生们的探究结果进行最终讲授，完成相应教学。这一做法的优点是通过学生自主学习，最大限度地消解课程内容更新与实践活动变化之间的矛盾，既保证了课程理论知识的基础性，又保证了课程内容的新颖性，也帮助学生提升了学习能力。

(3)采用课程项目引导学生进行研究型学习

面向学生可能缺乏先修课程提供的基础知识的挑战，建议采用课程项目引导学生进行研究型学习。

课程主讲教师在开课前先初步了解班级的基本情况，例如留学生的来源国家、留学生的留学目的，等等。然后根据学生来源国家的经济贸易发展特征以及该国与"一带一路"沿线各国的经贸往来与合作的现状和发展趋势，确定若干研究项目的题目。在第一次授课中，教师向学生公布这些题目，并让他们2—3人一组自由组成研究小组，任选一个题目进行课后研究。然后从第三次课开始，按小组中最小学号组员的学号顺序，在以后的每次授课中请一个小组进行10分钟的课堂报告。报告语言和PPT语言可以是英文，也可以是中文。报告结束后，回答班级其他同学提出的问题。这一做法的最大优点是帮助学生利用课后的项目研究弥补自己基础知识的不足。此外，由于课后的项目研究是以小组为单位进行的，将有利于来自不同国家的学生之间相互了解彼此国家的经济发展、文化和习俗，发展友谊，既有利于课程的学习，又能够降低在课堂上留学生之间发生文化冲突的风险，还能为学生间毕业后未来在工作上的合作提供潜在机会。

(4)实现理论教学与实践教学相结合

理论教学与实践教学相结合，是迎接前述三项挑战的综合方法。将课程总课时的三分之一用于实践教学，采用案例研究和实际操作实验两种形式进行教学。在开学之初，向学生告知相应的行业学会网站、前沿期刊论文、学科学会讲座视频网

① Wijnia A.，S. M. M. Loyens，E. Derous：Investigating Effects of Problem based Versus Lecture based Learning Environments on Student Motivation，Contemporary Educational Psychology，2011，36(2)：101.

站、专业领域新闻网站等信息线索。然后，将来源于这些信息线索网站的实时发生的、与国际上知名的跨境电子商务平台(例如，阿里巴巴、亚马逊、京东全球购等)和企业相关的新闻作为案例引入到课堂教学。案例形式包括文本、音频、视频等多媒体形式。由于学生也在每天关注这些内容，所以案例教学的效果将得到保证。另一方面，充分利用阿里巴巴集团提供的速卖通的模拟系统，让学生到实验室完成上机实操训练，相互之间选取不同的商务角色，并根据角色模拟进行跨境电子商务的商贸活动，完成交易。从而做到理论知识和实际动手技能相结合，为其在后续工作中完成实际任务做好准备。

(5)采用与当届学生特点相适应的课程考试形式

首先，根据兄弟院校留学生教学经验，学生的语言障碍影响其考试成绩的情况时有发生。其次，跨境电子商务发展迅速，同时又是一个商业经贸领域内的活动，利用理论知识制定实用的商业策略和解决方案的能力才是用人单位最看中的。因此，建议根据授课时的当届学生的特点，选择灵活的考试形式。例如，如果学生普遍存在着不能很好地驾驭中文或者英语书面语言的情况，那么不妨采用口试的形式进行课程考试。选择发生在开课学期的应用热点或专业发展前沿问题，结合课程理论，设置口试试题，然后完成限定实践的问题回答、讨论，甚至是辩论，并用音频APP做记录，完成课程的期末考试。

四、结语

北京市设立“一带一路”国家人才培养基地教育项目，是北京市参与“一带一路”建设、提高其在“一带一路”沿线国家的教育领域中的影响力的重要举措。我校作为北京市的重要人才培养基地，责无旁贷地应在这一项目中发挥作用。《跨境电子商务》是我校在申报“一带一路”国家人才培养基地时规划的课程之一。科学合理地设定课程模块，并在此基础上，利用英语教学与双语教学有机融合并合理切换，采用“基于问题的学习(PBL)”教学法和学生课程项目引导学生进行主动学习、研究型学习，时时注意实现理论教学与实践教学相结合，并采用与当届学生特点相适应的课程考试，必能较好地完成相应的人才培养任务。

参考文献：

[1]北京市教育委员会. 北京市“一带一路”国家人才培养基地项目管理办法(试行)[A]. 2017.

[2]图解：习近平邀请哪些国家共建“一带一路”[EB/OL]，http：//www.china.com.cn/news/2014－09/23/content _ 39606604.htm.

[3]阿里研究院 . 贸易的未来：跨境电子商务连接世界[A]. 2016.

[4]A. Wijnia，S. M. M. Loyens，E. Derous. Investigating Effects of Problem based Versus Lecture based Learning Environments on Student Motivation[J]. Contemporary Educational Psychology，2011，36 (2)：101－113.

外国文学教学中的“次经典与反经典”教学策略实践*

吴康茹①

在高校中文系所开设的专业必修课《外国文学史》教学过程中，由于课时的限制和教学大纲的限定，外国文学课堂基本上是被经典及超经典作家霸占着。所以课时的有限性基本上限制了教师“讲什么”的自主权。鉴于当下全球化时代背景，亚洲、非洲、拉丁美洲等文学的兴起，哪些新作品应该进入世界文学经典行列，学术界也出现了不同声音，对于那些已经进入世界文学经典行列中的传统经典之认识与评价也出现了变化。所以外国文学经典永恒不变的法则早已被打破，很多以往被否定或者批判的反经典，或者被边缘化的作品也开始进入世界文学经典范围。正是基于传统经典在接受和传播过程中所出现的变化，高校外国文学教学课程也面临着亟待调整和改革的地方，以适应当下时代发展变化的要求。专业教师在课堂教学中更要不断思考和探讨究竟如何重新阐释西方文学经典及其经典所蕴含的价值。本文根据在外国文学教学中的次经典与反经典的教学实践探索，尝试将本项目所开展的实践活动具体收获做一简单总结，与同行共同分享教改的经验。

一、“次经典”“反经典”与外国文学的教学改革

外国文学课程作为中国高校中文系本科阶段所设置的一门必修课，长期以来，它的课程计划基本上遵循着教学大纲来完成。而这些教学大纲内容基本上是按照编年史原则来编写的。目前欧美文学史按照学期的时间安排，被划分为两大部分：一是从古代至19世纪初，二是从19世纪中期至20世纪。每个部分都选择若干重要的超经典作家作品作为专题介绍。尽管经典与超经典作家一直是值得继续关注和研究的对象，但是随着时间不断的推移，事实上这些传统经典作家作品的阐释空间已显得相对有限。如果课堂教学仅仅满足于对这些超经典作品的不断重复阐释上，可能也会给专业教师课堂教学实践带来一些局限。所以当下在外国文学课堂教学中是

* 本文属“外国文学课程中的次经典与反经典教学策略（首都师范大学内涵式发展项目校级教改项目）”项目研究效果。

① 吴康茹，女，首都师范大学文学院比较文学系，副教授。

否应该适度增加或者减少一些教学内容，是否应该拓宽经典所覆盖的范围，也是值得研究和探讨的现实问题。

但是在外国文学课堂教学中应该增加或者减少哪些教学内容，如何拓宽经典所覆盖的研究面，这对于致力于这门课程教学的专任教师来说，是每一学年重新制订教学计划时需要首先思考的问题。因为这样的思考不仅可以帮助教师提升课堂教学的质量和效果，同时更能让学生通过参与课程学习而有更多的收获。按照教学活动的规律来看，每一轮教学实践活动完成之后，教师对这门课程的效果的认识都与上一轮的教学效果有所不同，也都意识到哪些环节存在不足，或者亟待调整的地方。此外每一学年课程学习过程中，其实教师在教学中都需要增加新的内容，或删减一些内容，这样才能使教学活动变得更加灵活和更有成效性。

本人作为专任教师，已经从事外国文学教学多年，在教学实践中越来越感觉到选择“讲什么”与“怎么讲”的重要性。教师不能仅仅满足于对那些超经典的不断重复阐释上，而应该思考一些新问题。近些年来，文化研究和比较文学研究视域的引入，中外学界很多研究者越来越关注那些“反经典”和“次经典”。所谓的“反经典”和“次经典”指的是那些原先被主流文学排斥的不符合或者违反特定时代价值观的文学作品以及因历史文化原因长期被冷落或者被边缘化的作家作品。但是随着历史发展进程和社会观念的更新，人们看待特定时期的文学作品价值的观念也会出现认识上的变化。这样一来，那些次经典和反经典的地位也会出现变化，原先被排斥、被冷落的次经典和反经典，也因为得到研究者的关注和重新阐释而获得新生，被重新评价，最后进入经典行列。

在以往外国文学教学计划制订时，教师比较保险的做法，就是在课堂教学和研究中，只选择最重要的经典作家或者超经典作品去介绍，比较忽略那些二、三流的次经典与反经典。即使要讲授这些二、三流的次经典与反经典，也是将这些作品统统划入关于各个时期文学流派发展概况的“概述部分”中简略介绍一下。至于这些经典所蕴含的独特价值和意义，教师基本上在课堂教学过程中是忽略它的。而将这些次经典与反经典列入必读书目更是很少见。所以鉴于对上述这些原因的考虑，笔者利用教改项目所提供的机会，开始探索如何在有限的课时范围内将尽量多的不同经典类型纳入到教学环节中，采取适度的教学策略来改变人们对经典价值的认知。所以笔者近两年来在外国文学课堂教学中，有意识地在教学环节中采取一些举措，让学生们不断接触一些不同的经典作品，来拓宽他们的知识面，加深他们对那些次经典与反经典的理解。

二、“次经典”“反经典”与相应的教学策略

在近些年的外国文学课程教学实践中，本人尝试在每个学期 16 周的外国文学

课程计划安排中，有意识地对每一章节的概述部分所讲授的重点及难点作适度的调整，尝试将一些“次经典与反经典”也安排进教学环节里。以往在讲述17世纪古典主义文学时，巴洛克文学是经常被忽略的，在介绍18世纪启蒙文学，常常会忽略对次经典作家卢梭的介绍。而在近些年的课堂教学计划和教学大纲安排上，笔者都作了适度调整，将这些被忽略的次经典、反经典作家也纳入到教学计划中。

此外，笔者尝试结合课堂实践和课堂实践之外的阅读环节，除了对各个时期概述部分内容作重新调整之外，还利用各个学期布置课后作业这一环节，将次经典与反经典也纳入阅读书目和重点阐释的文本范围中，这样有意识地引导学生去阅读这些被忽略的作品。

关于这些次经典和反经典，具体所采取的教学策略如下：一是按照课程教学大纲的内容与教学进度，将项目研究计划分阶段性来实施：第一个阶段，在“外国文学1”教学过程中，将外国文学史上的“次经典”纳入到讲述与分析的课程体系中，在概述和超经典作家介绍部分，对所讲述的文本作适度的调整，增加次经典阅读与阐释。第二个阶段，在《外国文学2》课程的教学计划中将外国文学史上的“反经典”和“次经典”同时纳入到讲述与分析的课程体系中，在概述和超经典作家介绍部分，对所讲述的文本作适度的调整，增加反经典的阅读与阐释。

在教学具体实施过程中，对次经典与反经典的阅读也采用了如下这些教学策略。

首先，重新调整教学大纲、适度增加教学内容。例如在概述部分和重要专题作家介绍部分，笔者有意识地引导本科生阅读一些次经典，让他们学会阐释这些次经典。例如，在讲授古希腊文学概述部分时，将古希腊早期文学史上的次经典作品《伊索寓言》和赫西俄德的教喻诗《工作与时日》列入课外阅读材料。此外让学生课外时间多作读书笔记或读书报告。在讲授文艺复兴英国莎士比亚专题时，增加对莎翁作品中的次要剧本的阅读，例如，除要求学生阅读《哈姆莱特》等四大悲剧之外，再增加其他次经典作品的阅读，如《安东尼与克里奥佩特拉》《辛伯林》《冬天的故事》等。在布置课外阅读同时，还让学生根据阅读体会，撰写相关读书报告。在每学期的讨论课或者作业上，让学生围绕次经典如《伊索寓言》《工作与时日》《辛伯林》《安东尼与克里奥佩特拉》等发表自己的见解或者让他们谈谈阅读这些作品的体会。根据对上一学年同学们读书报告内容的归纳和统计，在我讲授的这个班级中，所提交上来的作业，有13篇读书报告涉及《伊索寓言》、17篇论文谈及《工作与时日》、21篇读书笔记是关于《安东尼与克里奥佩特拉》话题的，22篇关于《冬天的故事》、有8篇关于《辛伯林》的论文。

其次，增设一些教学环节，加大教学改革的力度。在授课之前针对基础不同、专业不同的学生，设计好切实可行的教学方案，采用粗讲、略讲和精讲，不断丰富学生关于经典与次经典文本之间的差异性。此外根据课程进度适度地进行次经典教学策略上的探索，譬如说精心设计若干个有意义的问题，引导同学思考问题。第二学期在讲授反经典问题时，结合梅里美的《嘉尔曼》和比才的歌剧《卡门》，因为后者是对前者作品的改编，而改编的结果就是让这部反经典演变为后来的经典。正是围绕反经典是如何演变为正经典的过程，笔者重点谈及了文学经典的接受问题。文学经典的地位并不是一成不变的，反经典作品也不例外，对它的看法也不是一成不变的。在课堂上利用这些对比方法，可以增加学生对反经典的认识和理解。预设目标之后，教师可以在课堂实践中采取引导式和启发式的教学模式，启发学生改变固定不变的认知方式，避免思维僵化。

再次，注重提升教学质量和提高课堂教学的实际效果。在课堂教学中，教师作为引导角色，要有意识地在讲授内容上突出教学计划中的重点和难点问题，要设计好每节课的重点。即使是讲授超经典作家，也要引导学生去认识作家不同阶段所创作的作品的特点。例如在讲授易卜生的早期戏剧《培尔·金特》时，有意识地让学生欣赏为该剧配乐的格里格的音乐作品《索尔维格之歌》。应该说格里格为易卜生的《培尔·金特》所写的配乐，也是让次经典《培尔·金特》逐渐演变为世界经典的主要原因。所以次经典如何演变为经典，因素是非常复杂的。次经典、反经典都不是一成不变的。而作品的接受和价值的判断也是会随着各种外在因素的介入而发生戏剧性的变化。采用这样比较式的阐发教学，根据学生的接受方式，可以激发学生阅读经典的积极性。所以从课后上交的读书报告效果来看，很多学生都对这种文学改编产生了浓厚兴趣。除了阅读文本之外，他们还会去看歌剧和舞台剧的演出，来感受一下不同艺术形式给原作带来的不同变化效果。

三、教改实践的成效——“教”与“学”相互促进

由于在近些年的外国文学课堂教学中有意识地将“次经典、反经典”纳入到外国文学史课程体系中，并通过讨论课和阅读环节中加大学生对次经典与反经典作品的接触，笔者明显发现学生在欣赏外国文学多种经典样式的能力上有所提高，他们有研读这些作品的兴趣和好奇心。

通过近些年的外国文学课堂教学中在次经典和反经典的教学过程中采用灵活、多样化的教学策略，引导学生研读和阐释除经典和超经典之外的次经典和反经典取得了较好的课堂教学效果。

通过近两年的教学实践，所教授的班级的本科生已研读了 15 部左右的反经典和次经典作品。学生课外阅读和撰写读书报告的热情高涨。大多数同学完成布置下来的作业不是为了应付，而是具有积极心态，即有探求精神，对于次经典与反经典

文本所蕴含的新的价值与艺术魅力有好奇感，想探究是什么原因让这些作品沦为次经典，又是什么因素让这些作品又演变为正经典。例如杨嘉琦同学撰写的论文《一面从隐喻中走出来的多面镜——论歌剧〈卡门〉中米凯拉角色对小说原著的多面映射作用》、曹馨宁的《浅谈文学与音乐中的"卡门"》、钱杉杉的《梅里美原作〈卡门〉和比才的〈卡门〉之我见》、乔世意的《〈卡门〉从次经典晋升为超经典之路》。这些论文都围绕着次经典文本与后来改编的文本之间的对比来探讨外国文学经典化问题。

在次经典和反经典的教学过程中，笔者深刻体会到"教"与"学"的关系是互动的和相互促进的。当下大学生其实生活在互联网知识大爆炸的时代。在这样信息量供给异常丰富的时代，如何引导学生去阅读名著，引导他们去阅读作品，也是个棘手的问题。所以课堂教学不能完全是灌输式的，而要积极思考如何调动学生读书自觉性。笔者在教学环节中多次安排关于如何看待反经典、如何理解次经典或者反经典演变为经典的问题，让学生去讨论。此外鉴于学生对于《卡门》和《培尔·金特》的作品较为熟悉，所以在讨论课过程中，有意识地提前让学生们去观看歌剧和音乐剧的演出视频，以增加学生对这些所改编后的次经典作品的了解，激发他们的问题意识。在课堂教学环节中，有意识地设计了若干个问题，例如，为什么比才歌剧《卡门》首演失败？后来该歌剧获得成功的因素是什么？以小说《嘉尔曼》为例，从波西米亚文化角度如何理解作品的主题及人物角色的塑造。关于小说《嘉尔曼》和歌剧《卡门》在情节结构和人物形象塑造上的不同。学生在课堂上经过对原作和后来改编作品的对比讨论，可以谈在当下电子媒介和自媒体时代，他们对于改编后作品艺术魅力的看法。

外国文学课程教改项目的设计也是要紧跟时代发展和教育发展的要求来进行。当下全球化时代进程给高校课程教育提出了更高的要求，所以专业教师需要不断改变自己的思维定式，要力求创新和勇于实践。本次课程教改项目只是选择了次经典和反经典作为突破口，做了初步的尝试，但是教改活动实际的成效还是明显的。从学生方面来看，用问题意识去引发他们思考，他们也愿意在课堂上与老师配合，师生可以建立良好的对话关系，这样课堂气氛就非常活跃。其次，通过本项目研究的开展，教师最大的收获就是发现课堂教学虽然受课时安排的诸多客观因素的限制，教师在"讲什么"问题上受到一定的限制，但是在实际教学过程中，教师还是可以在有限度的范围内对"怎么讲"做些深度思考和重新设计，可以将教学改革的设想融入课堂教学实践中，摸索到如何调动学生学习经典的积极性的途径。其实途径和方法永远都是存在的。在教学实践中，教师的职责就是要善于发现问题，引导学生去思考问题。这是笔者在课程实践中所得到的巨大收获。

《仿真建模与 MATLAB》课程的教学范式改革探索*

潘　巍[①]

一、引言

教育部在“信息科学技术发展规划”中提出：“当前人类社会已进入了以计算机和网络技术为基础，数字化、智能化为标志的现代信息社会”，并将网络环境下的智能信息处理、人工智能与认知科学、先进机器人技术等列为重点的发展领域。这些领域中，很多理论、思想、算法的提出、建模和验证是需要通过仿真来完成的，因此，让学生掌握仿真建模的方法，以及学习一门更易上手、更易掌握，也更易编程实现的计算机语言，成为大势所趋。基于此，我校信息工程学院引入了在世界各大工科院校与科研院所都很流行与普及的科学计算语言 MATLAB(Math Laboratory 数学实验室的缩写)。

MATLAB 语言是目前世界上最为流行的科学计算语言之一，它的特点是能够快速地完成诸如矩阵运算、微分、寻优等任务。由于它配备了很多应用领域的专业工具箱，诸如金融、信号处理、图像处理、神经网络、嵌入式系统、仿真建模等，而且每个工具箱都包含了该应用领域最常用的算法和函数，所以用户使用起来十分方便。通过本课程的学习，希望学生获得一种从专业问题中抽象出数学模型并进而运用 MATLAB 语言或 Simulink 工具去求解的方法，训练综合运用语言和专业知识去解决问题的能力，而这对培养学生的创新能力和实践能力有很大的促进作用。

在多年教学过程中，发现很多学生有过这样的感叹或疑问：

1.“上课时我跟着老师编程，觉得很简单，可课后自己编程，觉得好难”；

2.“我知道 MATLAB 的工具箱很强大，可是如果没有老师的指点，我很难自己找到合适的函数，只能自己编写，此时跟其他的编程语言比起来，编程量并没有减少”；

3.“我能用 MATLAB 做其他课程的作业或者做科研吗？会不会很难?”

第一个问题可能是编程课老师们最常听见学生抱怨的了，老师们的回答也通常

---

* 本文属校级教学范式改革项目“《仿真建模与 MATLAB》课程的教学范式转型研究”。

① 潘巍，女，首都师范大学信工学院，副教授。

是“熟能生巧、勤能补拙”。那么，如何让学生在学习 MATLAB 时愿意并主动加强课外锻炼，从而实现熟能生巧呢？

第二个问题笔者在读书时，以及后来做科研时，也会时常遇到。最开始使用 MATLAB 进行编程时，总是自己想思路、写代码，后来在查阅 MATLAB 帮助时才感受到它的强大，但凡是各领域基本的、常用的算法，MATLAB 都会提供现成的函数，并集成在相应的工具箱中。如果学生能够掌握查阅帮助的技巧，会节省出更多的时间用于系统设计、算法改进，编程量也会大幅减少。那么，如何提高学生的查阅技巧呢？

第三个问题的答案正是学校开设 MATLAB 课程的原因。MATLAB 提供了《信号与系统》《数据挖掘》《数值分析》《神经网络》《数字图像处理》《数字信号处理》《计算机视觉》《嵌入式系统》《智能信息获取技术》等课程会涉及的工具箱，学生们只需通过简单的编程，调用相应的函数或模块，就能快速地、直观地看到相关课程知识点的实验效果，再稍加改进与衍生，就能设计和开发出一个小型的应用系统，很方便地将理论知识有效地结合到具体的实践应用中去。以车牌识别系统为例，需要同时运用数字信号处理、数字图像处理、数据挖掘和模式识别等多方面的技术，如果单靠学生自己一步步地编程，不仅工作量大、实际效果也很难保障。但利用 MATLAB，学生们能很快地搭建系统、看到运行效果，如果愿意，还能针对系统或算法进行改进，这无疑会更好地锻炼他们的创新精神和动手能力，对他们将来走入社会是大有裨益的。

笔者认为，解决上述问题的一个关键点，是改革传统的教学范式，由“教师传授型”向“学生学习型”转变[1-5]，并在教学理念、教学实施（含教学目标、教学内容、教学方法、教学过程、教学评价）、教学关系、教学管理等要素上进行改革，激发学生的兴趣、提高学生的学习质量、培养学生的创新精神和实践能力。

二、教学理念与教学目标的改革

教学范式的改革不只是课堂教学的改革抑或是教学方法的变化，它是一个整体，需要系统规划。在“学生学习型”的教学范式中，很重要的一个目标是提高学生自主学习的能力。然而，在应试教育环境中长大的学生已习惯于被动接受，缺乏自主学习的意识和能力。必须要找到一个能触动学生切身利益的突破口，让“惰性”的学生主动“动”起来，自觉“学”起来。

为此，课程组引入“生命课堂”的概念，不仅重视知识与技能的传递，更加重视学生的专业规划、人生抱负，以及可持续发展能力的培养。在生命课堂上，师生合作学习、共同探讨，学生的求知欲望得到更好的激发，学习习惯得到进一步培养。

最终目标，希望教师从“灌输知识”转变为“指导学习”，学生从“要我学”转变为“我要学”，主动将 MATLAB 用于后续的课程学习、专业实习、学生科研、毕业设计，甚至研究生的学习和日后的工作中。

三、教学内容的改革

MATLAB 是科学计算语言，它除了有自己的语法外，还提供众多的工具箱。要吸引学生的兴趣，必须根据学生自身的特点、专业课程的设置来设计相应的教学内容，让学生切身体会到，学好 MATLAB 能为后续的课程、科研、毕业找工作助力。

（一）学生特点和专业特色的分析

笔者同时担任《仿真建模与 MATLAB》和《C 语言程序设计》课程的教学工作，教学对象的重叠度很大。大一下学期讲授《C 语言程序设计》，接下来的大二上学期讲授《仿真建模与 MATLAB》。C 语言是面向结构、基于数值进行计算的，每次只能处理一个数据，MATLAB 是面向对象、基于数组进行计算的，每次可以处理一个数组。例如，有两个相同大小的二维数组 A 和 B，要求把它们在数组中的对应元素相加。如果是 C 语言，必须进行双循环，利用 A[i][j]+B[i][j]实现两个数组中对应元素的相加，如果是 MATLAB 语言，则只需要 A+B 即可完成。此外，两种语言在构造、语法、优缺点等方面也有明显的差异。经过几年的作业批改和课堂反馈发现：学生们在编写 MATLAB 程序时，更习惯沿用编写 C 程序时的思路，例如用循环的方式对数据进行处理，而循环恰恰是 MATLAB 语言的短板；学生们不擅长查找和使用 MATLAB 工具箱中的函数，而这恰恰是 MATLAB 的特色。因此，在教学内容的改革中，必须根据学生特点设计教学内容，让学生从“用编写 C 程序的思路编写 MATLAB 程序”快速、平稳地过渡到“编写具有 MATLAB 特色的程序”阶段。

与此同时，考虑到学生的专业特色，主要向他们推荐和介绍日后会经常使用到的工具箱，如信号处理工具箱、数据统计与分析工具箱、图像获取工具箱、图像处理工具箱、仿真建模工具箱、神经网络工具箱等，方便他们日后根据实际需求查找相应的函数，完成课程作业和实践任务。

（二）编写符合学生特点与专业特色的教材

笔者针对学生特点，结合专业特色，编写了教材《仿真建模与 MATLAB 实用教程》，最大的特点是根据课程组的科研项目，以及后续课程的一些知识点，设计了多个小型的作业和实践任务，且在整个教学过程中贯穿始终，能让学生对仿真建模与 MATLAB 在科研项目中的应用有直观的、完整的了解。

(三) 教学内容的设计与更新

1. 通过对比学习语法，突出优化程序方法

在讲授 MATLAB 的语法时，随时与 C 语言进行对比。当学生用“编写 C 程序的思路编写 MATLAB 程序”后，先确认学生程序的正确性，然后指导他们将循环运算转化为数组运算，并将转化后的程序与原程序进行耗时对比，用直观的数据向学生展示程序优化后的运行效率。有榜样和模板在前，久而久之，学生们编写的程序更简洁也更快速。

2. 强调和玩转“帮助”，增加学习兴趣

MATLAB 提供了十分强大的帮助，对于每一个工具箱，都会按类别或功能列出所涉及的所有函数。每个函数不仅有语法介绍、功能描述、示例分析，还有 See also，列出跟该函数相关的其他一些函数，用户可以顺藤摸瓜，一口气掌握好几个函数。除此之外，MATLAB 还提供了很多 demo 演示系统及相应的源代码，这些 demo 展现的都是工具箱的一些应用方向，详细和精美到完全可以直接用作教学展示。如果玩转了“帮助”，不仅可以轻松编程，还可以设计和开发出令人惊眩的小型应用系统。

例如，在学习数据统计时，采用的是“学生成绩分析”案例。在求“学生总成绩”时，引导学生如果自己编写求和的函数时，会为函数取什么名字。当学生说出 sum 时，立刻指导他们去查找 sum 的帮助，自己通过阅读语法介绍、功能描述和示例分析，完成“学生总成绩”的计算。然后提出新的问题，例如要计算每门课的平均分、方差、全班最高分等。教师不直接说出相关函数的名字，而是指导学生通过查看 sum 帮助中的 See also，自己找到它们，并完成函数的学习与程序的编写。如果学生能另行设计数据统计的内容，如不及格人数、男生平均分、最高分学生姓名等，在作业考评中将会获得加分。

当然，查找帮助的技巧有很多，这些都会一一传授并强化给学生。事实上，每节课的大头都是让学生根据实际需求查找帮助，独自或组队完成教师布置的任务。由于任务具有趣味性和实用性，学生是十分乐于完成的。

3. 根据后续课程的需求设计教学和实践内容

MATLAB 是工具课，应用性很强。课程开设 10 年，期间经历多次专业培养方案的修订，根据选修该课程的专业，每一次开课前都要制定相应的教学内容，将这些专业的一些课程知识点挑选出来，设计、组合成实践任务，让学生更早地接触到专业知识，以便更快地融入后续课程。例如，有专业开设了《数字图像处理》课程，课程组老师与该课程的任课教师沟通后，设计了“图像消噪处理”实践作业。首先指导学生，图像消噪应该是属于图像处理中图像增强(滤波)的范畴。确定查看帮助的大致范围后，再引导他们，噪声的英文单词是什么，在要查找的帮助中有没有类似

的单词，如果有，看看是什么功能，怎么调用等。很快地，学生就会找到 imnoise 来为图像加噪，然后找到 filter2 来为图像滤波去噪。更有甚者，会通过 filter2 的 See also 找到 fspecial 函数，通过它，可以选择使用中值滤波、平均值滤波或高斯滤波等对图像进行消噪。当然，在课堂上，课程组只是简单地介绍一下滤波器的滤波思想，详细的介绍和学习会在后续的课程中出现。此实践任务极大地激发了学生的兴趣，他们普遍表示渴望对《数字图像处理》课程进行深入的学习。

（四）科研与竞赛

课程组每年都会通过申请学生科研立项、实验室开放基金项目、自筹经费项目，以及参加学科竞赛等方式组织和吸引学生参加科研活动，进一步培养学生的实践能力和创新精神。

以竞赛为例，全国计算机仿真大奖赛每两年举办一届，我们从 2008 年开始参赛，至今已获得三个全国一等奖、五个全国二等奖、四个全国三等奖，在师范类院校中拔得头筹。

课程组指导的“脸部皮肤修饰系统”“基于手势交互的音乐播放器”等申请了软件著作权，而这些大都来自学生们的科研项目或毕业设计。

四、教学方法改革

在教学方法的改革方面，根据教学目标、教学内容、学生特点、教学环境以及教师的自身素质等几方面综合考虑。在传道解惑的同时，还注意教给学生终生受用的学习能力。

（一）启发式、讨论式教学

讲课时不断提出问题让学生思考或回答，激发学生的求知欲望和积极的思维活动。根据教学进度和教学内容适时组织课堂讨论，调动学生的学习热情，巩固已学知识。

（二）竞赛式教学

将适宜自学的教学内容交由学生完成，学习成果以竞赛的方式展现。教师和由学生组成的评委组对竞赛小组进行评定，获胜方可出任下届评委，并有机会赢得奖品。该方法极受学生欢迎，为赢得胜利，学生经常会查阅大量资料，有的资料已超出教学大纲的范围。例如，课程组指导学生完成基本的目标跟踪系统，学生则在此基础上发挥想象，完成相应的人机交互设计。于是在成果展示时，“小狗追追追”“对对碰”“虚拟键盘”等人机交互系统的出现，一次又一次地惊呆了课程组和小伙伴们。

值得一提的是，优秀作品都被保留了下来，作为教学展示和学弟学妹们的参考。当新一届的学生得知他们所看到和使用的系统均是由前面的学长编写而成的，无形中会减轻他们对课程的畏惧，增加对课程的兴趣。经常有学生找到笔者，表达他们想编写或改进某种算法的愿望，而这些愿望总能得到满足。

(三) 任务驱动、探究式教学

例如，课程组根据后续的《模式识别》课程，设计了目标识别的实践任务，利用开放的 iris 数据集，对 3 种花进行分类识别。iris 数据集有 3 种花，使用 4 个特征来描述，每种花 50 个样本。在 150 个样本中，有的要用于训练，有的要用于识别。为完成这个任务，学生要读取数据(Excel 表格)、从数据中取出特征、选取训练样本和识别样本、计算每类花的平均模板、设计最小距离分类器、对待识别样本进行识别与结果统计等。这个任务是到课程中期时学生们会遇到的，目的是将以前所学的内容进行整合，并为《模式识别》课程打下基础。其实，在以前的学习中，这个任务就已经存在了，只不过进行了拆分。终于，在学习完相应内容后，这个系统完整了。

(四) 科研式教学

以目标识别任务为例，学生们将系统代码整合后，得到的是最小距离分类器。如果学生们有兴趣，可以设计神经网络分类器。MATLAB 有神经网络工具箱，学生们可以利用帮助完成这个科研项目，并将分类效果与最小距离分类器进行对比。如果学生们再感兴趣，还可以测试是基于 BP 的神经网络分类器好，还是基于竞争学习的神经网络分类器好，或者选用其他的数据集，研究一下各个分类器的适用领域。当然，这些都会在期末考核中起到作用。

(五) 案例教学

在案例讨论中，注重引导作用的发挥，鼓励学生进行创造性思维，并及时纠正学生不正确的思维方式。

五、教学手段改革

课程组将课程录制成 MOOC 和微课的结合体后，上传至“网易云课堂”，学生们在上课前进行自主学习，然后带着任务来到课堂，与教师和其他学生讨论交流。因为设计的任务贴合学生需求，再加之考核手段合理，学生很自然地从“毫无准备地被动听课”转变为“充分预习后带着问题交流”。

六、考试方法改革

传统的一次性期末笔试的考核方法很难检验学生的思维创造能力。由于 MAT-

LAB课程实践性、应用性较强的特点，在考试方法的改革方面，先后采用了“平时表现＋开卷笔试”考核、“平时表现＋大作业”考核以及“平时表现＋实践作业＋科研参与度”考核，即通过考察学生的出勤、课前预习、课堂笔记和平时作业评定学生的平时表现，通过考查学生是否积极参与课程组提供的科研项目或自选项目，以及他们在项目中的表现评定学生的科研参与度。

1)出勤良好、课前预习、课堂笔记认真的学生从“中”开始评定，三者有一项表现较差，从“合格”开始评定，现均差，为“不合格”。

2)实践作业：提供7个实践作业，学生可依据自己的能力和喜好完成其中的数个或全部算法，授课教师依据学生完成的数量和质量进行评定。

采用基于积分制的多层次培养方法，根据难易程度的不同，每个实践作业都有一定的分值，学生可根据自身能力和兴趣，“认领”部分甚至全部实践作业。课程结束后，学生在实践环节必须满足最低积分要求，所得积分可根据一定原则折入期末考核成绩。积分高的同学可被优先推荐参加科研立项或学科竞赛。

3)科研参与度：指导学生对现有的系统以模块化的方式进行修改，形成自己的系统。同时，鼓励学生对某个工具箱进行深入分析，然后以“讲师”或demo的方式展现所学成果。学生成绩将通过学生在科研过程中的表现进行评定。

授课教师将依据学生以上三项的表现进行综合评定。

七、学生创新意识的培养

注重综合素质，培养学生的科研能力和创新精神。

1. 培养学生多思考和举一反三的能力

2. 积极引导学生参与各类科研项目或学科竞赛

3. 积极运用更客观、更人性的考核方式

对学生进行分层次考核。首先，对所有学生均进行严格的考勤、课前预习与课堂笔记检查制度；提供多个复杂度不等的实践作业，学生可依据自身的能力选择其中数个甚至全部完成；学有余力的学生还可参与难度更大的科研项目或学科竞赛，教师则根据学生的平时表现、作业能力和科研能力对其进行综合考评。这种方式更客观、更人性，也更容易激发学生的学习热情，培养学生的自信心。

八、教学效果

课程组根据学生和学校教学督导给出的客观教学质量评估结果进行了定量和定性的分析：课堂效果良好、教学内容丰富、教学方法有效、教学手段得当、考核方式合理(该段文字摘抄自督导意见)。

1. 通过学生自主选题讲座、讨论和学习竞赛，提高了学生自主学习的能力，同时培养了学生科学的研究观。

2. 根据重点问题，通过竞赛或小测试等方式不定期地抽查学生对课堂内容的理解，既督促了学生上课认真听讲，又加深了学生对课堂内容的理解和认识，而且使学生充分领会到课堂内容的知识点。

3. 通过该课程的学习，提高了学生认识和分析相关问题的能力。了解了相关学科领域目前的发展趋势、研究热点、最新的前沿技术及目前尚未解决的疑难问题。

4. 实践教学培养了学生将所学理论知识应用于实践解决实际问题的能力。科研项目和学科竞赛进一步提高了学生的实践能力和创新精神。

参考文献：

[1] 钟启泉. 从认知科学视角看两种教学范式的分野[J]. 教学理论研究，2017(2)：13－19.
[2] 刘海燕. 向"学习范式"转型：本科教育的整体性变革[J]. 高等教育研究，2017，38(1)：48－54.
[3] 陈勇. "教学研究范式"研究的回顾与反思[J]. 天津市教科院学报，2013(5)：12－15.
[4] 李桂荣，戎来. 课程教学范式改革中的重点难点问题研究[J]. 河北经贸大学学报：综合版，2017，17(2)：83－87.
[5] 钟华，韩伯棠. 创新型、研究型人才培养实践教学范式及应用[J]. 中国大学教学，2012(3)：39－42.

《植物原生质体制备》实验教学的改革

张　敏[①]　于　荣　李周华　高太平　王永杰　姚云志

一、引言

细胞生物学是以亚细胞的结构和功能为基础，在各个水平上研究细胞器生命活动规律的一门生物学学科。因此与细胞生物学理论教学相适应的实验课程应以探索、认识各种细胞及细胞器结构和功能展开。植物原生质体是指去除细胞壁由质膜包裹着的裸露细胞。原生质体具有很多实验应用的优势：1. 具有再生细胞壁，进行连续的细胞分裂并再生成完整植株的能力；2. 具有摄取外源大分子、细胞器，以及细菌，病毒的能力，因此是进行遗传操作，基因转移的好材料；3. 通过同种和异种植物的原生质体融合，可产生异核体，实现体细胞杂交，培育出新品种[1-4]。因此，植物原生质体的制备是生物学专业本科生必须掌握的基本实验技能。

植物原生质体可以通过机械力破碎或酶降解消化细胞壁法分离出来。机械分离主要是将细胞放在高渗糖溶液中使植物组织细胞质壁破裂，之后通过磨碎植物组织从伤口释放出完整的原生质体。该方法操作困难、适用范围小、所得到的原生质体活性低[5]，因此，该方法没有广泛地被各实验室所采用。酶解法是目前原生质体分离的主要方法[5]。主要用的消化酶有纤维素酶和离析酶。酶解原生质体分为振荡酶解和静置酶解两种方式。静置酶解是在合适的温度下，将酶液处于静止状态对细胞进行酶解；振荡酶解是将材料放在振荡器或者摇床酶解。一般认为，振荡酶解有利于原生质体的分离，且产量随着时间的延长而增加，但是随着摇床转速和酶解时间的增加，原生质体容易破碎[6]。

目前该实验技术应用最为成熟的植物材料就是植物生物学和遗传学经典的模式植物——拟南芥[7]。而作为重要的粮食作物禾本科植物等则相对滞后。

原生质体可以从植物叶片、叶鞘、叶柄、芽尖、根、果实、胚芽鞘、胚轴、茎、胚芽、花粉粒、悬浮培养的细胞分离出来[2,5]。以往课程中，原生质体的制备

① 张敏，女，首都师范大学生命科学学院，副教授。

课程多采用菠菜叶片或水稻悬浮细胞作为实验材料，但是由于培养条件限制、实验技术滞后、课堂时间长的缺点，使学生们在课堂上并没有掌握该项重要实验技术。我们在教改项目的支持下，对“植物原生质体制备”的实验课程进行了实验优化设计，在课时安排下合理利用课堂时间，提高了实验成功率的基础上，增加了原生质体制备后活性检测的实验内容，大大增强了学生进行实验操作的积极性。

二、课程内容的优化与改革

1. 实验材料

之前原生质体制备时，由于实验条件所限，往往购买菠菜作为实验植物材料。然而，由于季节性影响和品种差异很难保证采购的材料符合最佳的实验要求。因此，课堂实验结果的成功率不能保证，极大地影响了学生动手做实验的内在动因。本次教学改革，我们尝试了在温室条件下为本科生栽培经典的模式植物——拟南芥来作为课堂原生质体制备的材料。拟南芥与油菜、萝卜、卷心菜等同为十字花科植物，拉丁名称为 *Arabidopsis thaliana*（*L.*）*Heynh*[8]。拟南芥植株较小(一个 8cm 见方的培养钵可种植 4—10 株)，生长周期短(从发芽到开花约 4—6 周)，莲座叶着生在植株基部，呈倒卵形或匙形(见图 1)。拟南芥易于实验室内培养，因此生长约四周的拟南芥莲座叶被用来作为课堂提取原生质体的主要实验材料。分离的原生质体含有叶绿体，易于学生对实验获得原生质体的显微镜观察分析。

图 1　模式植物拟南芥

(A)在 1/2 MS 固体培养基上生长 8 天的拟南芥幼苗；(B)在土中生长四周的拟南芥。

2. 实验方法

课堂上提取原生质体的实验方法采用酶解法。由于不同植物或器官的细胞壁成分的不同，纤维素酶和离析酶的用量比例略有不同。经过多次尝试，我们以生长 4 周的拟南芥莲座叶为实验材料时(见图 1B)，采取 1.5% 纤维素酶(Cellulase R10)和 0.4% 离析酶(Macerozyme R10)的酶浓度进行组织孵育以分离叶片原生质体。

酶解之前需要将组织破碎，之前我们所采用的方法是用剪刀将叶片剪成小块后在酶液中孵育，但是由于叶片表面覆盖一层蜡质层，这些特殊的叶片结构对酶液酶

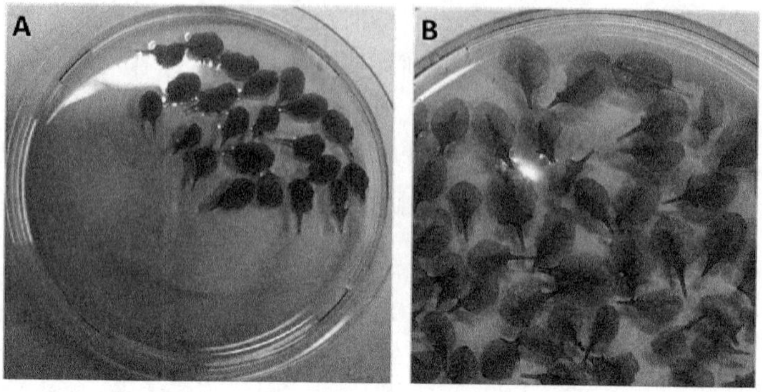

图 2 酶解拟南芥莲座叶制备原生质体

(A) 撕去下表皮的叶片平铺在酶解液中；(B) 45 分钟后酶解完成，叶肉细胞从叶片解离到酶解中，叶片变透明。

解材料有阻碍作用，需要较长的解离时间，难以保证学生们在课堂时间内顺利完成实验。因此，本次教学改革中，我们也尝试了新的方法，以提高酶解效率，有效减少课堂等待时间。我们经过多次尝试，发现使用透明胶带将叶片下表皮剥离，然后将撕去下表皮的一面浸润在酶解液中孵育(见图 2A)。该方法可以使叶肉细胞直接暴露在酶解液中，大大加快酶解时间，一般在 45min 内解离即可完成，使叶片变透明(见图 2B)。而且，这种配备方法，不需要提供很多拟南芥叶片材料，大大方便了开展该实验课程的前期准备工作。

3. 实验内容

制备出原生质体是开展许多下游生物学实验的基础，比如蛋白瞬时表达、启动子分析、转基因原生质体再生等。因此，制备出的原生质体不仅要形态结构完整，而且还要具有生理活性的特点。由于我们的实验课程对实验方法和材料的改革，明显地减少了课堂上等待时间，所以在既有的课时安排内能够增加对原生质体活性进行检测的实验内容。

FDA(Fluorescein Diacetate)荧光素二醋酸酯是一种细胞膜可透过的荧光染料，进入细胞后能够被酯酶水解催化，在荧光观察下可以被激发产生绿色荧光[9]。因此，FDA 一般被用来检测原生质体的活性。制备好的原生质体只要与 0.1mg/mL 的 FDA 孵育 5min 即可进行显微观察。通过荧光观察，学生可以统计出自己实验所获得的有生理活性原生质体的数量(见图 3)。该实验内容的增加，使学生们有了荧光显微镜的实验操作能力，极大提高了学生们动手实验操作的积极性和对知识探究的内在能动性。

三、总结

针对生物学科的特殊性——实验操作，生物实验课程需要不断地更新教学内容

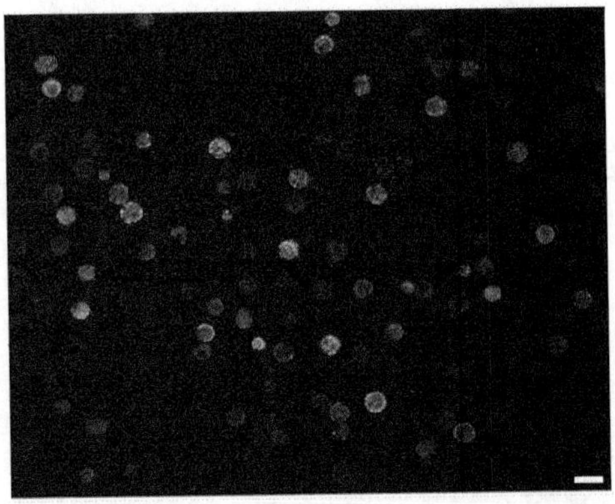

图3　经FDA孵育后，有生理活性的原生质体在荧光显微镜观察下发出绿色荧光。洋红为叶绿体自发荧光。标尺表示50微米。

和实验方法，时刻与时代发展齐头并进。我们针对细胞生物学实验课程的部分内容进行改革，尤其对《植物原生质体制备》课程的实验材料、实验方法及实验内容进行更新，以适应新时期生物实验课堂的教学要求。经过我们的实验尝试，在采用科学的实验材料前提下，总结出适合课堂开展的实验操作方法。该方法不仅明显减少了课堂耗时，而且为增加课堂实验内容提供了可能。根据课堂反应，在增加原生质体活性检测的实验内容后，明显地增加了学生们对实验课堂的兴趣。

参考文献：

[1]Pitzschke A, Persak H.. Poinsettia protoplasts—a simple, robust and efficient system for transient gene expression studies[J]. Plant Methods, 2012(8): 14.

[2]Yang J W, Fu J X, Li J, et al. A novel co-immunoprecipitation protocol based on protoplast transient gene expression for studying protein-protein interactions in rice [J]. Plant Molecular Biology Reporter, 2014, 32 (1): 153—161.

[3]Hu Y, Chen J H, Luan M B, et al. Research progress on conservation techniques for Ramie germplasm resources[J]. Journal of Plant Genetic Resources, 2011, 12(2): 184—189.

[4]Srinivasan C, Vasil I K. Plant Regeneration from Protoplasts of Sugarcane (Saccharum officinarum L.) [J]. Journal of Plant Physiology, 1986, 126(1): 41—48.

[5]王莉，姚占军．植物原生质体的制备与活力检测研究进展[J]．生物技术通报，2009(S1)：46—50.

[6]刘昕，余斌，陈晓燕，等．提高甘草原生质体游离产量及分裂频率的研究[J]．草地学报，2011，19(2)：294—294.

[7]Al-Shehbaz, I. A., O'Kane, Steve L. Taxonomy and Phylogeny of Arabidopsis (Brassicaceae)[J]. The Arabidopsis Book, 2002: 1—22.

[8]O'Kane Jr, S. L., & Al-Shehbaz, I. A. Phylogenetic position and generic limits of Arabidopsis (Brassicaceae) based on sequences of nuclear ribosomal DNA[J]. Annals of the Missouri Botanical Garden, 2003, 90 (4): 603—612.

[9]Heslop-Harrison, J. and Heslop-Harrison, Y. Evaluation of pollen viability by enzymatically induced fluorescence; intracellular hydrolysis of fluorescein diacetate[J]. Stain Technol, 1970, 45(3): 115—120.

基于思辨能力培养与发展的英语专业基础课教学实践研究*

方　红①

《国家中长期教育改革和发展规划纲要(2010－2020)》的颁发推动了高校本科教学改革的全面展开，而目前正在酝酿推出的《高等学校英语专业本科教学质量国家标准》以及《中国英语能力等级量表》则为英语专业人才培养提出了新时期"聚焦能力发展"的目标导向。这其中尤其突出了对思辨能力(critical thinking competence)和跨文化能力的培养，英语专业学生不应仅局限于对语言知识的显性掌握，而应以内容为依托、以思辨能力发展为主线，融合英语专业学科训练和人文通识教育，提升英语专业人才的核心竞争力及创新动力。英语专业师范生思辨能力的培养与发展，不仅关系其自身专业学习成效及人文品格塑造，还将进一步影响其未来从教后的英语教育理念及教学实践。本文拟从思辨能力的界定出发，探讨英语专业学生思辨能力的发展态势，并以英语专业基础课教学为例探究以思辨能力培养为导向的教学模式及实践设计，最终指向学习者思辨能力的建构与发展，以期切实提高基础课教学效果及人才培养质量。

一、思辨能力的定义及其研究现状

英国高等教育科学院的法律教育中心及美国佛蒙特大学就业服务中心都将思辨能力列为最重要的七类可迁移能力之一，视其为受过高等教育知识分子的最典型特征。美国特尔斐项目组(The Delphi Project)对思辨能力做出了较为权威的定义：思辨能力是有目的的、自我调节的判断，它能促发对证据类、概念类、方法类、标准类或背景类等考虑因素的阐释、分析、评价、推理与解释，思辨能力是一种普遍的自我矫正的人类现象(Facione 1990：3－14)。根据特尔斐项目组的思辨能力定义模型，思辨能力作为至关重要的探究素养，主要包括认知能力(cognitive skills)与情

* 本文系首都师范大学2018年本科教学建设与改革研究重点项目"英语专业师范生思辨能力培养与发展的教学实践研究"的部分研究成果。

① 方红，女，首都师范大学外国语学院，副教授。

感特质(affective dispositions)两个维度，其中，认知能力包含阐释、分析、评价、推理、解释与自我调节六个方面，而情感特质则包含好奇、关注、敏锐、自信、开朗、灵活、善解人意、公正、审慎及乐于反思及改变十个方面。在思辨能力的构成要素中，分析、评价与推理被认为是思辨能力的核心，也是思维能力培养的重点。

《国家中长期教育改革和发展规划纲要(2010—2020)》确定的战略之一就是坚持能力发展，而各种能力发展都要建立在思辨能力的培养之上。因此，思辨能力培养也引发了我国外语界学者的极大关注。胡文仲(2008)指出英语专业培养的精英型人才应该具有批判思维能力和独创精神；文秋芳等(2009)构建了思辨能力层级模型并指出了自我反思与自我调控在思辨能力中的重要性；孙有中和金利民(2010)把英语专业学生的素质概括为："扎实的英语语言功底、系统的英语专业知识、深厚的人文素养、出色的思辨能力和跨文化交际能力。"孙有中(2011)指出英语专业教学改革必须以培养学生思维能力为导向，全面推进培养目标、培养模式、课程设置、教学方法、测试方法、教材编写和师资发展等方面的改革，明确了思维能力培养在英语专业教学中的基础和导向作用；范能维和王爱琴(2017)基于《高等学校英语专业本科教学质量国家标准》对英语专业学生的思辨能力培养提出了明确要求，并探讨了基于思辨能力培养为导向的专业课程模块设计。总之，思辨能力是各种能力发展与培养的核心，思辨能力培养已成为英语专业教学的重要目标及导向。

二、英语专业学生思辨能力发展态势

任何能力的形成与发展都是基于其子能力或称分项能力的培养与发展。英语专业学生思辨能力的发展与语言技能的训练是相辅相成的，同时又呈现动态、交叉发展趋势。

一方面，英语思辨能力的发展必然基于良好的语言技能基础，而语言技能的学习又融合着思辨能力的形成与发展。学生掌握一定的单词量及语法是运用英语进行理解、分析、评价等思维活动的前提和基础，也只有在语言输入的不断积累中才能奠定思辨能力形成的基础。但应该注意的是，并非单词量越大思辨能力越强，即使仅掌握有限的词汇量同样可以进行思辨训练，因此，不应陷入一味追求单词量的误区。同时，语言技能的训练应以思辨能力的培养为主线及导向，即在听、说、读、写、译的技能培训中引导学生通过思考、比较、讨论与争辩等方式学习语言所承载的内涵意义，并能够运用语言表达自己的认知、推理过程及观点。此外，学生还应拓宽自身背景知识及思维视域，充实哲学、历史、社会学等人文学科知识。

另一方面，思辨能力的发展有其动态发展的趋势，即非线性单一模式，而是呈现交叉、互融的态势。一般来看，分析性思维能力先于批判性思维及创造性思维的发展，且在分析、概括、对比的思维过程中逐渐促发评析、判别、推理等批判能力，并由此进一步推动学生的自主创新能力。不容忽视的是，情感特质对于思辨能力发展有着重要影响，思辨能力的形成与发展在很大程度上是基于学生的自我认知意愿与反思能力水平，这更多是通过对学生的鼓励和引导实现的，而非教授完成。

结合我校英语专业师范生的情况来看，通过有意识地思辨式教学引导，学生在完成低年级基础课教学后已初步具有正向思辨倾向，但是其系统性及自信度维度出现摇摆情况。学生对思辨能力的培养认同感较强，有着较浓厚的探知欲望，但是对于需要付出努力和毅力才能完成的思辨训练缺乏积极的态度，尤其是缺乏自主的思辨意识。大部分学生仍处于受教师指引和完成指定任务的阶段，缺乏独立思考、反思创新的能力，尤其是缺少课堂教学与自主学习间的迁移，以及不同课程的思辨活动融合及对接。正是在这样的情况下，英语专业学生思辨能力的培养与发展不再是单独某一门课程的任务，而应将各基础课程形成体系化的网状联结，构筑完整的思辨教学课程群设计，在基础课学习阶段全面培养学生的思辨意识及思辨能力。

三、英语专业基础课思辨教学模式及实践

英语专业学生思辨能力的培养与发展有赖于思辨式教学模式及其教学实践。英语专业各基础课程都应明确其对思辨能力的培养目标，并以此为基点从教学内容、教学设计、教学评价等各个方面构建以思辨能力发展为导向的基础课教学模式及切实可行的课堂实践设计。本文即以英语专业师范生低年级核心课程基础英语为例，并结合听(听力)、说(口语)、读(阅读)、写(写作)基础课程，简述基于思辨能力发展的课程群教学模式及其实践。

(一)基于思辨能力发展的基础课程群教学模式

教学模式通常包括理论依据、教学目标、操作程序、实现条件和教学评价[①]五个要素，以思辨能力发展为导向的基础课程群教学模式就是要统一并融合各课程教学目标，在听、说、读、写等训练中系统、综合培养学生的思辨能力，针对学生实际情况，整合教学内容及资源，并通过恰当的评价方式进行教学反馈，从而在基础课教学中奠定学生的思辨意识并引发其具备基本的思辨能力。

首先，思辨能力的发展基于各项子能力的发展及关联，这是构建思辨式基础课程群教学模式的理论基础。英语专业各基础课程关注学生的分项思辨能力发展，这是各课程实现从分解到整合的基础，同时也是制定整体教学目标的重要依据和参考。其次，以思辨能力发展为导向的基础课程群教学模式，其根本目标就是在语言

---

① 参见 http://baike.baidu.com/view/290597.htm，关于“教学模式”的解释。

技能训练阶段系统化培养并提高学生的思辨意识及能力。从而使学生的语言运用能力得到深化和提升，实现知识技能转化为自主创新能力的内化过程。再次，教学模式的操作程序与其实现条件紧密关联。课程的设置顺序、时长及内容进度，哪些课程应打通，哪些课程应整合，这些问题既要结合师生的具体情况调整确定，也有赖于师生对此教学模式的认同及配合度。思辨式教学对教师的要求很高，教师作为教学的主导者和设计者，不但要充分了解并时刻把握学生思辨意识发展动态，还要采用适当的教学方法和手段组织学生开展合作学习及自主探究，并充分规划利用丰富的教学资源，以课堂设计和资源利用推进学生的自我建构意识。最后，教学评价的标准与模式应取决于教学目标，即关注学生的思辨能力发展过程及表现。这一过程可由教师评价、师生共评、生生互评共同完成，并引入课程问卷对教学模式做出反思和调整。

总之，基于思辨能力发展的基础课程群教学模式应以学生思辨能力培养为教学主线和教学导向，并结合课程自身特点突出各分项能力的训练和整合。以启发式提问与辩驳式研讨引导学生掌握语言技能，并鼓励学生锻炼分析、评价与推理的核心认知能力。尤其要注重培养有利于学生正向思辨能力发展的情感特质，激发其内在动力，并在此基础上因材施教，关注思辨能力发展的个性化趋势，加强该教学模式在特定语境下的可实践性及实效性。

(二)基于思辨能力发展的基础课程群教学实践

基于思辨能力发展的基础课程教学应以思辨能力培养为导向，增强教学内容的思辨性，拓展教学设计的思辨空间，提升教学评价的思辨力考察比重。思辨能力的培养和发展是一个动态的过程，英语专业听、说、读、写基础课教学实践各环节应具有明确的思辨指向，合力打造思辨式教学课堂。

1. 课前准备

课前准备环节，应给予学生适当的预习任务，尤其要关注语料(即学习内容)的可思性。无论是听、说、读、写何种任务，应注意引导学生对学习内容的理解及分析，这种引导必须是明确、具体的，切忌泛泛。否则，任务的完成容易流于形式。此外，要注意课前任务与课堂学习的关联性，即学生必须要充分理解语料，并通过归纳、总结、分析、评价等方式获取关键信息，为课堂学习做必要的准备。

2. 课堂教学

课堂教学设计要着眼于拓展学生的思辨空间，无论在内容讲解及引导方面，还是课堂活动设计方面，应激发学生的思辨动力。尽量避免简单的寻找现成答案的环节设计，而应为学生提供思考问题、分析问题、解决问题的思辨途径，并引导学生运用语言知识加以表达这一思辨过程。有些思辨能力的训练培养需要融合完成，就使得有些课程需要整合课堂教学环节和流程。我系在课堂教学中做出了相应的改革与调整，如英语专业师范生的阅读课和写作课同一班级由同一位老师担任，且两门课打通，即读写结合。这样，学生在教师的引导下，输入、输出环节更加紧密，取得了良好的教学反馈和效果。

当然，课堂教学中的活动设计是重要环节，更应在小组活动、自主学习等交流讨论中培养学生的逻辑分析与评价能力。交流讨论阶段是学生自主学习拓展和提升的环节，也是思辨能力培养与形成的重要阶段。而对学生思辨表达的训练既要关注口语，更要关注写作，且不仅仅以语言的正确使用为主要目标，应更关注语言输出内容的逻辑性和思辨性，切实提升学生运用语言思考问题、解决问题的思辨意识。当然，这也就要求基础课各门课程都应融合听说读写等方式的思辨训练设计及任务，实现能力训练的交叉、融合。

3. 总结反馈

英语专业基础课程群教学融合英语听、说、读、写、译综合技能的训练，课程反馈既有教师的总结评价，也有学生的自我反思。教师应时刻关注学生的动态反应及表现，适时调整教学内容和任务。同时，鼓励学生记录学习日志，并定期交流，以发现问题并及时解决问题。教师的反馈在很大程度上是对教学活动及学生表现的评价，这会影响到学生的积极性和自信心，因此，应特别关注学生的个体反应，尤其是对其情感特质的把握，需重视心理因素及情感波动在学生思辨能力发展中的重要影响和意义。

总之，以思辨能力为导向的基础课程群教学模式打通并整合了各课程教学中对思辨能力培养的目标与任务。一改以往只个别课程关注思辨教学、学生在语言知识学习与积累和思辨能力训练间左右摇摆的局面，而将课堂任务及各环节设计为针对思辨能力各子能力的提高，激发思考，促进思辨，唤醒情感，提升能力。

四、结语

本文将思辨能力的培养与发展作为英语专业基础课程的核心目标和教学导向，并试图构建了思辨式基础课程群教学模式及其实践设计。基于思辨能力发展的英语专业基础课教学模式就是以学生为中心、以任务为导向的外部语言技能实现内部能力潜化的过程。这既迎合了英语专业能力培养的根本任务，也顺应了思辨能力发展过程中学生自主学习与创新的教学趋势。应该注意的是，不同的个体其思辨能力各分项能力的发展呈现一定的差异，且个体情感特质也会对思辨能力发展产生很大影响，这就要求教师更加关注教学过程及个体反应，以实现更好的教学效果。

参考文献：

[1]Facione，P. A.. Critical Thinking：A Statement of Expert Consensus for Purposes of Educational Assess-

ment and Instruction ("The Delphi Report") [M]. Millbrae, CA: The California Academic Press, 1990.

[2] 范能维，王爱琴. 国标背景下英语专业课程模块设计与思辨能力培养融合的探索[J]. 外语界，2017(1)：7－14.

[3] 胡文仲. 对于我国英语专业教学改革的回顾和再思考[J]. 外语界，2008(5)：18－23.

[4] 黄源深. 思辨缺席[J]. 外语与外语教学，1998(7)：1.

[5] 孙有中，金利民. 英语专业的专业知识课程设置改革初探[J]. 外语教学与研究，2010(4)：303－305.

[6] 孙有中. 突出思辨能力培养，将英语专业教学改革引向深入[J]. 中国外语，2011(5)：49－58.

[7] 文秋芳，等. 构建我国外语类大学生思辨能力量具的理论框架[J]. 外语界，2009(1)：37－43.

旅游制图课程教学现状及改革思考*

张有全[①]

一、引言

旅游管理专业是随着全国经济发展而兴起的一门较新的学科，属于管理学下二级学科。旅游管理专业是一门综合性较强的学科，随着经济的发展，旅游业也兴旺发展起来，对于旅游管理人才的需要日趋增多，全国许多高校也相应开展了旅游管理专业。旅游制图课程作为旅游管理专业的规划方向的一门基础课程，是一门实验性较强的课程，旅游制图课程主要介绍了旅游制图的理论基础，基本知识，并详细介绍了部分规划制图软件绘图的方法。旅游制图课程设置有利于提高旅游管理专业学生的制图能力以及图鉴的分析能力，从而提升旅游管理学生的综合能力。但是通过对部分高校旅游管理专业的培养方案进行研究，发现大部分学校未开展旅游制图课程或者即使开展了也大多为专业选修课。目前对于旅游制图课程的安排各不相同，本文在通过对我国部分高校关于旅游制图课程安排进行调查的基础上，结合在教学过程中发现的各种问题，提出了课程安排方案，并对如何加强旅游管理人才的制图能力进行了探讨。

二、旅游管理专业旅游制图课程安排

从全国部分开设旅游管理专业的学校来看，对于旅游制图课程的开展有不同的课程安排，许多院校开展了与旅游制图课程相似的课程，如就部分调查而言，有平面设计制图课程、旅游规划制图课程、旅游制图 CAD、旅游制图学、旅游规划制图与设计、旅游管理信息化软件实验、旅游交通管理、管理信息系统、大数据与智慧旅游、旅游管理信息系统等。

参考在部分高校网站列出的旅游管理专业培养方案，统计本科生旅游管理专业开设的有关旅游制图课程的课程安排汇成表格(见表 1)。

---

* 本文属首都师范大学“旅游制图课程教学现状及改革思考”教改项目。

① 张有全，男，首都师范大学地信国际学院，副教授。

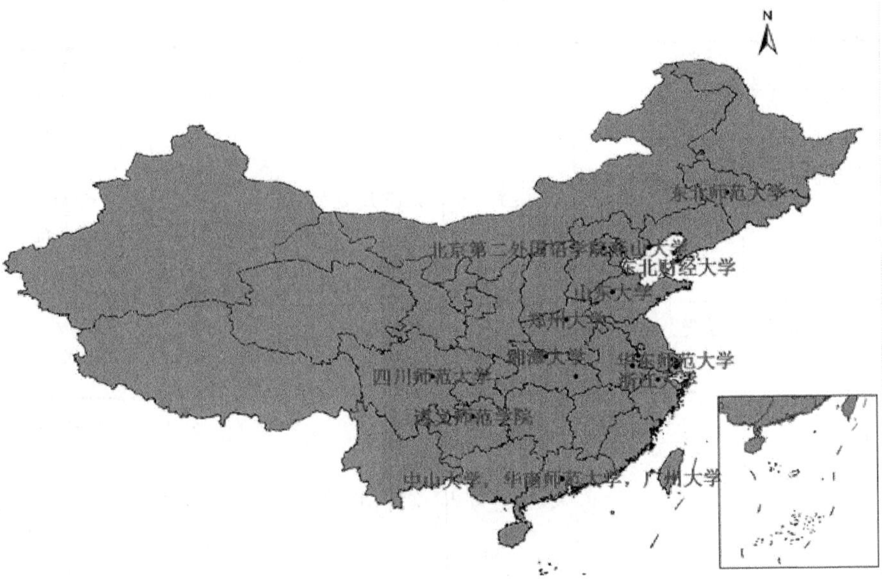

图 1　全国开设旅游制图相关课程高校分布图

表 1　部分高校旅游制图相关课程设置情况

序号	学校	学院	专业	课程名称	培养计划
1	中山大学	旅游学院	旅游管理	大数据与智慧旅游	专业必修 36 课时 2 学分 第 6 学期 考试
2	华南师范大学	旅游管理学院	旅游管理	平面设计制图	专业选修 32 学时 2 学分 第 7 学期
3	北京第二外国语学院	旅游管理学院	旅游管理	旅游交通管理	专业选修 36 学时 2 学分 第 5 学期

续表

序号	学校	学院	专业	课程名称	培养计划
4	湖北经济学院	旅游与酒店管理学院	旅游管理	旅游规划制图	实验课 36 课时 2 学分 第 6 学期 考试
5	四川师范大学	历史与旅游学院	旅游管理	旅游管理信息化软件实验	
6	江汉大学	商学院	旅游管理	旅游制图学	专业选修 12 学时讲授＋4 学时研习＋8 学时实验 1.5 学分 第 7 学期
7	浙江大学	管理学院	旅游与酒店管理	管理信息系统	学院必修 32 学时 2 学分 第 6 学期 考试
8	遵义师范学院	历史文化与旅游学院	旅游管理	旅游制图 CAD	专业必修 考试
9	南京师范大学	地理科学学院	旅游管理	旅游规划制图	专业选修 2 学分 第 7 学期
10	南京农业大学	人文社会科学学院	旅游管理	旅游规划制图与设计	专业选修 2 学分 第 5 学期
11	华东师范大学	商学院	旅游管理	管理信息系统	学位基础(必修) 54 学时 第 3 学期 考试

续表

序号	学校	学院	专业	课程名称	培养计划
12	华中师范大学	城市与环境科学学院	旅游管理	旅游制图	专业选修 68 学时实验 2 学分 第 4 学期
13	东北师范大学	历史文化学院	旅游管理	旅游管理信息系统	专业选修 36 学时 2 学分 第 3 学期
14	安徽师范大学	地理与旅游学院	旅游管理	规划制图	专业必修 17 学时课堂讲授＋ 34 学时实验 3 学分 第 4 学期 考试
15	上海师范大学	旅游学院	旅游管理	管理信息系统	专业必修 48 学时 3 学分 第 4 学期 考试
16	东北财经大学	旅游与酒店管理学院	旅游管理	管理信息系统	专业必修 36 课时讲授＋ 18 课时实验 2＋1 学分 第 3 学期
17	湘潭大学	商学院	旅游管理	旅游规划制图	16 课时理论＋ 16 课时实验 2 学分 考试

续表

序号	学校	学院	专业	课程名称	培养计划
18	燕山大学	经济管理学院	旅游管理	管理信息系统	专业必修 48 学时 考试
19	山东大学	管理学院	旅游管理	管理信息系统	专业必修 32 学时授课+ 32 学时实验 3 学分 第 2 学期春 考试
20	湖北大学	商学院	旅游管理	旅游管理信息系统	专业必修 32 学时讲授+ 16 学时实验 2.5 学分 第 5 学期
21	郑州大学	旅游管理学院	旅游管理	旅游管理信息系统	专业必修 32 学时
22	上海师范大学天华学院	管理学院	旅游管理	旅游管理信息化软件实验	专业必修 1+1 周学时 第 5、6 学期 1+1 学分
23	广州大学	旅游学院	旅游管理	旅游管理信息系统	专业选修 32 学时 2 学分 第 1 学期 考查
24	陕西师范大学	旅游与环境学院	旅游管理	旅游信息化与智慧旅游	专业选修 32 学时 2 学分 第 1 学期 考查

续表

序号	学校	学院	专业	课程名称	培养计划
25	青岛大学	旅游与地理科学学院	旅游管理	旅游规划制图	专业必修 32学时 2学分 第3学期
26	山东大学	管理学院	旅游管理	旅游规划与开发	专业必修 32学时 2学分 第3学期
27	中国海洋大学	管理学院	旅游管理	旅游信息系统	专业选修 32学时 2学分 第3学期

以国家和社会所需的应用驱动型人才和旅游行业产业化人才为主，为了提高旅游规划、管理、服务水平与能力，尽快培养掌握地理信息科学与技术的旅游管理人才，已经成为我国旅游管理专业人才培养的当务之急。通过旅游制图理论教学及软件实训，并加上地图学实习内容，应着力培养出在旅游规划工程应用方面可以从事区域分析与工程制图的本科人才，熟练掌握旅游空间数据处理、管理和研究各种空间实体及相互关系的技术，并能将技术运用于旅游资源管理、旅游路线规划、管理决策和旅游目的地优选等方面的专业人才。提高学生应用对地观测技术及制图手段的能力，促进学生国际化视野，以适应旅游行业信息化水平的快速发展。

三、旅游制图课程教学现状及问题

旅游制图相关课程内容及教学方法都处于初期探索阶段，全国各高校依据自身学院的优先发展方向搭建平台课，确定旅游管理专业制图类授课内容。有的高校设置了相应地图实习，或者是实训课。有的高校只有课堂讲授地图制图或者计算机制图知识环节。我们国家在改革开放以来，随着人民生活水平提高，旅游产业迅猛发展，各高校从90年代中期开始陆续建设旅游管理专业，服务于国家管理及行业发展。有的高校专业放在管理学院，是旅游学、管理学、经济学和历史学等学科交叉发展起来的综合性专业，旅游制图课程设置内容较单薄，多为旅游信息系统课程内容，或者是计算机制图类课程，仅有少数该类学校课程里涉及部分制图知识，例如山东大学等。一些院校在地理学基础上，建设并发展了旅游管理专业，对旅游制图课程比较重视，建立了专门的旅游制图实验室，如青岛大学，依托城市规划、地理信息系统、景观园林设计等专业优势，提高旅游规划制图课程的效果。在师范院校地理系基础上发展起来的旅游管理专业，制图课程里涉及了空间规划、旅游制图规范、旅游制图工具和方法上等方面，角度各有侧重。

目前，旅游制图课程教学中主要存在以下几个方面问题：

1. 教材欠缺

教材是教师教学和学生学习的参考资料，遗憾的是以旅游制图为主题的专门教材几乎没有，陕西师范大学出版社出版的《旅游学制图》已不再版，部分教材是将旅游制图作为一个章节体现出来的。目前使用的《地图学》在内容上强调理论性和专业性，在课时减少三分之一条件下，不能完成教材全部知识点授课，为了满足旅游管理专业教学实际需要，需要选择章节讲授，部分学生心里会有知识碎片化感受。因此，针对旅游管理专业培养方向、当下课程设置条件，统一框架，开展体系完整、内容实用的教材建设刻不容缓。

2. 传统教学方法与课程教学目标不匹配

旅游制图是一门理论性和实践性较强的课程，教学目的是使学生掌握地图学基础知识，学习旅游制图专业技能，传统的“老师讲课、学生做笔记”的方法已经不能满足课程的需要。需要结合实际调整教学方法，让学生积极参与课堂教学活动，主动思考课堂学习理论知识与现实遇到地图问题的关系，乐于学习 GIS 制图技术方法，个性化表达旅游要素，师生互助达到教学目的。

3. 理论知识讲授与实践教学平衡

在课时分配中，32 个学时如何分配，知识点讲授多少，需要不断积累经验。课堂实践课的设置，是为了促进学生对知识点的理解，避免学生中途“掉队”。在有限的 32 课时内，只能开展关键实验练习，课堂实践教学该如何展开、利用什么方式才能让学生参与度提高，促进学生自己分析遇到的问题，思考与理论知识的关系，需要教师不断探索，力求促进学生思考、鼓励学生动手积极性，在有限的课堂实践中把知识系统串起来，并兼顾趣味性。

4. 技术方法与数据源的采用应与时俱进

在对地观测技术、手机 APP 快速发展的今天，海量大数据为旅游管理学科提供了四维数据源，如何将传统旅游学专业知识和迅猛发展的地理信息技术相结合，扩展旅游管理专业本科生学科交叉视野，提升国际化水平，在旅游制图课程设置中是需要考虑的。让学生感受到掌握科学技术是多么“酷炫”的事。

四、《旅游制图》课程教学内容及形式探讨

1. 教学内容探讨

《旅游制图》课程是一门注重培养学生地图学理论与旅游制图实践能力的综合性课程，以理论知识与实验教学相辅相成，应用型很强。因教学内容而异的教学方法和合理充实的教学内容是一门课程的核心，二者兼备才能最终促使课程更好的发展。然而，在32学时的条件下，既要完成地图学理论知识学习，又要开展实践巩固知识，需要合理设置教学内容。教学内容不全面，层次体系不清晰会直接影响教学效果，影响学生在制图方面的知识结构。

2. 教学方式尝试

在实际中，旅游制图涉及的理论知识非常重要，但是对文理兼收的旅游管理专业学生而言很不容易理解，部分学生开始学习地图学理论知识和制图概念时会产生烦躁情绪，跟不上教学进度，从而导致学习兴趣下降，失去学习的动力。因此，地图学理论知识的讲授可采用地球仪和纸质地图为道具，理解不同投影方式；采用课堂实际剖分废弃篮球、排球和足球来理解圆柱投影，采用课堂分组切、割柚子和橘子的形式理解圆锥投影和方位投影，掌握不同投影方式的适用性。

紧密结合地图投影理论知识，通过设置一节上机实习，采用演示启发式的教学方式，给学生提供美国大陆地区3种不同参考系的行政区矢量图及旅游路线图，让学生自己动手操作投影变换，能够在自己动手操作中发现变形特性、距离长度特征，解决现实问题，最终使学生掌握并理解理论知识。在课堂教学与实践中，让学

图2　Las Vegas旅游制图成果

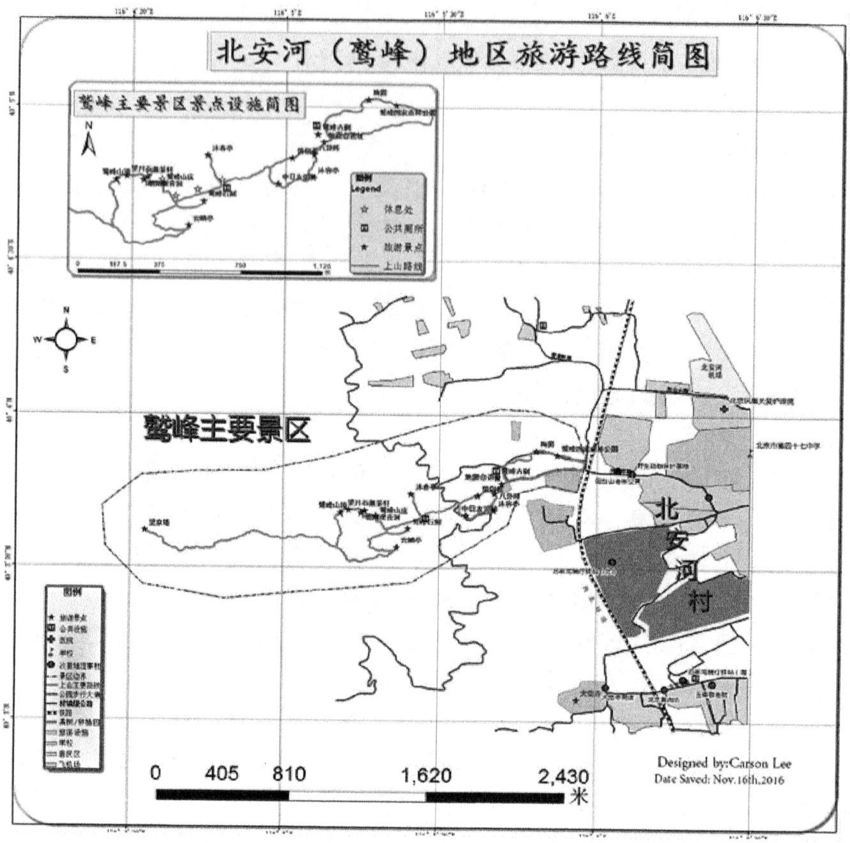

图3　鹫峰国家森林公园旅游制图成果

生以分组形式参与学习，在虚拟演示中了解，在计算机制图操作中掌握理论知识，可以让学生更好地体会知识在实践中的意义，解决实践与理论相脱节的问题。

制图技术方法的讲授和训练主要用区域旅游制图项目或任务驱动式教学、小组讨论式教学的教学方法。适用于《旅游制图》类课程教学，能够看到一个结果，如何利用所学到的知识和技术去实现这个结果，对学生来说是一个预期，学生会利用所有的方法向这个预期靠近，以完成任务。学习兴趣对学生学习动力以及效率的影响很大，随着学习的深入，面对越来越复杂的操作技能和繁多的功能命令，学生容易混淆内容、产生厌烦。在教学中，要避免出现这种现象，不断提升学生的学习兴趣，采用项目或任务驱动教学是一个较好的方法。图2和图3是采用该方法学生完成的实践成果。

教学中可采用案例教学方式，鼓励学生去思考、去点评国内外的旅游制图作品，进而树立目标，对自己预期工作有个预判，进而在课程学习和动手实践过程中，会不断思考旅游制图要注意的问题。同时，老师应及时有效地向学生传授理论知识以及掌握学生学习遇到的问题，鼓励学生自己动手去准备制图素材、查阅相关技术实现环节，引导学生开展完整旅游制图产品所需考虑的关键环节及所需知识点。

此外，任课教师应及时更新自己知识储备，了解对地观测技术、互联网＋技术、大数据及深度学习等领域最新进展，不断掌握学生掌握程度，探索灵活多变的教学方式和富有实效的教学手段，做到师生共同进步，实现教学目的。

五、结论

旅游制图专业具有很强的技术性和实践性，因此，课程体系优化和教学改革应该结合3S技术(遥感RS，地理信息科学GIS，全球定位系统GPS)特点和旅游管理专业特色，设置顺应信息科学技术发展与互联网加技术国家战略，建设结合旅游管理本科生特点的培养方案，学习国外知名大学教学模式和教育理念，注重课堂理论教学和实践旅游制图动手能力的培养，充分考虑当前国家旅游行业发展规划方向，培养旅游行业所需求人才。

旅游与制图类课程，尤其是结合学院学科特色，采用最近的3S技术，为旅游规划、旅游资源管理、旅游路线优选和旅游目的地查询提供技术支撑。《旅游制图》课程设置要与旅游管理专业课程融会贯通，特别要注意与旅游学的专业课程衔接。只有3S技术与旅游管理专业课程高效、有机地结合起来，并努力提高教学质量和改革考试方法，突出旅游制图实践性强，应用面广的特色，才能培养出适合国家发展需求和旅游行业需要的专业人才。

参考文献：

[1]张伟伟．旅游规划制图课程教学内容及方法探析[J]．当代教育理论与实践，2014，6(9)，37—38.

[2]谢萍，李晓琴．关于《旅游计算机制图》课程改革的几点思考[J]．高等教育，2016(1)：96.

[3]陈健平，郑春奎．旅游专业大学生制图教育探讨[J]．教法研究，2013(14)：97—98.

[4]王芳．Dreamweaver 教学内容的项目化[J]．长春理工大学学报，2010，5(6)：102－103.

[5]李铭，陈炜．泛北部湾发展战略下的旅游管理实践教学体系构建研究[J]．科技信息，2008(32)：14－16.

[6]甄丽君，王严根．旅游管理专业教学内容与课程改革初探[J]．合肥学院学报：自然科学版，2004，14(1)：77－79.

[7]杨兴柱，陆林．旅游规划课程教学内容与方法改革探索[J]．合肥学院学报：社会科学版，2010，27(3)：123－126.

[8]孙淑霞．地方高校大学计算机基础课程改革的探索与实践[J]．中国大学教学，2014(4).

[9]杜炫杰，叶惠文．广东省高校大学计算机基础课程教学改革项目探索[J]．计算机教育，2010(18).

[10]赵宏，王恺．我国大学计算机课程现状及改革探索[J]．中国大学教学，2015(2).

[11]陈帮鹏，乔玉冰．浅议高校计算机课程教学改革与建设[J]．科技资讯，2015(7).

[12]王宝祥，孙丽娜．大学计算机基础课程教学模式改革探讨[J]．电脑知识与技术，2015(5).

[13]中华人民共和国国家旅游局．旅游规划通则[Z]．2003.

[14]梁栋栋，凌善金，陆林．旅游规划制图规范研究[J]．安徽师范大学学报：自然科学版，2006(6)：591－594.

[15]石玉华，康贵祥，白建荣．基于ERDAS的三维地形景观图制作——以甘肃省敦煌市鸣沙山地形为例[J]．遥感技术与应用，2004(5)：411－414.

[16]吉玮，薛丽芳，黄莺，等．连云港连岛海滨旅游度假区三维地形景观图制作[J]．海洋信息技术，2008(3)：5－7.

[17]杜彦炜．《人因工程》课程教学内容和教学方法研究[J]．广西轻工业，2010(2)：121－122.

激光谐振腔本征模的 Matlab 仿真辅助教学*

王新柯① 孙文峰 韩 鹏 张 波 冯胜飞 叶佳声 张 岩

一、引言

《光电子学》是光电工程专业的专业核心课，在光电专业本科生的培养中占有重要位置。此门课程以激光原理为基础，主要讲授光与物质相互作用、均匀展宽与非均匀展宽增益介质、激光光束输出特性、典型激光器以及与激光相关的典型光电检测调制技术等。其中，激光谐振腔本征模部分是本门课程的重点与难点，主要讲授了光波在激光器中的存在形式。在学习此部分知识时，需要学生对于"信息光学"具有一定的背景知识，并且要接受一些新的概念。由于这部分内容属于新知识点，并且在本门课程的配套实验中不方便涉及，因此学生很难有感性的认识，只能尽量去理解书面知识，在对知识进行深入理解时总是存在困难。

Matlab 是 MathWorks 公司出品的数学编程软件，由于其强大的模拟功能和简便的编程理念，目前已被广泛使用。在科研活动中，Matlab 常常被用于进行一些模拟计算，并且可以展示出可视性很好的模拟结果。本文中，尝试将 Matlab 的仿真模拟功能应用到《光电子学》授课的辅助教学之中，针对激光谐振腔本征模中不方便进行实验展示的内容，即"孔阑传输线"模型和典型对称共焦腔本征模，利用 Matlab 模拟方法为学生进行演示，学生可以在仿真过程中对知识进行加深理解，同时也初步掌握 Matlab 编程技巧。

二、激光谐振腔本征模的理论基础

描述激光谐振腔本征模的理论基础，是结合了惠更斯—菲涅尔衍射以及"自再现模"概念的"孔阑传输线"模型[1]。此模型将光束在谐振腔两个腔镜之间的来回反射和传输过程，认为是光束不断通过一系列光阑的过程，如图 1 所示。此模型中，

---

* 本文属教学改革研究项目："光电子学"授课中 Matlab 模拟的辅助教学。

① 王新柯，男，首都师范大学物理系，副教授。

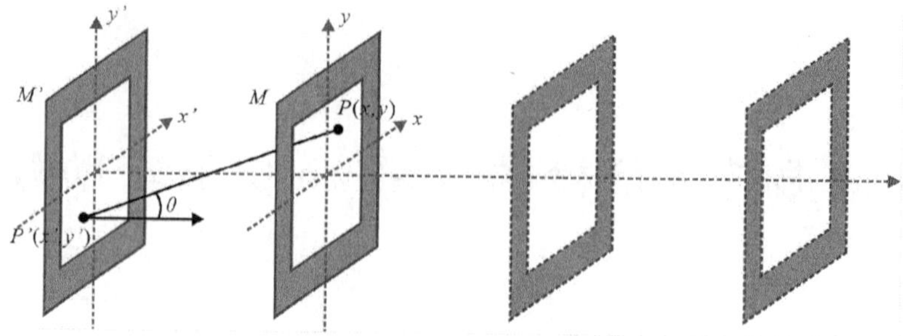

图 1 “孔阑传输线”模型

光束在两个腔镜之间的传输可以用惠更斯—菲涅尔衍射描述，光束每一次经过腔镜的反射都相当于通过一个光阑，在孔阑透光部分光束通过，而在孔阑挡光部分光束被遮挡，进而引起新的衍射。当光束通过足够多的光阑后，光束的横模分布形式趋于稳定，不再受光阑衍射的影响，形成相对固定的光束传输模式。也就是说，光束在两个腔镜之间反射足够多次数后，在两个腔镜上的光场分布是类似的，不同之处只在于振幅等比例的衰减和相位相同的延后，这也就是所谓的“自再现模”。光束在相邻光阑之间的惠更斯—菲涅尔衍射，可以用菲涅尔—基尔霍夫衍射积分进行数学描述[2]：

$$u_M(x,y)=\frac{jk}{4\pi}\iint_{M'}u_{M'}(x',y')\frac{e^{-ik\rho}}{\rho}(1+\cos\theta)\mathrm{d}s' \tag{1}$$

其中，$u_M(x,y)$ 和 $u_{M'}(x',y')$ 描述了光束在 M 和 M' 光阑上的场分布，$(x,\ y)$ 和 $(x',\ y')$ 是 M 和 M' 光阑上的位置坐标，k 是真空波数，ρ 是 PP' 连线之间的距离，θ 是 PP' 连线相对于光轴的方位角。光阑可以用理想低通滤波器描述，

$$F=\begin{cases}1, & \text{光阑以内区域}\\0, & \text{光阑以外区域}\end{cases} \tag{2}$$

在仿真过程中，每次将新得到的光场 $u_M(x,y)$ 乘以光阑函数 F，作为新一轮衍射积分中的入射光场 $u_{M'}(x',y')$ 进行迭代。利用此模型可以清晰地描述光束在谐振腔中不断反射最终形成稳定分布的过程。

三、激光谐振腔本征模的 Matlab 仿真

本文中，利用 Matlab 编程的方法，对方孔的“孔阑传输线”进行仿真，观测光束在谐振腔中经过多次反射形成稳定分布的过程。同时，将此模型应用于方形镜对称共焦腔和圆形镜对称共焦腔，形成厄密特——高斯光场分布和拉盖尔——高斯光场分布，也通过 Matlab 编程方法进行仿真。

(一)孔阑传输线模型的仿真结果

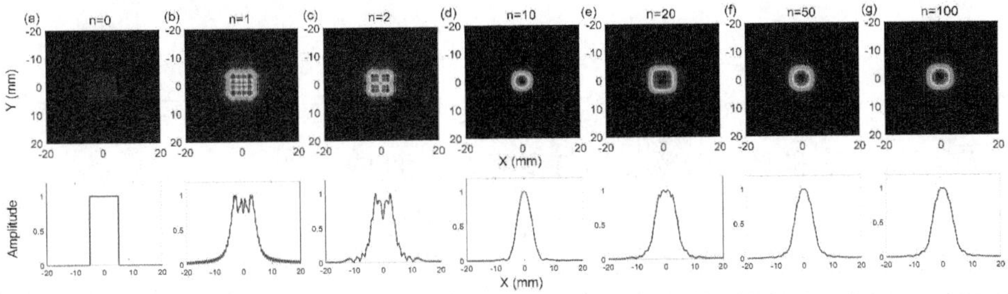

图 2 “孔阑传输线”模型的仿真结果

在仿真过程中，考虑光束波长为 $\lambda=632.8$nm，初始入射光为平面波，相邻光阑之间的距离为 $L=1$m，光阑为边长 1cm 的方形低通滤波器，迭代次数设定为 100 次。图 2 展示了在第 0、1、2、10、20、50、100 次迭代后光场的振幅分布以及振幅包络曲线。图 2(a)展示了第 0 次迭代后的光场分布情况，也就是入射光通过第一个光阑后的情况，可以看出其就是一个方形的平面波。在经过了 1m 的衍射距离后，光场分布呈现了明显的方孔衍射现象，如图 2(b)所示。光场的中心部分出现了明显的强度分布不均匀，并且在方孔上下和左右边缘处，光场出现了明显的扩展。当这样的衍射光斑照射到下一个光阑时，由于光阑的遮挡，光场边缘的衍射部分被挡住，只有中心部分通过，在这个过程中又引入了新的衍射。在又一次经过了 1m 的衍射距离后，光场形成了新的衍射图样，如图 2(c)所示。可以看出，由于光阑的遮挡和自由空间的衍射，此时的衍射图样与之前存在着明显的差别。然而，随着迭代次数的不断增加，也就是光波不断通过光阑，其光斑的衍射变化在逐渐变小。图 2(d)和图 2(e)展示了在迭代 10 次和 20 次后的光场分布情况，二者都表现出在光轴附近的光场强度分布比较均匀，在远离光轴处光场强度缓慢变弱，光阑的衍射效果在逐渐变小。随着迭代次数的进一步增加，光场逐渐趋于稳定。图 2(f)和图 2(e)展示了在迭代 50 次和 100 次后光场分布情况，可以看出二者基本是一致的，光场都呈现了中心亮边缘逐渐变暗的类高斯分布情况，肉眼很难分辨二者的区别。这表明在经过了多个光阑后，也就是经过两个腔镜的多次反射后，在腔镜镜面上的光场分布稳定，形成了“自再现模”。在 1960 年，Fox 和 Li 共同发表了论文，通过数值计算的方法证明了在迭代 300 次后，激光谐振腔腔镜上的光场分布达到完全稳定，形成“自再现模”[3]，与本文的仿真结果是一致的。可以看出，通过 Matlab 编程仿真可以清晰地观测到光场从明显的衍射到稳定的分布演变过程。

(二)方形镜对称共焦腔的本征模

如果将“孔阑传输线”模型应用于方形镜对称共焦腔的情况，考虑腔镜的形状和

对光波的汇聚效果，可以求解出腔镜光场的解析表达式，也就是著名的厄密特—高斯分布，

$$u_{mn}(x,y)\approx C_{mn}H_m(X)H_n(Y)\mathrm{e}^{-\frac{X^2+Y^2}{2}} \tag{3}$$

其中，m、n 为模序数，C_{mn} 为与 m、n 有关的常量，$X=x\sqrt{2\pi/\lambda L}$ 和 $Y=y\sqrt{2\pi/\lambda L}$，$H_m(X)$ 和 $H_n(Y)$ 为厄密特多项式，可以表示为，

$$H_m(X)=(-1)^m\mathrm{e}^{X^2}\frac{\mathrm{d}^m(\mathrm{e}^{-X^2})}{\mathrm{d}X^m} \tag{4}$$

根据公式(3)的形式，可以看出光场的分布是厄密特多项式与高斯函数相乘得到的结果。本文中，对模序数为($m=0$，$n=0$)、($m=1$，$n=1$)、($m=2$，$n=0$)、($m=2$，$n=2$)四个本征模分布进行了 Matlab 仿真模拟，其中仍认为$\lambda=632.8\text{nm}$、$L=1\text{m}$，结果如图 3 所示。

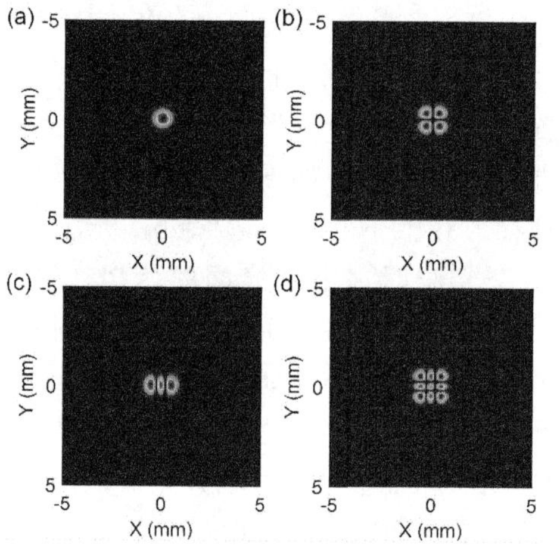

图 3　方形镜对称共焦腔的本征模

(a)TEM_{00}、(b)TEM_{11}、(c)TEM_{20}、(d)TEM_{22}

从仿真结果中可以看出，当模序数 $m=0$、$n=0$ 时，厄密特多项式没有起到作用，光场呈现明显的高斯分布特征，中心光强，向四周逐渐减弱，如图 3(a)所示。而当模序数 m、n 不为 0 时，厄密特多项式的作用开始体现，m 和 n 分别表示为沿着 x 和 y 方向的节线数目，也就是光场强度为零的位置个数，如图 3(b)－3(d)所示。可以看出，用过 Matlab 仿真，方形镜对称共焦腔的本征模被清晰地呈现，并且只需简单的更改参数，就可以观察到不同本征模式的变化。

(三)圆形镜对称共焦腔的本征模

同样方法，如果将“孔阑传输线”模型应用于圆形镜对称共焦腔，求解出腔镜光场的解析表达式，得到著名的拉盖尔—高斯分布：

$$u_{mn}(r,\varphi) \approx C_{mn}\left(\sqrt{2}\,\frac{r}{\omega_s}\right)^m L_n^m\left(2\,\frac{r^2}{\omega_s^2}\right)\exp\left[-\frac{r^2}{\omega_s^2}\right]\cos(m\varphi) \tag{5}$$

其中 (r,φ) 为腔镜上的极坐标，ω_s 为腔镜上的光斑有效半径，可以表示为 $\omega_s = \sqrt{L\lambda/\pi}$，$L_n^m$ 为缔合拉盖尔多项式，可以表示为

$$L_n^m(\zeta) = \sum_{k=0}^{n} \frac{(n+m)!(-\zeta)^k}{(m+k)!k!(n-k)!} \tag{6}$$

虽然公式形式看似复杂，但是通过 Matlab 仿真模拟后，可以很清晰地观测出各种本征模式的变化。在模拟中仍认为 $\lambda=632.8\text{nm}$、$L=1\text{m}$，对模序数为$(m=0，n=0)$、$(m=1，n=1)$、$(m=2，n=0)$、$(m=2，n=2)$四个本征模进行了模拟，结果如图 4 所示。

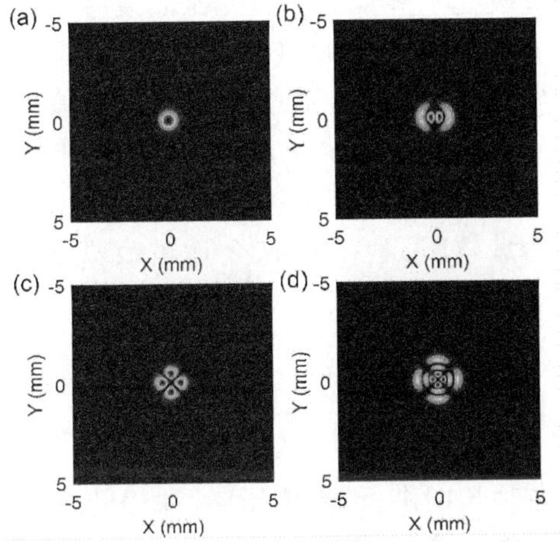

图 4　圆形镜对称共焦腔的本征模

(a)TEM_{00}、(b)TEM_{11}、(c)TEM_{20}、(d)TEM_{22}

从仿真结果可以看出，高斯函数仅对光斑的外包络起作用，而缔合拉盖尔多项式则决定着光斑的节线，同时从模拟结果表明了节线并不是沿着 x 和 y 方向，而是沿着径向 r 和角向 φ 方向。当模序数 $m=0$、$n=0$ 时，光场表现出典型的高斯函数分布特征，如图 4(a)所示。当 $m=1$、$n=1$ 时，光场在径向 r 和角向 φ 上都出现了一个节线；当 $m=2$、$n=0$ 时，光场在角向 φ 上出现了两个节线，而在径向 r 上没有出现节线；当 $m=2$、$n=2$ 时，光场在径向 r 和角向 φ 上都出现了两个节线，如图 4(b)－4(d)所示。这表明，模序数 m 对应着光场角向 φ 上的节线个数，而 n 对应着光场径向 r 上的节线个数。可以看出，用过 Matlab 仿真，圆形镜对称共焦腔的本征模的变化规律可以被清晰地呈现。

四、Matlab 仿真对《光电子学》授课的辅助作用

在《光电子学》的授课过程中，激光谐振腔本征模式这部分一直是讲授的重点和难点，对于这部分的理解需要学生们具有一定的“信息光学”理论基础，同时又要接受“自再现模”等新概念。在之前的授课中，只是从理论角度配合画图进行讲述，学生普遍反映理解起来比较困难。特别是对于“孔阑传输线”和激光谐振腔本征模式等知识点，对于光场趋于稳定的过程和激光高阶模式，学生普遍反映没有感性认识。通过引入 Matlab 仿真，只需要简单的几行程序，就可以清晰地把“孔阑传输线”模型中光场从变化剧烈到稳定输出的过程直观地表现出来，以及将典型谐振腔的本征模式绘制出来，并且通过改变一些特征参数，比如模序数、波长、腔长等，可以相对直观地观察到光场的变化，非常有助于学生的理解。甚至，在实际的授课过程中，授课老师可以带学生到机房开课，让学生自己动手编程，老师一步步带领学生实现最终效果。这样做的另一个目的在于，可以训练学生的编程能力，由于本课程主要针对光电专业本科生，让学生们掌握一些 Matlab 编程技巧，特别是利用程序表现公式物理内涵的能力，对于学生们在今后的就业或继续深造都是非常有帮助的。

五、结论

本文中，根据授课老师长期讲授《光电子学》课程的经验，针对授课中的重点与难点部分，即激光谐振腔的本征模式部分，利用 Matlab 仿真手段对光场分布进行表现，生动形象地将“孔阑传输线”模型中光场趋于稳定输出的过程，以及方形和圆形镜对称共焦腔的本征模式，通过数值模拟展现出来。通过观测模拟结果与配合讲解，可以使学生更加深刻地理解“孔阑传输线”模型的物理含义，以及两种对称共焦腔的本征模分布特征。同时，通过引导学生自己动手练习编程，使学生加深物理理解的同时，更好地掌握编程技巧。

参考文献：

[1]陈家璧，彭润玲．激光原理及应用[M]．北京：电子工业出版社，2009.

[2]詹达三，董经武，顾本源．傅里叶光学导论[M]．北京：科学出版社，1976.

[3]A. G. Fox，T. Y. Li. Resonant Modes in a Maser Interferometer[J]. The bell system technical journal，1961，40(2)：453－488.

翻转课堂在"幼儿卫生学"专科教学中的应用初探*

赵丽丽①

一、翻转课堂及其应用

从"翻转课堂"设想的提出和实验，到"翻转课堂模型"的建立，到"翻转课堂"在不同学段教育机构的应用，翻转课堂日益成为全球教育界关注的热点，2011 年还被加拿大《环球邮报》评为"影响课堂教学的重大技术变革"。翻转课堂是教师提供教学资源、学习材料供学生在课外学习，在课堂上通过学生讨论、师生对话、完成作业等的教学形态，即先学后教。这种形式是针对传统教学形式的先教后学的一种翻转，是一种新型的教学形式。

翻转课堂的教学形式能够调动学生课上学习的积极性、主动性，提高学生的课堂参与意识，提高学生的学习能力、自我管理能力，提高教与学的效果。近年来，这种教学形式也被引进到中国，并在各级各类学校的教学中进行了广泛探索，得到了一定的应用。例如，《翻转课堂在高中英语阅读教学中的应用与实践研究》(张琳，兰州市第九中学)《翻转课堂在高职教学中的困境及对策研究》(谌华，武汉职业技术学院)《翻转课堂在临床营养学教学中的应用》(李卫敏等，西安交通大学第一附属医院)《"翻转课堂＋讨论式"教学模式在研究生课程教学中的应用》(马超等，北京林业大学)在这些文章中都介绍了具体的应用实践。这些文章中既有成功的经验总结，也有遇到的困惑和探索。从应用结果上看，在进行针对性的研究设计后，采取翻转课堂教学方式，大多取得了较好效果。

二、幼儿卫生学翻转课堂的教学体系探讨

(一)幼儿卫生学教学的特点及翻转课堂教学的定位

幼儿卫生学是学前教育的基础理论课之一，维护婴幼儿健康是这门学科的最终

---

* 本文属首都师范大学学前教育学院教改课题"翻转课堂在幼儿卫生学专科课程的适宜性研究"之成果。

① 赵丽丽，女，首都师范大学学前教育学院，副教授。

目标。学科涉及范围广泛，不仅有人体解剖生理学、幼儿卫生保健的知识、心理健康知识，而且涉及幼儿的营养、疾病、急救等，是多学科的交叉学科。其中既有广泛的理论科学知识，又包含多种幼儿园实际操作技能。体系庞大、内容繁多。

实际幼儿卫生学教学中面临的问题有三个方面：一是教学时数不足。现有的课堂课时与其丰富广泛的内容相比明显不足，在教学中对有些内容难免蜻蜓点水，不能深入。二是学生课堂负担过重。由于内容多，教师满堂灌的方式且速度快，学生接受起来压力大。三是千篇一律的知识传授使学生的学习热情减退、对知识学习产生倦怠的情绪，课堂教学效果难以提高。

与传统教学不同，翻转课堂的“先学后教”的教学形式恰好能够弥补本学科传统教学形式的短板，它打破了传统教学在时间空间上的局限，做到课前、课中、课后一体化。通过一体化的教学设计，课前课后学生自主学习，课堂上积极思考，节约了课堂时间，提高了课堂教学的实效性。教师提供的多种类型学习资源及每一个学习单元明确的学习任务，使学生的课外学习更加具有目的性、个性化，提高了学生的学习能力和积极性、主动性。可见，翻转课堂无论对教师的“教学”还是学生的“主动学”都大有裨益。

翻转课堂将课上课下相结合，将教师的讲授和学生的自学结合，将传统教学与现代技术结合，理论上能够适用于幼儿卫生学学科的全部教学。但幼儿卫生学教学实践中，翻转课堂教学形式的采用受到某些条件的限制，如学生的参与度能力、拥有的技术条件以及学科的内容等因素。

翻转课堂要求学生课下管理自己的时间、自主学习，在课下自主学习效果良好的前提下，才能做到课上的交流、回答问题等，并内化知识、解决问题。但由于学前专业专科学生的生源起点不高，学生学习自主性、时间管理能力、学习品质等方面均有待提高，学生的学习还需教师的督促完成。幼儿卫生学教学全盘采用翻转课堂的形式，从学生的角度尚不具备条件。但鉴于翻转课堂对学生的学习兴趣、自主性、学习能力培养的积极意义，将其应用到传统教学中，作为传统教学形式的补充是完全必要的。

翻转课堂需要以丰富的、媒体化的教学资源如微课、视频及网络支持等为支撑。目前，由于教学资源和技术水平的限制，从客观条件上，幼儿卫生学的大部分教学仍然以传统教学模式为主，翻转课堂应该是传统教学的辅助。

（二）翻转课堂的适宜内容分析

从知识的角度看，幼儿卫生学学科的内容涉及幼儿生长发育特点及规律、医学知识（营养学知识、常见病传染病常识、急救常识等）、幼儿心理健康知识等。知识本身具有系统性、科学性、复杂性等特点，教学难度较大。

幼儿卫生学学科的目标是为了维护幼儿的健康，解决“怎样维护”“实际操作”的问题，其中涉及怎样维护幼儿各个生理系统的健康、保证幼儿营养膳食平衡的营养健康、预防疾病和意外伤害保证幼儿的健康、保证幼儿心理的健康等程序性知识。它更强调在学生内化幼儿卫生学知识后，输出知识的行为，是“知其所以然之后的操作和拓展”，是与操作和知识迁移相关的内容，适宜在课堂上完成。操作内容包括实际操作的程序性、动作策略、动作的准确性，对自身操作的监控、反馈和自我的调整等。知识迁移和拓展的教学内容包括需要深度互动、解决疑难问题、互相分享、协同探究、讲评纠错等内容。这些输出性知识都应该在视频、微课的自学基础上，通过课堂教学的师生之间、学生之间面对面的教学互动，完成教学目标。

适宜学生在课后自学的知识是陈述性知识。这些知识的教学目的是解决“是什么”的问题。幼儿卫生学涉及的陈述性理论知识包括：幼儿各系统生理特点的知识、幼儿营养、疾病的知识、急救知识、幼儿心理卫生的知识等。与之相关的学习资源过于庞杂，需要通过教师的内容筛选、难点分解、抛出问题引领学生的自学，为实施课堂的翻转创造条件。课后学习资源的内容涉及幼儿成长日记视频、幼儿园活动视频、与课程相关的科学纪录片、幼儿卫生学相关的学术文章等方面。获取这些内容的途径主要有：微课、网络视频、多媒体电子教材、网络期刊以及文本学习资源等。这些学习资源为学生课下自主学习，初步理解知识，发现问题，为课上知识的拓展、师生的互动、问题探究和解决创造了条件。

根据上述分析和近几年的教学实际经验，幼儿卫生学翻转课堂的适宜内容有如下主题：

1. 幼儿生长发育的影响因素分析。
2. 乳牙的特点、龋齿的成因和预防措施。
3. 三浴锻炼的意义和做法。
4. 幼儿眼球的特点，近视的形成及预防措施。
5. 幼儿意外伤害的原因分析、急救措施及预防。
6. 锻炼对婴幼儿发展的作用。
7. 婴幼儿膳食营养。

翻转课堂的课中、课后学习内容举例：

课后	课中	
问题导向的学生自学	教师引导、解惑、拓展	运用、分析、评价、创造澄清问题、拓展知识、主动思考

续表

课后		课中	
幼儿意外伤害的急救措施	1. 翻转课堂的实施的条件：多媒体电子教材、网络视频。 2. 观看材料，认真思考，回答问题。 1）描述幼儿发生某意外的原因。 2)分析意外发生的环境因素。(幼儿的穿着特点、幼儿的活动、教师的行为) 3)急救处理的方法。说明处理的步骤、处理的方法。	1. 自学检查。 2. 讲评纠错。 3. 发起讨论：幼儿发生意外事故的原因，从场所、幼儿的穿着、幼儿的活动、教师的行为等角度引导讨论。	1. 学生急救操作演示。 2. 教师指导下小组操作练习、学生互相纠错。 3. 学生归纳各种意外伤害的急救方法及步骤。 4. 学生小组讨论：幼儿园意外伤害的预防。

三、幼儿卫生学翻转课堂的教学方法

(一)操作学习

操作学习的方法经常用于翻转课堂的课堂教学的环节。是在学生课前自学的基础上，初步明确了各种操作步骤和基本原理后在课堂上以小组为单位进行的操作练习。它主要有个人操作演示、小组操作练习、学生轮流角色扮演模拟教师行为等操作形式。翻转课堂上，教师对学生的操作程序严格把关，对学生操作的具体部位、操作方向、操作数量的准确性等关键点进行指导，随时对学生的操作行为进行答疑纠错。

(二)分组讨论

翻转课堂的分组讨论是学生在课前自学后，带着初学的疑惑和未能解答的问题参与讨论，在讨论中澄清问题，解答疑惑。翻转课堂教学中学生首先围绕教师提供的课前自学内容中的导向性问题进行讨论，解决基本问题。之后师生共同对学生存在的个性化的问题进行讨论，帮助学生理解问题，纠正错误的认识。最后教师引导学生对基本问题进行深度、广度的拓展讨论。

(三)专题报告

翻转课堂的教学方法之一是学生在课上做专题报告，这是一种锻炼学生综合能力的方法。课前，学生深入学习、广泛涉猎微课、网络、学术资料等学习资源，明确选题的方向，确定题目，搜集、筛选、分析资料，撰写论文，制作 PPT，并以小组为单位，在课堂中进行专题报告。这种形式的课堂学习，不仅提高了学生的学习主动性，而且锻炼了学生处理信息的能力、撰写论文和口头表达等综合能力。

总之，幼儿卫生学翻转课堂的教学实践印证了翻转课堂对幼儿卫生学传统教学起到的支持、积极作用，从“先教后学”到“先学后教”的翻转，提高了课堂教学的实效性，弥补了传统教学形式的不足，提高了学生的学习主动性，同时，对学生的各方面学习能力的提高起到了积极的作用。

参考文献：

[1] 何克抗．从“翻转课堂”的本质，看“翻转课堂”在我国的未来发展[J]．电化教育研究，2014(7)．

[2] 容梅，彭雪红．翻转课堂的历史、现状及实践策略探析[J]．中国电化教育，2015(7)．

[3] 祝智庭，管珏琪，邱慧娴．翻转课堂国内应用实践与反思[J]．电化教育研究，2015(6)．

[4] 谌华．翻转课堂在高职教学中的困境及对策研究[J]．科技创业月刊，2017(17)．

[5] 李卫敏，廖侠，等．翻转课堂在临床营养学教学中的应用[J]．医学教育研究与实践，2017(10)．

[6] 肖化移．论职业教育中程序性知识教学的特点与规律[J]．河北师范大学学报：教育科学版，2008(5)．

服务与合作

——图书馆员与教师互动探析*

张　芳①

“双一流”高校建设如火如荼，每个高校都紧抓这个契机，努力在教学、科研、社会服务、文化传承、国际合作等方方面面积极迈进。高校是一个有机的整体，高校的发展需要全校各部门积极配合紧密合作，需要全校师生的共同努力。各院系教师是学校教育教学科学研究活动的主要实施者。图书馆作为学校的文献信息中心，为教师提供全方位的文献信息服务。高校教师要想在教学科研上有长足的进步，学会充分地利用图书馆是必要的。

一、图书馆员与教师相互需要

（一）图书馆员需要教师

高校图书馆的职责是为学校教师和学生提供信息服务，教师是图书馆员重要的服务对象。因此，图书馆员需要教师。如果没有了教师这个服务对象，图书馆员的很多工作也就失去了存在的价值。图书馆服务质量的提高，教师的需求是主要动力。图书馆为了征集意见和建议，在图书馆的主页上，设有读者留言、资源推荐、联合咨询、馆长信箱等模块，让教师们表达需求和意愿。为了更好地为教师服务，做到有的放矢，精准服务，很多馆员深入院系，向教师征集其在教学、科研、学习、生活过程中对图书、报刊、电子资源、图书馆服务等方面的具体需求，努力做到多方位、全方面地了解教师们的需求。教师们对图书馆的文献需求和服务需求，使图书馆员的工作变得更加有意义。

（二）教师需要图书馆员

文献是教师在教学和科研活动中不可或缺的。教师从事教学与科研活动，需要大量文献支撑，因此需要图书馆员根据他们的需要购置大量文献，以便随时使用。

---

* 本文属2017年首都师范大学校级教学改革研究项目：数字环境下高校图书馆文献资源建设与推介——以考古学文献为例。

① 张芳，女，首都师范大学图书馆，馆员。

这些文献既包括图书、期刊、光盘、缩微制品等实体文献，也包括电子资源。在信息海量增长的时代，如何快速地从浩如烟海的文献中找到自己需要的知识，是每个教师都需要的技能，因此需要图书馆员传授信息检索的技巧，使文献查找事半功倍。教师在职称评定时，需要在国内外权威数据库中检索其论文被收录和被引用情况，以证明其科研能力和水平。图书馆是学校的文献中心，图书馆员利用专业的信息技术通过作者姓名、作者单位、期刊名称及卷期、会议名称、会议时间、会议地点、文献篇名、发表时间等途径，查找论文被 SCI、SSCI、A&HCI、Ei、ISTP、ISSHP、CSSCI、CSCI 等收录及被引用情况，并依据检索结果出具检索证明。这种查收查引服务也是图书馆员开展的信息咨询服务之一。

二、图书馆员与教师合作的基础

图书馆员与教师相互需要的关系，使双方的合作成为可能，而且双方拥有的资源和专业知识是开展合作的基础。一方面，图书馆拥有大量的各类型文献资源，包括图书、期刊、专利、乐谱、音像制品、研究报告等各种载体，介质上有纸质、电子、光盘、缩微制品等；图书馆各学科资源丰富、系统、成熟、权威，涵盖交叉学科，同时对信息资源的整理与存储具有专业性、系统性、完整性和实用性。另一方面，图书馆员拥有专业的信息素养，图书馆的文献资源都是由图书馆员根据读者需求构建起来的，图书馆员熟悉馆藏信息，知道哪些资源适合哪些专业，信息检索是图书馆员的特长；高校教师从事各专业学科的研究，学科知识精深，十分了解本学科知识组织结构，了解学科发展动态与前沿问题，但对于图书馆馆藏资源的了解程度与文献检索的技能相对图书馆员来说则稍逊。高校图书馆员与教师双方是相互需要的关系，双方应该在以上基础上，紧密交往，相互信任，优势互补，相互合作，这有利于学校和各自的长足发展。

三、图书馆员与教师合作的方式

(一)建立沟通平台

图书馆员与教师在相互信任的基础上，可以通过电话、手机、微信、QQ、微博等各种方式建立沟通平台，经常性的联系增加双方的熟识感，双方即可以就专业知识与技能等方面互相学习，相互提高各自需要的能力。图书馆员可以通过此平台，为教师与学生提供学科化服务，使图书馆的资源发挥最大的效用。教师也可以通过此平台了解图书馆的各类资源与服务，或预约用户培训等。例如，我校图书馆去年最新上线了“博观学术”发现系统，利用这个系统，可以一站式检索图书馆的各类型资源。教师如果掌握了这个系统，会在文献查找方面节约很多的时间。有了沟通平台，教师可以方便咨询这个发现系统或者在线解决使用这个系统中产生的各种问题。教师通过图书馆员的工作，切实感受到文献获取能力的提升，从而对图书馆员的信任度增强。因此通畅的沟通渠道，尤为重要。教师在对图书馆员工作肯定的基础上，愿意共同做阅读推广活动，提高学生的文化素质。例如，本人与历史学院的一些教师通过微信建立了好友，我们经常通过此方式互相咨询一些学科专业方面的问题。比如去年，他问："图书馆有《敦煌研究》吗？图书馆都订购了哪些考古学方面的报刊？放在哪里了？"我根据他的需要，整理了考古学报刊的专业目录给他。图书馆2017年订购中文报刊2000多种，关于考古学方面的报刊有22种，其中《文物》《考古》《考古学报》《考古与文物》《敦煌研究》《中原文物》等考古学的核心期刊图书馆都有馆藏。此外，我还根据《中国图书馆分类法》的K85考古学类目和他告诉我的一些关键词，整理推荐馆藏外文图书80多种，中文图书200多种给考古学的学生们。包括栾丰实著的《考古学概论》、李伯谦著的《感悟考古》、巴恩著的《考古学的过去与未来》等。在相互信任的基础上，教师们对图书馆的资源推广提出了很多宝贵的建议。比如，教师建议图书馆可以配合院系的学术活动进行一些专题文献推广工作。考古学专业有一个"考古文博系列讲座"，建议图书馆员根据讲座的内容和邀请的专家名单，制作专题书目，向学生介绍与讲座内容有关的书目信息和专家论著。教师与图书馆员的合作，使图书馆的学科化服务得到了拓展与提升。

（二）文献资源共建共享

在文献资源建设方面，教师可以提供专业知识，帮助选划相关学科文献，从而提高图书馆学科化文献建设的水平。馆员可以定期依据教师的学科需求，整理本学科的专题目录提供给老师，老师根据学科专业的需要选划书目提供给图书馆进行购置，让经费得到有效的利用。例如去年，我为考古学的老师提供考古学方面的新书现货目录1010种，教师从专业角度出发选划了185种。这些目录如果是图书馆员选划，也许就不只是这185种了。多选的文献，也许就会无人为津，会提高图书的零借阅率；漏选的文献会影响文献保障率，经费会没有得到最有效的利用。在特色文献建设方面，馆员与教师还可以合作整合各类馆藏文献信息资源，通过编写书目、文摘、综述、评述等，开发纸质、电子或多媒体等多种形式的文献资料，建立二次文库或全文数据库，形成涵盖面全、专业性强、方便快捷的学科信息文献体系，为学科建设提供优质的信息资源服务。例如，早些年《四库全书简明目录》的建设。馆员与教师对《四库全书简明目录》的资源都有多年搜集整理的资料，包括数字化的目录索引、解题、摘要、研究综述、资料全文等，双方资料在决定共建后将资源整合在一起，共享全部资源。这样双方既避免了重复劳动，又提高了资源的利用率，还加强了馆员与教师的关系，有利于深入开展工作。再如"首都师范大学中小学教材教参库”的建设。基础教育是我校特色，在特色库建设过程中，图书馆特意邀请教育学院、初等教育学院的教师们，召开需求座谈会。教师们对网页的设计、检索入口的设置、页面的友好度、特色的突出点、使用的便捷等方面提出了很多宝贵的建议。“中小学教材教参库”上线以来，受到读者的一致好评，图书馆很有成就感，教师也是最大的受益人。

(三)合作开展文检课教学

在这个信息海量增长的时代，越来越多的高校教师意识到信息素质教育的重要性，要求与馆员合作开展面向院系的文检课。而图书馆传统的文检课也存在教学内容与实际需求脱节，教学方式方法陈旧等问题，也急需与教师合作重新设计，提升教学效果。馆员与教师在文检课方面各有优劣。馆员对学科信息资源比较熟悉，同时具有较高的信息检索专业素养，其缺点在于对专业知识缺乏。教师的优点在于熟悉学科专业内容，但缺点是对学科信息资源和图书馆提供的信息服务了解不够深入，在信息检索技能方面欠缺。为了发挥两者的优点并弥合其不足，提高教学效果，开课前馆员与专业教师可以合作开展准备工作，主要是对专业培养目标和要求进行沟通，同时，对专业文献检索需求进行沟通。馆员围绕专业教师提出的具体案例，指导学生进行课题分析，对各种检索途径进行探究，把文献检索融入问题的解答过程之中。馆员和教师共同制定考核标准，共同进行教学效果评估。合作可以充分发挥各自的优势，较好地解决文检课与专业课程脱节的问题。深度合作贯穿于各个阶段，从课程目标的制定、课程内容的设计、实施阶段的分工合作、考核标准的共同制定、课堂效果评估和虚拟教学平台的搭建，无一不体现着合作的力量。例如，我馆教育学科馆员应教育学院教师要求，合作为教育学院英语教育专业的本科生进行文检课教学。文检课上馆员首先介绍一些适用数据库与访问入口。图书馆现有中外文数据库一百多个，选择哪个数据库尤为重要。对英语教育专业的学生来说，首选中国学术期刊网、万方数字化期刊全文数据库、维普中文科技期刊数据库。之后简要介绍这些数据库的概括，包括学科范围、收录年限、期刊数量、全文与文摘、更新速度与并发用户等条件。然后讲解文献检索的途径与技巧，以与专业相关的检索词语和课题为示例，分别从分类、题名、著者、主题词与关键词等检索途径，到布尔逻辑检索“与”“或”“非”的组配，再到截词检索的“前方一致”“后方一致”“中间一致”，等等，依次进行详细的讲解，提高学生的文献检索能力；图书馆通过与教师合作，使得信息素质教育更具有针对性，有利于拓展图书馆的服务范围，提升图书馆的地位和形象。而对教师而言，学科馆员可为教师提供课程资源支撑并承担部分课程内容的教学和辅导，节省了教师的工作时间。而且通过与馆员合作，教师也可提高自己的信息检索技巧。

(四)共同申报课题

高校教师是科研工作的主要承担者，教师的科研工作离不开文献资源的支持。

如果让馆员参与教师的研究课题，成为课题组的成员之一，给教师提供更深层次、更具针对性、更全面的信息服务，可以极大减少教师获取相关学科信息的难度和时间，有利于教师将更多的时间分配在学科研究上，从而提高科研质量。馆员在进行科研工作时，如果邀请教师参加课题研究，可以直接获得读者的意见与建议，使很多研究工作更具有实用性。例如去年，本人和历史学院的教师共同申报了一个关于数字环境下高校图书馆文献资源建设与推介的课题。由于课题研究的需要，我们建立了友好的关系，经常在一起讨论图书馆应该如何建设资源，应该如何开展服务，应该如何推广宣传资源等。在图书馆文献资源建设与推介方面，这位老师从教师角度，给了我很多启发和帮助。之后我们共同撰写论文，大大提升了我的科研能力。

在教师与馆员服务与合作的过程中，图书馆提升了资源建设的能力与水平，提升了读者的服务水平和质量；馆员可以提高自身的知识素养和业务能力，提升科研能力，同时获得作为馆员的存在感与满足感；高校教师既能增强自身的信息素养，又节约了很多宝贵的时间，教师和馆员达到了双赢的成效。因此，高校图书馆员与教师应该经常沟通、相互理解、互相合作、资源共享，通过长期紧密合作，不断提高自身素质和水平，为学校发展，为“双一流建设”做贡献。

参考文献：

[1]何立芳．学科馆员与专业教师深度合作的文检课教学探索[J]．图书情报工作，2013(9)：78－81.

[2]袁承芬，张红，谷艳峰．学科馆员与教师合作新途径探讨[J]．科技情报开放与经济，2014(9)：79－81.

[3]史明文，赵亚丽．论高校图书馆学科馆员与教师的交往[J]．图书馆界，2012(5)：33－34.

[4]胡芳，彭艳．学科馆员与教师合作开展信息素质教育实践方案研究[J]．图书馆工作与研究，2013(3)：95－98.

古代汉语课程字词学习与传统文化相结合教学模式初探

莫伯峰[①] 王子杨 刘 影 李爱辉

“中华民族创造了光辉灿烂的古代文化。继承这份极其丰富、珍贵的文化遗产，并把它发扬光大，是我们的光荣职责。”[②]古代典籍是保存我们传统文化的重要载体，古代汉语作为中文类学生的必修课程，对于中国传统文化的传承和发扬无疑具有极其重要的作用。

在近期的授课过程中，笔者愈发感觉需要以古代汉语课程为契机，将古代语言文字的学习与古代传统文化等相关知识相结合，这样才能够既活跃课堂气氛，又避免把古汉语字词的学习带入到死记硬背的歧途中，提高教学效果。

由于大学生通常都有着中学语文学习的学习背景，而中学生古代汉语教学的目标与大学有一定差异，因此这种结合过程并不是一蹴而就，马上就能被学生所接受的。我们通过对不同学习习惯学生的观察，逐步总结出了这种新型教学模式的几个阶段特征：

第一个阶段：以字词学习为核心，偏重记忆。

大多数学生在上古代汉语课之前，都有过一定的中学语文课基础，古代汉语最初被他们当作中学语文“文言文课文”的一种延续。因此，在这一阶段，许多学生还根据过去的学习惯性，一味重视对课本的背诵记忆。这种学习方式惯性导致了两种类型的厌课情绪：其一是感觉与中学无异，不能激发新的兴趣。笔者课堂中有一位学生甲，在课程伊始就已经对课本十分熟悉，很多字词的含义也已经记忆得较为清楚，课堂上有较为强烈的表现欲望，甚至还能指出老师与课本中的差异。[③] 按照中学的学习模式和评价要求，该生的学习能力已经能够较为轻松地应对所学课程。因此，在经过一段的学习后，该生表现出较大的学习兴趣下降，有时甚至会有逃课情况的发生。其二是仍然感觉学习困难，难以应对这种形式的学习。课程中有一位学

---

① 莫伯峰，男，首都师范大学文学院，副教授。

② 编委会：《发刊词》，《古汉语研究》，1988年第1期，第1页。

③ 特别是在网络信息发达的今天，学生通过网络获取知识的能力和进行自主学习能力都大大加强，对于一些记忆类知识的学习变得轻松和方便很多。这就更加使得一些学生难以对简单灌输类知识产生兴趣了。

生乙，在课程伊始就表现出较明显学习能力的不足，对于一些基本字词的掌握都存在较大问题，甚至一些常见的繁体字也不认识。经了解发现，该生中学时期就不喜欢文言文，究其原因，重要方面是因为文言文需要大量背诵，特别是一些重点篇目，甚至需要全篇背诵，使得不擅长背诵的该生非常抵触。当来到古代汉语课堂，该生对课程充满恐惧，一开始便认为难以学好，所以没有丝毫兴趣进行进一步学习。

对于以上两种类型的学生，必须要创设新的教学理念和教学目标，使得学生明白，大学的古代汉语课程与中学的文言文学习有根本性差异，从教学理念到教学目的再到教学评估都很不相同。这样才能激发学生的学习兴趣，促进教学活动的发展。在实际的教学活动中，笔者首先从打破学生迷信书本的思想观念开始，让学生们能够独立思考一下问题，而不是一味地被动接受。

例如笔者在讲授篇目《晋灵公不君》中："士季曰：'谏而不入，则莫之继也。会请先，不入，则子继之。'"一段时，课文对于两个"之"字的解释为"无定代词"，一个指"你"，一个指"我"。对于书上这种说法，同学开始时最有学习兴趣的是"无定代词"，因为这是他们过去学习中不常接触到的一个概念，因此很多同学都来问，这个术语的定义是什么，甚至希望教师将定义进行板书表述(因为书本中没有)。究其原因，还是过去的学习习惯导致的，学生们都认为这是一个考点内容，希望能掌握背诵点，以使得考试时能够帮助答题。而我让他们去重新思考，是否真的必须将两个"之"字一个理解为"你"，一个理解为"我"。随即就有同学提出，两个"之"字好像也可以理解为"进谏"这件事情。我对同学们的这种意见进行了鼓励，并激发他们将理由进行详细论述。

到最后时，学生们经过讨论，都认为理解为"进谏"是一种可取的意见。但即使到了这种时候，仍然有同学提出，那我们考试时如果遇到这个问题应该如何回答呢？这说明在学生的思维中，课本的权威性和考试答案的唯一性仍然是不容易被挑战的。这与我们培养创新性人才的大学教育理念是背道而驰的，是需要我们通过教学实践，一点一滴慢慢调整的。

总体来看，在第一个阶段中，一些学生对于字词的掌握集中于对教科书的记忆背诵中。特别是一些"尝到了依靠背诵搞定考试"甜头的学生，甚至有了很强的学习惯性，不再愿意尝试其他学习方法，认为只要我肯背书，那么考试就不会差，那学习也就自然会好。在这一阶段中，尝试字词讲解与传统文化相结合，会让一小部分人觉得有新鲜感，同时也在冲击他们旧有的学习理念。有的同学就反映，老师所讲的一些内容到底考试时会考吗？如果不考不是没有太大价值吗？对于学生的这种反应，一定要有充分的思想准备，一方面要理解学生的学习方式需要一个过渡，另一方面要综合运用多种方式，让学生在这种结合式中获得学习乐趣，更少考虑对错，而应该运用探索式的学习方法，探求这些字词知识背后所蕴含的各种有意思的文化含义。

我通过比较古代汉语和英语学习，来指导同学们更深刻地理解古代汉语教学的本质。我们为什么要学习英语？是因为英语已经成为我们今天生活的一种重要交流工具，如果不会英语，那么在生活中就会有很多困难发生。而古代汉语则不同，它并不是我们生活中必不可少的一门运用性学问，我们也不可能每天都练习几个小时的古代汉语，或者使用古代汉语进行写作。因此目的的不同，必然导致二者学习方式也一定存在差异。英语词汇的记忆是掌握好英语的基础，因为平常交流就需要一定的单词量积累，所以背诵记忆本身就成为英语学习的重要目标。但是古代汉语则不同，即使你不能记住某个古代字词的含义，也不会影响你日常生活，因为通常不会有人使用这些已经死亡的字词。所以，掌握古代汉语字词所具有的意义，把握从字词到字义、词义的中间过程，这才是古代汉语所要着重注意的地方。

通过不断向学生灌输上述思想，学生渐渐地能够正确对待教师讲课中把传统文化糅入字词学习的方法了。不再局限于只是记忆字词，而开始有意识地了解字词背后的故事。

第二个阶段：教师通过多种途径传递文化知识，学生渐有浸入感。

中国传统文化博大精深，到底哪些能够与字词学习相结合？又如何实现结合？这些是摆在教师面前第二个阶段的一个具体问题。文化的划分是一件十分复杂的事情，很难以用具体的划分方法来区分类型。笔者通过几个具体例子来进行说明，实际上，字词学习的任何一个方面都可以大做传统文化的文章。

例一：传统车舆文化与相关字词的学习。

马车在中国的商代已经十分盛行，战车水平不仅代表了一个国家的战斗力，而且也可代表一种文明的高度。因此，在古代有关马车的字词也就十分丰富。对于这些字词的讲解，我们与车舆文化进行了紧密联系。比如说马车上的各种部件：舆、轼、轭、轸，等等。教学不是从各词语所指称的部位来进行教授，而是以让学生能够了解各部分的作用为教学目标。我们通过设置情景，让学生明白各种构件不可或缺。比如说车轭如果没有，会出现什么样的驾车困难？同时让学生有一种带入感，让他们感觉面对的就是一辆古代的马车，会面对哪些问题。比如有的同学就提出车舆的高度好像很低，那么过去的人到底是坐着乘车还是战着乘车的问题。

我们通过鼓励学生探究，依靠学生自己来解决这些问题，使得学生不仅不局限于一字一词的记忆，还能把这一字一词弄懂弄通，还能恰当地使用。学生们普遍反映，这是过去学习所没有的。过去学习时，他们虽然也掌握了一定的古代车舆词汇，看着一辆车也能指出一些部位的名称，但是为什么需要这些构件？如果没有这些构件会怎么样？这些问题是他们没有思考过的。按照笔者的说法，如果给你们一辆古代马车，你们还是无法驾驭。而通过古代汉语课程，将文化知识代入到字词义学习，学生们感觉古代的字词生动起来了，而不再只是那些需要记忆的知识点了。

例二：汉字文化与相关字词的学习。

汉字文化是传统文化中的重要组成部分，也是很多学生非常感兴趣的一个部分，如果能够利用好汉字文化，不仅能带动学生学习古代汉语的热情，同时也能帮助学生更加深刻地理解和掌握一些字词。但是，现在图书市面上出现了一批乱解汉字的非学术书籍，恣意乱解随意而讲，使得汉字文化领域存在很多鱼目混珠的情况。因此，对于古代汉语学习的学生而言，重要的一点是让他们在对汉字文化保有兴趣的同时，又能具有一定的学术辨识力，不至进入歧途。

汉字经历了几千年的演变而成为现今的样子，因此汉字是有根的，需要历时地看待。在讲解汉字文化时，需要结合古文字的知识，把一个字的演变轨迹交代清楚，让学生们不仅了解汉字的字义，还能理解为什么这种字形能够产生这样的字义。这样，学生们不仅能掌握一些具体的知识，同时也能从根源上了解这些知识是如何产生的。以下是一些具体的例子：

例如“初”。王力本《古代汉语》文选第一篇课文《郑伯克段于鄢》，首句即为“初，郑武公娶于申，曰武姜，生庄公及公叔段”。在讲解这个句子的时候，教师不仅要把句子的意思讲明白，更要透过语言文字传递更多的古代文化知识。把“初”字的本义和字形演变讲透，就能使得学生对古代服饰文化有更多的了解，使得干巴的文字变动生动。《说文解字》：初，始也。从刀从衣，裁衣之始也。许慎的说解已经对“初”字的本义进行了阐释，在教学时我们遵循许慎的说法对“初”字进行字形分析，让学生开始注意到单个文字还可以在字形和意义间建立联系。从每个人每天都会接触到的衣服这一事物入手，对古人服饰加工过程进行探究，让大家逐步了解到古代服饰制作的基本工序。由于现代社会“成衣”已经日益取代“裁缝”，所以学生对于服饰制作的了解也愈发缺失，“初”字本义的讲解，使得同学们有机会用现在的眼光来看待一下服饰发展的历程，文化层面的触动比较大。

在此需要特别提到一点，利用汉字讲解字形含义，对于刚刚接触古代汉语的学生而言，其实是有一些障碍的。比如“本义”“会意字”“六书”“说文”，这些概念可能学生过去没有接触过，但的确又是很重要的古代汉语知识，如何使这些略显艰涩的内容不至于成为拦路虎，就需要利用多方面素材丰富教学。首先，利用古文字字形来增强形象性，将“初”字的甲骨文字形，金文字形，简帛字形，这些传承有序的文字形体逐一描摹出来，通过这些跟图画更为接近的古文字形体，可以使得“初”字的内涵变得丰富多彩。同学们课下反映，过去了解“初”字的字形，最多也就知道行书体、草书体、楷书体、魏碑体这些类型，通过古代汉语的课程讲解，才意识到原来还有这么多有趣的形体，而且可以进行形体分析，如此一下子就使得平面的汉字立体丰满起来。其次，利用图片展示古代服装与现代服装的差异。有同学提

出现在的服装制作已经不再以裁衣为开始了，而是始于服装设计师的图纸设计。这其实也反映了服饰文化的变化发展，在中国古代社会，服装除了保暖遮羞等作用，还在一定意义上标识着身份的不同，这在很多古籍中都是有记载的，这种特殊的服饰文化也可以通过图片方式展示出来。教师通过展示不同时代多种多样的服装，让学生们开始有一个时间发展的观念，这不仅活跃了课堂气氛，同时也可以趁此向学生们灌输“时有古今，地有南北，字有更革，音有转移”这些基本的古代汉语思想。总而言之，利用汉字字形讲解传统文化，一定要由易入难，把一些复杂的专门词汇融入讲课中，通过具体的实例来解读这些词汇，使其更易于理解。

例如“及”。王力本《古代汉语》文选课文《齐晋鞌之战》有句子“蛇出于其下，以肱击之，伤而匿之，故不能推车而及”，其中的“及”字有的学生能够基本理解其词义，因为一些成语“望尘莫及”“鞭长莫及”“力所能及”中的“及”字所表达的“达到”这种意义与此相关。但大多数学生还是不能很好地理解文字“及”字所表示的“赶上”这种意义，由此其实也不能很好地理解“来得及”“赶不及”这些词语中“及”字的意义。通过对“及”字的字形分析，这个问题就能够得到很好的解决。《说文解字》：及，逮也。从又从人。许慎的说解非常精确，“逮”表示从后面赶上这种意义，从字形上也很容易理解这种构意，一只手从后抓住一个人。再联系古文字的字形，甲骨文作形，金文作形，简帛作形，这些更是生动地把字义展示出来了。学生通过对这个他们过去曾当作独体字理解的文字的重新认识，对“及”字意义以及逮人之形都有了更深入的了解。

第三个阶段：学生对本民族文化产生较浓烈兴趣，逐渐产生一种探求字词本源的文化自觉。

教学的最终目的，应该是让学生获得一种主动学习的自觉，过去“在教学方法上，古代汉语课程普遍以教师为中心，以课堂讲授为主导，这种方法在课堂上往往难以调动学生主动学习的积极性”①。通过在教学中逐步带入更多的文化知识，笔者课堂从下半学期开始逐渐有了较强的文化氛围，很多学生在课后与教师讨论的问题已经不再紧盯考试和成绩这两个热门领域，而是发自内心地对很多文化现象产生了自己的兴趣，例如：

学生丙在学期初对古代汉语这门课程不是很感兴趣，表现出一定的厌学情绪。通过多次课堂提问，该生渐渐感觉到自己知识的缺陷，并意识到这些文化知识其实随处可见，与我们生活密不可分，而非枯燥无味的教条。有一次，我们对课文中“陕”字进行解读，正好学校附近开有一家陕西饭店，主营肉夹馍，名字叫作“陕一边”。当时，对这位学生进行提问，“陕一边”这个名字是何寓意？学生稍加思索便

① 黄德宽：《谈谈古代汉语课程的教学改革与教材建设》，《中国大学教学》，2015年第12期，第76页。

回答："陕字的一边是夹字，'夹'字表示与肉夹馍有关。"教师以此为契机展开与学生讨论了汉字文化中的拆字析义现象，使得大家开始进一步讨论这种文化现象在中国传统文化中的各种体现。比如讨论了"夫"字，不同的人对"夫"字不同的解读，体现了不同的文化认知："夫"字，有人拆成从二从人，表示"夫妇"的"夫"；有人拆成从天从丨(顶天立地之形)，表示"大丈夫"的"夫"；有人拆成从土从人，表示"农夫"的"夫"。这些文字的拆分可能都不正确，但是确实让学生对相关文化产生了浓烈的兴趣。

讨论结束后，教师继续对学生进行提问："那么既然'陕'字的一边是'夹'字，为什么这个字不念 jiā 呢?"对于这个问题，该学生思考了很久也不能回答，教师通过鼓励学生自己查找相关资料，最终让学生明白了"陕"字的右边并不是"夹"字，而只是与"夹"同形。在这个过程中，学生们结合实例一起熟悉了形声字、字形演变、隶变等一系列古汉语知识，并且很乐意进一步学习。当课程结束时，学生丙告诉教师，她已经开始利用资料查找她的姓氏等汉字的本义了，这是令教师十分欣慰的。

通过多年教学实践，笔者认为，要让学生对古代汉语课程发自内心的喜欢，就一定不能仅仅把这门课程当成一门工具课，把古代汉语学习的目标设定为能读文言文。一定要切实地转变思想，让学生们明白古代汉语课程背后是中国古代文化，这是中华民族能够屹立于世界民族之林的文化瑰宝，其本身具有的文化感召力一定能够吸引学生的兴趣。同时，教师也应该在教学中循序渐进，把文化的传播与知识的传播更好地结合，使得学生更加乐意学习这门课程。

参考文献：

[1]李先耕．古代汉语系统教学改革[J]．黑龙江教育(高教研究与评估)，2006(7)：106－108.

[2]蒋冀骋，刘晓南．汉语言文字学课程教学内容与教材改革研究的调查报告[J]．湖南师范大学教育科学学报，2006(4)：49－54.

[3]蒋绍愚，张联荣，朱庆之，等．古代汉语系列课程建设的新开拓[J]．中国大学教学，2006(10)：27－29.

[4]杨超．古代汉语教学改革探索[J]．西华师范大学学报，2006(4)：28－30.

《管理学原理》三位一体教学模式的探析

黄东梅[①]

《管理学原理》是经济管理类的专业基础课，是系统研究管理活动的基本规律和一般方法的科学，同时也是一门实践性很强的综合学科。因而管理学的教学也就必须同时具备理论性和实践性的双重特点：既要教授管理基本理论，又要总结和借鉴国内外的管理经验。使《管理学原理》真正发挥基础课和专业课的桥梁和纽带作用。

《管理学原理》的主要目的在于让学生们懂得如何管理，并具备相应的管理能力，掌握相关管理技巧，解决现实中的问题。根据本人多年的教学经验来看，课程的延伸性学习能够提升学生的综合管理能力。所以寻求《管理学原理》课程教学改革的重要目标，就是让在校学习的大学生们完成从学生的角色向员工角色转变。但是，高校的具体环境并不是社会营销以及企业生产的环境，为此，《管理学原理》课程的教学改革必须突破传统的单一性，从立体综合角度、提升学生团队管理能力以及自我管理能力为前提，选择教学适合的有针对性的教学模式。

本文针对管理学教学模式现状中存在的问题，提出基于能力培养的《管理学原理》教学改革的基本思路，即构建“经典原著＋专业教材＋案例”三位一体的教学模式。

一、《管理学原理》教学模式的现状

《管理学原理》作为很多专业的基础课程，得到教学主讲教师的充分重视。但是教学多以注重基本概念、基本理论、基本方法为核心，以课堂教学为主要形式的近乎传统的教学模式。对于一门应用性较强的基础课程，其教学的实效性就显得比较弱了。因循传统就使得《管理学原理》的教学陷入困境。这种困境具体表现在多个方面：

1. 专业教材的多样性，导致教材选择的困惑。出版社出版的管理学原理的教材多是为了适合普通大众，满足市场需要编制的，对于用作教学还欠缺理论的深度

① 黄东梅，女，首都师范大学管理学院，副教授。

和实际应用的指点。尽管有些高等院校自编教材，注重了理论介绍，目的是要将理论教学与实践相结合，但是教材质量无法衡量，因此，教材的选用就变得不确定。

2. 教学时数欠缺，导致教学内容构建的失衡。在现实的《管理学原理》教学任务分配中，多数情况下是基本原理教学分配课时任务多，而实践教学任务分配较少。实践任务内容多以介绍一些案例为主，少有实践活动或是实习基地的支撑。使得教师在教学中难以掌控理论教学与实践教学的分配，也就很难达成管理学所要达成的对实际问题分析能力的提升。

3. 案例教学实效性较低。在《管理学原理》的教学过程中，教师需要引入案例教学，帮助学生理解和应用管理理论，但是所引用的案例多数相对过时，割裂性强，即案例与实际组织结合度较低，不能充分体现案例与理论的相匹配。

对于将案例作为原理的延续性教学，有些学者认为本科生在理论功底和实践经验等方面都有所欠缺，没有必要也不应该推行案例教学。事实上，在社会组织所需的人与物这一对资源因素中，只有人具备管理能力才是组织效率与效益的决定性保障。由于《管理学原理》的课程本身所具备的应用性特点，只靠纯原理教学无法实现理想的教学效果。

4. 学生知识应用能力低。《管理学原理》是管理类专业的基础课。其所涉及的内容具有应用性较强的特点，学生却普遍反映学完之后其理论与时间距离很大，在毕业后的工作岗位的实际应用能力较低。

基于上述的分析，不改革《管理学原理》的传统教学模式，就会使其专业基础课的作用越来越弱，甚至会影响到专业课的学习的效果。所以，寻求有效的教学模式迫在眉睫。

二、《管理学原理》三位一体教学模式的内涵

所谓三位一体教学模式，就是将管理学经典著作、管理学原理、管理案例有机结合起来，全面立体提升学习者对于管理学的驾驭能力与实践应用能力的教学模式。《管理学原理》课程的具体教学活动以及教学内容设置也必须遵循这一目标进行。它要求做到下面几点：

1. 增加经典原著的教学内容。经典原著即为具有典范性、权威性的理论著作。管理学的经典著作是对于理论的形成发展及其理论内容的阐述具有代表意义或标志作用。增加原著的教学内容，就是对原理于溯源，是指导学生对于原理要知其所以然的必备内容。

(1)原著能够让学习者知道管理学是怎样诞生的。科学管理是众所周知的概念，泰勒(F. W. Taylor)认为，“管理的主要目标应该是使雇主的财富最大化，同时也使

每一位雇员的财富最大化。”“过去，人是第一位的；将来，体制必须是第一位的”。泰勒是怎么样通过实验过程得出的结论，又是经历了怎样的过程才将管理从经验变为科学，成为科学管理之父，不了解《科学管理原理》的内容，就不得其意。

泰勒的《科学管理原理》(1911)以及法约尔（Hneri Fyalo)的《工业管理与一般管理》(1916)的发表为管理学诞生的标志。

(2)原著能够让学习者知道管理学作为一门独立的学科，是怎样出现的，又是怎样指导实践的。

管理学作为一门独立的学科，也就只有半个多世纪的历程。被称为现代管理之父的彼得·德鲁克(Peter F. Drucker)于1954年出版的《管理的实践》一书中，首次提出“管理学”的概念，同时他也提出了一个具有划时代意义的概念——目标管理。正如《追求卓越》的作者汤姆·彼得斯所说：“在德鲁克之前，并无真正的管理学存在。”《管理的实践》是首部把管理涉及的各个领域进行系统性论述的书。该书提出了一系列极具前瞻性的管理见解，又从实践出发阐明了应用的途径，从而构筑了管理学科的架构。从此将管理学开创成为一门学科。

2. 选择合理的专业教材。教材是学生自学的参考资料，也是教学进行的依据。所选用的教材一定要符合与时俱进的原则。管理学是应用性学科，与时俱进是保证教材教学实效性的关键。教材逻辑关系的清晰性、教学对象的适用性，教材内容的系统性、教学实例的时效性，都是选用合理教材的依据。

3. 案例教学。案例教学是将原理教学的内容向后延伸的关键环节。没有案例教学，来源就会脱离实际。例如，领导职能中的激励，包括激励理论、激励手段、激励效果等，在现实中如何运用好激励，达成领导职能的预期，学生们还不能具体理解。所以将阿里巴巴集团董事局主席马云所采用的激励方案引入教学，即：将5个人完成的工作任务，分派给3个人去做，按4个人的薪酬总额，支付给完成任务的3人。结果是企业节省成本，个人收入增加的双赢结果。通过这个具体的案例，可以使学习者直观地理解激励的特殊性以及管理职能的具体体现。在现实的本科教学中案例教学应用还不十分普遍，一些列入教材中的案例，也只是作为引导案例来用，有些置于篇尾作为思考案例来用，这样的设置不会引起学生的足够兴趣。必须将实际案例作为教学的一个重要内容，使学习者能够切实地将原理落到实处，才能真正提升学生的管理能力，才能体现管理学原理的应用性。

三、三位一体教学模式实施的制约

三位一体的教学模式，是将管理学原理的来源、内容、应用纵向结合的教学模式。需要充足的教学时数和高质量的教师队伍。但是，现实中实施这种教学模式还面临诸多的制约因素，具体包括：

1. 教学时数的制约。48学时的教学时数，要实施三位一体的教学模式显然是不够的。按照1∶2∶1的教学安排，经典原著的教学时数应该保证至少要有16学时，原理教学32学时，案例教学16学时，所以，三位一体教学模式应保证有64学时。

2. 主讲教师实际素质的制约。教师对于经典著作的驾驭、教材的应用与案例的引进，都会直接影响教学模式的效果。许多人认为本科生的教学目的就是讲清楚A是A，而没有必要讲清楚为什么A是A，怎样才能A是A。即认为本科生的教学不应该过多向深度挖掘。再有，对于教师的考核及晋升职称，更多注重科研，而非教学，导致主讲教师没有更多的积极性投入到教学改革中，尤其是原著的教学，压力大，工作量多等，又不能核算到工作所得之内，因此，会制约《管理学原理》三位一体教学模式的实施。

3. 学生的学习态度也是实施"三位一体"教学模式的关键。互联网是当今社会绝对的主流，没有谁不努力借用互联网来实现自己的愿望。学生都是社会时尚一族，对于传统的课堂教学方式已经没有好奇心，也没有了新鲜感。借用互联网就可以找到很多关于管理学的资料，用以应对平时作业和其中论文作业，而不用心琢磨《管理学原理》课程的逻辑线索、相关内容、基本方法、容易出现错误的原因等。尽管《管理学原理》涉及的内容应用性强，但是学生并不看重，因为多数学生不知道怎样学习专业基础课，怎样对待相对社会有距离的理论部分的学习。这给教学模式的选择带来一定的阻力。

四、推行三位一体教学模式的措施

一种新教学模式的推行总是要经历说明、实验、总结这样的过程。三位一体教学模式强调纵向延伸，立体提升学习者的综合能力。所以要建立支撑该模式实施的基础。

1. 增加原著教学的时数。原著教学的主要内容设计就是阅读原著。

首先，要求主讲教师应引导学生课下预先阅读，课上讨论阅读内容，分享经典原著的核心理论以及对应的原理。

其次，要选择经典原著，且数量不可过多。经典原著的影响力、作者的意图等，能够带给学生新的视角，主讲教师应该充分利用增加的课时，培养学生对于理论来源的探究兴趣，及其现实意义的领会。建议对于经典原著分成泛读和精读两部分。对于泛读的经典原著，以引导为主，掌握其精髓，理解其核心即可；对于精读的经典原著，要仔细进行研读、分析、总结，使学习者切实掌握原著的逻辑关系、分析的手段、引用案例的性质等。只有这样才能够达到对原理溯源的目的。

2. 增加主讲教师的业务培训。实施三位一体教学模式的教师应该具备三个条件：

第一，主讲教师必须具备教授“管理学原理”课程的广博的基础知识和深厚的理论功底，对问题能够分析彻底、深刻。如果缺乏对管理学的整体把握、缺乏管理学理论，不通晓理论界对管理学问题的研究探讨的前沿和发展，就不能胜任三位一体的教学模式的要求。

第二，具备掌控三位一体教学模式的能力，对案例所蕴含的理论基础知识能够准确解析，并能驾驭对案例问题的讨论活动。教师必须在授课之前制订一个详细、周密的案例教学的组织计划，内容包括：教学目标、案例类型、案例来源、布置学生个人阅读并分析案例、小组讨论、案例交流发言的具体组织步骤、案例讨论过程中可能出现的问题及对策、案例讨论地点的安排、案例总结点评等。教师必须熟悉案例教学的规律，能够掌握多样的教学技巧；必须具有丰富的实践经验，保证对学生的指导是有效的。

第三，能与学生平等互动。在案例教学中教师与学生都是参与者，具有平等的地位，教师在组织案例讨论中，应该仔细认真地听取学生的见解，平等对话，积极与学生进行信息交流，多用启发式诱导学生独立思考，使学生真正能够掌握相应的知识和能力，而不应以身份相差，凌驾于学生之上。教师更应该以平等的心态将指导贯穿于学生管理能力训练的全过程，并根据学生的具体情况，在“案例选题、案例选材、案例分析、起草成文”等各个环节中安排“讨论、点评、修改”。使《管理学原理》教学过程成为一个可控、高效、开放、平等、互动有序的活动系统。

3. 充分调动学生的积极性。首先，在三位一体之一的经典原著教学阶段，主讲教师应该引导学生分组阅读，做读书笔记，以及组织课下讨论。尽量让学生在原著阅读中学会提炼原理，在原理学习中联系相关原著，以及原著的阐述内容。加强引导学生对于案例及实际问题的分析，列举可行性方案，模拟管理者执行方案。

其次，课程实习基地的建立，是实施三位一体教学模式的重要一环。将案例教学与实习基地结合，在教学过程中让学生参与其中，比如实习基地的管理模式，管理规则、管理方法等，都是学生将原理用于实践的最直观的方法。

总之，《管理学原理》作为专业基础课，具有较强的理论性、应用性与创新性的客观要求。由于学生缺乏社会工作经历，对管理不能产生直观的认识，就需要主讲教师在选用教学模式时，将学生的实际现状、高校的培养特点以及社会实际要求相结合，加强与实际管理工作之间的联系，选择以经典原著教学、专业原理教学和案例教学纵向有机结合的三位一体的教学模式，提升学生的综合素质，适应社会对于专业管理人员的要求，经得起专业性和实践性的挑选。

参考文献：

[1]汤丽萍．应用型高校《管理学原理》课程教学改革探索[J]. 中州大学学报，2015(4)：114－117.

[2]田琼．融合教学方法，构建活力课堂——基于《管理学原理》课程教学改革实践[J]. 湖南科技学院学报，2016(12)：91－93.

[3]朱长城．新形势下管理学教学创新性改革的探析[J]. 学园，2018(10).

[4] 谢玉红．新媒体时代管理学课程教学方法创新思考[J]. 逻辑学研究，2016(11).

[5] 李英，王晨筱．论基于能力培养的管理学教学改革[J]. 当代教育理念与实践，2014(6).

[6] 马俊苹．管理学案例地方化教学改革的思考[J]. 龙岩学院学报，2007，25(2)：36－38.

构建运动训练专业课程的措施及保障机制分析

王　宇①

当今时代，体育已经成为人们一项社会需求，尤其是在群众的需求逐渐多元化的今天，体育对人们改善生活质量方面发挥着重要的作用。高校作为社会专门培养体育后备人才的机构，运用运动训练专业课程来培养体育人才是基本方式之一，也是其实现体育人才培养目标的必要条件。但由于毕业生整体水平不高，在毕业后能当上教练员的屈指可数，据资料显示，仅有 2％－3％的毕业生可以找到专业工作。而从事竞技项目的教练员，大多由退役运动员担任。由此带来了一些问题：运动员由于知识水平不扎实，基础薄弱，在具体的教学活动中，理论能力难以跟上教学需求。高校毕业生运动技能不高，无法胜任教练员的工作。这种矛盾会影响运动训练目标的达成，更会影响到体育的可持续发展。为此，建立一套行之有效的运动训练专业课程体系势在必行。笔者在体育教育工作岗位上奋斗了多年，对体育发展深有感触。虽然伴随经济的发展，体育事业的发展也是呈现出欣欣向荣之势，但其发展过程上面临的一些问题同样值得我们注意。所以笔者在对自己工作充满向往的同时，深深感受到一份沉重的责任，那就是完善现有的运动训练专业课程体系，实现我国体育事业腾飞的梦想。

一、研究方法

1. 文献资料法

查阅大量高校体育专业课程设置的著作，将运动训练、专业、课程作为关键词，检索国内外期刊资料。

2. 实践法

通过多年参与高校体育教育工作，从而细致深入、全面体验，了解和分析运动

①　王宇，男，首都师范大学体育教研部，副教授。

训练专业课程现状，在工作过程中掌握有关工作的第一手资料。

二、构建运动训练专业课程体系的基本理念

要想构建科学的运动训练专业课程体系，首先就要有科学的理论作支撑，本文主要运用了以下三种理念：

（一）人文关怀理念

从运动训练专业课程构建角度来讲，人文关怀主要指对大学生独立人格的尊重，强调大学生具有独立人格，应将他们看作具有独立思考能力的个体看待；重新认识师生之间的关系，即教育与被教育的关系；打破教育专制，使思想的束缚彻底打破，让学生的创造力充分体现。首先，设置的教学课程目标要以人文关怀为基础，目标指个人或组织对最终结果的期望。任何课程活动都会有一个既定的目标，运动训练专业课程亦如此，课程目标的确定为其实施提供了必要的依据。课程目标应体现人文关怀，其主要表现为：运动训练专业课程不应将学生成绩作为唯一的评价标准，提升学生人文知识与素养更加重要；运动训练专业课程应以学生独立人格作为情感、态度方面的追求，培养学生积极乐观的人文精神，激发学生向往美好的人生态度，体现与自然和谐共处的可持续发展理念。其次，在教学过程中要重视学生所拥有的知识以及经验。学生作为独立的个体拥有自己的知识经验，并且会影响到训练专业课程的实施。课程实施中要重视增设人文环境，以良好的文化环境推进运动训练专业课程的实施。

（二）复杂性思维理念

运动训练专业课程实施要解决科学思想与人文主义的对立，必须借助复杂性思维理念的整合作用，其应用具有如下特点：首先，运动训练专业课程构建需要考虑多种因素。课程实施是一个复杂的体系，各个环节相互交织、相互影响，构建了一个复杂的开放系统。这个系统缺乏控制性，不仅外部表现出复杂的关系，内部还存在诸多隐性因素，如校园文化、环境等，任何一种因素变量，甚至是一个偶然事件，都会对整体体系产生影响。因此，运动训练专业课程的构建，取决于课程体系复杂关系的处理，只有精确把握其中的规律和线性关系，用复杂性思维构建课程体系才是可行的。其次，运动训练专业课程要整合多种课程模式。在课程体系构建中常存在二无对立的局面，一个课程模式的建立是对另一个课程模式的否定，其实这是一种局部的、孤立的理解方式。实际上，一个课程体系的构建应是集多种模式之大成，绝对不能以偏概全，简单地以一种模式取代另一种模式。复杂性思维强调多模式的整合，将事实和价值、人文和科学、理论和实践等看作是不同的方面，这些方面是多元平等、相互关联的，从而形成了一个有机的体系。所以运动训练专业课

程体系构建需要用多元的、开放的视角，将多种课程模式进行整合在一起，将无用的内容突出，实现课程体系瘦身。

(三)以学生为本的理念

我国刚刚设立运动训练专业的时候，出于社会对专业人才的需求较大，因此在培养人才方面，更强调如何培养对口型较强的专业人才。随着时代的飞速发展，社会对人才的需求也在发生变化，因此教育理念也要有所改变。尤其是随着各大高校的不断扩招，当今的运动训练专业生源数量在持续的增加，面临极其严重的就业问题，过去的运动训练专业主要是用来培养体育教师和体育教练员，很显然这种培养模式已经落伍了，难以满足社会和时代对运动训练专业人才的要求。因此在当今更应该基于学生个人发展的现状，加强对学生学习需求的发展与关注，培养学生具有较高的社会适应性。随着竞技体育事业的迅速发展，对体育人才的质和量都提出新的要求，我们不仅仅要培养符合社会发展的人才，同时，也要对未来社会发展对人才的需求进行预测，这样，课程结构的优化机制才具有灵敏性和有效性。

(四)运动训练专业课程构建的具体措施

1. 运动训练专业课程目标定位

以社会需求为导向。社会需求关系到毕业生职业发展的问题，所以是运动训练专业课程实施的重要目标。与此同时，还要重视学生个体价值的实现，如果单纯以此为目标，就会陷入“社会中心”的价值取向怪圈，实际上有悖于以学生为本、强调人文关怀的现代教育理念。首先，运动训练专业课程实施的目标是处理好学生身体素质、能力素质、知识、情感之间的关系。如从学生生理特点出发，将目标调整为促进学生机体系统功能的强化上；从学生的运动训练专业特点出发，重点放在强化学生的人文素养上；从学生的社会需求特点出发，将目标重点放在学生组织体育赛事能力培养上，使其形成对体育文化更深层的理解以及对体育毫无保留的热爱上。其次，对不同年级、不同基础学生的培养重点不同。如大一、大二学生对体育处于浅层的意识状态，所以培养运动训练的兴趣和基础知识更加重要；对于大三、大四学生，应注重对实践能力的培养，提高社会适应能力和专业技能的演练能力。对于不同层次课程目标的设定要层级分析、重点突出，形成一个立体、交织的复杂系统。

坚持科学发展观，引入特色专业。将社会需求作为基本定位，但同质化只会加剧竞争，竞争中只有很少一部分人得到就职的机会。所以高校运动训练专业定位很重要，要凸显专业特色，与不同类别的高校形成优势互补。一般来讲，专业体育院校的师资、设施等基础条件较少，并且在各类比赛方面具有一定优势，这类学校应侧重于专业运动员、教练员的培养，提高培养的深度和广度；而师范类、综合类的高校，因为运动训练专业不过于强调知识和技能的高层次性，所以在选择招生对象时应侧重相对业余的二级运动员，培养集教育、管理、训练为一体的现代复合型体育人才。这样各类院校就更容易发挥自身优势，在为社会培养目标人才过程中形成明显的优势互补效果。

2. 运动训练专业课程内容选择

运动训练专业课程内容选择需要做到：民族体育与世界体育相结合。体育文化是人类共有的文化，是没有国界的，它之所以传承不息，是因为一直兼容并包各种体育文化，从而具有强大的生命力。我国历史源远流长，在历史发展过程中沉淀下来的体育项目，可以说是文化精髓的代表。虽说如此，但民族传统体育文化并没有被很好地引入学校，所以应创造条件，将民族传统体育项目引入到高校教学中，如太极拳、马术、剑术等，编入高校的运动训练专业课程之中。另外还有一些具有浓郁少数民族特色的体育活动，如踩高跷、滚铁环等也可以纳入其中。在弘扬民族体育文化的同时，还要将现代体育融入进来，因为现代体育代表了体育文化的精髓，有许多可取之处，利用传统体育与现代体育的融合，将民族体育加以传承发展。

科技体育与人文体育相结合。北京奥运会展示了人文奥运之风采，从某种意义来讲，更是向世界宣示了中国现代体育的发展走向。高等院校应积极响应和贯彻这一理念，走科技体育、人文体育的道路，将科技体育和人文体育渐渐结合起来。运动训练专业作为高等体育教育的一部分，自然不能例外。当然，科技体育与人文体育的融合过程是漫长的，也是一个系统而复杂的工程。

竞技体育与健身体育相结合。一直以来，教育界对竞技体育的认识有积极的一面，亦有批评的一面，并且都有一定程度的夸大，这是不可取的。当今社会的竞技运动文化已经深入人心，它已经与人的生活捆绑在一起，成为人的精神食粮的一部分。但随着社会的发展，人们的工作和生活更加紧凑，根本没有时间参加体育锻炼，身心健康问题越来越突出，所以人们比以往更加需要缓解身心压力以提高体质。不能将竞技运动看成高水平运动员的专利，竞技运动项目可以激发学生的兴趣，成为促进学生身心健康发展的有效手段。所以片面强调竞技运动在体育课程中的积极作用不可取，而过于追求竞技运动的高标准也是不可取的。对此，要把竞技体育与健身体育结合在一起，使其相互交融。

3. 运动训练课程结构的优化

运动训练课程结构的优化主要体现在对以下几种关系的处理上。

处理好基础课与专业课的关系。新世纪要求技术扎实的人才，但体育人才不如我们所想。高校体育院系基础体育课程设置相对规范，而专业课程则比较凌乱，有的专业课内容重复，造成了专业学生体育知识水平不高，不能满足社会对人才的具体要求。目前，体育基础课与体育专业课呈现并列的状态，要彻底打破这种状态，并对其内容加以充实，才能够改变这种无序而激烈的竞争状态，使其结构化、序列化。优化整合思想不是简单地将课程进行合并与融合，更不是增加一种课程内容或减少另一种课程内容，而是内在结构的实质性变化。为了避免课程内容的重复，可以把专业课内容与基础课内容结合起来，将类似的课程整合成一个门类，如“体能训练”与“运动训练”可整合为“训练学”。这样就使体育课程变得更精细全面，既能保证一定的休闲、健身功能，又可以进行一些运动竞技的尝试，为体育课程设置提供更加自由的发挥空间。

处理好必修课与选修课程的关系。必修课是学生必修的课程，而选修课则可修可不修，这两种课程本身没有什么联系。而现如今，通过必修课与选修课的结构，使学生的知识得以优化，从而实现课程目标的全面性。从价值角度分析，实际上不管必修课也好，还是选修课也罢，二者是平行的关系，具有一样的价值，不能说选择课可修可不修而便成为其附庸品。为了使体育课程的结构更优化，应将必修课中可学可不学或不学也能懂的内容去掉，将选修课中一些必要的内容加进来，从而做到课程内容的少而精。高等院校要进一步加大选修课的门数和比例，这样才能更好地提高体育技术理论水平。但在实际操作中，一定要建立起完善的选修课制度，让运动训练专业学生在教师的科学指导下，选择更适合自己未来发展的选项，增强他们的积极性和主动性。

4. 运动训练课程实施的改革

实施主体要全面参与。实施主体参与程序对运动训练专业课程改革的效果影响巨大，所以其应尽可能全面参与。实施主体包括国家教育体育部门、地方教育体育部门及学校，还有参与实践教学的教师等。其中决策者扮演了宏观课程改革的引导者、意义构建者；教育学者是扮演了传递者、宣传者的角色，实际上是桥梁的作用；教师是课程改革的主要实施者。三个层面要明确分工、相互交流，决策者通过教育学者将一些最新的价值理念传递给教师，后由其实施。通过交流，教师就会对课程实施更加积极，但一定要注意学生的作用，要让学生参与进来，发挥学生在其中的作用。

实施方式多样化选择。运动训练专业课本身就有很强的实践性，所以课程实施必然是多样化的。目前，自主学习、探究式学习、合作学习已经成为课堂教学普遍运用的学习方式，已经得到实践的充分验证。其中自主学习就是让学生主动参与学习，获得主动式的情感体验；合作学习是以一个小团体为中心，发挥团体合力作用，增强创造力；探究学习强调情境创设，以情境激发学生兴趣，从而在主动探究中获得相应的能力。无论何种学习模式，其目的是激发学生兴趣，培养学生创造性思维。但任何一种方法都不是万能的，在不同的环境和范围下产生的作用效果是不一样的，需要面对不同的课程内容和学生选择合理的教学方法。

三、构建运动训练专业课程的保障机制

（一）培养一支富有创新力、素质精良的教师队伍

自20世纪80年代以来，西方发达国家便希望通过打造富有创新力、素质精良的教师队伍来提高教育质量，但由于对相关标准的认定不尽相同，所以很难找到一套适合我国国情教育的标准。如果没有一个标准，那么教师就很难做出什么成绩，所以现阶段重要的任务是明确队伍的建设目标，对教师队伍的整体结构及素质情况有一个明确的划分规则。我国不同于西方发达国家，所以单纯地拿来西方教育标准是不合适的，必须遵循客观原则，对目前我国师资队伍现状及教育发展要求分析来确定。随着终身教育、可持续发展思想等教育理念的提出，我国教师队伍的问题越来越明显，其中最缺乏创新能力和合作精神，所以我国教师队伍建设目标无出其二。其总体目标为：打造一支年龄、学历、知识、素质等均衡发展的现代型教育人才，还要有极强的创造能力和合作精神，成为一支不可多得的素质精良的优秀教师队伍。

（二）树立可持续发展观念

可持续发展的理论既是绿色理念，也是人类社会发展的一般规律。事物的成长应该是可持续的，缺乏可持续的驱动力，那么只能是灭亡和消失。现代社会是信息社会，信息科学是连续增长的，这就要求知识不间断增长，处于这个社会的每一个个体都应该不断学习，不断追逐时代的步伐。作为高校教师，其责任是为社会培养高级人才，那么职业的特殊性赋予了他们更重要的责任。首先，教师的能力要比学生强一些，这就要求教师的知识结构、专业技能、认知情感等方面相较学生更成熟，更先进，学生在发展而教师停滞不前，就失去了对学生发展的驱动力。其次，新课程要求培养学生健康的体质、广博的知识、团队合作精神以及创新能力等，这些都是学生无论生活中还是社会中都非常需要的，要传授给学生这些能力，教师必须有可持续发展的教育理念。这个时代是科技知识垄断的时代，社会的步伐永远走在我们的前面，知识、科学技术的更新比翻书还要快，甚至我们对一项新技术还未来得及熟练掌握的时候，下一项更新的技术已经产出，我们的知识已然落伍了。所以教师如果满足于现状，就无法适应学生对新知识的渴望与需求，培养一批勇于创新、善于思考的师资队伍十分重要。教师不是一支蜡烛，而是一盏可充电的台灯，只要及时充电，永远能为学生照亮知识的田地。

（三）储备可持续发展能力

运动训练专业教师要有全面的运动能力，同时还要具有强大的执教能力以及体育活动组织能力。运动能力是运动训练专业教师区别于其他教师的最大能力，所有

体育教师会将这种能力作为一种骄傲，所以大部分体育教师注重全面运动能力的训练。但是，与这种能力有同等作用的教学能力发展并不理想，所以运动训练专业的教学能力亟待提高。作为课程实施主体，其教学能力包括：新课程的理解能力；课堂的组织教学能力；学生的合作互动能力、教学反思能力以及体育教学问题的探究能力等。运动训练专业教师的教学能力的获得在一定程度上反映了其对体育课程实施的效果。体育教师要由被动的教变为主动的教。具体来讲，就是转变自己的角色定位，从被动接受教材到主动开发教材；从知识的灌输者变为知识的引导者，授之以渔，教给学生学习方法，让他们自己主动学习；由课堂权威变成学生的朋友，是一个可以帮助学生的智者。获得这些能力并不断转换角色，是体育教师综合素质的具体表现。

其次，运动训练专业教师还要有赛事的组织和管理能力。因为运动训练专业课程要求学生具有极强的实践能力，要想"更高、更远、更强"，单纯靠平时训练是无法完成的，要多组织各类赛事，俗话说："是英雄还是笨熊，拉出来练练才知道。"组织各种训练活动或赛事，其重任自然落到教师的头上，所以运动训练专业教师必须具备相应的组织和管理能力。此外，运动训练专业的毕业生在毕业后，除了成为一名职业运动员外，大多都会选择从事教练员的工作。作为一名教练员，不仅要有教练员所需的专业知识和运动能力，还要有组织训练、临场应变、制造现场气氛等一系列的能力，这些能力的获取在课堂上是无法获得的，只有实践出真知，让学生站在运动场上去感受才能获得。这个过程中，教师如何组织和管理，如何激发运动员的潜能，如何进行临场应变，如何提高运动员抗挫能力，都看在学生的眼里，在潜移默化过程中形成自有的组织与管理能力。可以看出，教师在比赛中的组织和管理能力对学生能力提升是多么重要的。在知识经济时代，科学带给人类的东西太多了，而科技同样可作用于运动训练教学，作为体育教师，要具有一定的体育科研能力，将传统体育变为科技竞争的体育，这才是现代体育发展之趋势。目前，运动训练专业教师拥有很多的资源和研究机会，必须好好把握，争取创造一条崭新的体育发展之路。

(四)借鉴国外优秀做法完善课程体系资源

自从建立运动训练专业以来，可以说国际上多个国家都很重视运动训练专业的发展，尤其是随着竞技体育运动在各个国家所发挥的作用越来越重要之后，运用运动训练专业可以更好地帮助国家培养优秀的运动员、体育运动从业者，因此很多国家也都开始重视如何进一步完善体育课程体系资源。在过去的很多年，我国在体育教育方面也借鉴过国外部分国家的优秀做法，但是仍有待于进一步改进。当前国际上教育比较发达的国家，比如美国、日本等国家，都在体育课程方面做出了大量的调整，进一步改进完善了运动训练专业的发展。当前我国的体育教育并不仅仅局限在国内，由于各国之间的接触程度有所提高，因此体育活动之间的互动与合作交流的机会也有所增多。各国之间不仅在经济发展方面谋求“在合作中求发展”，就连文化教育以及体育教育，也要进一步追求不同国家之间不断地进行碰撞与学习，只有不断地与国际体育事业发达的国家进行学习和借鉴，才有可能帮助自己不断地成长，甚至是促进整个人类的体育事业不断地完善发展。当前日本的体育教育主要是实行“快乐体育”的课程体系，英国是实行“大体育”课程体系，而美国则是主要针对职业化课程体系，不能单纯地评价其中任何一个国家的体育课程体系好或者不好，每个课程体系都有其存在的必要性，都有自己的优势。因此我们可以在借鉴国外优秀体育课程资源的基础上，在教学理念、教学模式、课程设置、政策制度等方面吸取较好的经验，进一步丰富完善我国的运动训练专业体育课程的完善，在发展中不断地取得进步，进一步缩小国内外之间的差距。

四、结语

运动训练专业课程的构建必须符合社会需求，以社会需求为目标但又不能盲目，还要考虑学生教育的主体性以及自我价值的实现。运动训练专业课程由单一模式向多元化发展，要突出“厚基础”“专业特色”。将具有深厚底蕴的民族传统融合进去，是高校运动训练专业课程发展的重要方向。教师作为专业课程的实施者，要有扎实的专业素质以及可持续发展的教育理念，同时还要具备影响学生终身体育意识的职业道德和人格魅力，这是体育教育事业走向成功的基本保障。

参考文献：

[1]李德甫．对运动训练专业办学指导思想的分析和讨论[J]．武汉体育学院学报，2014(3)：88－90.

[2]鲁长芬，王健．从美国体育院系课程改革看我国运动训练专业课程体系的改革[J]．西安体育学院学报，2013(1)：95－99.

[3]邹国忠．体育院系运动训练专业教学计划的重新构建与整体优化[J]．体育与科学，1997(1)：59－61.

[4]李俊茗．关于体育院校毕业生就业现状的调查与分析[J]．科技风，2016(7).

[5]李高夫．运动训练专业学生就业问题研究[J]．才智，2014(27).

[6]崔祯浩．运动训练专业大学生就业策略探讨[J]．西部素质教育，2015(5)：38.

[7]江军．高等院校运动训练专业学生培养问题分析[J]．当代体育科技，2014(12)：18－19.

[8]崔祯浩．影响辽宁省运动训练专业毕业生就业状况的因素分析[J]．科技资讯，2015(12)：221.

[9]崔祯浩．运动训练专业大学生就业策略探讨[J]．西部素质教育，2015(5)：38.

[10]刘埗，范美艳．吉林省高校运动训练专业大学生就业现状分析[J]．吉林体育学院学报，2013(3)：94－97.

基于核心素养视角培养学前专业学生幼儿体育实施能力的课程改革研究

谷长伟[①]

幼儿体育是幼儿健康教育的重要组成部分，随着近年来幼儿体育的“热”与“需”，作为培养幼儿教师源头的高等学校，只有培养出更多适合幼儿园一线的合格教师，才能更好地服务社会。但是，幼儿自身的特点限制了幼儿进行体育运动的能力，正如革命先驱恽代英曾撰文写道：“小儿自为之运动，或限于剧烈，或限于偏至，每无益于身心，或反有害，非可以绝对放任者也。”为此，幼儿园教师能否运用自身的体育学科知识和技能正确引导、组织幼儿开展适宜的体育活动，就显得尤为重要，这也取决于培养幼儿教师的学校的教学水平。因此，作为培养北京市幼儿师资源头的高等院校，积极探索课程改革模式，研究提升学前教育专业学生的幼儿体育实施方面的核心素养具有非常重要的现实意义。

一、中国目前幼儿体育发展的“热”与高校培养专业幼儿体育师资的“窘”

(一)中国目前幼儿体育发展的“热”与“需”

1. 幼儿体育发展的“热”

伴随着国家及民众学前教育关注度的提升，近年来涌现出大批的幼儿体育机构、各种名目的幼儿体育培训热、层出不穷的各类幼儿体育论坛和研讨会、幼儿体育教材及器材产销热、种类繁多的幼儿体育赛事等，也从侧面折射出当前幼儿体育需求的旺盛。据媒体报道和不完全统计，仅 2016 年 7 月—2018 年 7 月两年间，我国新成立幼儿体育商业机构 739 个，其中培训类 395 个，占 45%—53%；批发零售 257 个，占 34.78%；用品、器材、设施制造类 87 个，占 11.77% ；2017—2018 年新建幼儿体育社会组织和研究机构 11 个，协会类和研究类机构各占了 50%。

2. 幼儿体育发展的“需”

幼儿体育发展的滚滚热浪也折射出了“需”，主要体现在：

(1)急需既懂体育，又懂学前教育的师资。目前，多数幼儿园未有配备幼儿体

① 谷长伟，男，首都师范大学学前教育学院，讲师。

育相关方面专业教师，在幼儿园承担幼儿体育教学活动的师资多数是由普通幼儿教师担任，基本上是由幼儿师范院校培养出来的学生。

(2)幼儿园一线教师急需体育知识、技能的培训。在相关调查研究中幼儿园现任教师普遍反映：自己很想承担幼儿体育方面的教学，因为幼儿很喜欢，但就是不知道该如何上好和组织好幼儿体育活动，认为自身缺乏体育知识和技能。

(3)体育专业毕业的专、兼职幼儿体育教师急需学前教育知识培训。笔者在多年的幼儿园教学和科研指导中发现目前也有一些幼儿园会从体智能培训机构中聘任兼职专业体育教师，但是也会发现虽然这些担任幼儿体育的教师懂体育教学，但学前教育方面的知识匮乏，因此他们同样难以更好地实施幼儿体育，亟待培训和提升。

(二)高校培养幼儿体育专业师资的“窘”

1. 学前教育专业体育课程的定位存在一定的偏差

目前我国大部分高校学前教育专业以“公共必修课”来定位体育课程，即教学活动围绕着学科开展，主要是为了满足学生锻炼的需求，并没有考虑到学前专业学生将来的职业所需，更不能将学前教育专业师范性与职业性的特点加以反映，出现了学前教育专业体育课程已经不能很好地满足学生的职业所需，没有对学生将来所要从事职业的特殊性加以重视，无法满足幼儿体育教育工作的要求。

2. 学前教育专业体育课程内容的设置缺乏针对性

根据笔者走访了解到的情况，多数学前教育本科生接触的体育活动均是从国家学生体质健康标准达标以及培养学生终身体育意识的角度出发去加强和发展学生的身体素质，其教学内容鲜有与幼儿体育活动相关的体育活动，如幼儿教育活动所需的体操类、游戏类、队列队形组织类的教学内容所占比例很小。

3. 学前教育专业方向课《学前儿童健康教育》中幼儿体育部分所占比例较低

学前教育专业学生除了必修的公共体育课外，还会在学前儿童健康教育中学习部分幼儿体育活动的内容与方法，而这部分内容在高等院校健康教育中所占比例较低，在调研中发现《学前儿童健康教育》相关教材中有的体育相关内容所占的比例较少，有的仅占8%，最高达到45%，而且在书中以传授理论知识为主，附有少数的案例，在复旦大学出版社出版的《学前儿童健康教育活动指导(第二版)》中案例稍丰富一些。

二、学前专业学生幼儿体育实施能力的核心素养

(一)概念解析

核心素养[①]是学生在接受相应学段的教育过程中，逐步形成的适应个人终生发

① 百度百科：https：//zhidao.baidu.com/question/716323764173154725.html.

展和社会发展需要的必备品格与关键能力。它是关于学生知识、技能、情感、态度、价值观等多方面要求的结合体；它指向过程，关注学生在其培养过程中的体悟，而非结果导向；同时，核心素养兼具稳定性与开放性、发展性，是一个伴随终生可持续发展、与时俱进的动态优化过程，是个体能够适应未来社会、促进终生学习、实现全面发展的基本保障。

学前专业学生幼儿体育实施能力的核心素养，旨在通过整合学前相关专业学科、合理安排必修课与选修课、设计在线课程等课程改革，让学生在校期间形成幼儿体育实施能力的必备基础知识和关键能力。

(二)学前专业学生的幼儿体育实施能力方面的核心素养

在学前教育如火如荼、幼儿体育蓬勃发展的当下，作为培养幼教师资的高等院校，只有培养出高质量的人才，才能更好地服务学前领域。就幼儿体育而言，只有认真研究学生发展所需的核心素养，才能更好地进行课程改革，才能更好地满足学生将来的职业所需。目前针对学前专业学生的课程特点以及笔者多年的幼儿园一线研究概括出幼儿体育实施能力的核心素养(见图1)，其中包含五个方面的内容：

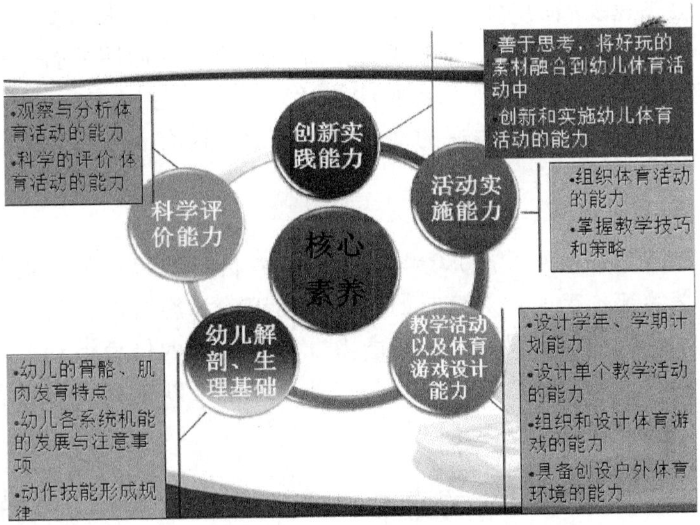

图1　学前专业学生幼儿体育实施能力的核心素养

1. 关于幼儿的运动方面的基础知识

提及幼儿体育活动，首先要关注的就是关于幼儿基本的基础知识。幼儿并不是“小大人”，幼儿在骨骼、肌肉、关节等方面异于成人，作为学前专业学生、未来的幼儿教师一定要掌握这些基础知识。而且要深知只有适宜的体育活动才能促进幼儿的全面发展，为此学前专业学生要通过必修、选修以及自学等方式，认真学习幼儿解剖、生理、学前儿童健康等学科知识，为将来工作奠定基础。

2. 幼儿体育教学活动的设计能力

幼儿体育活动主要由幼儿自主体育游戏、区域活动、体育游戏、体育教学活动以及幼儿体操等，此处的教学活动设计能力主要是指体育游戏、体育教学活动、幼儿体操三方面的设计能力。幼儿的教育活动不同于中小学，不同班龄的幼儿活动也不一样，为此高质量的教育活动设计能力将决定幼儿体育活动的质量和幼儿的身体健康水平。作为学前教育专业学生，均是师范生，在能力要求上需要达到规划学年、学期、月教学计划的能力，需要设计并书写出教育活动的能力，只有这样才能让幼儿的体育活动处于科学性和系统性之中。

3. 幼儿体育活动的实施能力

学前专业是一个具有很强实践性的专业，实操性显得尤为重要。作为未来的幼儿教师，学前专业学生需要学会和掌握如何开展幼儿体育活动，需要掌握一些教学的技巧和策略，并在实习、见习过程中去观摩和运用，促进实施能力的提升，这样才可以让幼儿喜欢体育活动，为将来实施相关教学互动做出重要铺垫。

4. 幼儿体育活动的创新与实践能力

在当今社会飞速发展的时代，幼儿体育活动也发生了较大的变化，不能再停留在“老狼，老狼几点了”“吹泡泡”等游戏上，需要教师发挥聪明才智，创编或设计出更好玩的体育游戏或教学活动，而且要注重活动的综合性。作为新一代的大学生，有想法、有创意，而且接触到先进的文化艺术形式，这有利于学生发挥自身聪明才智，创作出幼儿喜欢的体育活动。

5. 幼儿体育活动的评价能力

设计的体育活动好不好？幼儿参与程度如何？健身效果如何？这些都要求教师要具备较为科学的评价手段，对已有的活动做出正确和客观的评价。作为学前教育专业学生，需要掌握初步的科学评价的能力，能对幼儿的体育活动、自身设计的教育活动有较为主、客观的评价能力，在此基础上才能不断地提升观察和教育、教学的水平。

三、基于核心素养视角的学前专业幼儿体育实施能力的课程改革策略

在当下幼儿体育需求旺盛的大背景下，作为培养幼教师资高等专业院校，课程和教学改革势在必行。而课程和教学改革的落脚点在于学前专业学生核心素养的培养，为此笔者在此探究学前专业学生体育教育活动能力核心素养的培养策略。

(一)合理架构学前专业学生体育学科教学层次

学前专业学生体育教育活动能力核心素养的培养与培养方案中课程改革有着直接的关系。按照“强化技术应用能力，提高职业素养”的原则，学前专业培养学生要

以培养“有理论、懂教学、会组织、能示范”的人才为目标，为此在体育相关课程方面中也要突出专业特色的层次性：

1. 在学前专业学生一、二年级开始的体育必修课中，在增进学生身体健康，增强学生体质，满足通过国家学生体质健康标准的同时加强学生的体育基本功(口号、队列队形的练习与组织)、田径、基本体操，球类、武术等运动技能的培养，在课程实施过程中适当增加健美操、幼儿体操、球类等的选修课，让学生尽可能地在有限的课时内培养良好的体育运动习惯，提高自身的运动技能，能基本达到“会组织、能示范”的目标要求。

2. 在学前专业三年级，学生通过《学前儿童健康教育》这门专业课幼儿体育部分的学习要初步掌握幼儿体育活动的理论与方法，基本达到“懂教学、会组织、能示范”的目标。

3. 在学前专业四年级时可以借鉴北京师范大学学前教育本科生培养方案，在第7学期开设《幼儿体育教学法》专业限选课，该门课程面向对幼儿体育教学感兴趣的学生，以此来培养学前教育专业体育人才为目的。

(二)关联相关课程，提升学生的核心素养

学前专业学生在提高体育专业知识和体育教育相关知识的基础上，还需要对幼儿的身体、心理、教学环境以及教学策略方面的知识进行系统的学习。以首师大学前教育学院为例，与幼儿体育直接相关的学科有大学体育、学前卫生学、幼儿健康教育与活动指导、幼儿体育游戏选修；与幼儿体育间接相关的学科有教育学、学前儿童发展心理学、幼儿园环境创设等专业核心课程。在众多课程的实践教学中教师之间鲜有沟通，均在学生培养方案大前提下自主设定教学内容，忽视了学科之间的交叉、融合，依次导致出现在不同学科中教学的重复性以及关联程度不高的问题。为了更好地促进学前专业学生幼儿体育教育活动核心素养的培养，首师大学前教育学院在2017年开始在课程改革方面做出尝试：

1. 专业教师参与、承担《学前卫生学》和《幼儿健康教育活动与活动指导》两门专业课的教学。教学过程中对于卫生学和专业教法课中相关幼儿体育的知识(包含人体解剖、幼儿生理卫生、幼儿基本动作发展、幼儿体育活动的不同类型、幼儿体育活动的设计等)进行梳理并划分出层次，便于学生层层递进学习，更为系统地掌握相关专业知识，避免出现重复教学的现象。

2. 针对必修课大学体育中存在的不能满足学生后续专业发展的问题，积极开展幼儿体育游戏、体育素质综合训练等选修课。以首师大学前教育学院为例，在专业选修课中有幼儿体育游戏和体育素质综合训练两门课程，旨在通过课程让学前专业学生实现从会玩、爱玩体育游戏过渡到熟悉并掌握部分幼儿体育游戏的实施策略，并进一步能初步学会幼儿体育游戏的改编与创编。

（三）紧密结合专业实习，促进学生核心素养的提升

在高等院校学前专业学生培养方案中，实习占有较高的比例。作为实践取向较高的专业，实习对于学生知识的巩固的专业能力的提升有着重要的作用。不同年级的实习侧重点也不同，要紧密结合培养方案对每学期的实习进行精心设计，让学生在幼儿园一线更好地观察幼儿、熟悉幼儿园的体育活动并观察幼儿园教师实施幼儿体育活动的策略，为课堂上理论知识的学习奠定良好的基础，也利于学生幼儿体育教育活动能力核心素养的形成。

（四）积极筹建在线课程，加强学生自学能力培养

现如今，学生的学习方式也发生了较大的变化。目前的教学以学生学习成效为导向，积极推动以教师“教”为中心向以学生“学”为中心的转变，为此以微课、MOOC为主的混合式教学模式逐渐成为趋势，真正发挥学生在教学中的主体作用。这样一来在专业课时有限的情况下，将部分理论知识做成微课、生成在线课程，以便学生自学和进行翻转课堂；从另一个方面来讲理论课时的减少可以增加课堂实践教学的内容，这也正好体现体育学科学习的特点，更利于学生学习和专业核心素养的形成。

随着我国学前教育各项改革措施的逐步实施，幼儿园课程的深化发展，学前领域课程必然走向各整合化和专业化，学前专业学生亟待提升幼儿体育实施能力方面的核心素养。为此围绕课程设置而进行的改革是学前专业正在进行中的，改革的目的在于提高学前专业毕业生在幼儿运动活动指导方面的教学水平，不断满足日益增长的园所需求。

参考文献：

[1] 张文鹏．恽代英体育思想探骊[J]．体育文化导刊，2014(1)：168－171.
[2] 中华人民共和国教育部．3—6岁儿童学习与发展指南[R]．2012.

《单片机原理及接口技术》的教学改革与探索

宋　宇[①]　徐远超

《单片机原理及接口技术》这门课程实践性强，既要求学生掌握单片机的基本理论知识，又要培养学生的单片机系统设计思维方式进而提高他们应用单片机进行系统设计的能力，所以单片机课程的教学改革，必须是课堂教学和实验教学同步进行。学生学习掌握的单片机理论知识，只有通过实验教学让学生由浅入深地去尝试开发，才能真正地融入骨髓。因此，实验课程的教学对学生系统掌握单片机的理论知识和提高应用技能同样至关重要。然而，在目前的单片机教学中出现了一些问题，要求我们必须重新思考如何开展单片机的课堂教学、如何设置实验项目、开展实验活动，以及如何调动学生的学习积极性等。

一、目前单片机教学存在的问题

(一)学生缺乏学习积极性

如同其他很多课程，目前学生上课主要有三种状态：(1)课前做了预习。课上认真积极地配合老师的教学活动，对问题能够深入研究；(2)课前不预习。课上能认真听老师讲解并完成老师的要求，但对内容理解不透彻；(3)仅仅是出勤。作业和实验都完全照搬其他同学的，简单应付老师。

第一种情况和第三种情况只有少数同学，第二种情况居多。分析原因，主要有几个方面：(1)自信心不足。要学好单片机必须同时具备硬件基础和软件编程能力，很多同学觉得之前的硬件先导课程掌握得不是很透彻，认为单片机也学不好，就失去了积极性；(2)积极性不高。这门课程内容多、学时紧，尤其做实验，需要占用大量的课余时间，学生觉得不值，投入时间和精力不足，因为考研不考单片机，找工作时也不如学习《图像处理》等其他课程有优势。

(二)实验项目的设置和教学方法有待改进

如同《嵌入式系统》等其他多数硬件实践课程，实验的设置都是紧紧依托实验箱

---

① 宋宇，女，首都师范大学信息工程学院，讲师。

进行的，为了方便教学，厂家往往提供了配套的实验指导书，《单片机原理及接口技术》课程也是如此。对于实验课，简单而言，其实就是完成一个单片机系统的硬件连线和软件编程，然而，实验指导书中已经有相当详细的可供参考的硬件连线和实验例程，互联网上也可以轻易搜索到类似的参考例程，使得学生在做实验的时候显得非常轻松，对单片机的应用系统开发设计方面的锻炼强度不足；另一方面，实验内容有些陈旧，几乎都为演示性和验证性的实验，学生在实验箱上看一下结果就完成了实验要求，无法培养出学生的创造能力。

（三）考核方式有待改进

理论课的成绩主要由期末笔试和平时测试组成，学生只要认真完成老师的课堂要求和作业，课堂成绩就较高。实验成绩主要以实验报告为依据，而实验报告的内容在实验指导书中都可以找到，所以实验成绩不能反映学生的实践动手能力。只有科学的考核方式，才能调动学生的积极性，才能真实反映出学生实际应用单片机的能力。

二、单片机课程的教学改革措施

（一）课程内容以激发学生的学习积极性为前提

授课时，结合单片机在日常生活中的应用实例，让学生在思想上重视单片机课程的学习。强调单片机的优点：具有较高的性价比、良好的稳定性、体积小、功耗低等。列举日常生活中单片机应用的例子：家用电器、流水灯、广场喷泉、广告灯箱等。让学生明确单片机是什么，它可以为我们的日常生活做什么，让学生意识到单片机广泛应用在我们周围，作为电子工程专业的学生，单片机是最基础的内容。但正因为它是基础，学好它才更显重要，它的实验方法和设计思想在随后的DSP、SOPC及ARM课程中随处可见。只有让学生了解了这些，他们就会积极主动地去学习单片机这门课程。

（二）实验项目的设置以提高学生的实践动手能力为目标

1. 实验项目的设置要循序渐进

实验项目设置时要依据由简单到复杂，循序渐进，贴近生活，还要考虑到学生的参与程度。比如，单片机的流水灯并口实验，日常生活中常见，学生可以自行设计LED灯的亮灭规则，增加了学生的兴趣也增加了学生的参与度。接下来定时器的实验，在此基础上，设定灯的亮灭时间，让学生设计交通路口的红绿灯。再后来，中断实验，在此基础上，增加紧急情况下的人为控制。在整个设计过程中，步步引导学生，先引起兴趣，启发学生的学习热情，学生就会自发去探究，自行完成硬件设计和软件编程，这样学生对单片机的硬件系统及设计开发有了深入理解，学生的学习由被动变为主动，进而提高了单片机的设计、开发及应用能力。

2. 实验项目的开展要结合学生特点

要根据学生的特点和对知识掌握情况灵活开展实验教学。实验项目分为必做和选作两部分，必做部分又细分基础和综合两部分，选作部分又分为制定选作和自选两部分。对于基础好的学生，在完成必做部分的同时，引导他们完成选做项目。对于基础差的学生，让他们循序渐进地努力完成必做的基础部分。

3. 实验项目的设置要减少验证性实验，增加综合设计性实验

《单片机原理及接口技术》这门课是在大学三年级的第一学期开设的，在此之前，学生已经学习了电路原理、模拟电子技术和数字电子技术等以验证性实验项目为主的课程，具有了一定的专业基础和实验能力，对验证性实验兴趣不大，更喜欢做创造性的工作，所以才会出现对实验课不感兴趣、应付的问题。如果单片机实验尽可能多地设置一些综合设计性实验，特别是一些自选实验项目，学生可以找到自己的兴趣点，启发他们的自主学习能力，通过查阅各种资料，设计和制作单片机系统，不仅达到了单片机实验课的设置目标，同时对专业能力的提升，对后续课程的开展及将来的就业都奠定了坚实的基础。

4. 实验项目的更新

单片机技术发展快，跟其他技术知识联系紧密。如：传感器、智能控制、机器人等，为此实验项目中也要适时地介绍这些知识，以使学生适应现代社会的需要，在开阔学生知识面的同时，调动学习的积极性，进一步培养学生的创造能力。

(三)考核方式要反映学生的综合能力

为了调动学生的积极性，提高学生的实践能力，理论课的笔试采用开卷考试，主要考察单片机应用的基础知识和容易混淆的问题。而实验考核改为由学生课堂表现、实验报告和实际操作测试三部分组成，课堂表现和实验报告各占30%，实际操作测试占40%。实际操作测试题目学生自拟，可以是平时实验内容的延伸，也可以是抛开实验箱，自行设计系统。学生可以在学期初就考虑这个题目，也可以在做某个实验时做深入的思考研究。总之，如果平时做实验时没有自己动手，没有真正掌握单片机应用技能的同学，很难取得好成绩。这样的考核方式，基本能够反映出学生单片机的应用开发水平。

三、总结

《单片机原理及接口技术》课程对电子专业的学生非常重要，掌握单片机应用开发能力是课程的目标。要根据学生的情况，结合单片机的发展动态，适时调整课程的内容和方法，不断进行课程教学改革，以利于提高学生的单片机实际应用水平。

参考文献：

[1] 罗回彬. 软硬结合的单片机一体化项目教学[J]. 计算机教育，2016(12).

[2] 彭健，明如意，周少军. 单片机教学改革探索[J]. 教育教学论坛，2018(19).

基于探究式的《大学生职业发展与就业指导》教学模式探索*

杜　超[①]

“大学生职业发展与就业指导”课程起源于高校的学生就业指导工作，近些年来得到了快速发展，已成为高校人才培养中不可或缺的组成部分。首都师范大学的《大学生职业发展与就业指导》课程已走过了近十年的历程。当前，在新的社会发展时期和学生群体的背景下，反思教学的不足，研究教学模式改革，已成为促进课程进一步发展的迫切需要。

一、《大学生职业发展与就业指导》教学现状

（一）课程教学的现状

上世纪 80 年代，个别高校自觉开展就业指导实践活动。90 年代，就业指导部门纷纷在各高校成立。2007 年 12 月，教育部印发《大学生职业发展与就业指导课程教学要求》，提倡各普通高校开设课程。我校开设了这门本科生必修课，并于 2010 年被评为国家级精品课程。

当前，我校的课程采用“团队授课”模式，由专职就业工作人员（德育教师）担任授课教师，每个教学小组一般为 2 名主讲教师。课程多年来坚持集体备课制度，定期开展教学研讨会，以多种形式，提高授课能力。在这种教学组织形式下，我校的课程授课任务圆满完成。

（二）授课过程中的问题

我校《大学生职业发展与就业指导》课程经过近十年的发展，已取得一定成绩，同时仍存在一些问题。

1. 教学方式方法缺乏吸引力

在教学方法上，当前仍以传统的“填鸭式”讲授为主，以简单的说教方式和读报

---

* 本文属首都师范大学 2018 年本科教学建设与改革（教学改革研究一般）项目“《大学生职业发展与就业指导》探究式教学模式研究”。

① 杜超，男，首都师范大学信息工程学院，讲师。

式开展教学[1]。尽管有生涯彩虹图等课上练习和模拟面试等课堂实践环节，但教师对学生的组织和引导还不够，使得学生参与度不够高。教师在教学中占主体地位，讲授的比重甚高，可能会出现教学设计苍白陈旧、照本宣科等现象[2]，缺乏对学生的吸引力。

2. 学生的实践环节相对缺乏

研究证实："一个成年人通过阅读的信息可学习到10%；听到的信息可学到15%；而体验过的知识却能学习到80%。"[3]在该课程的传统说教式授课中，普遍存在"重理论、轻实践"的问题[2]。在实际工作中，该课程需要有实用性，实用性的内容往往需要学生有一段较长时间的实践体验，且需要任课教师的持续跟踪。在小组授课的形式下，老师的持续投入不能得到保证，从而使得系统的实践教学环节不能有效地组织。

3. 教学资源挖掘和利用不够

丰富的教学资源对完善教学内容、提升教学效果有着极其重要的作用。教学资源包括为了达到教学目标、实现授课效果所需要的各种素材。授课教师挖掘不到大量有效的教学资源，甚至毕业校友等对学生极具吸引力的教学资源也不能被充分利用。

二、探究式教学内涵与特点

(一)探究式教学的定义

探究式教学的起源可以追溯到古希腊哲学家柏拉图。两千多年前，柏拉图已开始使用"探究式教学法"[4]。所谓探究式教学，就是以探究为主的教学方法，指在教学过程中，在教员的诱导和启发下，以学生独立自主学习和合作讨论为前提，以所学的教材为基本探究内容，以学生的研究和生活实际为参照对象，为学生提供充分自由表达、质疑、探究、讨论问题的机会，使之学会将自己所学知识应用于解决实际问题的一种教学形式[5]。

(二)探究式教学的特点

探究式教学最为主要的特征是探究[6]。它强调教师以问题为中心来开展教学，学生以自主探究的体验方式来学习，实现知识构建和问题解决的目标。

1. 以问题为中心开展教学

以问题为中心来开展的探究式教学是将教学过程与人才培养目标紧密结合，引导学生开展自主学习，培养其科学探究的能力。探究式教学以解决学生成长中会遇到的潜在问题为中心，运用多样化的实践形态，在教师的引导下，学生通过自主学习产生创造性劳动成果。在这个过程中，培养学生认识自我、超越自我的精神，使其获得了对自我和周围世界的重新认知，由此激发出对更美好未来的向往并为之奋斗，实现自我升华。

2. 以体验为载体进行学习

以体验为载体进行学习是以问题解决为逻辑起点和行动基础的探究式教学，在教学过程中关注探索和体验，倡导学生自己动手、动脑，发现问题、分析问题和解决问题。学生对问题的追问和探索可以倒逼教师丰富知识储备，提升教学水平。在探究式实验教学中，教师的讲解仅作为引导，由各小组开展自主探索，进一步激发学生的潜力，增强学生的成就感和自信心[7]。

3. 知识构建和问题解决的目标

知识构建和问题解决是探究式教学的最终目标。在学生以问题为导向，通过自主探索，完成知识建构和问题解决的过程中，其思考问题、解决问题、科学探究、创新等综合能力得到了培养。在探究式教学中，基于问题导向的教学模式有助于学生全面系统地构建知识体系，提高理解、运用和创新能力，从而提升综合能力[7]。

(三)探究式教学的组织

在探究式教学的过程中，教师通过改变教学方式，引发和带动学生转变学习方式，一般来说包括四个基本环节[5]。

1. 创设情境，激发动机

探究式教学强调问题情境的创设，教学活动围绕问题来展开。问题情境是教师为了引导学生而营造的教学氛围，激发其兴趣和求知欲，吸引学生主动探索，从而能动地完成对知识的构建，在头脑中形成较系统的知识体系。

2. 教师引导，学生探究

学生探究是探究教学的关键步骤。教师作为一个组织者，为学生提供必要的基础条件和方法。由学生自己查阅资料，进行总结梳理，得出结论和解释。在此过程中，教师要引导学生自己去发现问题，适时对其进行必要点拨，助其寻求问题的答案。

3. 讨论交流，合作探究

讨论交流是探究性学习的一个重要步骤。学生之间交流自学成果，然后教师引导学生所提出的问题及普遍存在的模糊认识进行讨论。讨论为学生表现个人、相互合作、互相竞争搭建良好的平台。教师要充分调动学生的积极性，引导学生多角度、全方位地看问题，还要善于捕捉学生的闪光点，及时给予鼓励。

4. 小结与评价

评价是探究式教学的必要一环，标志一个探究活动的结束，也意味着下一个探究活动的开始。评价要力求公正、公平和全面，在教学维度与评价方法上要多元化。可以采用三维评价模式，第一维是根据一定标准进行学生自评和互评，第二维是对探究过程和结果的评价，第三维是教师以“俯瞰”姿态和“前瞻”眼光的评价。教师要监控探究过程、把握评价尺度、统筹安排各方面事宜，使得前二维建立良好的反馈、激励和惩罚机制。

三、探究式教学在《大学生职业发展与就业指导》课中的应用策略

探究是探究式教学的基本特征，符合《大学生职业发展与就业指导》教学改革的现实需求，能使教学焕发活力，也能更好地培养学生的综合能力。具体实施方法如下：

（一）做好课堂分组，激发课堂活力

在探究式教学方法中，不仅需要个体学习，而且需要小组学习。

1. 完善分组

探究式教学普遍认为对学生分组要有异质性，即同小组成员之间的性格特点、能力特长、就业目标等要有差异。在多元化的分组机制下，同学们能碰撞出更多思维火花，有助于相互学习，锻炼综合能力。

当前，授课班级学生有以下特点：一是学生之间的同质性高，即班里同学来自同一专业，目标相似；二是学生之间的相熟度低，即同学之间不够熟悉。这些都为分组带来困难。

一般来讲，教师需将学生分成人数大致相同的若干组，每组不超过 10 人。结合授课班级特点，可以采用游戏方式，进行带有一定随机性的分组，同时根据实际情况，对小组成员进行适当调整。

2. 小组团队建设

实践证明，团队建设能促进小组学习。在小组建立之初进行团队建设，要求小组在较短时间内完成几个任务：相互介绍、选小组长、为小组命名、设计组徽等，能帮助组员之间快速消除隔膜。

（二）完成探究任务，实现教学任务和学生成长需要双重目标

《大学生职业发展与就业指导》课程还有如下几个特点：一是课程的理论性，如“人生规划”的生涯理论；二是课程的实践性，如学习简历需要亲手制作；三是学生没有知识基础，对职业生涯知之甚少；四是学生没有就业意识，认为就业是遥远的事情。在此背景下，教师需要下更多的功夫去设置学习任务，以达到预期效果。

1. 学习任务的形成

在设置课程学习任务时，需要考虑三个方面的因素：一是完成规定的基本教学目标；二是帮助学生解决生活中遇到的问题；三是设置学生在当前条件下能完成的教学任务。

在课前备课时，教师要认真研究教材、教学大纲等，对知识进行整合，预先设置合理的教学任务，如：进行人格测试完成自我认识、制作简历掌握简历制作技巧等。在学习任务中确定必选项，以保障基本教学任务的完成。

在课前或者课程开始时，教师需要了解学生的现实需求，如“学长的就业去向”“怎么考研”等。将学生的现实需求融合到职业生涯中或者融合到备课的既定任务中。以如何准备考研为例，教师可以把该需求放到人物访谈中，访谈考研成功的学长；亦可在成长环境调研任务中加入对学校、专业、教师和学长的调研。

2. 学习任务的完成

学习任务的探究式完成过程决定着探究教学的效果。在学生探究学习的过程中，教师要能够掌控全局，适时引导，确保顺利进行，并达到预期目标。探究学习任务一般分为两类：一类是课上探究任务；另一类是课下探究任务。对于各组在完成两类探究任务的过程中，教师要分别给予不同的关注。对第一类，教师要实时监控，适时引导学生向前推进，记录学生探究过程中出现的问题，观察学生的表现，尤其是学生在遇到各类问题时所采取的处理方法。这样做的目的如下，一是教师可以掌握课堂节奏，保障教学有序开展，使教学任务能顺利完成；二是要在小组分享学习成果时，教师能给予准确点评，帮助学生明白自己的不足和努力的方向，使之更好地成长。对于第二类，教师要定期联系各组，了解完成进度以确保任务按时完成。

3. 学习成果的分享

探究式教学的一个重要环节是学习成果的分享。一方面提供相互学习的平台，各组在分享学习成果时，互相讨论，共同成长；另一方面为学生提供锻炼的平台，在公众面前演讲是学生需要提升的重要能力，也是课程能力培养的一部分，交流分享能让学生直接体验和检验该项能力。

交流分享的过程中，教师成为一名重要的“旁观者”。很多时候不需要教师的参与，学生们会在分享和讨论中自主解决问题，教师的参与反而会影响学生自主交流的进程及效果。在“旁观者”上加引号，是因为教师不能做一个真正的旁观者，还需要认真聆听和观察，一方面是对学生的尊重，另一方面教师需要发现学生们在讨论中的错误，最后总结时要及时准确地纠正其错误，并恰到好处地点评每个学生的表现，肯定其优点，指出其改进的方向。

（三）科学评价激励，让学生做更好的自己

评价激励机制能锻炼和提升学生的综合能力。在探究式教学中可以采用三维评价，其中第二维对探究过程和结果的评价以及第三维教师的监督和激励评价已在前面有所体现，下面主要探索第一维学生的自我评价和相互评价。

在课程中，对学生的整体考评包括平时考核和期末考核。期末的考核主要依据

学生完成“职业规划书”的情况而定，一般从完整性、合理性、准确性、认真度等方面给予综合评价。对学生的平时考核则要考虑得全面一些，一要考虑学生在整个学习过程中的成长表现，二要考虑学生个人对所在小组的贡献，三要考虑各小组在整个教学过程中的差异。

1. 学生自身的成长评价

学生自身的成长评价是学生对自己在整个学习过程中的自我满意度评价。教师设计评价指标要尽可能全面，学生结合自己的表现在每一个项目上打分，最后以总分形式得出成长评分。

2. 小组内部的贡献评价

小组内部的贡献评价是小组成员对各组员在全部探究过程中的满意度评价。在学习小组中制定小组评价机制可以设置三个环节：一是组长根据平时记录的成员日常表现进行总体介绍；二是每名成员向小组汇报本学期自己在小组学习过程中做的工作；三是各成员为小组全体成员分别打分。

3. 小组之间的竞争评价

小组之间的竞争评价是全体同学对各个小组在整个授课过程中综合表现的满意度评价。全体同学结合各组的表现为各组打分，根据分数高低对各小组进行排序，再为每个小组划定一个等级，依次确定每个小组每个同学平时成绩的最高上限。

参考文献：

[1] 韦相晓．民办高校大学生就业指导课教学存在的问题分析及对策[J]．教育与职业，2016(18)：92－94.
[2] 汪岳林．“体验式教学”在工科大学生就业指导课中的应用研究[J]．天津中德职业技术学院学报，2016(2)：80－83.
[3] 顾健．让学生在心理健康教育课中尽情地体验[J]．南通航运职业技术学院学报，2003(3)：74－77.
[4] 李华．探究式科学教学的本质特征及问题探讨[J]．课程·教材·教法，2003(4)：55－59.
[5] 石爱珍，张胤．探究式教学在高校课程教学中的实践探析[J]．教育教学论坛，2013(13)：44－45.
[6] 姚山季，钱存华．高校探究式教学改革：实施障碍与超越路径[J]．江苏高教，2015(1)：79－81.
[7] 王晓民，李妙然．高校探究式教学过程及运行环境分析[J]．中国成人教育，2017(11)：100－103.

抛锚式教学法在《社会保障学》课程教学的应用探究

刘桂莲①

《社会保障学》作为劳动与社会保障专业学生入门的基础课程，具有较强的实践性和专业性。教师满堂灌和学生被动接受知识的传统教学模式与新时期我国人才观和教学观的新要求不相适应，与我校培养具有创新人才的教学目标不匹配。为符合综合性、应用型专业人才的培养目标，日常教学活动中将注重提升学生的综合能力。结合《社会保障学》课程特点，抛锚式教学法应成为本课程教学改革的重要尝试，其在培养学生问题意识、分析和解决实际问题能力上有着传统课堂讲授式教学方法无法比拟的优势，具有重要的现实意义。

一、抛锚式教学法的基本理念

抛锚式教学法雏形最早起源于1929年，随后由约翰·布瑞斯福特领导的小组在基础学科课程上将基于案例的学习、基于问题的学习和基于项目的学习进行融合[1]，取得了良好的效果。自20世纪90年代引入中国，因其仿真性、灵活性、实践性和启发性等特点，现已广泛运用于数学、英语等基础学科的教学，后来也逐渐运用到一些专业性课程的教学中。

抛锚式教学法强调学习过程，其实质是以与主题相关的实际问题或真实事件为出发点，以自主学习为导向分析问题，以协作学习方式共同讨论和解决问题，本质上是培养学生自主学习、思辨能力和提升创新思维的情境教学方法。抛锚式教学法与单向性知识传递的传统教学有很大区别，其要点主要包括：以问题为中心、协作学习为形式、以自我为导向，目的在于促进教与学互动，激发学生主动学习的热情，通过思考和协作学习理解专业基础知识，努力提升学生判断能力、分析能力、决策能力、协调能力和表达能力，实现学有所获。

---

① 刘桂莲，女，首都师范大学管理学院，讲师。

二、抛锚式教学法与《社会保障学》课程教学契合

《社会保障学》课程具有理论性与实践性相统一、知识积累与能力养成相结合的特点。社会保障问题的复杂性和社会保障学科的交叉性决定了该门课程不能囿于传统的教学方式，而需要立足现实的基础，从发展、开放的角度对相关问题进行思考，抛锚式教学法主张以真实的案例或问题为教学出发点，对社会保障课程教学具有较好的适用性，具体如下：

（一）与社会保障理念与学科属性相契合

《社会保障学》是公共管理类本科学生基础入门课程，是建立在经济学、社会学、法学和政治学等多学科交叉基础之上的应用科学，是一门实践性和应用性极强的课程[2]。公平、正义和共享是社会保障制度的理念基础。树立正确的价值理念是社会保障专业学生需要上好的第一堂课，抛锚式教学的引入，可以让学生了解真实情境和问题后，真正去了解和切实体会什么是公平、正义和如何实现共享，形成正确的价值判断。

其次，抛锚式教学法与社会保障学科属性是吻合的：一是《社会保障学》课程具有极强的现实性。社会保障本身以公众的生、老、病、死、伤残和失业等社会风险为主要研究内容，与自身切身利益息息相关，例如，自己爷爷奶奶领取退休金或是医疗保险报销政策等；二是我国社会保障制度改革完善步伐很快，改革中多采用试点先行，实践问题层出不穷，丰富了课程的素材。可见，社会保障课程的开放性离不开教学方法的变革，缺乏问题意识的教学过程是空洞的。

（二）克服传统教学模式的弊端

传统教学模式中，作为课堂主导者的教师将基本概念、基本理论等知识直接灌输给学生，学生获取知识主要靠突击式死记硬背。“枯燥、生硬和乏味”“学生不欢迎，老师没动力”似乎成为大家对《社会保障学》课程的固有印象。当然，有些教师采用视频或是生动案例帮助学生更好了解所学的知识，学生可能对视频内容或故事有一定记忆，但仍不知道如何与所学知识相联系，毕竟缺少自己思考的过程，将很难将所见所闻内化为自己的东西。因此，学生提不起兴趣，也难以促进学生自主学习能力、团队合作能力和沟通表达能力的培养

（三）劳动与社会保障专业培养目标决定

首师大管理学院劳动与社会保障专业本科生以培养实践能力、创新精神为“两翼”、适应国家经济社会发展需要的高素质应用型人才为目标，将提升学生的专业能力放在首位，课堂理论教学与具体问题具体分析相结合应成为这门课教学改革的重点。从历年就业情况看，劳动与社会保障专业学生主要进入社会保障相关政府部

门、经办机构、企业与事业单位人事管理部门、保险公司等从事相关政策制定与组织管理，或是进入劳动仲裁机构等从事与专业相关的实务工作，这要求学生综合能力的提升，因此日常教学管理中需要通过互动学习和实操训练潜移默化提升学生的思辨能力、沟通能力及沟通合作。

(四)契合当代大学生思维方式

当前授课对象以“90后”为主，“90后”和“00后”大学生个性鲜明，主体意识较为突出。如果课堂教学依然沿袭“教师对照教材照本宣科，板着面孔满堂灌”的传统模式，势必无法激起学生的学习热情。抛锚式教学在综合考虑学生已有的知识和经验的基础上，针对真实事件或问题，将教材知识转换成层次鲜明、系统性的教学问题，通过学生的自主探索，努力回答“是什么”的同时，进行“为什么”的追问，巩固所学知识的同时，培养自己的思维方式和表达能力。

三、抛锚式教学在《社会保障学》课程教学的运用实践

《社会保障学》课程内容主要包括基础理论、发展历程和制度实践三大模块。抛锚式教学法介入课堂研究需要教师做好充分的课前准备工作：一是根据教学目标，对教学内容进行合理分析，不同章节内容适用不同的教学方法，确定出适合使用抛锚式教学法的章节，认清课程现状、把握教学热点难点问题是开展抛锚式教学的“风向标”；二是对授课对象进行分析，抛锚式教学对学生的独立学习、研究探索能力要求更高，需要对学生前期知识储备深度和广度有一定了解。

本部分以本校2015级劳动与社会保障专业学生作为教学对象，遵循“抛锚定题—问题探究，自主学习—分组讨论，协作学习—主题会话，鼓励争鸣—效果检测与评价”抛锚式教学五步法展开，以养老保险中的“养老金投资”一节为例，展示抛锚式教学法在课程教学中的具体实践。

(一)创设情境，抛锚定题

教师可与学生或教研室其他老师共同选出主题，以真实事件或典型案例为出发点，提出具体章节的问题，即抛锚。抛锚定题时需要遵守三大原则：一是专门性；二是难易适中；三是规范性[3]。问题选择的标准应是源于教材而高于教材。经过一番讨论，抛锚式教学在《社会保障学》课程实践部分运用较为合适，该部分具体包括社会救助、社会保险、社会福利和补充保障等章节，该模块内容与我们日常衣、食、住、行等密切相关。比如在讲到养老金投资部分，可结合前段时间网上热议“盒饭涨价引发养老危机”这一事件，提出相应的问题“我国养老金应如何进行投资才能实现保值增值”。

(二)自主学习，探究问题

围绕着“我国养老金如何进行投资才能实现保值增值”这一问题，学生需要通过

身边的学习资源，例如图书馆、网络资料、教材与杂志、研究报告等搜集资料，了解养老金投资面临哪些风险？需要遵循哪些投资原则？选取哪些投资工具？如何进行风险和收益的权衡？寻求答案的过程需要学生主动思考和自主学习。当然，这一自主学习过程依然离不开教师的引导，教师并不直接告诉学生答案，而是提供获取教材、杂志和相关文献的渠道，帮助学生寻找解决问题的线索，同时对学生学习过程中遇到的疑惑和困难适时进行指导、鼓励和帮助。该过程有助于学生提升确定内容清单、获取相关信息和资料的能力，同时还有助于锻炼学生利用和评价相关信息与资料的能力。

（三）分组讨论，协作学习

协作学习建立在个人自主学习的基础上，该阶段将学生分为3—4组，每组6人左右，每组同学通过分工完成任务，同时围绕这一问题不定期展开头脑风暴式讨论，从而进一步深化对主题的意义建构，充分体现出学习社会性[4]。因教育背景和个体知识结构体系的不同，每个学生都有自己的经验世界，不同的学生可以对某个问题形成截然不同的推论，通过团队合作形式最终形成一个汇报材料。该阶段可以在拓宽学习思路的同时，培养学生的批判性思维。

（四）主题会话，鼓励争鸣

每组成员将组内讨论好的汇报材料呈现到课堂，进行开放式共享研讨，既充分表达自己的观点，同时认真听取其他组同学的思路和观点，实现信息互补、资源共享。不同观点的相互碰撞很容易产生思想火花。该阶段的讨论真正突出学生的主体地位，活跃了课堂气氛，教师在其中扮演引导者和观察者的角色，把握课堂节奏，在学生偏离主题时加以正确引导，对讨论中需要的背景知识适时进行补充。在互动中适时抛出与主题相关的问题进行引申，比如养老金投资实现哪些群体福利最大化等。教师在认真听取学生讨论时，不仅需要对其中的闪光点给予充分肯定和鼓励，而且还需要注意每个同学的微反应，对不善于发言的同学多进行引导，让其突破障碍，真正参与到课堂讨论中。最后，教师需要对整个课堂的知识点进行归纳总结，高屋建瓴式提升内容层次，同时对学生的课堂表现给予客观评价。相反，如果离开教师的引导和调控，离开教师多角度的启发和深入点评，容易出现背离教学内容的现象，从而难以提升教学质量。实际上，这一过程充分体现出“教”与“学”的有机结合，教师有时容易受到自身知识体系的限制，思考问题的角度更多从某一学科视角出发，学生活跃而发散的思维，会在讨论过程迸出新的火花，真正体现出教学相长。

（五）效果检测与评价

完整教学过程的最后一个环节是对教学效果的客观评价。传统教学课堂中经常是教师对学生学习成果的点评。抛锚式教学方式强调互动学习，可采取组内互评、组间成员互评相结合方式，客观认识自己的优缺点，同时学生还可对教师引导、点评过程进行客观评价，要求学生课后采取匿名形式对教师的表现进行打分并给出合理建议。该类教学评价不再局限于对教学结果的评价，而是贯穿于整个教学过程，即“课前准备—课中互动—课后延伸”。最终考评阶段，将学生的平时成绩占比提高至 40%～50%，书面型考试占比相对下降，真正实现学生“思有所得，学有所获”。学生和教师的评价维度详见表 1，这种多维度的评价方式以过程为导向，有助于评价的细致和全面化。

表 1　教师表现维度与学生表现维度的具体评价指标

阶段划分	教师表现维度	学生表现维度
课前准备	教师能够根据教学内容抛出与本主题密切相关的问题	学生能否在课前自主学习，并且及时将学习效果反馈给教师
课中互动	教师能否在课堂上组织和引导学生积极互动，并提供必要的引导、指导和帮助	学生能够在学习中与他们形成良好协同合作，能否积极主动展现自己学习成果
课后评价与延伸	教学效果的形成性评价：教师能否根据课堂互动和学生反馈客观评价教学效果	学生能否通过讨论和教师的指导，对所学的知识有更深的了解，将掌握的知识运用于实践

四、思考与结论

抛锚式教学法注入《社会保障学》课堂是对课程教学方法改革的有益尝试。抛锚式教学法实质是实现交融互动，具体体现在：一是以问题为导向的学习方法，激发学生学习的主动性；二是内容上鼓励学科交叉；三是学习的社会性。抛锚式教学强化了学生的主体地位，鼓励其积极参与课堂，使得学生扎实基本知识的同时努力提升沟通合作能力、表达能力和自我管理能力。

正所谓教无定法，教学手段各有千秋，不同教学手段可以达到不同的效果，具体使用哪些教学手段要“因课而异，因学生而异”。抛锚式教学法在提升学生专业能力、实现教学相长上取得一些成效，但也面临一些现实挑战：一是教学效果受到课时量和班级人数的影响，课时量有限和学生人数过多可能出现讨论不充分、不透彻的现象；二是其对教师和学生提出更高的要求。[5] 对于教师而言，因我国社会保障政策变化快，教材内容滞后于政策实际变化，需要教师紧跟学科发展前沿进行持续更新，此外，如何根据所学主题和学生积累程度选择相应的案例材料和设置问题成为摆在面前的现实挑战。对于学生而言，为了能够真正理解所学知识，需要在课外花费更多时间进行自主学习，这离不开学生高度的自觉性、合理规划学业的能力。

根据与部分学生交谈了解到，部分学生反映因课业任务重，自主学习时间和效果难以保障；三是并不是所有内容均适用于这一方法，需要根据教学目标和教学内容合理设定问题，完成意义建构。经过一段时间教学实践发现，抛锚式教学法为课堂注入新的活力，使得社会保障学课程展现出别样风采，抛锚式教学推动"1＋2"转变，即构建一种新型师生互动模式，师生在课堂上平等对话。其次，实现教师和学生角色的转变，教师从传授者向"学习引导者＋学习合作伙伴"转变，学生角色则由被动接受者向"问题发现者＋问题探究者＋创新者"转变。作为《社会保障学》课程教学手段改革的尝试，抛锚式教学法必须运用得当才能达到预期效果，否则易流于形式。

参考文献：

[1]郭冬梅．"保险学"课程的抛锚式教学设计[J]．电化教育研究，2012，7(8)：98－99．

[2]季璐，齐玉辉．建构主义视角下能力导向型教学模式构建研究：以社会保障学科专业理论课为例[J]．高等财经教育研究，2017，9(9)：45－47．

[3]吕永强．案例教学法在社会保障学教学中的应用[J]．河北农业大学学报：农林教育版，2014，8(4)：136－137．

[4]梁满艳．抛锚式教学法在"行政学管理"课程教学中的应用研究[J]．黑龙江教育：理论与实践，2016，6(6)：58－60．

[5]袁媛．教学模式中抛锚式教学法与护生职业素质培养的探索与实践[J]．中国基层医药，2010，7(14)：2002—2003．

模拟电子技术基础课程混合式教学初探

张永祥[①]

一、引言

随着计算机技术和互联网技术的不断发展，全球的教育领域也发生了翻天覆地的变化。2008年加拿大的戴夫·科米(Dave Cormier)与布赖恩·亚历山大(Bryan Alexander)两位学者首次提出MOOC(Massive Open Online Courses)的概念，我国的清华、北大、复旦和上海交大等知名高校先后加入了一些国际化的在线教育平台，例如EDX、Coursera等。在此背景下，传统高等教育的课堂教学模式面临着巨大的挑战，2003年，北大何克抗教授在南京召开的第七届全球华人计算机教育应用大会上首次提出了混合式学习的概念[1]，最近几年，混合式教学已成为高校教学改革的一个重要研究方向，它的发展和推进越来越受到许多高校的关注。

二、混合式教学的概念及优势

混合式教学是在线(online)和离线(offline)教学的一种整合，它是传统课堂教学和网络上交互辅助教学形成的一种混合模式[2]。和面对面的课堂教学相比，其优势主要在于以下几个方面：

1)对学生而言，网络上录制的教学视频可以反复观看，避免了课堂教学中因为思想不集中而导致错过重要知识点，而观看完小的知识点视频后，可以迅速通过课后的知识点测试题目来进行自我测试，从而加强了对该知识点的理解。同时，如果学生对某个知识点有疑惑，可以随时在网络上反馈给老师，很重要的一点是，这种网络提问或请教可以有效避免有的学生过于害羞，或者害怕同学嘲笑等的不方便。同时在论坛中也可以得到很多别的同学的帮助，从而有效提高了学生的积极性、主动性与创造性。

2)对老师而言，在网络的帮助下，教学资源的呈现越来越多样化，通过制作小

---

① 张永祥，男，首都师范大学信息工程学院，讲师。

视频，分析学习资料，准备教学课件以及布置学习任务等方式，帮助学生预先建立知识学习框架[3]，同时收集学生的知识反馈，在面授教学时，可以有针对性地对学生的困惑集中分析，帮助学生巩固所学的知识内容；并利用随机和自由组合的方式建立学习小组，对相关知识进行引导提升，让学生在交流和讨论中拥有自主学习意识，从而以教师为中心真正转变为以学生为中心，增加了学生和教师之间的互动和个性化的接触时间，创造了让学生对自己学习负责的环境，帮助老师成为学生身边的"教练"[4]，培养学生的探索能力、自主学习与思考能力。

三、传统模拟电子技术教学存在的问题

我专业选用的教材是华成英和童诗白老师主编的普通高等教育"十五"国家级规划教材《模拟电子技术基础》(第五版)，主要包括常用半导体器件、基本放大电路、多级放大电路、集成运算放大电路、放大电路的频率响应、放大电路中的反馈、信号的运算和处理、波形的发生和信号的转换、功率放大电路、直流电源等十部分内容。教材内容多，知识点繁杂，而理论讲授只有48课时，远远低于海南大学的64学时[5]，平均4课时就要完成一章内容的讲授，而这还不包括课后习题的讲解，学生的讨论时间。因此，为了完成教学任务，教师只能在课堂上抓紧时间讲授，不停灌输新的知识点，很难进行深入细致的讲解，从而使大部分学生较难跟上课程进度，师生之间、生生之间的互动反馈很少，学生的接受度不高，效果不好，学习的积极性严重受挫，迫切需要对教学模式进行革新。

四、模拟电子技术课程混合式教学模式的实施

在"互联网＋"背景下，针对当前存在的学时学分压缩问题，借鉴混合式教学模式的优点，实施过程如下：

(一)教学资源重新构建

1. 知识点筛选

首先对每一章的知识点进行重新梳理，由于该课程理论抽象繁杂，公式较多，并不是所有内容都适合制作短视频，比如电路的频率响应分析，三极管的等效模型分析，在5到10分钟的视频时间内，不可能完全讲解透彻，需要师生面对面详细讲授，学生才能吸收和消化。而对于理论简单，相对独立性较好的知识点，经过梳理后可以提取制作视频，如杂质半导体的内部工作原理，二极管的单向导电性等，可按照教学内容划分为几个知识点，分别制作成短视频。

2. 及时练习题设计

为考察和完善对知识点的理解，在每个知识点视频后，会有基础和思考类型的

及时练习题设计，让学生在学习完视频后，能够及时对刚才所看过的知识进行巩固和扩展。练习题包括判断、选择、计算等题型，判断、选择主要用于了解学生掌握概念和基本原理的情况，如负反馈对放大电路性能的影响、稳压管的工作原理等，计算题主要用于了解学生理解基本理论程度及应用情况，如共射放大电路的计算和分析、多级放大电路的电压放大倍数分析等。这些题目原则上要具有启发性、灵活性和实践性，并给出达标标准，从而便于学生了解其学习情况。

3. 章节导学的设计

在每个章节或知识点的导言部分，都会介绍本章的学习内容和学习方法、重点难点、要达到的学习目标等，从而让学生在学习之前，对自己所要开展的学习活动做到目标清晰，有的放矢。

（二）教学手段灵活

在混合式教学的初期尝试阶段，允许学生自愿选择网络班还是普通班，针对不同的班级，采用灵活的教学手段：网络班以自学教学视频为主，教师补充内容辅导和讨论为辅；普通班则以传统课堂教学为主，自主选择网络教学为辅。两种班级的教学侧重点不同，普通班采用面授式的教学法，通过讲授的形式传递知识，学生通过聆听课堂讲授知识，完成课后作业，有疑问采用面授的方式解决。网络班不用参加传统课堂授课，主要通过自主学习的形式，学习线上的学习资源，参与在线论坛或移动终端的同伴交流讨论等[6]，完成教师设定的专题探讨式学习任务，而这些都需要学生根据自己的学习步调，基于混合式的学习环境，进行主动的自主学习，真正实现“以学生为中心”。在此过程中，教师根据需要选择恰当的学习方式（如面授、在线教学、移动学习）来支持学生的交互与协同知识建构。

（三）考核方式多元化

传统的考核方式采用期末闭卷考试为主的形式，这种考核形式使得学生往往产生平时不学，期末突击复习的心态，教学效果不佳。而我校使用的师星学堂是基于超星泛雅网络教学平台打造的，适应移动式、个性化学习，满足混合式翻转课堂教学需求的在线学习平台。该平台全面支持学习过程跟踪和控制、学习成果统计等线上教与学活动；并且具有互动课堂功能，包括课上签到、课堂小测验、投票、抢答、直播等课堂应用功能，从而使得多元化考核方式成为可能，拟采用过程考核和阶段性考核相结合的方式，让学生在学习时不仅仅局限于学习成果，也加强对学习过程的关注。相对于传统“一考定终身”的评价机制[7]，更能够激发学生的学习动力与积极性。

五、结语

混合式教学模式能加深学生对知识的理解，提高学生学习的积极性和趣味性，真正实现“以学生为中心”，已经成为高等教育信息化背景下课程改革的必然方向。本文阐述了《模拟电子技术基础》课程教学的现状，在此基础上，提出了对该课程进行混合式教学的初步实施方案，从而希望能够给学生带来全新的学习体验，实现学生创新实践能力的真正提高。

参考文献：

[1] 陈算荣. 高校混合式教学的实践意义和当前面临的问题[J]. 高教学刊，2016(7)：15—19.

[2] Janna Q. Anderson，Jan L. Boyles，Lee Rainie. 互联网对高等教育未来的影响[J]. 高等工程教育研究，2013(3)：38—45.

[3] 徐曌，胡勇. “互联网 +”时代下的高校混合式教学模式探讨[J]. 中国新通信，2018(2)：169—170.

[4] 肖奕，刘传平. 《大学计算机》混合式教学研究[J]. 高教学刊，2018(2)：110—112.

[5] 黄建清，李婉萍，王立辉，等. 基于 MOOC 的模拟电子技术课程混合式教学研究[J]. 教育现代化，2017，11(45)：187—190.

[6] 冯晓英，王瑞雪，吴怡君. 国内外混合式教学研究现状述评[J]. 远程教育杂志，2018(3)：13—24.

[7] 李晓英，王晓兰，曾贤强. 雨课堂对《模拟电子技术》混合式教学的启示[J]. 中国教育信息化，2017(12)：82—84.

《计算机应用》通识课程的独立 SPOC 教学模式*

韩红梅[①]

随着年轻一代学习者的阅读习惯、社交方式、学习技术以及信息来源的日益网络化，在高等教育领域，教学技术和教学模式变革均呈现出网络化进程，使得自2012 年以来全球掀起 MOOC 教学，以降低教育成本、促进教育公平、提高教学质量、服务终身学习为宗旨。

MOOC 作为一种新型的网络教学模式为学习者提供了学习和共享的平台，在 MOOC 的应用过程中，一些局限性也显露出来，主要集中在教师对学生的学习过程和学习情况无法通过平台完全掌控，缺乏学生学习过程监控数据，无法进行科学有效地量化评价，以及师生交互不及时性等，都成为影响 MOOC 在课堂教学中实现有效和高效教学的阻碍。

一、从 MOOC 到 SPOC

小规模限制性在线课程（Small Private Online Course，简称 SPOC）[②]，是在 MOOC 的基础上结合课堂教学发展起来的新型在线开放课程模式，相对于 MOOC 的大规模而言，SPOC 类似于分组教学，是基于网络平台进行的线上自学、网上辅导和线下组织课堂教学相结合的线上线下混合式教学创新，有效地实现了优质教学资源的共建和共享，促进了 MOOC 在高校课堂教学的落地生根。

为了更好地服务教学，我校秉承 MOOC 的教学理念与混合教学模式，搭建校内网络教学平台——师星学堂，开展 SPOC 线上线下混合教学模式。师星学堂的教学平台集成功能包括：微视频、同步插入 PPT 页面、电子书籍、拓展资源、动画资源、音频资源、直播技术、问卷、作业、题库、考试、批阅、讨论与测验、评分、站内论坛、学习情况统计、班级学生管理以及课程管理等应用，开展 SPOC 是属于小规模的实体课程，教育模式从根本上实现了将课程资源与课堂教学的共享结

* 本文属校级项目“内涵发展 2017 年本科教学建设与改革项目信息工程学院在线课程建设”。

① 韩红梅，女，首都师范大学信息工程学院，讲师。

② SPOC 维基百科。

合，通过线上线下混合教学过程，改革课堂教学结构，提高教学效果，将MOOC与传统课堂教学深度整合，SPOC是将MOOC课程打造成更加适用于不同学习者群体的在线教学课程，弥补了MOOC的高退出率和低结业率，避免了学生在线上学习中的偷懒或剽窃行为，是在线教育在大学校园中的真正价值所在。

二、《计算机应用》通识课程的独立SPOC教学模式

《计算机应用》课程是为所有大一新生开设的计算机文化公共通识课，重点培养学生的计算机基础理论和运用基本操作技能解决问题的能力。

（一）传统的《计算机应用》课程教学现状

目前，《计算机应用》通识课程的课堂教学中，采用大班上课，人数在100—150人之间，教师采用灌输理论的讲授教学法与全程大量灌输的边讲边练教学法，学生的实践操作技能掌握效果不好，容易遗忘，学生出现无效和低效学习，运用所学技术解决实际问题的能力的教学目标无法有效达成。多年来存在的教学问题有：

（1）占用师资：全校的《计算机应用》通识课程需要安排10—12位任课教师，答疑助教3—4人，占用大量师资；

（2）低效教学：学生人数众多，学生层次差别大，教学内容与进度难以兼顾各个层次的学习者，上机指导过程中大量重复答疑造成了教师的重复劳动与低效教学，课堂教学基本目标难以有效达成；

（3）教学形式单一：由于教学时长与课堂教学环境的限制，使得教学资源的演示和运用受到限制，不能够真正发挥信息化教学的整合优势和资源优势，教学方法与教学模式单一；

（4）课时有限：反复练习是学生熟练掌握操作技能的基本途径，运用学到的操作技能解决实际问题的综合实践能力离不开教师的实时指导和学生的巩固练习，有限的课时与答疑时间使得综合实践教学目标也难以达成；

（5）教学管理不到位：尽管配备了众多的任课教师与助教，仍然无法解决130—150人的课堂教学管理，包括讲授、交互、评价等教学活动不能兼顾到每一位学习者的需要；

（6）过程性教学评价难以实现：高等教育注重对学生能力的培养，以学习者为中心的教学理念更加注重对学生的学习过程的评价，传统的课堂教学只能借助于单一的出勤、平时作业以及考试等手段来获取评价学生的量化数据，不但带来教师批改、统计作业工作量大的问题，而且，维度单一的过程评价数据使得对学生的评价缺乏全面性和公正性；

（7）师生交互欠缺：大一新生在良乡校区，任课教师与学生的空间分离，也是

影响教学效果的一个因素。

以上几点是长期以来困扰《计算机基础》这门通识课程的教学问题，是多年来课堂教学模式改革中难以突破的瓶颈问题。

(二)独立 SPOC 教学模式

按照是否依托 MOOC，SPOC 分为非独立 SPOC 和独立 SPOC，独立 SPOC 是指不依托于 MOOC 进行的个性化教学方式，不对外开放，只在本校使用的内部 MOOC，《计算机应用》通识课采用的是独立 SPOC 教学模式。

SPOC 线上线下混合教学模式的开展，首先解决了课时限制与师生分离带来的教学问题，能够使学生不受地点和时间的限制，自由地开展学习和答疑辅导，虽然 SPOC 教学模式是基于网络平台，但是，教与学的过程跨越了虚拟，可以实现在线与实时交流。使得学生在任何时间与地点开展学习成为可能，使得教师可以面对更庞大数量的学生开展课程教学。

SPOC 教学过程是涉及多种教学资源(教师、学生、内容、学习资源和情境)的混合式课堂教学，这种混合式教学在教学方法、教学资源、教学评价等多维度、多阶段进行了教学变革。突破了传统的课堂教学的 40 分钟限制，教师的教得到了充分的传播，学生的学得到了充分的支持。线上多种教学资源的支持与平台对教学管理的技术支持，使得教师可以投入更多精力在改进教学资源、增加师生互动以及支持学生深度学习方面。

在《计算机应用》课程中开展 SPOC 教学，整个课程的教学设计从以下三个方面进行：(1)教学时间的设计安排，分为课前、课中、课后三个阶段；(2)教学形式的设计安排，分为线上、线下、线上三个形式；(3)教学过程的设计安排，分为获取、交互、内化三个阶段。

1. 通过线上、课前的自主学习获取教学内容

从现有的教学模式向线上线下混合式教学模式转变，我们还需要做很多工作。

首先，课前，教师作为课程资源的设计者，根据教学目标与学生需求制作与整合学习资源，教师要制作教学微视频(短小、精悍、易懂)、PPT 等数字资源，教师将学习资源上传至 SPOC 中心平台——师星平台；通过发布通知——自主学习的任务单，让学生在上课之前明确将要学习的知识要点和关键问题，学生通过课前线上自主观看视频、查阅课程学习资料与知识，方便学生进行学习。

其次，通过设计思考题、讨论区问题、问卷、题库等，促使学生产生疑问，激发学习积极性，在学习小结阶段完成测试，反馈课前学习效果。

再次，教师可以通过 SPOC 教学平台收集学生的困惑问题，通过线上指导与及时答疑，有效地为学生提供学习支持。

教师借助学习平台以线下线下混合教学模式进行教学，打破了现有的教学管理

的模式，冲破了时间、空间、人员、班级、教室、课堂等的限制，学生的线上学习可以在任何时候，任何地点进行，也可以听任何教师的讲课。

2. 通过线下、课中的学习检测实施课堂教学与师生交互

线下的课堂上，教师是教学的组织者、指导者和监督者，教师组织学生分组讨论，并随时为他们提供个别化指导，共同解决遇到的难题。SPOC 创新了课堂教学模式，增进了师生的教与学的课堂交互。

对于课堂教学，即线下教学，教师也需要调整传统的课堂教学模式，改进课堂教学内容，教学重点放在巩固学生所学知识，解决学生线上所遇问题上，课堂教学目标在于培养学生掌握实践能力和知识迁移、应用能力，因而强化教学实验环节是非常重要的。

在实施线下的课堂教学中，首先教师组织学生建立 5—6 人的“传帮带”学习小组；在完成相关学习内容后，教师通过设计引导性问题，检测课前的线上学习效果，并根据所收集的线上学习问题信息，加以汇总提炼，快速、准确地确定课堂实施的教学内容。

学生小组通过讨论、协作，培养其提出问题和解决问题的能力，教师指导学生讨论，针对学生的共性问题，教师统一进行讲解。同时，借助课堂实施评价体系，完成对学生课前、课中的相关评价活动。

3. 通过线上的课后拓展和个别化辅导内化知识与技能，提升整体教学效果

教师通过线上课前、线下课中的混合教学模式，及时进行课程教学反思和总结，在第三阶段的实践教学中进行改进和优化教学设计，进一步提升后续的教学效果。

一方面，在完成相关知识内容时，教师要为学生开辟线上网络学习专题讨论区，方便进行线上学习和问题反馈；另一方面，教师在课堂教学阶段结束后，将课堂探究中学生提出的问题进行整理总结，及时发布到网络平台的论坛中。

在线上的课后拓展和个别化辅导中，一方面，学生会根据教师提出的问题和相关资料对知识进行进一步的内化、拓展与提升；另一方面，教师可以对学生的学习情况进行深度挖掘，掌握学生在线学习的访问内容及频率、学习路径、学习偏好等，结合数据分析结果，有针对性地进行教学评价和学生管理。

利用师星平台，实现在线学习和教学监控，对现有课堂教学模式进行颠覆性改革，通过“线上—线下—线上、课前—课中—课后、获取—交互—内化”等阶段教学过程实践，改变“以教师为中心”的教学模式，实现真正意义上的基于“以学生为中心”的课程教学。

三、《计算机应用》独立 SPOC 教学模式的具体实施

(一)线上、课前自主学习

首先，教师根据教学大纲、教学目标、重难点等，对传统课堂教学的原有章节进行碎片化切割，将每个独立的知识点录制成 5—10 分钟的自成一体的小视频。围绕一个概念、一个原理、一个话题或者一个操作展开，清晰的主题划分就像字典一样，可以让学生快速地找到学习内容。在一定意义上可以满足不同水平学习者的需求，让学习者的学习更具针对性，依托线上的学习开展自主的个性化学习。对于难点，可以通过反复播放视频，多次重复学习，更加合理地分配学习时间，提高学习效果。

同时，在平台上上传任务单，指导学生的学习；上传作业、测验等，对学生的学习效果进行检测，提供 PPT 和相关学习资源，供学生线上和线下自主学习使用。

《计算机应用》通识课的主要学习目标是对常用软件基本操作技能的掌握和运用技术解决问题的能力的培养，实验部分是学生学习内容的主要组成部分，实验题目、实验要求和实验报告由教师发布在平台，学生在实验前观看视频中的操作演示和讲授，在上机过程中完成实验要求，并将实验作品提交到网络平台上，由教师进行批改、反馈。

同时，在学习过程中遇到的问题，可以通过网络平台的问题讨论区与教师、同学进行交流讨论，力求课前解决不懂的问题。通过谈论，减少学生学习过程中的孤独感与无助感，创建“学习同伴”的氛围。

(二)线下、课中的探究学习与学习检测

将线上观看实验演示的学习过程放在了课前和线上，学生线下的课堂学习中可以更有针对性地开展综合性实验内容，在教师的指导下与小组合作中学习运用技术解决实际应用中的问题。

线下开展的课堂教学活动不同于传统意义上的课堂教学，与线上学习相结合，采用的是翻转课堂的混合教学模式。教师根据学生线上学习的情况，重构课堂教学内容和组织形式，可以是对学生普遍性的问题与错误展开讨论与讲解；可以是对学生学习效果的评价与检测。学生是课堂的主体，教师是组织者、引导者与监督者，组织学生开展学习活动；引导学生思考、探究与讨论；监督学生的讨论过程，等等。通过课堂面对面的交流，教师进一步把握学生的学习效果。学生作为学习的主体，在课堂上需要把自己的学习结果、学习问题表达出来，通过教师的评价与引导来改进学习中对知识理解的不足和技能掌握的缺陷。丰富多样的课堂活动摆脱了过去单一的讲授形式，极大地激发了教师和学生课堂交互的积极性。

(三)线上、课后的知识内化与拓展

在 SPOC 教学中，学生在课后重回线上开展巩固学习，进一步进行内化知识与拓展学习。这个阶段的学习是对前面线上自主学习和线下课堂表现的进一步巩固和评价，学生通过网络平台互评作业，相互学习，查看教师对学生线上线下学习效果的阶段性教学评价，总结学生在学习过程中的问题和提出改进建议，并针对性地向学生布置实验作业，增强对薄弱点的学习内容的巩固、内化和拓展。

四、SPOC 教学模式的具体优势

当前的 SPOC 教学，主要是针对在校大学生学习者开设，通过对《计算机应用》课程开展独立 SPOC 教学设计与初步实施，更加感受到该教学模式的优势，同时也更加了解到教师在课程设计、制作与组织的不足，进而调整下一步的在线教学计划和策略。

在《计算机应用》通识课中大规模推行 SPOC 教学改革，强化了学生学习效果。较好地解决了教学内容不断膨胀、学时紧张、师资紧张以及学生基础参差不齐等教学矛盾；实现了线上线下互补的教学模式，线上强化广度教学，线下课堂强调深度教学。

1. 实现了线上大班授课，线下课堂小班研讨的翻转课堂教学模式，师生讨论、生生讨论等；

2. 破解了师资短缺的制约，全员参与、全校覆盖、全方位互动的 SPOC 课程解决了教师授课工作量过大，师资不足的老问题；

3. 改变了传统的教学内容，在线课程提供的全面的、多层次的、多形式的优质教学资源；

4. 学时短缺不再是问题，随时随地、课前线上、课后线上的学习提高了学习效果，解决了课时短缺与学习时间地点受限制的问题；

5. SPOC 引入了大数据背景下的学习分析，通过数据分析学习者、分析学习过程、分析学习效果分析成绩、分析学生线上学习时间、分析学生参与讨论积极性，等等，使得对学生学习过程和教学过程的评价做到真正意义上的量化与公平公正。

参考文献：

[1]杨祥．中国在线开放课程发展报告(2013—2016)[M]．北京：高等教育出版社，2017.

《外国文学史》课程教学范式转型的实践与思考*

崔洁莹[①]

一、课程性质、现阶段存在的问题及转型目标

一直以来，《外国文学史》都是全国各高校汉语言文学专业的核心必修课程，相关的教学方法也已形成了一套比较成熟的体系。然而，在信息化时代的背景下，该课程的教学所面临的挑战也愈发严峻。首先，在网络资源愈加开放的情况下，学生能够轻易自行获取专业基础知识的内容，甚至可以聆听世界一流大学开放的各种公开课程；其次，碎片化阅读的习惯使得学生难以自觉地专心阅读大量来自不同国家、不同时期和不同作者的文学作品；再次，《外国文学史》这门课程的性质和特点对师生来说都具有一定的挑战性。以首都师范大学为例，《外国文学史》作为文学院汉语言文学专业的必修课，共有96个学时，分两个学期教授。而在这两个学期内，该课程的内容涵盖了从古希腊文学到20世纪西方文学的历史跨度，其中涉及的国别、思想观念、文学流派、重要的作家和作品数量繁多。这意味着教师对西方文学史要有全面的把握，而学生也需要跟上讲授的节奏，在空间与时间的迅速转换中掌握所学内容。在这种情况下，如果按照传统的讲授方式，以教材为依托，由教师主讲外国文学的历史发展脉络和作品概况，就很容易使得学生将重点放在对历史叙述和抽象概念的记忆上，而缺少对具体文学作品的阅读和分析。除此之外，如果没有教师的指导，学生也难以在繁多的内容中抓住阅读的重点。诚然，区别于“作品导读”类的课程，讲授《外国文学史》的重要目的是帮助学生认识外国文学的发展脉络，掌握宏观的历史线索。在理想的情况下，学生应该在学习完《外国文学史》后，再学习以作品分析为导向的课程。然而因课时安排有限，“作品导读”类课程并没有被纳入必修课的体系，有相当多数量的学生只有通过《外国文学史》来接触外国文学，这就要求教师在这门课中加强对阅读、分析外国文学作品的引导。

---

* 本文系2017年教育改革项目“《外国文学史》课程教学范式转型研究”的结项成果。

① 崔洁莹，女，首都师范大学文学院，讲师。

基于以上叙述，《外国文学史》课程教学范式转型的目标是强化学生阅读外国文学作品的动力和能力。在教师的指导下，每位同学每学期都能够至少精读2—3部、泛读10部左右的相关文学作品。

二、转型实践的具体内容

在具体的实践中，转型主要从四个方面展开：课前开具参考书目、在授课中加强对重点作品的分析、在课堂上增设小组讨论和汇报环节、在期末考试中增加主观题比重。

具体来说，在转型实践期间，《外国文学史》教师在第一次课上即向学生提供该学期需要阅读的书单。考虑到学生需求的多样性和多层次性，这份书单分为教材、文学作品、扩展阅读三部分。

在教材方面，除了学生统一使用的郑克鲁主编的高教版《外国文学史》外，[①] 还有李赋宁主编、商务印书馆出版的三卷本《欧洲文学史》作为补充。[②] 后者较之于前者内容更为详尽，可供学有余力的学生参考。文学作品是这份书单的核心，以笔者所教授的《外国文学史》(上)为例，教师根据学生可承担的任务量，列出了十余本外国文学著作，它们分别是：《伊利亚特》《奥德赛》《俄狄浦斯王》《安提戈涅》《神曲》《坎特伯雷故事集》《巨人传》《堂吉诃德》《亨利四世》《麦克白》《伪君子》《失乐园》《鲁滨孙漂流记》《新爱洛依丝》《浮士德》。其中，《俄狄浦斯王》《安提戈涅》《神曲》《堂吉诃德》《亨利四世》《麦克白》《失乐园》《浮士德》是重中之重，建议学生精读的文本。从这份书单可以看出，教师在《外国文学史》(上)的每一章节都至少列出了一部重要作品，并同时考虑到了国别的均衡，除此之外，它们也都是教师在课堂上会重点介绍的作品。在要求学生重点关注的8部(篇)文学作品中，有相当的比重是篇幅较短的戏剧作品，这不仅减轻了学生的阅读负担，也让学生能够有所侧重地精读作品，从而在课堂上能够更有效地吸收知识，并切实参与到课堂展示与讨论中来。在扩展阅读方面，教师推荐了《文学阅读指南》、[③]《文学体验导引》、[④]《西方正典》、[⑤]《摹仿论》[⑥]四本书，供对外国文学有更强烈兴趣的学生参考。这四本书的难度由浅到深，除《文学阅读指南》从文学作品的结构出发，讲述分析文学作品的方法之外，其余三本书均包含对西方文学史上最为重要的那些文学作品的分析和解读。通过阅读

---

① 郑克鲁：《外国文学史》，高等教育出版社，1999年版。

② 李赋宁等：《欧洲文学史》(第1卷)，商务印书馆，1999年版。

③ 伊格尔顿：《文学阅读指南》，范浩译，河南大学出版社，2015年版。

④ 莱昂内尔·特里林：《文学体验导引》，余婉卉，张箭飞译，译林出版社，2011年版。

⑤ 哈罗德·布鲁姆：《西方正典》，江宁康译，译林出版社，2005年版。

⑥ 埃里希·奥尔巴赫：《模仿论》，吴麟绶、周建新译，商务印书馆，2014年版。

这些经典的批评著作，学生可以在阅读文学作品的基础上，对文学批评有初步的了解。

在教学中，低年级学生向教师提出的最常见的问题之一就是“不知该读什么书”。因此，一份根据课程进度和学生需求的不同层次而列出的书单受到了绝大部分学生的欢迎，该方案可以在今后的教学实践中延续。

前面已经提到，在转型实践中，授课教师在学期初为学生开列的外国文学作品书单均为课堂上会重点分析的内容。因此，在学生跟随课程进度阅读相关作品的情况下，教师就可以在课堂上省去大量宽泛介绍作品内容的时间，而把重点放在对作品具体的分析上。例如，在讲述文艺复兴时期法国文学的重要作品，拉伯雷的《巨人传》时，教师只需简单帮助学生回忆和串联起作家生平、写作背景和小说情节等内容，就可以直接从研究性的问题出发，引导学生对具体的章节段落进行分析和讨论。如讨论拉伯雷与16世纪西方文学中乌托邦写作的关系时，就可以以“德廉美修道院”与庞大固埃的冒险情节为例，通过截取这部巨著的一小片段，为学生揭示背后隐藏的更为深刻的历史与观念问题。再如，在讲述《堂吉诃德》这部作品时，教师不再抽象地辨析“堂吉诃德是个疯子还是一个理想主义者”这一常见的问题，而是通过展示书中的两个片段，自然地带入这一问题。具体说来，通过回顾《堂吉诃德》中桑丘向堂吉诃德提议支取薪水，而堂吉诃德巧妙回绝的章节，向学生展示堂吉诃德精明、聪慧的一面；通过细读堂吉诃德向“杜尔西内娅”告别的场景，使学生注意到这一章节在全书的重要性：这是堂吉诃德的幻想(以杜尔西内娅这个形象为代表)与现实的第一次对接。为了交差，桑丘谎称杜尔西内娅就在过路的三个农妇之中，他成为制造幻景的人，而堂吉诃德却分明看到粗野的农妇和他理想中最美丽的杜尔西内娅有巨大的差别，从而成为那个更接近现实的人。正如奥尔巴赫在《模仿论》中所言，堂吉诃德与“杜尔西内娅”的相遇是全书的一个重要转折点，它预示着堂吉诃德理想的失败和他自身的死亡。通过展示和分析以上章节，学生可以体会到堂吉诃德并非用简单的“疯子”或“理想主义者”的标签就可以概括，在全书中，以堂吉诃德为中心，理想与现实，疯狂与清醒不断地交织在一起，构成一出精彩的“戏剧”。同理，在介绍《堂吉诃德》这部著作的语言特征和相互对照的写作手法时，区别于教条式地列出高度概括的“艺术特征”，通过具体分析堂吉诃德和桑丘的语言表达就会取得更好的课堂效果。如堂吉诃德进入山林发疯一节就体现了两人语言风格的鲜明对比：堂吉诃德嘱托桑丘送信给杜尔西内娅，信中写道：

尊贵无比的小姐：

一别至今，肝肠寸断。我身不安，心不宁，但愿最甜蜜的杜尔西内娅·台尔·托波索身心安宁。如果你凭貌美而小看我，你仗高贵而鄙视我，你对我的轻蔑使我尝遍了辛酸，我尽管有能耐，也受不起这样的苦，因为苦得太厉害，也太长久了。哎，冷酷的美人，亲爱的冤家啊！我为了你落到什么田地，我的好侍从桑丘会一一告诉你。假如你愿意救我，我就是你的人了，不然呢，也就随你吧。反正我只要一死，就随了你的狠心，也了了我的心愿。

至死是你的，

哭丧着脸的骑士[①]

桑丘在送信的路上不小心把信弄丢，于是便和堂吉诃德家乡的朋友硕士和理发师有了如下对话：

“天晓得，硕士先生，我要能记住信上的话呀，那真是活见鬼了！不过开头是这么说的：‘尊贵无皮的小姐’。”

理发师说：“不会是‘无皮’，除非是‘无上’或是‘无比’吧。”

桑丘说：“这就对了。我要是没记错呢，下面说——我要是没记错的话，接下来是这么说：‘一憋着筋，肝肠撑断。我身不安，心拧了，冷酷的冤家美人。我吻你的手。’还讲什么救命呀，什么苦恼。就这么一顺溜的下去，结尾说：‘至死对你的忠心的，哭丧着脸的骑士。’”[②]

显然，即便是叙述同一件事，两人的语言风格也天差地别。堂吉诃德模仿文学作品中骑士的文雅谈吐，桑丘却保留着农夫粗鄙的语言。堂吉诃德称呼“杜尔西内娅”全名，彰显他对心上人身份地位的强调，而桑丘却完全忽视了这一点。经实践证明，通读过文本的学生会对以上具体的段落对比有深刻的印象，当教师针对段落中隐含深意的细节进一步分析时，他们也会在课堂上给予老师更加积极的回应。

除了开列书单和调整讲述文学作品的方法之外，监督和考查学生对作品的阅读也十分重要。因此，教师要特意强调学生参与课堂讲述的重要性。具体说来，教师根据学生意愿，将全体同学分为10组，并在学期初为每个小组指定一部文学作品，要求所有小组按照教学进度在课堂上做一次20分钟左右的读书报告。在一学期内的16个教学周里，教师独立教授前5个教学周，从第6周开始加入学生小组的报告。仍以2017年春季学期为例，教师安排的发言顺序如下：

① 塞万提斯：《堂吉诃德》，杨绛译，人民文学出版社，2016年版，第176页。

② 同上，第185页。

周次	书名/篇名
第六周	但丁《神曲》
第七周	拉伯雷《巨人传》
第八周	塞万提斯《堂吉诃德》
第九周	莎士比亚《亨利四世》
第十周	莎士比亚《麦克白》
第十一周	莫里哀《伪君子》
第十二周	弥尔顿《失乐园》
第十三周	笛福《鲁滨孙漂流记》
第十四周	卢梭《新爱洛依丝》
第十五周	歌德《少年维特之烦恼》

可以看出，以上指定书目与学期初开列的阅读书单有很大程度的重合，这样的安排是为了在减轻学生负担的同时又确保每位同学至少会精读一部重要的文学作品。经实践表明，在一个4—6人的小组中，学生往往会明确分工，从作者生平、作品思想内容、艺术特征等方面分别以PPT结合口头报告的形式在课堂进行展示。为了使学生真正通过做读书报告有所收获，教师会在学生报告结束后，从内容和形式两个方面进行细致的点评，并针对报告内容进行追问，从而进一步启发学生的思考。目前来看，这种教学方式能有效起到督促学生阅读的作用，并帮助学生提高分析文学作品的能力，除此之外，也使教师更加深入地了解学生对作品的理解情况。由于加强了师生间的互动，课堂气氛也更加活跃。

经验表明，大部分学生在整个学习过程中最为关心的是期末考试或考查。作为文学院的专业必修课，《外国文学史》为必考课程，这意味着对试卷设计的调整也可以成为有效督促学生注重文学作品阅读的方式。具体说来，教师在学期初即提醒学生，期末考试中的主观题占比将不低于50%。其中，两道根据材料和相关背景知识解读文学作品的论述题占总分值的30%。因此，要想在期末考试中取得优异成绩，就必须对考题涉及的文学作品有较为深入的理解，并具有结合材料分析文本的能力。例如，2017年《外国文学史（上）》的期末试题中有一道论述题截取了但丁《新生》中描述与贝亚特丽齐初次见面的描写，要求学生结合该材料论述但丁对贝亚特丽齐深刻感情的独特之处，并联系《神曲》阐释贝亚特丽齐这一形象的意义。前面已提到，《神曲》是《外国文学史（上）》的重点研读作品之一，而教师在课堂上也向学生介绍了《新生》这部著作的主要思想内容。那么，如果学生在学习过程中认真听讲，并在课下按照要求阅读《神曲》这部作品，对这道题的考察目的和解题思路就应该不陌生。实践证明，将注重文本阅读和分析能力的主观题比重加大，能够避免学生抱有考试前一周突击复习知识点，就能够取得高分的想法。得到高分的学生往往是从学期初开始就跟随上课进度阅读作品，并通过课堂学习提高了分析本文的能力。这样的考核方式虽然比以客观题为重的考核方式更难以把握，但却能够真正筛选出具有核心专业能力的学生。

综上所述，通过开列书单、调整授课方式、增加学生报告环节、改革考试试卷的方式，教师反复强调了细读文本、分析文本的重要性。这里需要说明的是，强调细读文本并不是把文学史课上成了文学作品赏析课，教师在课堂上仍然注重帮助学生构建起文学史发展的宏观图景，并注重对更宏观的历史知识的补充。如在讲述文艺复兴时期文学的时候，除了介绍文学的发展，也注重介绍宗教改革的历史，而对文学作品的细读是嵌入在这个宏观图景之中的。同理，对主观题的侧重也不意味着对客观知识点的抛弃，选择题、填空题和名词解释题在试卷中仍然占据相当的比重。

三、转型实践的应用情况与效果

对于该教学范式转型之效果，可由两种方式进行考查。其一是在期中设置问卷调查，进一步了解学生对教学改革的需求和接受度；其二是通过期末考试成绩考查相关改革对成绩的影响。

笔者根据该报告第二节所述的四个改革要点设计了调查问卷，其具体内容如下：[①]

1. 为使学生明确课程重点，本课程教师在学期初列出了一份外国文学作品的阅读书单，并在其中标出需要重点关注的作品。你对这种做法的观点是________

A. 非常赞成　　B. 比较赞成　　C. 比较反对　　D. 非常反对

（选填）你赞成/反对的原因是：

2. 在授课的过程中，本课程教师侧重对重要文学作品的解读，有时会根据需要截取作品片段进行细致分析。在这种情况下，要达到良好的教学效果，就需要学生对重点作品的大致情节有基本了解，而对非重点作品的基本了解则需要学生在课下自习。你对这种做法的观点是________

A. 非常赞成　　B. 比较赞成　　C. 比较反对　　D. 非常反对

（选填）你赞成/反对的原因是：

3. 本课程教师将期中考核的形式从较为普遍的课程论文/读书笔记写作改为分

① 为保障此次调查问卷的结果客观公正，教师在发放调查问卷时向学生强调了两点：1. 该问卷调查仅为教师调研所用，与期末测评无关；2. 学生可以匿名填写问卷。

组展示，并为每个小组指定文学作品进行研究，意在确保每位同学都能至少细读一部课程相关的重要文学作品。你对这种做法的观点是________

A. 非常赞成　　B. 比较赞成　　C. 比较反对　　D. 非常反对

（选填）你赞成/反对的原因是：

4. 本课程的期末考卷设计将侧重主观题（占比 50%—60%），即围绕学期初列出的重点书单提出开放性的问题。你对这种做法的观点是________

A. 非常赞成　　B. 比较赞成　　C. 比较反对　　D. 非常反对

（选填）你赞成/反对的原因是：

5.（选填）截至目前，你对这门课的教学有何建议和意见？

在本次转型实践所涉对象班级中，该问卷共收到 48 份有效问卷，其中前四道问题的回答情况如下：

第一题：赞成 47 人，反对 1 人[①]

第二题：赞成 43 人，反对 5 人

第三题：赞成 43 人，反对 5 人

第四题：赞成 30 人，反对 18 人

从以上统计可以看出，大部分同学对改革的方向表示支持。比较而言，反对期末试卷增加主观题占比的学生数量较多，从学生补充填写的反对原因来看，绝大多数反对的同学担忧主观题难度较大，不利于复习，并难以取得好成绩，甚至有学生表达了担心会挂科的焦虑。

针对部分学生的担忧，可用以下表格中所反映的 2017 年某班级的期末成绩（仅含卷面分数）情况来回应：

课程名称	外国文学 1	学时	48	学分	3
开课院系	文学院	任课教师	崔洁莹	课号	3010008
成绩构成					
成绩构成		成绩类型	录入百分成绩		
分数段	90—100	80—89	70—79	60—69	0—59
人数	3	10	18	12	6
百分比	6.12%	20.41%	36.73%	24.4%	12.24%
上课人数	50	考试人数	49		
平均分	71.5	最高分	94	最低分	40

① 赞成票包括“非常赞成”和“比较赞成”，反对包括“非常反对”和“比较反对”。第 2—4 题情况相同，不再一一注明。

从以上表格中可以看出，在提高主观题占比的情况下，该班级的平均分、分数段等数据均在预期的合理范围之内，不仅没有出现大规模挂科的情况，还有 3 名同学取得了 90 分以上的高分，这说明并非大部分同学无法适应对试卷设计的调整，并且这次考试也在一定程度上拉开了分数层级，实现了突出优秀学生的目的。

四、结论

经过一年的转型实践，并在过程中和结果上考察转型的接受效果，可以看出该教学范式转型有效、可行，能够在今后的教学实践中继续推广。当然，该转型实践也存在着一些问题，例如，部分学生反映在课业较紧的基础上，没有时间阅读指定书目，这导致在课堂上难以跟上进度，使得学习难度和压力加大。在今后的教学实践中，仍需继续深入了解学生的实际困难和普遍需求，不断对阅读书单和试卷的设计，以及授课内容和方式进行调整，以使这一转型实践能够更有效、更持久地进行下去。

参考文献：

[1] 埃里希·奥尔巴赫. 模仿论[M]. 吴麟绶，周建新，译. 北京：商务印书馆，2014.
[2] 哈罗德·布鲁姆. 西方正典[M]. 江宁康，译. 南京：译林出版社，2005.
[3] 莱昂内尔·特里林. 文学体验导引[M]. 余婉卉，张箭飞，译. 南京：译林出版社，2011.
[4] 李赋宁，等. 欧洲文学史(第 1 卷)[M]. 北京：商务印书馆，1999.
[5] 塞万提斯. 堂吉诃德[M]. 杨绛，译. 北京：人民文学出版社，2016：176.
[6] 伊格尔顿. 文学阅读指南[M]. 范浩，译. 开封：河南大学出版社，2015.
[7] 郑克鲁. 外国文学史[M]. 北京：高等教育出版社，1999.

MOOC在大学计算机课程教学中的作用之我见

张研研[①]

一、何为 MOOC

MOOC，即大型开放式网络课程（Massive Open Online Courses），在如今的社会已经不是一个崭新的概念，它最早由美国在2000年左右提出，作为计算机网络的一个衍生品，随着网络的发达伴生而出，其主要存在目的是为社会人士广泛地提供免费的网络线上教学。

在发展的早期，美国一些有实力的大学曾经开设了一些实验性的MOOC课程，到2010年左右，MOOC在美国得到了较为重大的突破性发展，其开课科目更为广泛、选课人数也更为众多，这足以说明，MOOC这一知识共享形式为人类社会做出了新形式的贡献，也因此得到了社会的广泛欢迎和认可。

到了2012年，美国的许多顶尖大学都陆续开设了此类网上免费课程，2013年，中国大陆和香港几所最为知名的综合性大学也相继提供了类似的网络课程。这意味着，更多中国国内高校的课堂，将通过网络传播到世界各地。

这些大学所设立的MOOC课程基本都是在校内广受欢迎的科目，有的是基础课程，有的则属于新兴学科，但共同点是，它们都是普通民众无法用正常渠道自行获取的知识，而且开设这些课程的教授们基本都是在本领域内，教学经验丰富、见解上颇有建树的专家学者。因此MOOC自面世后，一直在社会上广受欢迎，一度也成为非常热门的话题。

毫无疑问，MOOC与传统的教学在形式上有极大的区别，可以说，它的出现重新定义了学校，重新定义了老师，甚至也重新定义了学生。最直观的区别就是，它突破了传统的学校教学在时空上的形式限制，借助了互联网，你无须本人在指定时间、指定地点去面对面地听某位教师的授课，你也无须在听课之前先要获得某种资格或通过一些认证，你也不会因选课人数的限制而被排除在外，你只需要有一台

---

① 张研研，女，首都师范大学信息工程学院，讲师。

联网的计算机，只需要极少量地付费，甚至完全免费，就可以在任何你方便的时间和地点，通过互联网，几乎身临其境地聆听你感兴趣的教授讲授的课程。

这些新特征无疑极大地降低了学习的门槛，让知识的传授者直接与知识的需求者对接，让宝贵的知识不再只被禁锢在象牙塔之内。

二、MOOC在中国的弊端和优势

MOOC模式在最初到至今都有人高调赞誉，但也有人提出了相反意见，不得不承认，这一新的授课模式之优点，也恰恰是其缺点所在，例如不再成体系地讲授一些课程，而是将之拆散成若干个知识点进行讲解，这种知识的碎片化，虽然令其更生动有趣、更易于理解，却也更难令听课者具有足够完备的一门技能、更难将所学之物与其他知识成体系地有所连接；再者，虽然MOOC的一个精髓之处就是不再以讲授者为中心，而是以学习者为中心来开展知识传递，但这需要受众足够了解自己的需求，更需要受众具有足够的自我管理能力，这种自由散漫的听课方式，放任听课一方自主地掌控听课节奏，完全不存在一个教学权威机构来强制，反而使得学习变得不那么认真、不那么值得付出时间了。

更具讽刺性的一点是，免费本来是MOOC的最大卖点之一，但最终被证明，这反而成了多数MOOC课程具有较高的辍学率的根本原因，这说明，当人们不去学习一门技能时，摆得上桌面的理由（昂贵的学费）可能并不是真正的理由，当知识的提供方宣称免费时，更多的人反而更容易放弃了。相反，如果你作为学员曾经提交了不菲的学费，在不可退出的机制之下，你倒是更有可能自我强迫、自我激励着去完成这份学业了。

一条更为有力的法则能解释这些令人沮丧的虎头蛇尾：正因为毫无付出，所以退出就不存在沉没成本。

弊端如此明显，足见部分MOOC倡导者宣称的"MOOC将会在未来某天解散大学，摆脱真实课堂和教师"的口号基本是不可能实现的。原因在于：

1. 大学教育的优势在于，将一群兴趣类似、能力相当、年龄相仿的年轻人在同一时间内聚集在同一个地点，一起学习、讨论、交流，这个氛围是MOOC提供不了的。

众所周知，要达到好的学习效果，除了课程质量，最重要的决定性因素便是"学习者自身"，也就是学生本身。即便学生一开始抱着很大的兴趣和热情去学习网络课程，但在约束条件不够的情况下，尤其在遇到困难时的孤独感和无组织感，会令他们很容易中断学习，这恰恰是MOOC无法提供的，这种线上学习的情景难以构建同伴围坐一起的学习感受，除非转成线下的学习小组。

而且，学生与教师之间“隔着屏幕”的交流感远远低于面对面的交流感。而“交流感”缺失会造成学生的孤独，即便MOOC会设置“同伴学习”的环节和论坛，但单靠同伴的效力仍是有限的，也不可能从根本上启动学生坚持学习的内在动力。

学生作为活生生的年轻人，他们需要生活在同龄人中间，也需要学习在同龄人中间，他们需要面对面直接接触老师和同学，在前者的鼓励和引导下，在后者的陪伴和互助下进行学习。缺少了这些要素的学习过程，很容易让他们丧失兴趣。超高的MOOC课程辍学率就是一个明证。

2. 目前的大学教育都是成系统的，基本能够保证学完这个专业，能够对这个领域有一个全面的认识。而且，很多专业的老师在校内开的课也是一系列的，这就保证了学习的连续性。但目前的MOOC平台，没有一个能保证能够提供成系统的专业知识。

MOOC未来能发展到哪一步，尚无定论，但至少目前看来，它很难能取代大学教育。

三、MOOC在大学计算机基础教学中发挥的作用

《大学计算机基础》是高校非计算机专业学生的一门必修公共基础课，一般在刚进入大学的第一学期，学校就会组织开设这门课程。它旨在培养学生的逻辑思维，掌握一定的计算机知识和基本技能，学会在日常的学习生活中利用计算机来解决常见问题，也为其他科目的学习奠定基础。

由于该课程自身的一些特点，导致其教学中经常存在以下问题。如：教学资源、课时短缺。由于学生人数众多，实际操作不可避免地受机房设备的限制，由于是多个专业同时上课，排课上也存在难度。另外，学生来源不一，基础差异较大，导致无论授课起点和进度如何设置，都会有一部分学生难以被教学过程完全覆盖。

曾经有过一些声音，希望借助MOOC这一新模式改善大学计算机基础教学的质量，但据笔者的亲身经验来看，这一教学模式能提供的改进是比较有限的。

MOOC有为数众多的学习者，以及可能有相当高的学生——教师比例，它就更需要能促进大量回应和互动的教学设计。但这些教学设计，无疑都需要学生具有高度的自觉性才能贯彻。师生在物理空间上处于脱离的状态，教师的作用被无形中大大削弱了。

传统的教学方法，存在完善的管理体制和明确的教学目标，更由于教师本人在场，更能有效地引导和监督学生完成后续的学习任务，从而保证学生的学习效率和学习效果。

计算机课程的本质直接决定了其教学模式的具体形式：实践与理论必须相结

合，其中实践为主。作为一门实际操作性极强，理论知识并不具有决定性指导作用的工科基础课，练习和指导以及伙伴合作，这些要素恰恰也是 MOOC 最无能为力的，它既不能带动学员去做这些练习，也不能强制约束他们做，也不能有效监督他们做。

依笔者的教学经验，MOOC 在大学计算机课堂上，只能作为一种教学促进手段，少量参与师生交互，它和传统的教学方式相比，只有规模较大这一个特点算是明确的优势。试举一例：笔者从事的计算机公共课程为非计算机专业设立，有的院系人数多达 190 人。如此规模的一个大课堂，而计算机课上实际操作的比重非常之大，只在教室内听讲是不够的，必须在机房实际动手操作。如果校方的机房条件无法同时容纳如此多的学生进行上机实操，这种情况下，就必须将该院系拆分成两个或更多个教学单元分别授课，如果限于条件无法拆分，“讲”的部分是可以用线上授课的方式来完成的，而“实操”的部分必须师生真实接触、互动、现场答疑，这时候，线上授课就没有优势了。

四、结语

虽然 MOOC 存在一定的教学优势，但是不代表其能够完全取代传统的教学模式。它能够使得学生自己掌握学习的进度、速度以及内容，但也相应地降低了外在的规范性，容易造成学生的厌学情况。根据调查和研究表明，大部分学生在利用 MOOC 学习方式的过程中，会产生极大的学习兴趣和欲望，但是，伴随此一学习模式的逐渐深入，使得学生的学习兴趣逐渐削弱，以致学生最终的学习效果较差。也就是说，它给了学生很大的自由，但是，很多学生用不好这份自由，他们还是更需要来自于教师的科学有效的约束。

参考文献：

[1] Curtis J. Book. 世界是开放的：网络技术如何变革教育[M]. 上海：华东师范大学出版社，2011.

[2] 汤敏. 慕课革命[M]. 北京：中信出版社，2015.

[3] 乔纳森·伯尔曼，亚伦·萨姆斯. 翻转课堂与慕课教学：一场正在到来的教育变革[M]. 北京：中国青年出版社，2015.

[4]杜积西，严小芳. 慕课：重新定义学习[M]. 北京：北京师范大学出版社，2016.

案例教学法在学前教育专业人才培养中的应用*

——以学前教育专业本科课程《幼儿游戏与指导》的教学为例

李相禹① 刘晓晔

当前我国的学前教育事业正朝着内涵式发展方向的转变，对幼儿教师的培养质量要求日益凸显。《幼儿园教师专业标准(试行)》(2012)确立了“实践取向”“能力为重”的学前教育人才培养方向。案例是通过对处于真实情境中的典型性案例的分析和研究，间接地获得对某个概念或问题的认识。案例教学有利于培养学生的综合分析能力、问题解决能力和实践性智慧，符合当前人才培养改革的理念与发展方向。案例教学法在高等教育的许多专业广泛应用。《幼儿游戏与指导》是学前教育专业本科生的专业核心课程，情境性、应用性和实践性较强，适合采用案例教学法。在教学过程中通过不断尝试和摸索，逐渐明确了案例的来源和编写、不同性质知识点对应的案例编排的策略，以及可以采取的几种教学模式。最后，对于案例教学的重心、学生如何参与案例教学，以及案例教学后的经验迁移等问题进行了探讨。

一、案例教学法及其在高校教学中的应用

案例教学(Case-Based Instruction，CBI)是在教师指导下，通过学生对案例的分析、研究和讨论，就问题做出判断和决策，从而提高学生思考问题、分析问题和解决问题能力的一种教学活动过程[1]。案例教学统筹采用一个或者数个案例引导学生参与问题界定、问题分析和问题解决。正如著名教育家杜威曾说过的：最好的教学，就是牢牢记住学校教材和实际经验二者相互联系的必要性，使学生养成一种态度，习惯于寻找这两方面的接触点和相互联系[2]。案例教学正是通过案例事实在教学内容与实际经验之间建立桥梁。

* 本文属“内涵发展——专业学位研究生教学案例库建设项目：学前儿童游戏观察与指导”，项目编号：117175530700。

① 李相禹，女，首都师范大学学前教育学院，讲师。

(一)案例教学法的价值取向和方法论

1. 案例教学法的价值取向

目前，在实践中很多案例教学仍然从以获得科学知识和技巧的“学术—技术”的价值取向为主。有研究指出，这种取向过于强调其功用性，忽略了学生在教学过程中的探索与发现，指出案例教学应向注重科技理性和例证思维的“经验—探究”取向转变。为此，在关注故事情节和发展脉络的同时也要关注话语与叙述，强调叙事知识的习得，注重实践理性和叙事思维的培养，以及采用对话教学和发展性评价[3]。

2. 案例教学的方法论

案例是案例教学的基础，对案例的分析和比较是案例教学的核心。从案例教学的方法论来看，其逻辑与案例研究(case study)类似。根据案例对象的类型、案例的时延性和案例的性质，可以将案例教学的逻辑划分为单纯横向比较、单纯纵向比较、动态比较和“反事实”比较四类[4]。相应的，依据不同类型的比较逻辑和教学目的，可以从极端案例(extreme case)、异常案例(deviant case)、典型案例(typical case)、多样化案例(diverse cases)、极大相似案例(most similar cases)、最大差异案例(most-different cases)和关键案例(crucial case)①七种类型中选择适宜的类型或不同类型的组合。

3. 案例教学的模式

一般而言，案例教学遵循“学生主体—分析研讨”的模式。有学者进一步探索了案例教学效果最优模型，并通过结构方程模型验证得出了最优“钥匙模式”。研究发现，学生的个体因素会影响对案例题材的偏好，学生对案例分析的期望(即学生在案例分析中期望某种课堂效果，如缓解听课压力、提高学习效果等)也会作为中介因素影响学生对案例题材的偏好，进而影响学生对案例教学的态度(即是否愿意接受并可能对其产生兴趣)(见图 1)[5]。

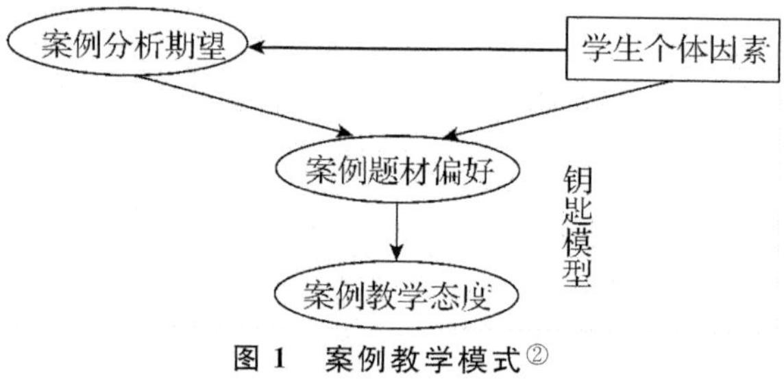

图 1 案例教学模式②

---

① Gerring, John. Case Study Research: Principles and Practices. Cambridge; New York: Cambridge University Press, 2007: 151—171, 86—150. 转引自王华荣：《以案例教学推动大学课堂教学模式改革的实践与探索》，《中国大学教学》，2011 年第 4 期，第 62—64 页。

② 郭俊辉、曹旭华、王富忠：《案例教学效果的最优模型探索》，《高等工程教育研究》，2010 年第 3 期，第 140—144 页。

(二)案例教学在高校教学中的广泛应用

案例教学法始于哈佛法学院，随后扩展到商学、医学、教育学、法学等诸多学科。这些专业无一例外都具有较强的实践性和应用性。同时，伴随信息技术的发展，以及对创新教育的重视，案例教学也应用于在线课程和工程技术创新教育等多个新兴领域[6]。并且，案例教学在培养学生综合分析思维和批判性思维，以及运用专业知识发现问题、分析问题和解决问题的能力方面具有独特的优势。因此，在高等院校中，案例教学法被大量而广泛采用。

20世纪70年代以来，在教师教育领域，随着对实践性知识之于教师实践智慧和专业发展重要性的认识，案例教学在教师教育领域得以推广和应用。教育实践具有高度的情境性和复杂性，是比较适合运用案例教学的学科。教师教育中的案例教学的核心不仅在于深化教育教学理念，更重要的是通过以案例为中心教学来提高教师的专业性。案例教学在教师教育领域逐渐发展，并形成多种取向：一是理论取向，即主张案例即理论；二是实践取向，即突出教师的教育实践能力培养；三是技术取向，即注重教师将理论或科学原则应用于实际情境的技术；四是教师发展取向，即认为教师在解决教育问题的同时也在推动个人发展；五是批判取向，即在一定的社会价值观下对教育进行批判性分析①。归根结底，教师教育中的案例教学还是要重在培养教师的专业性，强调教育专业理论的应用。

二、案例教学法在《幼儿游戏与指导》课程中的应用

(一)幼儿游戏的课程分析和案例选编

1.《幼儿游戏与指导》课程分析

《幼儿游戏与指导》是学前教育专业本科二年级上学期的专业核心课。“以游戏为基本活动”是我国幼儿园教育的重要课程模式，是幼儿园教育区别于中小学教育的重要特点。该课程不仅帮助学生了解有关幼儿游戏的基本理论，更重要的是引导学生掌握幼儿游戏的环境创设，以及观察与指导的策略和方法。该课程采用北京师范大学幼儿游戏研究专家刘焱教授编著的《幼儿游戏与指导》一书作为教材。教材是高等教育出版社策划的实践取向学前教师教育丛书之一，在书中一些重要的理论和知识点都配有经典的案例。从课程的篇章结构来看，共分为八个章节，包括游戏与幼儿游戏、幼儿园的游戏与教育、区域游戏活动、户外游戏活动、非游戏活动游戏化、幼儿园游戏活动的观察、分析与评价，玩具与游戏材料的选择与利用，以及有关儿童游戏的理论。其中，游戏与幼儿游戏、幼儿园的游戏与教育和幼儿游戏的相

① 朱迪恩·H. 舒尔曼：《教师教育中的案例教学法》，华东师范大学出版社，2007年版。

关理论三个章节侧重于属于游戏的相关理论，其余五个章节都偏重于实践。因此，无论是从课程的培养目标，还是从课程的内容与特点来看，无疑是一门实践取向突出的专业核心课。

2. 案例的来源和编写

从案例的来源方面，既可以采用或借用现有的比较成熟的案例，也可以根据需要开发“一手案例”。具体而言，案例的来源和编写主要有以下四种途径：

(1)沿用书中的经典案例，并根据对学生的认知结构和已有经验的分析适当进行改编和扩展。

(2)结合近年来教育改革的方向和教育实践中面临的突出问题，从最新出版的专业期刊中筛选一线教师撰写的典型案例。

(3)任课教师。根据对一线教师的观察与分析，亲自或与教师合作编写“一手案例”。

(4)学生结合自己见习或观摩的经验，有目的、有计划地撰写“一手案例”。

(二)幼儿游戏案例的编排

根据前文关于课程结构的性质与课程内容的特点的分析，确定适宜的案例类型。

1. 理论性章节：典型案例与多元化案例并用

首先，对于理论性较强的章节，安排一些有利于学生理解知识点的典型案例或多元化案例进行解释性说明。例如，关于“游戏的分类”的知识点，可以采用多个典型案例分析的方法，即每种分类用 1－2 个典型案例进行解释性分析。再如，对于“游戏与幼儿的发展”这一知识点，既可以根据游戏对幼儿不同领域学习与发展的价值，每个领域选择相应的典型案例分析，也可以选择一个综合性案例，全面剖析案例中对幼儿学习与发展的多重价值。

2. 比较类知识点：最大差异案例

对于比较类的知识点，可以采用最大差异案例，从两种极端案例的对比中澄清观点。例如，关于“游戏中的学习与课堂中的学习的区别”的知识点，可以选取一个以活动区为主的环境创设的班级和一个课桌椅“秧田式”陈列的班级，并提供两类班级的作息时间表和师幼比等信息，请学生分析这两种不同的环境创设下的课程模式以及幼儿的学习性质。

3. 核心知识点：经典案例和关键性案例并用

对于有核心知识点，可以选择一些经典或关键性案例。例如，在理解“规则”是幼儿游戏的要素时，教师选择了《小人国》纪录片中幼儿踢足球时其中一名幼儿“手球犯规”的视频片段。足球这个集体游戏本身就是规则游戏，但这个规则幼儿为了游戏甘愿遵循的、积极，而非外部强加的；并且，所有人遵守共同的规则也是游戏得以进行的必要条件。

4. 综合性知识点：综合性案例

对于综合性比较强的内容，需要采用一些综合性的案例。例如，研究游戏与幼儿园课程的关系，可以选择从某个幼儿园的综合主题活动入手，从主题活动的来源、主题活动的实施和展开的过程，以及主题网络的调整或延伸、拓展，分析游戏对于课程的设计、组织和丰富的价值，以及在课程中生成游戏的可能，从而全面分析与理解二者之间相互生成的关系。

5. 应用性知识点：生成性案例

此外，对于一些操作性和应用性较强的知识点或章节，可以采取现场模拟表演的方式"生成案例"。例如，在"非游戏活动游戏化"一章中，如何运用手指游戏组织过渡环节的教学中，可以邀请学生课前准备 1－2 个手指游戏，讲解这个游戏的本体性价值(即对幼儿学习和发展的价值)和功能性价值(即在幼儿园由动到静，或由静到动的过渡环节对于集中幼儿注意力，避免消极等待，以及为随后要开展的活动预热的价值)，并进行现场模拟(即学生本人扮演教师，其他学生扮演幼儿)。课后，请同学整理成书面文字，形成案例。

(三)案例教学的几种模式

1. 实施"案例精选—案例呈现—分析讨论—分享交流—总结点评"的教学模式

对于选用的书中案例或教师选编的案例，可以采用教师呈现案例、学生分小组讨论，教师巡回指导，学生分享交流，并由教师进行总结点评的教学模式。其中，教师呈现的案例既可以是文本的，也可以是视频的。例如，关于"不同类型游戏的观察与指导"的教学，可以分别选择角色游戏、表演游戏和积木游戏中幼儿游戏和教师指导的典型视频片段作为案例。视频案例可以更真实、完整地还原教育现场，全面记录游戏活动中的场地、材料和师幼互动，以及游戏发展变化的过程。

2. 采用"任务导向—实践观摩—问题支架—自主编写—分享交流"的教学模式

前文提到，由学生自主编写也是案例的来源之一。这不仅能拓展案例的来源，更重要的是学生因亲身参与其中，无疑会提高其参与的积极性和主动性。在学期中，学生有一周的教育见习。教师会结合本学期专业课程的教学目标，精心设计见习作业。本门课程的见习作业之一就是"幼儿游戏的观察与记录"，教师详细描述实习作业的要求，并通过层层递进的问题对学生的实践和思考形成支架。在实习过程中，学生通过实地观察游戏场地和材料，幼儿游戏的过程和教师的指导，并通过有要点提示的表单作为对幼儿的游戏进行白描，并结合相关理论分析，提高教育实践和反思能力。学生提交作业后，教师精选有代表性的作业，请学生在课堂陈述，实现了学生自主编写案例的分享与交流。最后，教师进行简要的总结与点评。

3. 采取“设置情境—分角色模拟游戏—观摩体验—分析研讨—总结提升”的教学模式

对于情境性较强的教学内容，可以采取设置游戏情境，一部分学生分角色饰演，现场模拟游戏，另一部分学生观摩体验，随后集体分析和研讨，最后师生共同总结提升的教学模式。例如，在“角色游戏的观察与指导”的教学中，选定某个年龄班，现场请学生分角色饰演幼儿和教师模拟进行角色游戏，即通过现场模拟表演的方式形成了“生成性案例”。其他同学进行观摩，获得间接性体验。模拟结束后，教师提出思考问题，请饰演角色的同学和观摩的同学一起进行分析和讨论，最后总结。

三、在《幼儿游戏与指导》课程中运用案例教学法的相关思考

（一）案例教学应重在“案例”而非“教学”

值得思考的是，虽然“案例教学”落脚在“教学”上，但有研究指出，影响案例教学效果最重要的因素是案例而非教学模式[7]。案例本身就承载着特定的知识、理论和应用场景等丰富、复杂的信息。因此，要注重案例本身的筛选和编写。一方面，要注重传承和保留那些反复打磨和验证的经典游戏案例。另一方面，也要结合教育改革的发展方向和实践中的突出问题，编写教育案例，特别要注重加强专业研究人员与一线教师共同参与的实证研究或行动研究来开发教学案例。此外，在案例编写的人员构成方面，除了研究人员和一线教师，学生本身也是一个案例编写的主体。

（二）通过学生自主编写案例、提高案例分析期待

如前所述，案例教学的最优“钥匙模型”中，学生是最关键的因素。因此，在实施案例教学的过程中，首先需要对学生个体因素，包括学生已有的相关知识基础，学生在幼儿园见习实习或通过专业讲座获得的相关经验，以及不同学生的能力、气质和性格等因素进行全面的了解和分析。在此基础上，分析学生对案例题材的偏好并适时地因势利导，调动和发挥学生参与案例教学的积极性和主动性。一项针对高校专业案例教学质量学生满意度的调查发现，由于学生对案例教学的质量感知低于质量期望，从而影响了案例教学的学生满意度与忠诚度。具体而言，影响案例教学学生满意度的因素主要包括案例选取、案例课堂建设、案例教学师资、案例教学的能力培养导向和案例教学考核。[8]因此，通过学生参与编写案例，能够在案例选取的源头、课堂建设和能力培养导向方面提高学生的参与度和满意度，提高学生案例分析期待和案例偏好，改进学生对案例教学的态度，最终提升案例教学的效果。

（三）通过经验迁移，进一步促进实践能力和实践智慧的提升

案例为学生提供了丰富的替代性经验，通过对真实课堂情境下的教学问题的思

考与解决，引发学生自主的教学反思，深化学生对教育理论的认识，并不断培养学生分析问题和解决问题的能力，从而更有效地促进学生的专业发展。有研究指出，案例教学为学生提供内化了的“做中学”的知识，有助于提高学生的批判意识与反思精神，并建议将“案例知识”纳入教师的知识结构。[9]上述知识和能力不仅可以通过案例教学间接获得，更重要的是在教育实践中通过不断的实践和反思获得。因此，在实施案例教学后，也要配合学生的见习或安排学生进行观摩和实践，从而真正地提高学生“举一反三”“触类旁通”的能力，进一步促进学生的实践能力和实践智慧的提升。

参考文献：

[1] 郭俊辉，曹旭华，王富忠．案例教学效果的最优模型探索[J]．高等工程教育研究，2010(3)：140－144.

[2] 王华荣．以案例教学推动大学课堂教学模式改革的实践与探索[J]．中国大学教学，2011(4)：62.

[3] 靳玉乐，向眉．论案例教学价值取向的变革——基于对工商管理案例教学的分析[J]．西南大学学报：社会科学版，2015，41 (1)：93－98.

[4] 陈慧荣．案例教学的方法论基础——以公共管理教学为例[J]．中国大学教学，2014(9)：72－75.

[5] 郭俊辉，曹旭华，王富忠．案例教学效果的最优模型探索[J]．高等工程教育研究，2010(3)：140－144.

[6] Merseth K K. The Early History of Case-Based Instruction：Insights for Teacher Education Today[J]. Journal of Teacher Education，1991，42(4)：243－249.

[7] 邓新明，左可榕，孙源婧．工商管理专业案例教学质量学生满意度探讨——基于一项案例教学实践调查[J]．中国大学教学，2015(1)：82－87.

[8] 邵光华．美国师范教育中的案例教学法及其启示[J]．课程·教材·教法，2001(8)：75－78.

大学本科通识教育课程的挑战与对策

朱慧涓[①] 尹晓冬

一、绪论

这几年，物理系科学技术史教研室承担了全校部分本科生通识课程的教授，例如给大一新生开设的“西方科技史”“中国科技史”“物理学与世界进步”“自然科学概论”等课程，给高年级本科生开设的“物理学史”等课程，这些课程着重人文与科学的融合，提倡培养学生的人文素养与科学精神。

这几年讲授通识课程使我们遭遇了不少挑战，碰到了许多问题，相应地，也积累了一些经验。通识教育本就意在打破学科壁垒，贯穿各类知识，这决定了通识课程具有学科交叉的性质。我们教研室承担的通识课程属于文理交叉，既包含数学、自然科学和技术等理工科内容，又涉及文化、历史、社会等人文领域的知识，不同知识层面的融会贯通本来就不是一件容易的事情，再加上我们面对的学生教育背景不一，既有理科生，又有文科生，于是如何设计教学方案、安排课程内容、因材施教，成为我们面临的挑战之一。

第二个挑战是由于课程内容与教学对象的背景知识存在一定偏差所带来的，具体而言就是一些课程专门面向全校文科生开设，若是理工科知识讲深了，学生觉得理解起来有困难，不易掌握；讲得太浅，又偏离课程教学目标。考虑到教学对象的水平，这就要求我们及时调整课程内容，用学生能够接受的形式来进行知识的表达和传递，这又是一个不小的挑战。

还有一个挑战来自于如何有效地提高大课堂的教学效果。一般通识课程的上课人数较多，多则上百人，少则七八十人，要在百余人的大课堂上讲好一堂课，有诸多需要考虑的问题，比如如何维持课堂纪律，如何调动同学们的课堂积极性，如何组织课堂内学生的参与，等等。这些问题处理得不好，会严重影响教学效果。

上述这些挑战只是这些年我们在讲授通识课程的过程中遇到的一些典型问题。面对这些问题，我们也提出了应对策略，在实践中不断总结经验和教训，有些方案

---

① 朱慧涓，女，首都师范大学物理系，讲师。

取得了一定成效，有些效果不甚明显。下面就简要介绍我们实施过的一些策略方案，并与遇到类似问题的通识课程老师们交流及共勉。

二、通识课程方案设计问题

现在大学里开设通识课程的主要目的就是为了提高本科人才培养质量，培养出具有健全人格、适应现代社会发展的人才。我们教研室承担的通识课程也是以这一大目标为前提而服务于首师大的通识教育体系的。这些课程更具体的目标是融合文理知识，培养学生的人文素养和科学精神，使学生一方面形成对人类文明丰富性和多样性理解的能力，另一方面形成对科学方法论和批判性思维把握的能力。为了紧贴这个目标，我们在实践过程中不断地总结出现的一些问题，以此调整教学方案和大纲。

我们教研室以研究科学技术史为主，它本身就是一个交叉研究方向，因此开设的通识课程也拥有交叉学科的特点，即在科技和历史两个维度上互动。如何把这两个维度很好地运用于通识课程，设计出兼具人文关怀和科学精神的教学方案，这是我们的努力方向。

我们的通识课程的一大主要特点就是紧扣科技发展史，以历史发展的眼光来看待科学技术的形成过程，让学生明白科学技术有它自己的发展演变过程，他们在教科书上学习到的科技知识只是一个长期发展的结果，而这并不是“科技”这个概念的全部，通过这些通识课程可以让学生以另外的视角看到“科学技术”。以“中国科技史”这门课为例，中国科技史分为中国古代科学技术史和中国近代科学技术史这两个部分。对于中国古代科技史，学生往往只了解所谓的“四大发明”，或者再知晓冶金、瓷器、建筑等技术。而对于中国近代科技史，学生了解得较少，那么这个通识课程的目标之一就是使学生了解中国古代和近代科学技术发展的大致面貌，熟悉中国古代科学技术的主要成就，以及近代以来西方近代科学的传入以及中国科学与西方科学的互动。但目标不仅限于此，我们对这个课程的设计思路，不只是在知识层面上对学生输入，还希望引导学生做一些人文历史和科技发展双维度的思考。中国古代在多项发明创造上曾经居于世界领先水平，拥有灿烂辉煌的文明，而世界上其他一些古代文明也发展出了具有相当水准的科技，那么可以对这些古代文明的科技发展做一个比较，思考其中的异同之处受哪些因素影响。另外，古代世界之间实际上不断发生着交流与融合，那么这种交流与融合对于科技发展产生了什么影响，这也是现在全球史研究的热点之一；再有，自 16 世纪开始，中国科技逐渐呈现衰落趋势，而西方近代科技开始萌芽，经历几个世纪的发展，这股科技力量使得西方迎来了三次工业革命，走上了现代化道路。中国科技为何会衰落，这个“李约瑟难题”

前后有许多人给出回答，我们在课堂上也会围绕这个问题展开讲述。以上仅是本课程引导学生思考的部分问题，我们希望通过这些问题融会贯通学生文理层面的知识体系，启迪学生的思路，锻炼他们的批判性思维。

问题启迪式的方法在我们的通识课程中运用较多，不过，从多次教学结果来看，教学实施的效果还不是很明显，主要问题在于学生参与度不高，仅少数学生愿意主动思考。我们总结原因在于思考这些问题往往需要较多的知识背景，对于大一新生的要求有些偏高。我们布置了课后相关文章和书籍的阅读，但选修课学生往往不愿意投入很多精力，所以课后阅读效果普遍较差，这也直接导致了难以有效组织课堂讨论。这一问题也是我们日后要着重考虑解决的一个难题。

三、课程内容与背景知识匹配问题

一些通识课程专门针对文科生开设，目的是为了强化文科生的科学素养，这也符合现代社会所要求的公民素养水准。理论上，通过普及一些科学技术知识能够在一定程度上扩大文科生的知识范畴，但是要把一些科技知识，特别是学生没有接触过的现代科技知识，例如相对论、量子力学这类高深的学问在短短一两个小时的课中让他们有所了解，对于老师和学生都是一个挑战。老师对于内容要拿捏得十分适当，否则学生容易感到困难而失去兴趣；学生也必须对课程抱有积极心态，才能真正愿意去理解这些课程致力于传达的一些知识。

实际上，这些课程以历史为切入点，对学生而言是比较容易接受的，课程通过讲述现代科技发展的相关历史背景能够帮助学生更好地理解这些知识形成的过程，虽然学生对于知识本身不一定能够轻易把握，但是对于这些知识他们有了大致的了解，不再感到陌生。以“自然科学概论”这门课为例，本门课程的目的就是使学生了解现代科学技术产生和发展的基本过程，了解现代科学和技术领域的基本知识和体系结构；同时在课程中强调科学方法、科学态度、科学精神的学习，培养学生的科学素养。在教案设计中，我们也专门梳理了一些科技史上典型的发现案例，通过案例讲解，让学生在了解到科技知识之余还知道一些著名科学家的研究思路、方法，以及在面对失败时所感所想。比如我们讲述了牛顿发现万有引力的案例、爱因斯坦提出狭义相对论的案例。牛顿是近代科学革命的重要人物，实现了近代时期物理学的大综合，他提出万有引力，并不简单得像传闻所说的被苹果砸中了头后才发生的顿悟，真正的历史是复杂的，体现了牛顿对于前人研究的把握以及他的天才构想。爱因斯坦是现代物理学的奠基人物，他提出的相对论改变了人们过去的时空观，第一次将物质、运动、时间和空间呈现为统一的整体，而他发现相对论，又是一次对传统思维的颠覆。讲述这两个案例，可以使学生了解到科学家科学思维的一面，了解到他们对于科学问题的看法，同时也明白不存在永恒的科学真理，科学理论一直都面临经验事实的检验，一个行之有效的理论若是遇到它无法解释的现象，往往就预示着存在更优秀的理论。因此，我们面对科学技术也要带着审视的目光，不要将其当作权威而盲目迷信。

案例式教学也是我们在一些通识课中采用的主要方法，特别是在专门面向文科生的通识课程中，它能够有效地增加学生的记忆点，并且从科学方法、科学态度、批判精神等多方面提高学生对于科学的认知。在实践过程中，案例式教学也受到学生的欢迎，他们对于了解科学家的研究故事也表现出了兴趣，并且也通过案例讲解对于科技知识增进了了解。在未来的课程中，我们还会继续借助案例式教学，开发出更多的案例，提高课程质量。

四、大课堂教学效果问题

大课堂教学效果不佳是很多老师都会遇到的问题，这是大课堂本身具备的一个缺陷，学生人数多，无法像小班教学一样能够做到针对性强，甚至个性化教学。那么针对这种大课堂教学，我们也尝试了一些办法，其中一种就是对班级成员进行分组，以小组形式开展课堂活动。具体的指导思想就是希望通过小组协作的方式将零散的学生有机地组合成整体，以整体带动个体。课程专门设定小组讨论以及小组任务，并且每个小组设立一名组长，组长管理小组成员的出勤，组织小组成员的讨论以及最后的任务展示环节。小组协作的方式能够组织和调动起更多的学生，他们可以在小组内部讨论，同时需要与组员合作完成任务，而不是像以前一样，只有少数同学积极参与到课堂当中。

在实施过程中，小组协作在大课堂中发挥了一些效果，但也出现了一些问题。小组协作确实提高了一些学生的课程参与度，学生活跃的比例比以往有所增加，并且由于小组长的设立，他们帮助查看考勤，减少了老师上课点名的时间。再者，小组任务的设定给学生增加了课后学习时间，加强了他们学习的效果，同时培养了团队合作能力。

然而，一些问题也是比较明显的。问题之一就是小组协作模式下隐藏了一些不投入产出的学生，他们不积极参与平时的小组讨论，也不认真完成小组任务，小组中学生的付出是有区别的，这对一些学生就不太公平。问题之二就是会存在名不副实的“小组”，小组是在学生意愿的基础上组建的，基本是根据同系相熟原则，但并不是所有的组都这样，凑不齐人数的小组就由老师安排，因此一些小组是由不认识的学生组合在一起。这就带来了问题，平时上课也不坐在一起，任务安排也未传达给每个学生，主要原因还是组长不够主动负责。因此这样的小组在课堂上就形同虚设，平时讨论以及任务展示均未能达到设计的效果。针对以上问题，我们在教学中也做了改进，也希望在日后的课程中能够更好地解决大课堂教学效果问题。

五、小结

以上就是我们这几年在通识课程教学中遇到的一些典型问题，以及我们的应对方案。有些问题也许是我们特有的，有些问题是教学中常见的。我们也在一直不断地根据教学经验调整教学方案，努力改进通识课程的教学，使其能够更有效地服务于首师大通识教育。

参考文献：

[1]张寿松．大学通识教育课程论稿[M]．北京：北京大学出版社，2005.

[2]杨爱东．科学与人文融合问题研究的现状与走向[J]．湖南科技学院学报，2005(10)：147—149.

[3]庞海芍．通识教育课程：问题与对策[J]．大学：学术版，2011(5)：15—22，14.

[4]冯惠敏，李姗霖，黄明东．自然科学领域通识教育课程特点及其设计理念[J]．高等工程教育研究，2016(5)：68—73.

[5]于志刚．推动大学通识教育课程体系的培育与完善[J]．中国高等教育，2016(11)：37—40.

基于 HSK 动态作文语料库的作文口语化倾向程度测量及相关教学对策*

王伟丽[①]

在对外汉语写作教学中一直存在着这样一个问题：留学生写作大多用词简单，缺乏语体意义，呈现严重的口语化倾向。除了个别文体的写作(如小说等)可以适当使用口语词外，如 HSK 考试中涉及的文体(议论文、叙事文等)则一般应当尽量少地使用口语词，减轻作文的口语化程度。

那么，是否一篇文章的口语化程度越低，其写作水平越高呢？本文通过检索特定的口语词在不同等级 HSK 考试的写作考试中出现的频率，对这一推论进行验证，并分析留学生写作中产生口语化倾向的原因和教学对策，从而为对外汉语写作教学提供参考和帮助。

一、具体实验设计

本文选取的特定口语词为《现代汉语词典(第六版)》中出现的口语词。其中包括词典定义为〈口〉的口语词和未标注〈口〉但根据经验能判断该词为口语的词汇。这两大类口语词中，又能细分为轻声词、儿化词、拟声词、语气词、方言词等小类。由于实验对象数量不足，研究后期亦进行了一定程度的扩充，均属口语词汇的内容。另外，由于词汇的复杂性，数据可能存在微小数量的错误，分属可容忍误差范围内。

本文的研究基于 HSK 动态作文语料库，检索上述特定口语词在 A、B、C 三个证书等级中出现的次数，并根据学生作文得分，对"写作水平越高，口语词出现越少"这一推论进行验证。但是由于 HSK 动态作文语料库中证书等级存在较多的疏漏，本文将重点放在了以作文得分进行划分。

---

* 本文得到首都师范大学 2019 年本科教学建设与改革项目(个性化建设)项目、国家社科基金一般项目(17BYY211)、教育部人文社会科学研究青年项目(14YJC740087)、北京市教委社科计划面上项目(SM201510028002)、北京市留学人员科技活动择优资助项目(优秀类)和国家自然科学基金项目(61876113)资助。

① 王伟丽，女，首都师范大学文学院，讲师。

语料数据分析

1. 口语词检索说明

我们根据特定频率从词表中抽取特定口语词 79 个，经过搜索出现在 HSK 动态作文语料库中的仅有 5 个：成天、吃香、冲、出息、吃力。

这五个词出现在 A、B、C、无四个等级中各有 0、20、17、23 个。出现的分数区间为：60 分以下：2 个；60—69 分：16 个；70—79 分：22 个；80—89 分：9 个，90—99 分：11 个。按照优秀线 85 分计算，低于 85 分区间内出现 47 个，高于等于 85 分的区间内出现 13 个，详细数据参加下表：

表 1

等级 \ 分值		60 分以下	60—69 分	70—79 分	80—89 分	90—99 分
成天	A					
	B		1	2	1	2
	C				1	1
	无	1	1			
吃香	A					
	B					
	C			2		1
	无		2		1	
冲着	A					
	B					
	C		1			
	无	1		1		
出息	A					
	B			3		
	C		2	2		1
	无		2	5	1	
吃力	A					
	B			1	3	4
	C		2	3	2	2
	无		5	3		

在进行检索的过程中笔者发现了几处实验设计的不足：

(1)很多口语词即使是最高水平考试的参加者也没有接触过，这导致了统计数据的数量不够充分，研究所得数据可能存在偏颇。解决这一问题需要扩大实验基数，如能选取全部口语词进行统计，则能够得出更加准确的结论。

(2)口语词中包含的儿化词一直是对外汉语教学中的一个充满争议的问题。通过笔者对一些外国留学生的访问，发现他们对儿化词持以下几种看法：

①汉语中要学的东西太多，没有时间去学习儿化；

②儿化的发音太麻烦；

③没有学习的必要，现在和中国人交际没有因为不说儿化而发生障碍；

④很多中国人(粤、闽、吴等方言地区的人)说普通话也没有儿化。

因此，作为口语词中占据很大一部分比例的儿化词，出现在外国汉语学习者的作文中的次数就可以说是寥寥无几了。这也对作文口语化程度的测量造成了一定的困难。

(3)试图测量一篇文章的口语化程度，单单测量其包含的口语词数目是有失偏颇的。因为很多口语化的表达方式并不仅仅依赖于口语词的存在。例如："我吃了饭，出了门，和朋友看了电影。"这样的句子，表达起来让听者感觉十分口语化，但是其中并没有明显的口语词。因此，如果试图真正测量一篇文章的口语化程度，应该严格仿照《汉语书面语体庄雅度的自动测量》这篇文章，全面划分测量文章口语化程度的参数，并且为其设置不同的权重，从而能够得到最精确的结论。

2. HSK 考试等级说明

通过检索 HSK 动态作文语料库，笔者发现其中对等级的划分存在较大的不足之处。

HSK 动态作文语料库中涉及的考试等级分为四类：A、B、C、无。尽管笔者尽力搜索，也没有找到该语料库对"无"这一等级的说明，但笔者猜测可能是录入时数据缺失造成的。

作文数量在四类等级的数量分布如下：A：共 282 篇作文；B：共 1656 篇；C：共 4267 篇；无：共 5364 篇。

由于其对等级划分存在较大的疏漏且本研究研究对象基数较小，所以笔者无法准确地为涉及特定口语词的作文进行等级划分的统计，下面的研究内容将围绕作文分数进行分析说明。

3. 检索数据分析

从上文的检索结果，我们可以明显发现，特定口语词高发的区间为 60—79 分这一区间。但是这并不能说明，中等水平的外国汉语学习者其写作的口语化倾向较强，因为考官评分时给予这一区间分数的比重大，而且处在这一能力水平的考生人数也多。

要真正解决这一问题，必须抽取定量的三种不同等级中的不同分数段，然后按照所占比例进行统计。但是由于所需数据量巨大，而且 HSK 动态作文语料库中 ABC 三等分级有疏漏，目前还暂时无法进行更深入的研究。

现在我们观察一下目前所得到的数据：

在出现的 60 个口语词当中，85 分以下的有 47 个，85 分及 85 分以上的为 13 个。而 HSK 动态作文语料库的全部作文中，85 分以下为 9588 篇，85 分及以上为 1646 篇。

我们所检索的是整个 HSK 动态作文语料库，是以可以用作文总篇章数来统计口语词占比。那么：

85 分以下水平作文中特定口语词占比：47/9588＝0.49％

85 分及以上水平作文中特定口语词占比：13/1646＝0.79％

由以上两个数据我们可以得出一个和之前的推论完全相反的结果，即写作水平高的作文中口语词出现的次数反而多。

这个结果是和日常经验完全相反的，那么可以说是之前的推论错了吗？答案是否定的。

我们观察一下五个特定口语词：成天、吃香、冲、出息、吃力。其中属于《现代汉语词典(第六版)》标注为〈口〉的口语词有“成天”“吃香”，“冲”由于干扰过多，笔者在检索时用“冲着”一词替代，因而缺少了“冲”本身的口语程度，应当可以算作通用词语，而《现代汉语词典(第六版)》标注的方言词“吃力”“出息”目前也越来越普及，在很多对外汉语教材中的作文课后词汇加以教学，也可以算作通用词语。

那么在作文中使用这样的口语词并不能准确地说明其口语化程度的高低，只有扩大数据选取，以大基数实验来忽略误差，才能得到真正准确的结论。

4. *扩大数据检索分析*

基于上述原因，我们又将有效口语词扩充了 20 个，得到下表：

表 2

分值 / 等级	60 分以下	60—69 分	70—79 分	80—89 分	90—99 分
完蛋			2	1	1
瞧见				1	
茅房		1			
活该		1		2	
闺女				1	

续表

等级＼分值	60 分以下	60—69 分	70—79 分	80—89 分	90—99 分
差事	1		2	3	1
甭		1	6	2	2
后头	2	1	2		
凉快		2	4		
乱子			1		
买卖	3	16	16	6	1
工夫		8	6	4	1
画画儿	2	7	4	2	
乐子			1		
坏蛋		3			

上述 15 个口语词中，使用其进行写作的作文成绩 85 分以下的为 103 篇，85 分以上的为 19 篇。与之前的 5 个口语词进行合并，则可以得到如下数据：

85 分以下水平作文中特定口语词占比：47＋103/9588＝1.56％

85 分及以上水平作文中特定口语词占比：13＋19/1646＝1.94％。

相较于之前五个检索词的检索结果(0.49％、0.79％)我们可以明显发现就二者比例来讲，85 分以上水平作文中特定口语词占比已经被稀释，但是，仍然是高水平(85 分以上)的作文中口语词占比大于中低水平(85 分以下)，与“写作水平越高，作文中出现的口语词越少”这一推论相反。经分析总结，我们认为其原因有二：

(1)不同于汉语母语者，外国汉语学习者接触的口语词本来就是有限的。高等级、学习时间长的汉语学习者接触到的口语词要比中低等的学习者多，是以在作文的应用中也要比中低等的学习者多。

(2)口语词也分高频低频、初级词高级词。拿初学者即能接触到的两个词“画画儿”“买卖”为例：只有 1 名高水平学习者在作文中使用了“画画儿”这个口语词，而有 14 名中低等水平学习者在作文中使用了这个词；只有 2 名高水平学习者使用了“买卖”，而有 40 名中低水平学习者使用了这个词。从这个比例我们可以看出，高水平的汉语学习者已经懂得在作文中规避不够正式的口语词。

二、反思与建议

（一）根据上述研究结果我们发现，口语词可以作为留学生作文评测的一个指标，但是也会有其他的问题

1. 试图检验一篇文章的口语化倾向程度，不能仅仅依靠检索口语词，必须设计更多维度的参数，审查并确定每个参数的权重，最后以加权平均的方式对其口语化倾向程度进行测量，需要我们更加深入地对如何测量文章口语化倾向程度进行研究，这也是今后工作的一个努力方向。

2. 由于口语词中包含像儿化词、方言词等这样的教学点，造成了一定程度的研究困难。因为外国汉语学习者在学习的过程中本来就会有意识地规避使用儿化词，故大规模地审查作文中的儿化词、方言词等难免容易徒劳无功。解决这一问题的方法笔者认为并非困难，只要对口语词进行高频词、低频词的划分，然后集中研究高频口语词出现在作文中的现象，就可以避免造成误差，扭曲实验结果。

3. 由于对 HSK 动态作文语料库不够熟悉，实验初设计的以 A、B、C 三个证书等级对汉语学习者写作水平的精细划分无法实现。以成绩进行划分，也能够起到一定的区分作用，只是还不够细致精确。是以若想真正达到实验研究目的，还应当选取更适宜的数据来源。

（二）外国汉语学习者的写作口语化倾向

1. 口语化倾向表现形式

通过大量阅读外国汉语学习者的作文，笔者总结归纳了三点其口语化倾向的表现形式：

(1)倾向使用单音节词语。

现代汉语本身就是双音节倾向语言，而书面语更是多用双音节词汇。但是留学生为了规避使用复杂的词汇，常常倾向于用单音节词汇，造成了作文的口语化和生硬感。

(2)文章词汇较为匮乏。

这一点是任何一门第二外语的学习者都会发生的问题，而对于写作来说，书面语与口语的一大区别就是词汇表达更加多样化，同义词、近义词非常丰富。

(3)倾向用简单的、迂回的词语来代替书面语进行表达。

同第二点一样，这也是由于词汇累积的不足造成的。学生可以调动的书面语数量匮乏，平时也缺乏训练。

2. 教学对策

教师可以从强化输入、输出两方面对写作教学进行改进。

(1)加强书面语、口语的对比教学。

让学生对书面语和口语有不同的认识，那么在写作中就能自然地规避使用口语词汇。比如“接见—招待”这一组词，可以为学生讲解二者不同的使用环境，并且通过图片等手段加强学生的印象。还可以选取两种语体迥异而表达内容较为类似的文章，让学生自行感受书面语和口语的区别。

(2)加强写作训练。

我们在教学的过程中就发现留学生日常作业中十分缺少语言应用输出的训练，一般都是进行一些像是抄写、选择、完型这样的内容。即使在初级阶段，适度的语言输出训练也是必要的，尤其指在写作方面，因为只有真正地使用语言，才能发现自己的错误并改正，从而真正提高自己的外语水平。

参考文献：

[1] 冯胜利，王洁，黄梅．汉语书面语体庄雅度的自动测量[J]．语言科学，2003(2).

[2] 现代汉语词典(第六版)[M]．北京：商务印书馆，2012.

[3] 王福生．对外汉语教学活动中口语和书面语词汇等级的划界问题[C]//汉语口语与书面语教学——2002年国际汉语教学学术研讨会论文集，北京：北京大学出版社，2002.

[4] 刘壮．汉语文章规律与对外汉语书面语教学[C]//汉语口语与书面语教学——2002年国际汉语教学学术研讨会论文集，北京：北京大学出版社，2002.

[5] 孔丹．经贸汉语书面语语块及其习得研究[J]．暨南大学学报，2009(10).

模块式教学在《生态学实验》课程中的应用初探*

李　晶[①]　王忠锁　王正军　张爱兵

生态学(ecology)是研究有机体及其周围环境相互关系的科学。自20世纪60年代以来，生态学已经发展成为一门具有广泛应用性且具备多学科交叉特点的综合性基础学科。生态学的研究对象及范围十分广泛，目前在环境保护、人口与资源利用以及生态系统管理及服务、有害生物防治等多个领域中都得到了广泛开展和应用[1]。

生态学目前已经成为高等院校多个专业的必修课课程。《生态学实验》作为生态学课程教学的重要实践补充部分，也愈发受到广泛的关注[2]。相比于理论课程，实验课程是加强学生实践技能和深入理解理论知识必不可少的环节，其重要性也愈发得到广泛认可[3]。

一、模块式教学体系引入的必要性

由于《生态学实验》课程本身独特的学科交叉性和实践性，在以往的课程教学中存在着诸如教学内容更新滞后，课程结构体系不科学、课程内容与理论课内容部分脱节等问题，这与生态学教育的理念相冲突；由于目前大学毕业生中从事生态学相关工作的学生日益增加，对于生态学研究手段、技术方法的培养也要求与时俱进，这样才能满足社会对于具有熟练操作技能和数据分析能力的生态学人才的需求[4]。因此，我们急需在生态学实验教学改革中进行一些有益的尝试，以期锻炼学生的独立思考能力，启迪学生的创造性思维，充分体现学生的个性特征。

模块式教学是20世纪70年代提出的一种教学模式，指的是按照培养目标的要求将教学大纲和教材转变成为多个科学合理的教学模块，并且在每一部分内容中明确教学目标和内容，以及课程教授中需要特别注意到的重难点，不仅如此，课程评价体系的效果检查等内容也涵盖其中[5-6]。随着生态学学科建设的逐渐完善，模块式教学也逐渐被引入生态学理论课程中，并得到广泛应用，对于学生知识框架的建

* 本文属首都师范大学人才培养质量教改项目，项目编号：026155659100/074。

① 李晶，女，首都师范大学生命科学学院，讲师。

立和掌握取得了显著效果[6]。我们尝试将模块式教学方法应用于《生态学实验》课程中，将课程内容及评价体系构建成为科学合理并符合自身学科特色的三部分结构。在充分利用现有教学资源和硬件设施的基础上，改变原有实验课程内容过于被动，机械化操作的不足之处，加强生态学实验课程中具有探索性、主动性的教学内容，并且在课程中加强学生对于大量生态学数据处理分析方面的培养，增加了 SPSS、Excel、R 语言等计算机操作技能的培养，真正实现在实验教学中激发学生兴趣、培养学生创新能力的功能，显著提高了学生的学习兴趣以及综合能力[7-8]。

二、模块式教学体系的建立

(一)模块式教学体系的构建

依据《生态学实验》的课程要求，科学调整教学内容和安排，明确每一部分中的课程培养重点，并将课程内容整合成为：验证性实验、综合性实验和设计性实验 3 个部分，这一课程体系的建立打破了原有生物与环境、种群生态学、群落生态学和生态系统生态学四部分的课程体系，更加强调了实验课程的性质和方式，使实验课程内容更加具备实验类课程的特色。

第一个模块作为生态学实验课程的基础部分，主要内容为验证性实验；这部分内容为教学课程的第一部分，约占全部课程内容的 40%；主要内容为对于生态学基础理论的验证性操作部分，主要培养目标是加深学生对于基本生态学理论的理解和基础实验操作技能的培养。在该模块中主要包含的实验内容包括：种群的数量调查(标志重捕法和去除取样法)、生命表的编制、生物特定发育阶段有效积温的测定等。课程教授形式主要延续传统模式，包含实验原理介绍、实验步骤解析等；但是我们将最新的数据分析方法(简单计算机脚本编写，R 语言数据分析)引入到课程中去，这对于今后学生处理大规模实践数据具有较大的实用意义。经过该模块的培训，可以进一步加深学生对基本理论的理解，熟练生态学常用操作技术并提高数据分析能力。

第二个模块是建立于验证性实验基础之上的综合性实验，约占 40%；综合性实验为学生选做实验，如生物多样性调查、温度等非生物生态因子对动/植物群落形成的影响实验等。在该模块教学中，教师为学生提供可选择的实验题目(约 15 项)，由学生组成兴趣小组进行自由选题，要求每组选择 3—4 个课题作为综合性实验的内容。在综合性实验过程中，并不涉及对于实验操作的具体指导，教师指导的重点在于对学生课题内容的理解，以及实验体系的设计部分；通过综合性实验部分的学习，可以显著提高学生对于生态学理论的理解，并且依据实验目的设计科学合理的生态学实验，并进一步在实验结果中发现问题并独立解决问题。

第三个模块是课程的最后一部分内容，主体为研究性实验，约占课程内容的20%。对于该模块部分，要求各实验小组根据研究兴趣以及现有实验室条件，自行设计课题并进行实验设计，提交实验方案，并独立完成全部实验过程。在研究性实验中，教师不提出特定选题，而采用学生自选课程知识点的方式进行实验课题的确定，通过这种方式，充分调动了学生思考问题的积极性和探索问题的主观能动性。

(二)模块式教学的评价体系建立

考核是教学过程中必不可少的一个环节，也是检验教学改革是否科学的试金石。以往对于实验课程的考核方式多采用实验报告评分制，但这种考核方式在实践中存在诸多弊端，例如无法杜绝抄袭等，尤其是对于生态学实验这种以小组为单位进行操作、数据分析的课程方式，全组同学共用一组数据来进行实验报告的撰写，这使得仅仅根据学生实验报告来评分的方式并不能真实反映学生的真实水平以及课程的教学效果。将模块化教学方式引入到生态学实验课程中的同时，对于课程评价体系的相应改革同样重要，针对不同的课程模块应用不同的考评方式，例如实验报告多媒体自行展示、自行设计实验课程并由全班同学匿名评分等方式，采用多种方式和手段、多角度和层次来综合评定实验成绩。

课程考核内容涵盖基础理论知识、实验设计、数据分析等部分。对于不同课程模块的考评时，针对各自实验模块内容的差异进行重点考评，例如：验证性实验模块部分考评主要侧重于基础知识点的掌握，综合性实验模块部分主要将数据处理方法及误差来源分析为主，设计性实验模块部分主要考核同学们自主设计实验的能力。同时充分兼顾到学生在课堂上的学习积极性和学习能力的提升，实验成绩中同样考虑到了平时课堂表现的部分，这些很大程度上促进了同学们独立思考，积极融入课堂的积极性。

(三)模块式教学方式对于学生综合能力的培养

将模块化教学方式引入到《生态学实验》课程中，并经过近三年的实践，结果表明这种方式对于学生综合能力，尤其是学生的发现问题并解决问题的能力有了显著提升；不仅如此，生态学实验课程目前主要是本科三年级学生的专业必修课程，学生已经具备生物化学、植物生理学、动物形态学等诸多理论知识储备，这些理论知识和实验操作技能在生态学实验中都是必不可少，通过对模块教学中研究性实验部分的学习，同学们可以将已经掌握并擅长的操作技能充分融合到实验设计中去，这些对于同学们创新性思维能力的培养至关重要。

模块化教学方式对于学生能力的培养呈现出明显的阶梯性特点，通过验证性实验模块，在基础理论和实践操作中得到了充分训练，在进入第二阶段的综合性实验和设计性实验模块的学习中之后，将多学科的知识储备充分利用起来，例如生物统计学、植物分类学等内容真正实现了学以致用，学生的主动性和积极性也得到了充分调动。在综合性实验过程中需要学生掌握自行检索并研读资料的能力，学习新的理论和技术，利用实际的一个或两个课题高效地促进了学生的自学能力和独立解决问题的能力。例如在提供设计性实验《探究生态因素对生物多样性的影响》课题后，由学生自行查阅相关文献并提出实验方案，确定一个或多个生态因子(生物因素或非生物因素)作为探究的重点，确定研究目的后，进行实验方案的设计过程，学生需要在根据现有知识储备，查阅地理地质、植物志等多种资料来确定实验样方地点以及物种多样性计算指标等实验参数。在此基础上，教师与学生完成一对一的课题讨论，并对学生的初步实验方案进行指导，确保实验的科学性和可行性。

生态学作为一门实践性特点突出的学科，很多理论内容的充分理解和掌握必须通过野外实践项目来完成，这也使得野外课题实践成为生态学课程研究中必不可少的一部分内容。例如植物样方调查是生态学专业的基础实验方法，也是实验课程的重要内容。在理论课中，学生学习和掌握了常规的样方调查原理及方法，而在实验课中，可把学生带到校园的绿化带，并选择乔木、灌木、草本三种植被共同分布的区域，学生兴趣小组安排定位、测量、记录成员，在教师的讲解和指导下进行实地操作。在这样的课程中，每个学生都亲自体验到乔木、灌木和草本三种不同植被类型的样方调查方法，并且不同环境中如何选择设计样地选择、不同类型植物的特征提取测量方法等。这样将抽象的理论知识与实验内容有机结合起来，使学生在掌握理论知识的基础上增加直观认识，达到了事半功倍的效果。

三、积极引导是模块化改革成功的关键

在生态学课程模块化改革中包含了大量需要学生自主探究的内容，但是这些绝不意味着教师的全部放手，而是要求任课教师在课程中实时对学生进行积极的引导，并在课程的全过程中密切关注课程进展并进行指导。

(一)加强前期理论指导

在开展综合性和研究性实验之前，要求教师查阅大量科研论文，在此基础上编写实验选题以及内容指导。在实验指导中，明确提出实验的主要目的和要求：①了解实验知识目标；②初步学习需掌握的技能目标；③培养独立进行实验设计和科学研究的创造力；④加强组内合作，培养团队精神。

(二)加强对实验设计的把关

在各小组完成实验设计之后，任课教师要与各组同学进行一对一讨论，使研究路线更为严谨和合理，实验设计更具可实行性。在经过讨论和修改之后，各小组可以完成正式的研究方案并进行后续实验进行。

(三)坚持对实验过程的即时指导

《生态学实验》课程中，有很多实验是需要持续一个月甚至更长时间的每日观

察，在这段时间中，任课教师要随时掌握各小组的研究进展以及存在的问题，在与学生讨论并达成共识后及时改进。通过综合性实验模块和研究性实验模块的训练之后，学生普遍反映对于生态学实验设计的科学性和严谨性有了很大程度的提升，同时也克服了对于处理复杂实验数据的抵触心理，极大增加了对于生态学研究的积极性和热情。

综上所述，生态学实验教学作为生态学课程的重要补充，也是培养学生创新能力和动手能力的重要环节。随着教育理念的不断发展和进步，生态学实验教学改革也必将是一个长期且动态的过程，我们通过将模块化教学理念引入到课程中，并经过三年的探索与实践，我们已经感受到它的成果和可行性：首先，学生发现问题、提出问题以及分析问题的能力得到明显提升；其次，学生主动学习的积极性和主动性得到了大幅提升；第三，学生的责任心和协作意识增强。这些结果表明，实验课程是理工学科学习中的重要环节，在实验课程中可以使学生充分体会到理论与实践相结合动手与动脑相结合的步骤，对于学生综合能力的提升具有重要意义，这也要求实验课程任课教师须在教学过程中不断探索和总结，不断对课程进行创新改革，使实验教学真正成为学生综合素质提高的重要平台。

参考文献：

[1]庄丽，游蓉，高剑峰，等.《生态学》实验课教学方法改革初探[J]. 黑龙江生态工程职业学院学报，2009，22(6)：118－119.

[2]胡斌，段昌群，毛晓玲，等．生态学实验教学改革的尝试[J]. 实验科学与技术，2008，6 (4)：315－317.

[3]张爱英．认真实施开放实验，努力提高学生综合素质[J]．实验技术与管理，2004，21(2)：5－8.

[4]鄂大辛，庞愉平．开放实验的研究与实践[J]．实验技术与管理，2003，20 (2)：116－119.

[5]彭素琴，刘郁林．地方高师院校植物生理学模块式教学体系的构建[J]. 赣南师范学院学报，2010(3)：91－93.

[6]陈中义，姚振，周存宇．高度学校学科基础课实施模块式教学探究——以《植物学》课程教学为例[J]. 长江大学学报：社会科学版，2010，33(5)：27－29.

[7]杨秀云，李焕秀．浅谈模块式教学在 AutoCAD 机械绘图中的应用[J]. 中国科教创新导刊，2011，6(4)：99－101.

[8]肖春玲，王安萍，邹小明，等．微生物学模块式实验教学体系的构建与应用[J]. 井冈山大学学报：自然科学版，2011，32(2)：127－131.

试论如何上好思想政治教育专业的西方经济学课程*

王智强①

改革开放四十年来，我国社会主义市场经济建设取得了巨大成就，经济成为人们普遍关注的话题。经济的普遍性和重要性对高中教育产生了影响，《经济生活》成为高中思想政治的一门必修课，这门课涵盖了西方经济学、政治经济学以及应用经济学的内容。在此背景下，对于高校尤其是师范类高校的思想政治教育专业（以下简称思政专业）而言，教师教好、学生学好西方经济学就显得十分重要。那么，如何上好思政专业的西方经济学课程呢？

一、在意识形态领域坚持马克思主义指导

物质决定意识，经济基础决定上层建筑，市场经济的深入发展对我国人民特别是青少年的思想观念产生了深刻影响。现在的大学生变得越来越功利，北京大学钱理群教授指出，我们的一些大学正在培养一大批“精致的利己主义者”。② 这种现象引起了党中央的高度重视，习近平在全国高校思想政治工作会议上强调，“要坚持把立德树人作为中心环节，把思想政治工作贯穿教育教学全过程，实现全程育人、全方位育人，努力开创我国高等教育事业发展新局面。”③笔者认为，我国尤其要加强学习西方经济学课程的学生的思想政治教育，这是由西方经济学的资产阶级辩护性决定的，更是由中国特色社会主义制度决定的。加强思想政治教育最重要的一点是坚持马克思主义指导，具体体现在如下三个方面。

首先，坚持唯物辩证法。唯物辩证法是马克思主义的精髓，坚持马克思主义指导关键在于坚持唯物辩证法。“辩证法在对现存事物的肯定的理解中同时包含对现

* 本文属首都师范大学教学改革研究项目“如何上好思政专业的西方经济学课程”。

① 王智强，男，首都师范大学马克思主义学院，讲师。

② 胡印斌：《大学的理想从何处开始迷失》，《中国青年报》，2012 年 5 月 4 日第 2 版。

③ 张烁：《把思想政治工作贯穿教育教学全过程 开创我国高等教育事业发展新局面》，《人民日报》，2016 年 12 月 9 日第 1 版。

存事物的否定的理解，……它是批判的和革命的。”[①]坚持唯物辩证法意味着对待西方经济学，既不能盲目排斥，又不能全盘接受，要取其精华，弃其糟粕。西方经济学研究的是资本主义市场经济的运行，对指导社会主义市场经济建设有用，因此要学习它。然而，时刻不能忘记，在意识形态上西方经济学是为资产阶级统治服务的，带有浓厚的唯心、形而上学色彩。西方经济学认为，资本主义制度是永恒的，私有制是合理的，人天生就是利己主义者。西方经济学的微观部分力图证明资本主义市场经济的完美性，宏观经济部分则是在为资本主义市场经济开良药。西方经济学的资产阶级意识形态具有隐蔽性，如果不坚持唯物辩证法，教师和学生极易把西方经济学看作是一门纯粹的、类似于自然科学的课程，结果必然是私有制、利己主义成为教师和学生头脑中的天然的、合理的客观存在。

其次，结合马克思主义政治经济学学习西方经济学。当代中国大学生的世界观、人生观、价值观还未成形，意识形态尚属空白，容易被先入为主，因此，在学习西方经济学之前必须先学习马克思主义政治经济学，结合马克思主义政治经济学学习西方经济学。马克思主义政治经济学是马克思、恩格斯在对资产阶级古典经济学批判的基础上创立的，马克思主义政治经济学与西方经济学是古典经济学的相互对立的两个分支，前者代表的是无产阶级的利益，揭示了资本主义经济运行的本质规律，后者代表的是资产阶级的利益，描述的是资本主义经济运行的表象。[②] 结合马克思主义政治经济学学习西方经济学，有助于大学生看到西方经济学的庸俗性和资产阶级辩护性；有助于大学生坚定自己的信仰和阶级立场。

最后，抱着为人民谋利益的态度学习西方经济学。经济学自身具有特殊性，它的理论观点直接关系到不同阶级的利益。西方经济学的创立者与集大成者，如斯密、李嘉图、马歇尔、凯恩斯，都是为资产阶级利益服务的。在我国，信奉西方经济理论信条的学者为国内外的资本家摇旗呐喊，他们鼓吹私有化，主张放任自由，反对政府干预。当代大学生学习西方经济学不能如此，无论是思政专业的，还是其他专业的，都应抱着为人民谋利益的态度学习西方经济学，这是坚持马克思主义的最直接体现。学习西方经济学，是为了进行社会主义市场经济建设，提高广大人民群众的生活水平，只有坚持这一点，才能在意识形态上时刻保持清醒，真正学好西方经济学。

---

① 《马克思恩格斯文集》第5卷，北京：人民出版社，2009年版，第22页。

② 刘艳龙、丁堡骏：《现代西方经济学的性质、研究对象和研究方法：一个批判性的评论》，《当代经济研究》，2011年第10期。

二、向以教为主导、以学为主体的教学模式转变

大学生注重提高自己分析问题、解决问题的能力，希望教师采取灵活多样的形式，希望自己能参与其中、亲身去体验和感受。[①] 这就要求，所有专业的所有课程都应转变教学模式，由传统的以教师为中心的教学模式向以教为主导、以学为主体的教学模式转变。转变思政专业的西方经济学教学模式应从如下三个方面着手。

第一，明确教学目标，精简教学内容。大学教育重在培养学生的发现和探究能力，激发学生的学习热情，开发学生的智力资源，过多地给学生灌输知识，会抑制学生的学习兴趣，不利于学生能力的提升。因此，要根据课时，合理安排教学内容。西方经济学分微观和宏观两个部分，体系庞杂，内容繁多，在32个课时里不可能把所有内容讲完。笔者在以往的授课过程中，争分夺秒，就是为了尽可能多地给学生讲授知识，结果却事与愿违，不仅学生没有掌握知识，而且课堂缺少互动，学生纯粹是接受者，没有时间思考、提问。有鉴于此，笔者在以后的授课中要精选内容，让学生在参与教学过程中掌握课程重点。

第二，课前预习，课堂参与。学生是课堂教学的主体，教师在教学过程中要设法调动学生的积极性，让学生真正参与到教学中来，实现师生互动，使教学过程更多地成为学生发现问题、提出问题、解决问题的过程。参与课堂互动需要学生通过课前预习了解下次课所要讲授的内容，对预习过程中碰到的问题做到心中有数。只有这样才能形成有针对性的讨论，才能提高课堂教学的实效。西方经济学难度系数比较大，而且与思政专业的其他课程不大相关，如果学生不进行课前预习，了解将要讲授的内容，那么，学生就没有问题，或者处处都是问题，无法参与互动，只能坐等老师讲解。在这种情况下，以学生为主体的教学模式无法实现。因此，课前预习是课堂参与的前提，课堂参与能有效刺激课前预习，两者结合是以学生为主体的教学模式得以实现的保证。

第三，注重教师对学生的引导。以教师为主导、以学生为主体的教学模式，既要强调学生的主体性，也要强调教师的主导性。[②] 如果过分强调学生自主，而忽视教师主导，那么会产生一些不良后果：在课前预习时，学生会把时间花费在无关紧要的内容上；在课堂讨论中，学生会偏离教学目标，讨论一些不相关内容。那么，教师应如何引导学生自主学习呢？笔者认为，首先，教师要明确每一次课的授课内

① 冷舜安：《构建以学生为主体的思想政治理论课社会实践教学模式的思考》，《思想理论教育导刊》，2011年第7期，第70页。

② 刘继萍：《“教师主导，学生主体”：一个经典公式正当性的论证》，《北京师范大学学报（社会科学版）》，2015年第4期。

容和所要达到的目标，并提前告知学生，让学生在课前预习做到有的放矢；其次，在师生互动或课堂讨论时，教师提出的问题要尽可能具体，而且不宜过难，讨论结束要提问，以便掌握学生讨论的效果；最后，调动学生的学习兴趣，激励学生积极思考、提问，这是引导学生主动学习的重要方式。

三、适当增加学时，补充相关数学知识

与思政专业开设的其他课程不同，西方经济学经常涉及图形和数学公式，即使最简单的基础教程，也无法做到完全用纯文字表述。任课教师可以满足学生的要求，用文字语言讲述通过数学推导得到的理论，然而，把数学语言转化为文字语言需要时间和精力，而且，有时效果不一定有直接用数学语言表达好。因此，笔者认为，如果能用文字讲明白最好，否则，需要结合图形和公式讲的，要尽量简化，不要给学生讲授不相关的图形和数学。考虑到思政专业绝大多数学生普遍缺乏学习西方经济学所需要的数学基础，笔者建议，适当增加学时，补充相关数学知识。

笔者自入职以来，先后给我校 2016 级、2015 级、2017 级思政专业的学生上了西方经济学。2016 级、2017 级课时为 30 课时；2015 级为 48 课时[①]。对于 2016 级、2017 级学生，由于课时紧，没有时间补充相关数学知识，基本上是用文字和图形讲，从课堂互动情况来看，效果不好，尝试结合公式讲解，学生理解更加困难。对于 2015 级学生，由于课时相对充裕，当涉及所需数学知识时，笔者有时间进行讲解，在这种情况下，学生学习西方经济学相关内容就比较轻松。

表 1　2015—2017 级思政专业西方经济学成绩描述性统计

年级	观测值	均值	标准误	变异系数	最大值	最小值	中位值
2015	34	77.68	16.05	0.21	99	38	78
2016	28	65.93	12.17	0.18	90	38	67
2017	37	65.27	13.30	0.20	95	40	67

从图 1 和表 1 可以看出，2015 级学生成绩要明显优于 2016 级和 2017 级。第一，2015 级学生 90 分以上的有 11 名，而 2016 级、2017 级均只有 1 名。第二，在变异系数基本相同的情况下，2015 级学生成绩的均值比 2016 级和 2017 级高出约 12 分。或许有人认为，2015 级学生的智力水平比其他两个年级要高。笔者考察了这三个年级的高考成绩和其他已修专业课程的成绩，结果发现这三个年级的成绩相

① 2016 级、2017 级在一年级秋季学期上，军训耽误 2 个课时。2015 级在二年级春季学期上，和西方经济学实训课一起上，共 48 个课时。

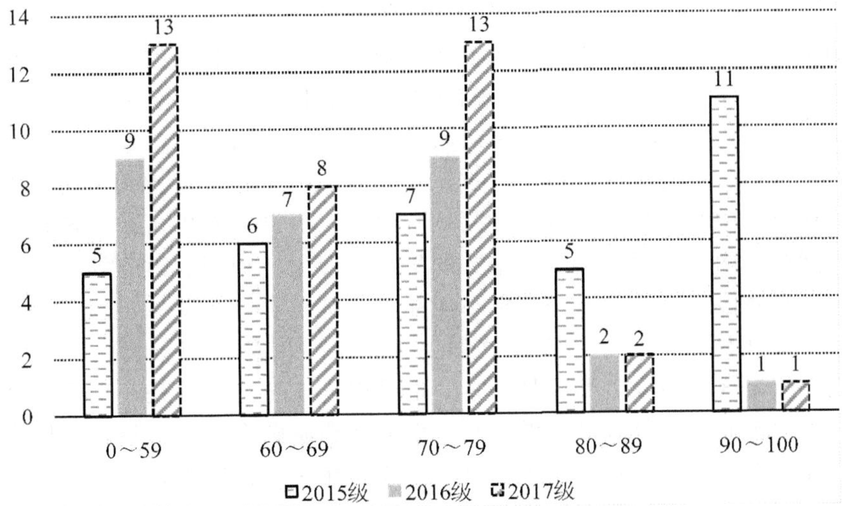

图 1　2015—2017 级思政专业西方经济学成绩柱状图

说明：2015 级、2016 级、2017 级学生的期末考试均采用 A 卷，除了个别选择和名词解释题有所变动外，其他试题均相同，试卷整体的难度系数相同。表 1 同。

数据来源：笔者根据 2015 级、2016 级、2017 级思政专业学生的西方经济学期末考试成绩整理得到。表 1 同。

差不大。因此，笔者认为，这三个年级学生的智力水平基本一致，2015 级学生成绩相对优异的原因在于，课时宽裕，笔者有时间给他们补充相关的数学知识。

四、增加社会实践环节，在实践中强化理论学习

西方经济学是一门实践性相对较强的课程，它的内容与市场经济密切相关，微观部分采用个量分析法研究消费者和厂商的经济行为，宏观部分采用总量分析法研究家庭消费、企业投资以及政府宏观调控政策。[①] 西方经济学的这个特点决定了要学好这门课，必须要理论联系实践。结合三轮西方经济学的授课情况，笔者发现，在学习均衡价格理论和消费者均衡理论时，笔者讲解轻松，学生理解容易，到了厂商均衡理论，笔者讲解费力，学生理解吃力。为什么前后会形成明显的反差呢？笔者认为，除了图形和数学公式有所增加外，还有一个很重要的原因，即学生难以联系实际进行学习。在学习均衡价格理论和消费者均衡理论时，学生可以结合自己的日常生活经历来理解，然而，到了厂商生产理论和均衡理论，由于没有企业实习的经历，学生难以理解投入产出、不变成本、可变成本、利息(率)、利润等概念，概

① 高鸿业：《西方经济学》，中国人民大学出版社，2011 年版，第 5 页。

念理解不上来，理论学习就困难，再加上图形和数学公式，一些学生可能会完全听不懂。如果在上西方经济学之前学生能到企业实习调研，那么结果会大不相同。笔者初学西方经济学时也非常吃力，到南方的一家实体企业实习过后再学习，觉得比之前容易了许多。因此，社会实践是思政专业学生学好西方经济学的必要环节。

在进行社会实践时应注意以下三点：一是时间的安排。考虑到课时有限，学生的社会实践应集中在寒暑假进行，时间不宜过长，一周左右即可，关键在效率，学生要尽可能在一两周的时间里了解企业的生产、经营、销售、财务等信息。由于社会实践安排在寒假，因而西方经济学不能在一年级秋学期开设①。二是企业的选择。实习的企业最好是实体企业，不建议学生去金融、信息咨询、教育培训之类的企业。企业性质与规模不限，可以是国企，也可以是民企；可以是小型个体企业，也可以是大中型企业。三是效果的考核。学生的社会实践在假期进行，一般没有老师带队，主要靠学生自己联系实习企业自觉完成。在这种情况下，一些自律性差的学生，可能会走过场，敷衍了事。因此，为了保证实习效率，需要对学生的实习结果加以考核。学生可以通过描述企业产品的具体生产流程以及产品的需求、价格等市场信息，汇报企业的生产经营状况，制作简单的反映企业收益、成本与利润状况的利润表，完成社会实践考核。

参考文献：

[1]胡印斌．大学的理想从何处开始迷失[N]．中国青年报，2012-5-4.

[2]张烁．把思想政治工作贯穿教育教学全过程 开创我国高等教育事业发展新局面[N]．人民日报，2016-12-9.

[3]刘艳龙，丁堡骏．现代西方经济学的性质、研究对象和研究方法：一个批判性的评论[J]．当代经济研究，2011(10)：20—25.

[4]马克思恩格斯文集(第5卷)[M]．北京：人民出版社，2009.

[5]冷舜安．构建以学生为主体的思想政治理论课社会实践教学模式的思考[J]．思想理论教育导刊，2011(10)：70—72.

[6]刘继萍．“教师主导，学生主体”：一个经典公式正当性的论证[J]．北京师范大学学报：社会科学版，2015(4).

[7]高鸿业．西方经济学[M]．北京：中国人民大学出版社，2011.

① 根据本文第一部分的分析，要结合政治经济学学习西方经济学，这也是西方经济学不能在一年级秋季学期开设的原因。

新闻英语教学对完善辅修英语课程建设的可行性探究

何　宁[①]

2007 年教育部发布的《大学英语课程要求》指出："大学英语的教学目标是培养学生的英语综合应用能力，特别是听说能力，使他们在今后学习、工作和社会交往中能用英语有效地进行交际，同时增强其自主学习能力，提高综合文化素养，以适应我国社会发展和国际交流的需要。"[②]因此，设计大学英语课程时，应充分考虑学生文化素质的培养和国际文化知识的传授。《国家中长期教育改革和发展规划纲要(2010—2020 年)》提出高校要培养"能够参与国际事务和国际竞争的国际化人才"。[③]根据《大学英语教学指南》，大学英语的教学目标是"培养学生的英语应用能力"，使他们"在学习、生活、社会交往和未来工作中能够有效地使用英语"。[④] 我校辅修英语专业的学生，通常对英语学习有着浓厚兴趣、英语水平较高的学生。他们希望通过学习辅修英语专业各门课程，提高英语应用能力，从而促进各自的专业学习水平。有的学生将出国深造，辅修英语课程教学为他们提供国际化视角，将有助于他们在这方面做些准备。就我校辅修英语听力课程所采用的教材来看，存在着内容相对滞后、涉及面不够广的问题。

针对这一情况，辅修英语课程有必要为学生安排优质高效的教学内容。新闻英语以其时效性、篇幅短、题材新、语境真等特点，可有效帮助学生在课堂内外接触丰富的语言和文化语料，拓宽学生的知识面，培养他们的国际化视野，并相应提高学生的英语综合应用能力。本文结合新闻英语的特色，参照克拉申(Krashen)的输入假说和斯温(Swain)的输出假说，探讨在辅修英语课程建设中增加新闻英语教学内容的可行性。

---

① 何宁，女，首都师范大学英语语言文学系，讲师。

② 教育部高等教育司：《大学英语课程教学要求》，2007 年 9 月 26 日，http：//www.chinanews.com/edu/kong/news/2007/09－26/1036804.shtml，2018 年 10 月 28 日。

③ 《国家中长期教育改革和发展规划纲要(2010—2020 年)》，2010 年 7 月 29 日，http：//www.gov.cn/jrzg/2010－07/29/content_1667143.htm，2018 年 10 月 28 日。

④ 王守仁：《〈大学英语教学指南〉要点解读》，《外语界》，2016 年第 3 期。

一、新闻英语的特点

新闻英语具有时效性、篇幅短、题材新、语境真等特点。新闻英语的时效性体现在，国内外发生的重大事件可以及时得到报道。阅读英文新闻不仅帮助学习者了解到国内外重要事件，丰富自己对国际文化的认知，同时也提高了英语应用能力。新闻英语多数文章篇幅短，适合学习者在较短时间内了解新闻事件，不会造成阅读负担。新闻英语题材新，涉及国内外社会的方方面面，非常吸引学习者，便于他们发现自己感兴趣的内容。在此过程中，学习者的自主学习能力得到增强，不仅掌握相关学科发展的动态，也培养他们的思辨能力。新闻英语语境真，学习者在语境中掌握词汇的用法，积累相关的典故，熟悉一定修辞手法，习得语言效果更明显。

二、理论依据

克拉申(Krashen)的输入假说提出，人类习得语言基于对语言的理解。语言输入的前提是学习者能够理解所掌握的语料，这些语料还需具备一定难度，这将有利于学习者的语言输出。克拉申提出“i＋1”概念，其中“i”代表学习者现有的语言水平，而“1”则代表学习者目前水平与未来期望达到的水平之间的差距。总之，语言输入的语料需要与学习者的水平相匹配，符合学习者的认知规律和认知心理。这样才可以取得较好的学习效果。①

斯温(Swain)提出的语言输出假设，强调学习者对语言的实际运用。学习者在使用语言前，应具备一些语言使用的基础，语言输入是先决条件。然而，语言输入的成功与否，由其语言输出的效果好坏来决定。学习者需积极利用机会，将所掌握的语言使用方法付诸实践。在产出语言的同时，学习者强化了语言输入。输出语言的同时，学习者得以检测其语言输入的有效性。假如学习者能够准确流利地使用语言，这无疑会促进他们学习输入的继续开展。学习者在输出的同时，发现自己语言输入的问题，也将有助于他们发现问题，以问题为导向，认真思考如何提高语言输入的质量。②

三、新闻英语与辅修英语课程的关系

新闻英语与辅修英语课程之间的关系密不可分，主要表现在三个方面。

---

① Stephen Krashen. The Input Hypothesis：Issues and Implications. London：Longman，1985：85－91.

② M. Swain. “Three functions of output in second language learning,” in G. Cook and B. Seidlhofer, eds. , Principles and practice in applied linguistics：Studies in honour of H. G. Widdowson, Oxford：OUP, 1995：125－144.

第一，新闻英语是大学阶段的英语教学的需要。《高等院校大学英语课程教学要求》指出："大学阶段的英语教学要求分为三个层次，即一般要求、较高要求和更高要求。一般要求是高等学校非英语专业本科毕业生应达到的基本要求。"[①]我校辅修英语选修的学生均为非英语专业本科毕业生，他们应达到这一层次的基本要求。在基本要求层次，有关听力理解能力的要求是"能听懂英语授课，能听懂日常英语谈话和一般性题材的讲座，能听懂语速较慢（每分钟 130－150 词）的英语广播和电视节目，能掌握其中心大意，抓住要点。能运用基本的听力技巧。"[②]可见，新闻英语听力是基本要求。有关阅读理解能力的基本要求是"能借助词典阅读本专业的英语教材和题材熟悉的英文报刊文章，掌握中心大意，理解主要事实和有关细节。"[③]显然，英文报刊文章是学生训练其阅读能力的必要途径。

第二，增加新闻英语语料是扩充教材内容的需要。教材的改编和修订，往往经历较长时间，且篇幅有限。教材内容中所提供的新闻英语语料，难免会滞后，缺乏时效性。教师要适应学生的需求，需要不断更新教学内容。适时引入英语新闻时事，对教材内容起到很好的补充作用。增加新闻英语阅读或听力语料，可以及时向学生提供与我们生活息息相关、内容丰富的语言环境。这些信息的引入，可以帮助并引导学生积极关注国际文化交流，培养他们的国际视野。同时，学生可以掌握新的词汇和表达法，学以致用。

第三，增加新闻英语语料与大学英语四六级考试要求相符。以四级考试要求为例，2016 年修订后的《全国大学英语四、六级考试大纲》对四级英语听力理解的考核要求是，"要求能听懂语速较慢的短篇英语广播；能听懂就熟悉话题展开的多话轮简单英语会话；能听懂语速较慢、题材熟悉、篇幅较长的讲话和报道；能运用基本的听力策略帮助理解。听力语料的语速为每分钟 120－140 词。"[④]与之前的考试大纲相比，四级听力试卷中原先的短对话和短文听力题型被新闻听力取代。考试内容包括短篇新闻 3 篇，每篇 140—150 词，出题数量分别为 2 题、3 题、3 题，题目来源为 VOA 和 BBC，分值比例为 7%。这与《大学英语课程教学要求》中对听力理解的基本要求相符，这一举措突出反映了对培养学生国际视野以及基本英语应用能力的重视。

---

① 教育部高等教育司：《大学英语课程教学要求》，2007 年 9 月 26 日，http：//www. chinanews. com/edu/kong/news/2007/9－26/1036804. shtml，2018 年 10 月 28 日。

② 教育部高等教育司：《大学英语课程教学要求》，2007 年 9 月 26 日，http：//www. chinanews. com/edu/kong/news/2007/9－26/1036804. shtml，2018 年 10 月 28 日。

③ 教育部高等教育司：《大学英语课程教学要求》，2007 年 9 月 26 日，http：//www. chinanews. com/edu/kong/news/2007/9－26/1036804. shtml，2018 年 10 月 28 日。

④ 《全国大学英语四、六级考试大纲》（2016 修订版），http：//www. cet. edu. cn/file _ 2016 _ 1. pdf，2018 年 10 月 28 日。

四、引入新闻英语语料的优势

将新闻英语语料引入辅修课程教学，有四个优势。

第一，培养学生的国际视野，引导他们树立正确的道德观。新闻时事为学生提供真实地道的英语语料和语言环境，使学生在选择新闻时事语料和参与学习讨论的过程中建构自己的知识系统。辅修课程教学中结合新闻时事语料，有利于教师将教书和育人结合起来。学生在探讨时事话题时，会表达他们的立场。教师可了解学生的道德观和意识形态，并适时给予正确引导，为我国培养具有良好道德品质的人才。

第二，可以提高学生的学习兴趣，增强他们的学习积极性，活跃课堂气氛。新闻时事涵盖政治、经济、文化、科技、娱乐、商业、体育等多个领域，涉及我国及其他国家的各个方面，通过接触新闻英语，可以激发学生的学习兴趣。

第三，可以弥补教材的滞后性的不足，提高课堂教学的信息量。通过新闻英语这座桥梁，学生可接触到大量语境真实、表达地道的语料。学生的视野不仅得到拓宽，而且有机会掌握更多新的表达法，这对他们未来从事相关工作有较大帮助。教材的滞后及信息量有限，这些不足将通过教师增补新闻英语语料而得到改善。

第四，对实施个性化教学、培养学生自主学习的能力有很大促进。课堂教学只有通过因材施教，才能发挥学生的主观能动性，从而培养他们的自主学习能力。具体到新闻时事方面的语料，教师可根据学生的兴趣及现有水平，采用“i+1”输入模式，本着拓宽学生视野，培养学生英语应用能力的目的，引导学生发挥其主体作用。针对辅修英语课程的教学设计，教师可推荐相关的资源，在新闻时事语料的选择上引导学生发现个人的兴趣，结合个人学科方向，充分利用新闻时事资源，提高英语应用能力。

五、影响大学英语四级考试新闻听力成绩的因素

大学英语四六级考试大纲颁布以来，新闻听力测试是重要内容之一。影响学生新闻听力成绩的原因主要有四个原因。

第一，对时事缺乏足够的关注。新闻时事反映的是社会各个方面的信息，学生需要有意识地去关注时事政治，并积累多方面各领域的常识。具体到英语学习，学生需培养良好习惯，通过多听多读，熟悉各类新闻的内容。

第二，对新闻词汇缺乏足够的了解。新闻用词多是正式的书面词汇，常与时事相关，包括各个领域的专有名词。针对各领域的内容，学生需要有意识搜集并积累

相关词汇。这些词汇将促使学生在较短时间内理解所接触的新闻语料，从而达到基本要求。另外，新闻中的人名和地名也会给学生造成很大的困惑。这便需要学生对国内的新闻报道保持关注，可促使学生尽快熟悉语境，从而提高学习效果。

第三，对新闻英语的文体和句法结构缺乏足够的了解。新闻报道一般包括标题、导语、主体和结尾四部分。标题介绍主旨；导语是对新闻内容的概括；主体起到完善、补充导语的作用，包括相关细节和过程；结尾对事件进行总结或深化。结构安排上，可以有“倒金字塔”和“金字塔”两种组合形式。前者最先介绍最重要的新闻内容，后者则相反。了解这些新闻构成特征对英语新闻听力的提高很有帮助。

第四，对常速新闻的语速不适应。新闻强调及时迅速，所以比日常英语的语速快，学生普遍对此不适应。只有大量接触新闻英语听力语料，才能逐渐适应正常语速，在考试时做到从容不迫。

对以上听力难点的突破，辅修英语听力课责无旁贷，需要引导学生在课上、课下进行精听和泛听的训练。除此以外，辅修英语的其他课程也可结合自身的优势，采用新闻英语进行有针对性的拓展教学。

六、新闻英语教学与辅修英语课程建设的结合

除了在辅修听力课程教学中增加新闻英语语料外，教师可尝试在其他课程教学中结合新闻英语语料，拓展辅修课程教学内容。

第一，新闻英语语料与阅读训练相结合。根据斯温的语言输出假设，教师了解学生的水平，引导学生进行语言输入活动。具体而言，教师可采用一些内容和表述较好的新闻报道，进行精讲，具体分析文章的结构和语言，引导学生反复“咀嚼”，一个单词、一个短语都不要放过，以求能作为样板，举一反三。教师在指导学生了解新闻、扩展视界、掌握词汇和语法的同时，可引导他们领会篇章结构和布局。对一般的新闻语料，课堂上可以采用泛读的教法，了解大致内容即可。教师在课上可用听写、填空、选择、复述等各种形式对新闻词汇、特殊表达、背景知识等进行学习效果的检查，并给出答案详解和建议。有效的语言输入促进学生的语言输出。

第二，新闻英语语料与口语训练相结合。教师可以合理利用新闻题材，灵活设计口语活动，这将有利于学生的语言输入和输出，提供他们的英语表达能力。课堂上，教师可通过给学生分组，各组上台表演新闻事件或复述新闻。这样可以激发学生的学习兴趣，使其口语表达能力得到增强。同时，学生的团队合作能力也可以得到训练。学生可根据新闻图片做现场报道，并回答同学的提问，既提高了学生的语言组织能力又锻炼了他们的应变能力。学生还可根据自己感兴趣的话题，分正反方辩论，既激发了他们的学习热情，又培养了他们的思辨能力。

第三，新闻英语语料与翻译训练相结合。翻译新闻英语语料，可以测试学生的理解力和表达力。教师可以从词汇翻译角度介绍增词法、省词法、合词法、转性法、换形法等方法。教师可根据句法介绍换序法、断句法、合句法、缩句法、转态法、正反译法等翻译策略。新闻英语文体属于通用英语，翻译时应以现代汉语新闻文体为标准。学生的文体意识和翻译策略可相应得到提高和训练。教师可选择不同题材的新闻语料，让学生掌握不同领域的相关词汇，引导他们正确理解常用短语和新造词，并给出恰当的翻译。

第四，新闻英语语料与写作训练相结合。如前所述，从篇章分析的角度来看，新闻写作的结构以“标题→导语→内容”为特点。导语以下的内容一般按事情重要性的发展进行安排，可呈现“倒金字塔”或“金字塔”结构。针对新闻英语的5W(who，when，where，what，why)和1H(how)的内容，教师可以设计下列四种写作活动：学习新闻标题的语法词汇和修辞，鼓励学生仿写新闻标题；训练学生简明扼要地概括主要事件，对新闻导语进行仿写；鼓励学生仿写、续写新闻内容，关注新闻用语的规范使用；鼓励学生进行整篇新闻的仿写，通过对比原文，提高写作水平。

七、结语

针对新闻英语的词汇、句式、结构和关键点进行课上和课下听、说、读、写不同形式的教学，突出训练的实用性和针对性，激发学生的学习兴趣和动力。教学中遵循精讲多练的实践性原则，以学生为主体的自觉性原则，和以教师为主导的启发性原则，不仅能够帮助辅修英语专业的学生积极应对四级考试新闻英语听力的挑战，而且能够增加他们的词汇量、信息类文本阅读量、扩充写作题材还能提高分析总结篇章能力、锻炼英语思维和批判性思维，扩大他们的知识面，提高他们的文化修养，全面提升学生听、说、读、写、译等多方面的语言技能，从而达到全面培养辅修英语专业学生英语综合应用能力的目标。

参考文献：

[1] 王守仁.《大学英语教学指南》要点解读[J]. 外语界，2016(3).

[2] 全国大学英语四、六级考试大纲(2016修订版)[EB/OL]. http：//www.cet.edu.cn/file_2016_1.

[3] 国家中长期教育改革和发展规划纲要(2010—2020年)[EB/OL]. 2010(7)，http：//www.gov.cn/jrzg/2010-07/29/content_1667143.htm.

[4] 教育部高等教育司．大学英语课程教学要求[EB/OL]. http：//www.chinanews.com/edu/kong/news/2007/09-26/1036804.shtml.

[5] M. Swain. Three functions of output in second language learning[J]// in G. Cook and B. Seidlhofer, eds. Principles and practice in applied linguistics：Studies in honour of H. G. Widdowson, Oxford：OUP, 1995：125-144.

[6] Stephen Krashen. The Input Hypothesis：Issues and Implications[M]. London：Longman，1985：85-91.

本科阶段开设经典研读课的初步实践与经验*

姚苏杰[1]

一、本科阶段开设经典研读课程的合理性

近些年来，基础文史学科教学越来越强调“原典阅读”的重要性。所谓原典阅读，以我个人的理解，首先是指选择那些在文史领域经过长期删汰而留存下来的被公认的经典，指导学生进行阅读。但何者为公认的经典，若一一细究，确实不好判断，但具体到适于教学的对象，则相对比较容易选择。大略说来，即可包括经、史、子、集中的核心典籍，如五经、前四史、老墨庄荀诸子、汉魏以来诸名家集等，皆可开设专门课程。而这些经典，无论从事何种领域工作的文史类专业学生，都应耳熟能详，最好有一定深入的了解。其次，在选择经典的前提下，还应提倡学生尽可能阅读经典文本较初始的、基本的形态，比如古代较早的权威传本，或者被广泛认可的今人校注本。与此相对的，应提醒学生注意区分那些二手、三手的加工材料，反对学生将那些所谓“名著导读”类的应试型书籍作为经典的入门。再次，应倡导学生尽可能地完整阅读一部经典，了解它的整体结构，包括与它相关的各方面材料，而不是仅就某个方面进行发掘，或片面地进行解读。也就是说，要让学生认识到大学阶段的学习应以阅读经典的全本为常态，而不是选文或者选本。其最终目的，则是通过阅读文本而进入到这个经典所统摄的领域，尽可能地全面了解与此相关的文化体系。最后，还应尽可能推荐学生选择一些精本、善本进行综合的、比较的阅读。总之，所谓原典阅读，实际上是希望学生通过经典进入传统优秀文化的深层次，从而为未来的学习或者学术研究建立一个扎实稳固的基础。

以上为个人的一些粗浅认识。一般来说，大部分高校的文史学科会在研究生阶段开设偏学术性的专书研读类课程。结合自身学习与授课的经验，我认为在高校本科阶段，或本科中高年级，开设基于原典阅读的经典专书课程，是可行而且必要的。事实上，也有许多专家学者提出过这样的呼吁。然而目前很少有高校能够在本科阶段开出具备一定规模的此类课系。针对本科生的入门研究课程，其实并不需要

---

* 本文属2016年首都师范大学青年创新团队项目资助成果。

① 姚苏杰，男，首都师范大学文学院讲师、首都师范大学中国诗歌研究中心研究员。

任课教师有精深的研究，而只是需要有充分的准备和严谨的态度。

另外，就目前学生的普遍情况来看，他们对学习经典也有相当的热情。当前，随着全社会兴起的传统文化普及热，部分学生实际上在初、中级教育阶段就已接触过一些“经典”，甚至能够全文背诵。这对于大学阶段的学习当然是有好处的。但同时，我们也发现他们接受的经典教育，难免存在一些问题。比如片面化地解读经典，或者神圣化某些文本，即以某种准宗教的方式对待经典。总而言之，就是给经典附上了一些非学术，甚至非文化的不真实要素。因此，到了大学阶段，高校教育就有义务提醒学生，大学的学习是以求真和融会贯通为目的的，学术需持一种反权威、反宗教化的客观态度。无论是提倡学生学习经典，还是提倡学生阅读原典，都应明确经典和原典本身并不具有特殊的魔力。我们之所以提倡学生学习经典原典，实际是为了追本溯源，避免为他人观点所裹挟，而并不是轻视后人的加工和研究。

至于说对经典“完整性”的了解，实际是一种对任课教师的高级要求。大学课程大部分有明确的课时限制(32－64 课时)，无论课程的初衷如何设计全面，最终落实到课堂讲解的，必然还是一部分选文或选本。那么如何通过选本来让学生掌握经典的全貌，就成了摆在教师面前的难题。一方面，对“原典”选文的仔细讲解，做到由点及面，见微知著，这是对教师能力的考验；另一方面，结合学生兴趣进行课堂外的指导，或为学生设计一套长期的学习计划，贯穿其大学生涯，而不仅仅是课程所在的学期，这也对教学方法改革提出了新的要求。

正是基于以上种种考虑，我曾与几位教研室同人商讨，提议大家结合已有的课程资源，再经共同努力，开设一系列经典研读性质的选修课程，形成一个体系，供学生选择。此议得到了一部分老师的支持。而作为教研室的年轻老师，我自觉有责任将此想法付诸行动，故先后向学校申报开设了两门以“研读”为名的课程，即“诗经研读”和“尚书研读”。下面结合此二门课程的初步实践谈谈经验，以供参考。

二、“诗经研读”“尚书研读”课的实践经验

(一)“诗经研读”课的实践与建设

最早文学院开设有“诗经学概论”课程。此课原由鲁洪生教授主讲，内容主要为《诗经》的学术史，课程讲义曾出版为《诗经学概论》，在学生中及学术界皆有较大影响。我自 2013 年接过授课任务，个人此前虽对《诗经》有一些学习和研究，却自觉尚不足以完全掌握诗经学史，无法“以己之昏昏使人昭昭”，此为一方面。另一方面，在实际教学中也发现，本科阶段学生尚难完全理解讲授学术史内容的意义所在，尤其是此前“文学史”课程所打下的基础较浅，尚不足以让学生跳过文本阅读层面而直接进入到学术史。

因此，在我的教学实践中，先后多次考虑将文本阅读纳入到课堂讲授的环节之中，且逐步增加其比重。但是，如果仅是阅读、讲解一部分诗作，则此课程又偏移到了较基础的“选读”“鉴赏”类课程上去，也偏离了原课的学术性宗旨。而事实上，当学生有一定的基础之后，学术史知识确实也能够帮助他们更好地理解文本，二者相辅相成。于是在两轮授课完成之后(两学年)，我向学院提出了课程名称与内容的变更申请。课程正式改名为“诗经研读”，写入教学大纲的规定内容也由单纯的学术史概论，变成了概论与作品研读二部分的结合。

新课程的内容以“讲”的方式组成，共十讲并附录二讲，每讲所占课时不等。其中第一讲为导言，主要介绍课程的授课思路和考核要求。第二讲为“诗经概论”部分，此部分内容抛开了对《诗经》的基本介绍(因为大部分学生在初高中阶段或大学文学史课上已获得相关基础知识)，直接以《诗经》中的十五个主要问题为纲领，依次介绍了《诗经》的“性质”“书名由来”“篇数”“产生时代”“空间”“作者”“诗乐关系”“孔子删诗”等学术史上曾引起重大关注的问题。在讲解中，除叙述问题外，还大量引用文史资料及前人论述，引导学生进行自主思考。第三讲为“诗经学史”，此部分原设计内容较多，从先秦两汉的诗经学一直讲到清末。但在教学实践中发现，此部分内容一不小心就会过于深入，脱离了选课学生的实际水平和需求，很难达到预期效果。于是，在再次开设此课时，便将第三讲内容进行了大幅度减缩，最终变为讲解诗经学史上一系列“关键词”的含义，即通过对“诗之六义”“今古文诗”“三家诗”“毛诗”“毛传”“诗大序”等关键词的解释，简单而快速地把一些重要的学术史内容传达给学生，同时也并不要求学生死记硬背。因为在后续诗作的阅读和讲解中，这些概念仍然会重复出现，他们有足够的时间来消化理解。从第四讲开始到第十讲就是《诗经》的“原典阅读”部分，按顺序分为七讲，选择38首诗歌详细阅读、分析。其中“国风”部分较详细，“二雅”和“三颂”部分稍简略。另外还有两讲补充内容，分别为“古代天文常识”和“古代历法常识”，其中有多种图文和软件的应用，既加深学生对传统文化的理解程度，也提高他们的学习兴趣。

理论与作品结合讲授的方式并不新鲜，不过在本科阶段如何把控二者比重，使之能够适应不同基础、不同需求的学生，则需要教师精细设计。毕竟，并非所有学生都想停留在阅读、欣赏作品的层面，也并非所有学生将来都会在此领域进行深入的研究。所以，“诗经研读”课的最初设想就是要将学术史、作品、研究前沿等恰当结合，既有针对基础较浅的学生的文本阅读和讲解，也有针对基础较好的学生的深入探讨，此外，针对兴趣较浓的学生，每堂课还设置思考题，它们多是课中涉及的热点前沿问题，供学生选择性地去探究。

为了保证课程的学术性，教师还需具备广阔的学术视野和敏锐的眼光。“诗经研读”课我个人较为满意的一个环节，就是在部分作品的研读中融入较多新的研究成果，以及最新的材料，如甲骨文、青铜器铭文、上博简、清华简等。当然，相比于研究生课程，本科阶段确实不可能把前沿问题讲得太过深入，但确实可为学生展现一种方向，告诉他们了解这一领域所必备的知识。

（二）“尚书研读”课的新尝试

基于“诗经研读”课的经验，2017 年我申请开设了“尚书研读”课。这是一次更有难度，或者说是有争议的一次尝试。一般认为，《尚书》这部经典虽然非常重要，但并不适合本科教学，因为本科阶段学生的学术根底尚浅，还无法充分理解相关知识。这一说法当然有一定道理，《尚书》文本的复杂性、训诂的丰富性、所涉领域的广阔程度，要求教师和学生都要有足够的学术积累。但另一方面，我们知道古时学人并不会因为幼小而不学《尚书》，何况 20 岁左右的本科生实在也谈不上“幼小”。今日学生之心智成熟远早于古人，加上现代社会信息获取之便捷，只要教师肯花一定的精力进行引导，学生肯花一定精力进行钻研，在本科高年级系统学习《尚书》相关知识，也并非不可能。而正如前面所说，课程实际上并不需要过多深入研究某一问题。于是基于前述设课思路，又考虑到《尚书》确实非常重要，我开设了这门课。

“尚书研读”的定位与“诗经研读”有所不同。首先此课明确规定，只针对“本科高年级学生”开设，要求选课学生选修完相关课程且有强烈兴趣，并且需要结合课程投入较多精力。也就是说，这门课的设计不是为了适应不同学生的多样要求，而就是专门针对那些基础较好且确有学习欲望的学生。从某种程度上说，这更像是一门“准研究生课”，它可以让有志于读研的学生提前接触研究生式教学，这也是开设此课的目的之一。

“尚书研读”课的内容仍秉持学术史与作品研读相结合的传统。前一阶段是概论，以“问题”为核心，讲授与《尚书》有关的研究要点；后一阶段则按虞夏商周书的顺序，选择篇幅适中的作品进行研读。由于《尚书》内容庞杂，所以这门课有比较多的课外学习任务，以弥补课堂时间的不足（“诗经研读”的课外要求则较少）。

客观地说，“尚书研读”课目前尚处于探索阶段，存在的问题也比较明显，最主要的就是内容的选择与难度的控制。好在选课对象比较有针对性，大部分学生有足够的准备，我相信只要教学双方有足够的耐心和意愿，任何课程都可找到一个良好的教学相长状态。

三、经验总结与教法探索

开设两门经典研读课程几年来，我结合自身教学实践，对某些问题有了较多思考和经验。比如如何平衡不同水平学生所需的授课内容（理论部分多一点还是作品部分多一点），如何调动不感兴趣学生的学习兴趣（如何把一个作品讲得生动但又不浅俗），如何把艰深的学科前沿叙述为学生能领会的知识（问题导向式教学），最终引导学生建立自己的知识体系，从而使学术史不再是一些书上的概念。我想每个教师在教学生涯中都会不断摸索、不断领会一些东西，但对于经典研读课，上述问题就显得更加紧要。因为“经典”和“研读”这两个词的组合，已经给学生一些不寻常的期待。而要把这类课程建设好，一定需要不断投入和完善。

一门课程从开设到完善，绝不是一朝一夕的事。就算教案写得再好，实际授课中仍然会遇到全新的情况。前面曾提到“诗经研读”课的内容，包括如何满足不同层面的需求，实际它就是几年来不断结合授课实际进行的改变或补充（比如“诗经学史”部分的缩减）。与此同时，在课堂之外，教师也有很多别的建设工作可以做，比如讲义的完善、多渠道教学方式的探索等。于是，2016 年我申请了学校内涵发展的教材建设项目，将“诗经研读”讲义的整理提上日程。通过一年多的努力，2018 年项目验收时初步完成《诗经研读讲义稿》（简版）约 12 万字，这部讲义稿尚需进一步补充整理，但它对今后的教学应能起到一定的辅助作用。另外，近年学校大力推进“慕课（MOOC）”建设。2017 年，“诗经研读”课入选慕课建设项目（经费 10 万元）。经过一年的建设，最终完成视频课程 50 节，内容包含了原课程全部内容，且有补充修正，并且重新制作了课件。后续教学中，学生可利用这部分资源与课堂内容进行互补，从而更好地实现预期的授课目的。

不过，如何更好地利用已有的建设成果（而不是建设完就搁置），改进固有的课堂教学模式，目前尚没有成熟的经验可以借鉴，这也是课程后续可以探讨的内容。比如针对已经比较成熟的慕课系统，确实应该思考这样的问题：在课堂教学中如何正确而有效地利用已经完成的在线资源，一方面鼓励学生充分地利用起在线课程，另一方面也使得现实课堂成为课程的有力补充，而不至于成为摆设。个人的初步计划是，从课堂教学环节、课程考核环节、自主与互动环节入手，对下一学年“诗经研读”的课堂教学模式进行探索和改革。在课堂教学方面，充分利用在线资源，减少课堂教学所占的课时，只选取其中重点内容进行讲解，或对学生进行答疑。在课程考核环节，一方面考查学生在线学习的进度和质量，另一方面可考虑将期末考查的内容分散在每一课中。考虑到在线资源已经解决知识点讲解的问题，课堂最主要的改革方向则是调动学生自主思考的积极性和与教师的互动性。可以考虑的模式包括：学生分组对相关课程进行总结汇报；请学生集中就某个问题进行探讨并当堂讨论；由教师预先设定研究论题，请学生撰写小论文并在课堂上分析等。

总之，基于原典的经典研读课程，对于本科阶段学生来说确实是有必要开设的。虽然在内容和教学法上面临较多困难，但相信经过多方探索，应能找到一些合理的解决方案。让学生全面且系统地接受具有一定深度的经典教育，无论对其自身素质的建设还是学术视野的拓展，都会有很大的帮助。

比赛教学法促进高校排球教学效果探析

杨振兴[①]

现代体育教学正随着时代的发展不断发生着变化，我国高校排球教学长期以来过分重视教师的教，教学过程过分强调传授技术和技能，忽视比赛教学模式的运用，在教学内容、教学手段和教学方法的选择上不能很好地贯彻“以人为本，健康第一，快乐体育”的主旨。大学体育教学效果的优劣取决于授课教师和选课同学两个方面，两者相互依存。探寻大学排球课教学过程中的兴趣点对于提高教学质量、激发学生排球热情至关重要。通过长期排球教学发现，比赛教学法的植入有助于促进排球课堂教学效果。大学体育排球选修课的本质不仅在于传授学生排球技能，还要通过比赛的方式让学生运用技术，展现自我，享受排球乐趣，培养体育精神，锻炼竞争意识。在实际教学过程中，任课教师应当积极大胆引入比赛教学法，充分融合技术教学和比赛教学，提升教学质量。

一、研究对象与方法

（一）研究对象

本文以首都师范大学 2017 级本科生排球公共课为研究对象，学生人数 105 人。

（二）研究方法

采用计算机检索与人工检索相结合的方法，搜集整理了高校体育教学改革及排球教学改革方面的研究论文三十余篇。访谈部分北京高校排球任课教师和选课学生，主要调查高校排球公共课教学内容、教学基本过程，了解选课学生对比赛教学法应用于排球教学的体验和感受。

二、传统教学法与比赛教学法对比

（一）运用传统教学法在排球教学中的现实问题

“传统教学法”是用传统的理念、传统的教学手段进行教学的方式方法，教学流

---

① 杨振兴，男，首都师范大学体育教研部，讲师。

程为："讲解—示范—练习—纠正错误—巩固提高。"[1]体育传统教学主要表现在任课教师通过讲解和示范进行教学导入，学生通过对技术动作的聆听和观察获得感性认识(泛化阶段)，再通过教师布置的练习手段和教师的纠错进一步增加对技术动作的认识(分化阶段)，最后经过反复练习巩固技术动作直至达到动作自动化。传统教学法对于学生学习新的技术动作作用非常明显，但在现实教学中也存在很多缺陷。通过学生掌握技术动作的过程可以看出，传统教学过分注重教师的教，忽视了学生的兴趣开发，仅能够保证学生学会运动技术，对于熟练运用运动技术起不到作用，长此以往势必阻碍教学效果。

(二)比赛教学法在排球选修课教学中运用的优势所在

比赛教学法就是在教学过程中，教师为了完成教学任务、达到一定的教学目的，对学生采用比赛形式进行的一种教学方法[2]。比赛教学法在排球教学中的广泛运用很好地弥补了传统教学法的不足，改变了学生在课堂上的被动地位，使学生变被动为主动。任课教师根据教学大纲和教学目标将技术动作和教学比赛进行融合，制定相应的比赛规则，组织好课堂的秩序，并对每节课学生的课堂感受进行了解[3]。比赛教学法授课模式过程中学生处在主体地位，表现为：对排球产生浓厚兴趣，对于课堂排球比赛迫不及待，更加注重技术动作的练习和实战运用能力，在对抗和竞赛氛围中感受排球乐趣，并与教师产生良好互动。因此，在排球选修课中运用比赛法进行教学符合"以人为本，健康第一，快乐体育"的主旨和现代体育教学发展趋势，体育教师应及时更新教学理念，积极大胆引入比赛教学法。

三、比赛教学法在高校排球教学中教师应用效果分析

(一)实施比赛教学法对教师的可操作性影响

在实际教学过程中，教师要根据学生的实际水平和总体情况合理安排教学比赛，不能盲目安排比赛，更要摒弃比赛减轻教学负担的思想。首先，教师应根据学生的排球基础和实际水平，将教学内容与课内教学比赛形式相适应，根据教学大纲要求设计教学比赛，要突出技术掌握和运用效果，让学生体会排球技术在实战演练中的作用。其次，在比赛教学内容的操作中，比赛法的安排要根据技术教学的情况制定，随着学生技术的掌握情况进行调整，同时要注意区别对待，对于不同水平的同学安排不同形式的比赛，使每一个同学都能在原有水平上得到提高和发展。最后，在教学过程中比赛法的安排要做到实力兼顾，技术好的同学搭配技术相对较弱的同学，进行异质分组，做到公平竞赛的同时也发挥了技术好的同学的积极性和主体地位。

(二)比赛教学法对教师教学组织实施效果的影响

在教学的组织实施阶段，根据教学大纲和教学日历安排，为使教学过程达到最

优化的教学目的，教学内容的安排是组织实施比赛教学法的关键。首先，在教学的初期阶段(1—6次课)，因大部分学生初次接触排球运动，在这个阶段应该以基本技术练习为主，重点以教学大纲要求的排球技术为主，以便后期比赛教学法的顺利实施与开展。在开学初期阶段不提倡比赛教学，考虑到大多数同学的实际水平和教学内容的渐进性，初期阶段应当以技术教学为主，使学生真正学会技术动作，掌握技术动作，为后期的比赛植入打下坚实基础。如果违反循序渐进的教学原则，盲目安排教学比赛，学生不仅在比赛中无法运用技术动作，场上更是会出现“木偶”现象，表现为学生仅仅站在球场上，没有做出任何排球技术动作，严重打击了学生的自信心，甚至会使学生产生厌学心理[4]。其次，当教学进度到达中期阶段时(7—11周)，大多数学生通过一个多月的排球练习，技术动作由泛化和分化逐步巩固，有悟性的同学甚至提前进入到动作自动化阶段，这个时期大部分同学出现“吃不饱”现象，适当安排教学比赛不仅能够满足学生的运动负荷，更能够使学生通过比赛进一步提高技术，熟练运用技术，提高学生对排球的认知。最后，在学期末阶段(12—16周)，在完成考试任务的前提下，应以比赛教学为主，比赛要求和比赛规则也应当与正式排球比赛一致，使学生通过参加排球赛，展示自我，也通过比赛使学生们真正喜欢上一项体育运动，为培养学生“终身体育”的目标打下坚实的基础。

四、学生在比赛教学法模式下的教学效果分析

(一)比赛教学法对培养学生排球兴趣的影响

体育兴趣和体育习惯的培养是一个长期过程，需要初期技术动作的坚实基础，更重要的是通过比赛展示自我，自我实现。体育的本质是竞争和对抗，只有在竞争的环境下才能体会到运动的真谛和快乐。体育教学法既满足了教学要求又满足了竞争心理，提高教学效果的同时最大程度上发挥了学生的主体地位和积极性。通过体育课学习到一个运动项目，为未来工作生活增添乐趣是大学体育教学的主要目的，比赛法对于达成这一远大目标作用巨大。

(二) 比赛教学法对学生提高运动能力的影响

采用比赛法进行教学可以全面提高大学生的运动能力(体能、技能、战术能力、心理能力和运动智能)，具体表现为学生在排球比赛过程中全身肌肉能够得到有效锻炼，对于提高学生跑跳能力、灵活性、集体配合意识等具有积极作用。

(三)比赛教学法对学生团队精神的影响

团队精神是学生走向社会，适应社会发展的基本素质之一，排球作为一项重视团队合作的集体项目，是广大学生培养团队精神的最佳选择。中国女排作为中国体育的一面旗帜，在国际赛场上多次为国争光，“女排精神”也获得了广大民众的赞

许，排球项目的本质包含了积极拼搏、团队合作的精神。学生只有在排球比赛时才能真正体会到团队合作、同伴交流和相互鼓励所带来的乐趣[6]。

五、结语

高校排球教学一定要遵循教学规律和大学生运动基础，任课教师应酌情选择与学生实际情况相适应的比赛方法，比赛的实施不仅能够普及排球运动，使学生了解排球规则和比赛要求，还能够使学生通过比赛合理运用技术动作，达到学以致用的教学目的。在实际操作过程中应结合学生实际情况，制订科学合理的教学计划和教学安排，通过技能学习和比赛法教学相结合的方法来提高学生的技术技能水平，逐步改变学生的学习态度，为学生提供一个更好地交流学习的平台，逐步培养学生的排球兴趣和团队能力，使教师的教学效率和学生的学习效果通过比赛教学法有一个显著的提高，以期达到教师教学效果和学生学习效果的最优化统一。

参考文献：

[1] 费晓霞．提高高校体育教师的自身素质的探讨[J]．南京体育学院学报：社会科学版，2002(3)：127—128.

[2] 黄汉升．体育科学研究方法[M]．北京：高等教育出版社，2006：149—164.

[3] 刘志明，贺光伟，李赵来．提高高校排球选项课教学质量的方法[J]．上海体育学院学报，1999(2)．

[4] 徐迅．“比赛法”在高职女生篮球选项课教学中的实验研究 [D]．上海：华东师范大学，2010.

[5] 林小燕．体育课异质分组教学探析[J]．中国学校体育，2002(3).

[6] 夏志强．探析高校公共体育课的合作探究学习模式[J]．合肥学院学报，2008，18(1)：94—96.

论普及性古筝教学方法

——以非音乐专业本科生为教学对象

崔　杨[①]

古筝是我国独特的民族弹拨乐器。传统的大学古筝教学，主要是以具有较好器乐基础的音乐专业本科生作为授课对象的专业课程教学，经过数十年的发展，已形成较为完备的教法体系。

近年来，随着古筝普及程度的提升，越来越多的非音乐专业学习者都开始学习古筝，大学也顺应时代潮流的发展，开设面向非音乐专业本科生的古筝课程。以首都师范大学为例，学校面向非音乐专业学生开设了普及性的古筝课程，成为学生选修的热门课程。笔者在上述课程的教学过程中逐渐认识到，以非音乐专业本科生为教学对象的普及性古筝教学，在授课对象方面具有显著区别于传统专业古筝教学的特点，这就决定了普及性古筝教学不能简单套用专业古筝教学的教法与内容，必须根据授课对象的特点，重新进行设计。基于上述认识，本文拟在授课对象特点分析的基础上，对普及性古筝教学的教法和内容予以分析，以期对提升普及性古筝教学的效果有所助益。

一、非音乐专业本科生的学习特点

选修古筝课程的非音乐专业本科生在专业背景方面具有多样性，来自信息技术、数学、英语、中文、法学、美术等多个专业方向，个性特征也各不相同。但从教学的角度看，选修古筝课程的非音乐专业本科生仍具有一定的共性特点，可概括为以下三点：

第一，音乐专业基础薄弱。首先，选修普及性古筝课程的学生多数是“零基础”，甚至没有现实接触过古筝，对古筝的印象多来源于影视、文学等渠道。其次，多数学生没有经过任何专业的音乐训练，缺乏基本的乐理知识。再次，学生尽管对音乐有一定程度的爱好，但仅是从欣赏角度出发的浅显的感性认识，而缺少理性的

---

① 崔杨，女，首都师范大学初等教育学院，讲师。

音乐审美素养。授课对象的这一特点，决定了普及性古筝课程必须加入乐理、音乐分析等基础内容。

第二，对古筝兴趣浓厚，学习意愿比较强烈。普及性古筝课程在各专业培养方案中都被列为通识课程，在有多门通识课程可供选择的情况下，是否学习古筝完全由学生自主选择。学生选择古筝课程，原动力就在于对古筝有强烈的兴趣。但应当指出的是，学生对古筝的兴趣通常源于影视文学或媒体的宣传，此种未经充分了解而形成的兴趣通常缺乏稳定性，很容易因课程内容设置不当或教法不当而挫伤。此外，部分学生选择古筝课程的原因在于对实操性课程的偏好，希望掌握一件乐器的演奏技巧，这部分学生往往更看重课程能否给予其充分的实操机会。

第三，课后自主练习的投入有限。传统的古筝教学，其重点从来都不是有限的课堂教学，而是课后学生的自主练习。但对于普及性古筝教学而言，多数学生对课后练习的重要性缺乏清晰的认识，甚至完全没有心理准备，会在学习的过程中产生畏难、懒惰的情绪。同时，课后自主练习也需要一定的条件保障，如开放的场地、符合要求的乐器、能够自主选择的练习时间等，这也给非音乐专业的学生造成了客观的困难。

学生在课后练习投入的有限性，决定了教师必须在课程内容设计上予以取舍，做到难度与进度的平衡。同时，改变传统的以课时为单位、以曲目为核心的教学方法，“化零为整”，以特定目的、功能板块为教学单位组织教学。

二、非音乐专业本科古筝教学的原则

教学原则意指教学过程中必须遵循的基本要求和指导原理，它是人类在长期教学实践活动中所获得的经验的科学总结，具有高度的概括性。① 非音乐专业本科古筝教学的原则主要有以下三点：

(一)方法及内容的规范性原则

音乐本身具有规范性，所以教学活动也具有显著的规范性特征，普及性古筝课程的授课对象是非音乐专业的本科生，但音乐教学活动的规范性不仅不会因为授课对象的非专业性而有所放松，反而应当进一步加强，以帮助缺乏音乐基础的学生树立规范意识，避免在学习初期形成不好的习惯，对未来的学习造成负面影响。

古筝演奏中的规范性原则是指在长期的演奏实践中，人们结合运动科学的规律总结出来的演奏的基本原理。例如，古筝演奏中肩部、大臂、肘、小臂、手腕、手指在演奏中要做到自然、放松，从而使力量能够顺畅地传送到指尖。教师教学方法

① 曹理：《普通学校音乐教育学》，上海教育出版社，1993年版，第145页。

及内容是否符合规范性原则，将直接决定学生的基础是否足够扎实，进而影响学生的演奏水平以及未来发展的高度。

除了演奏的规范性外，还应注重专业、科学的乐理知识和基本乐感的培养。虽然在专业音乐院校的教学中，演奏与理论分属不同的课程，但针对非音乐专业本科生的古筝选修课程因为暂无配套的音乐基础课程，所以就要求教师在授课过程中充分地准备音乐基础知识的教学内容。

（二）音乐与情感、音乐与文化共生的原则

音乐是一种情感的艺术。完美的演奏，除了要注意音准、音色、节奏等方面的准确性，更重要的是透过音乐能够充分传达演奏者的内心情感。这就要求学生对作品和作者都要有足够的认知。对作品的认知，是指对古筝作品的产生背景、意境与情感内涵的充分理解；对作者的认知，是指对创作者个人相关经历与作品风格的必要了解，以帮助认知作品。对于教师而言，古筝教学不仅要传授演奏技能，更要引导学生去了解作者，去理解作品，对学生进行正确的情感启发，将学生带入到作品的情境中去。这一点，应当从古筝教学的初期开始即一以贯之。这即是音乐与情感、音乐与文化共生原则的核心要义。

音乐与情感、音乐与文化共生的原则，要求教师的示范演奏在情感方面富有感染力。具体而言，教师在示范过程中，应根据作品的情感特点，综合运用各种情感表现手段：教师可以用与生活相贴近、学生易于理解的语言来解释作品的情感特征，或者用文学性的表达方法勾勒、渲染作品的情感意象，还可以用适当的肢体语言、表情语言向学生传达作品的情感内涵。可以说，在教师规范的演奏示范中融入有效的情感表现手段，能够使学生在演奏技能学习的同时加强对音乐情感的理解，从而提高学生的音乐想象力与表现力。

音乐与情感、音乐与文化共生的原则，要求古筝教学在技能传授的同时兼顾文化传播的功能。“音乐的‘内容’，实际上就是文化意义体系模板的翻版及其变体。从这个意义上讲，音乐的内容就是文化的内容，音乐是文化借以表达其意义体系的一种形式……”①，音乐的产生和发展都应在其对应的文化土壤中。譬如，在演奏不同地方流派的乐曲时，教师应当引导学生去感受和体会当地的风土人情，了解当地方言的声韵特点，这样才能从本源上理解音乐要表现的形象，同时在演奏中表达得更加准确。

另外，在古筝教学中，教师应该多运用现代化教学手段向学生展示不同的传统音乐形式，使得民族民间音乐旋律和节奏之美留在学生的脑海中。同时，要注重把音乐教学的内容置于文化背景之中，使学生更容易理解和产生共鸣，从而逐渐培养

① 薛艺兵：《论音乐与文化的关系》，《音乐研究》，2008年第6期。

出对传统文化更深的兴趣。总之，扩大学生传统音乐浏览的广度，加强对传统文化理解的深度，对于提高学生的文化修养和民族自豪感都具有重要的意义。

（三）课程设计的均衡性原则

相较于音乐专业学生以课时为单位、以曲目为核心的教学方法，非音乐专业本科生演奏基础的培养则需要“化零为整”，以板块为教学单位。由于古筝选修课是以学期为单位的，人数为10人左右，学时有限、人数较多，所以教师要在32课时左右的时间里合理安排演奏基础、乐理基础、音乐分析、乐曲学习的比重，提高学生的音乐素养，尽量使每位学生能够在期末完整演奏一首乐曲。

三、非音乐专业本科古筝教学的方法

（一）充分保持学生学习兴趣和热情的延续性

选修课学生对古筝的兴趣浓厚，兴趣是“人对事物或活动所表现出来的积极、热情和肯定态度，并由此产生参与、认识和探究的心理倾向。兴趣是引起和维持注意的重要因素，对感兴趣的事物人们总会主动愉快地去探究它，使活动过程或认识过程不是一种负担”[①]。想要教学取得较好的效果，就要尽量保持这种热情的延续性。

一般而言，学生在古筝学习的初始阶段，都会因好奇心而学习热情高涨。但随着学习时间持续、学习难度的增加，学生的好奇心会逐步降低，表现为不愿付出时间练琴，后续的学习难以维系。对于这一共性问题，教师应注意处理方法，因势利导，促使学生完成从好奇心到产生兴趣的转变，而不可一味地批评或强制学生练习，挫伤学生的学习兴趣。

学习兴趣的激发，要注重课内教学与课外练习、实践的结合。课内教学的兴趣激发，中心在于教学内容的科学组织与安排。学生的兴趣形成与个体特性息息相关，教师应根据学生的个体特性，结合学习进度，选择适合该学生的教学内容，确保学生学习兴趣的保持。例如，在初学阶段，教师可以选择一些相对简短、旋律优美且易学的小曲作为练习曲，将技巧训练融入学生欣赏和享受音乐的过程。课外练习与实践，是从外部激发学生的兴趣。例如，教师可以举行小型音乐会，或者组织学生观摩音乐会，通过艺术实践活动让学生亲身参与，提高学生的学习兴趣。此外，教师要尽可能地为学生提供练习的场地和乐器，解决他们在练琴中遇到的困难。

（二）学习进度由浅入深、循序渐进

学习是一个由浅入深的过程，教师对教学内容要有规划、对学生要有耐心。古

---

① 王安国：《音乐课程标准解读》，北京师范大学出版社，2002年版，第19页。

筝教学必须尊重客观规律，避免“拔苗助长”式的教育功利化。在古筝教学中，教育功利化主要体现为高级别曲目的演奏教学与学生基本音乐素养训练的本末倒置，脱离学生的个体特性与基础，强行让学生“跳级”学习高级别曲目，这种违背教育规律的功利化教学，只会导致学生学习兴趣衰减乃至被扼杀，有百害而无一利。因此，教师应当由易到难、循序渐进地进行古筝教学，并根据学生个体特性调整教学，如此方能避免古筝教学功利化。

(三)要让音乐变成生命中的另一种语言，多为学生提供实践演出的机会

“教育的艺术不在于传授本领而在于激励、唤醒、鼓舞。”艺术教育在普及性的通识教育中最重要的作用在于陶冶艺术气质、丰富情感表达、拓展艺术技能，要通过对音乐的欣赏和对演奏的体验，引导学生树立一种开放的、丰富的艺术观，让音乐变成可以表达自我的方式，而不是书本上冷冰冰的定义。鼓励学生们学会体会音乐家的音乐语言，初步掌握这种语言，并尝试用音乐进行自我表达，从而培养他们的想象力、自信心和创造力。音乐从无到有、从乐谱到演奏都是表达的过程，不同的演奏者由于音乐视角、个人性格不同，他们的表达都有自己的独到之处。为此，在乐曲教学过程中要鼓励这种独特性，不要让学生成为“流水线”下的复制品。选修课学生对舞台充满了敬畏和憧憬，应多为他们提供演出实践的机会，此举既可以提高学生学习的积极性又可以使教师对自己的教学成果进行检验、总结，对教与学都大有裨益。

四、教学内容的设计

根据非音乐专业本科生的特点，遵循前述非音乐专业本科生古筝教学的原则与方法，笔者以完整的古筝选修课程(32 课时)为对象，进行了教学内容的设计，具体如下：

(一)基础知识讲解阶段(8 课时)

传统古筝课程的基础知识部分主要包括古筝的构造、历史与基本演奏方法，考虑到非音乐专业本科生在音乐基础理论方面可能存在不足，尚需增加基本乐理的讲解。因此，基础知识讲解阶段应包含以下五个方面的内容：

1. 乐器及义甲的选择：材质、制作工艺、声学特性、优劣的辨别等。

2. 乐器历史及构造介绍：古筝的起源、历史发展脉络、传播及嬗变、21 弦筝的各部分名称、基本参数、音域、音色、风格与声韵的关系等。

3. 古筝的基本演奏方法：传统古筝作品中，右手在琴码右侧弹奏“发声”，左手在琴码左侧采用上滑、下滑、颤音、点按、双按等技法“做韵”，以韵补声，互为衬托。在现当代作品中，左手也多移至琴码右侧弹奏，为右手的演奏作伴奏。基本指法有：勾、抹、托、打、大撮、小撮、点指、遥指、刮奏、扫弦、快速指序等。

4. 音高、节奏的概念与谱面标记的讲解。

5. 在第 3 和第 4 部分的教学结束后，要求学生课后进行练习，之后以一对一形式进行回课，纠正演奏中的问题。

(二)左右手演奏练习阶段(16 个学时)

在学生掌握基本的乐理和古筝演奏方法后，应通过练习曲进行左右手演奏的技术学习，进一步调动学生的学习兴趣。在练习曲的选择上，应遵循由浅至深的基本规律，根据学生的学习情况动态调整。对此，既有的主流教材，如《中国音乐学院社会艺术水平考级全国通用教材》[①]等，已根据练习曲的难度将其划分为三级，笔者以为这一标准可资参考。

在具体安排上，前 8 个课时安排学生学习第一级和少量第二级的练习曲，熟悉左右手演奏的基本技术，并通过回课纠正学生演奏中的技术问题。同时，引导学生聆听古筝名曲，观看名家演奏视频，多方位地强化学习效果。后 8 个课时根据学生的学习情况，针对性地安排学生学习第二级和第三级的练习曲。该部分练习的目标有二：一是针对学生左右手演奏技术学习的薄弱环节，安排相应的练习曲，通过反复练习提高该环节技术水平；二是学练结合，强化记忆，避免学生因课外练习时间不足而导致技术生疏。

(三)整首乐曲学习与演奏阶段(8 课时)

该阶段主要进行经典古筝曲《渔舟唱晚》的赏析、学习和演奏。前 4 个课时，教师结合相关演奏视频、音频以及乐曲的相关创作背景，带领学生赏析该乐曲，帮助学生理解该乐曲的内涵。在此基础上，教师分析和讲解《渔舟唱晚》[②]的引子、慢板和快板技术，并带领学生进行演奏技术的分解练习。在课堂教学过程中，应注意留给学生足够的练习时间。

第 5—6 课时，通过一对一形式的回课，教师将针对每个学生的学习情况，进行针对性的讲解，纠正学生演奏中的问题。

第 7—8 课时为考核环节，要求每位学生单独演奏《渔舟唱晚》，教师进行点评。

综上所述，教学内容应注重结构的均衡性、完整性，演奏与理论讲解并重，同时要注意难度适中以激发学生的兴趣并保持演奏的自信。基本目标是使每个学生在期末能够完整演奏一首经典作品，使学生一个学期的学习有所收获。

---

① 林玲：《中国音乐学院社会艺术水平考级全国通用教材》，中国青年出版社，1999 年版。

② 老树华：《河南筝曲》，1938 年版。

五、结语

相对于专业性本科古筝教学而言，针对非音乐专业本科生的普及性古筝教学有着自身鲜明的特点，针对这些特点，笔者简单总结梳理出了几点教学原则和方法，本文中还有许多可展开、可讨论的内容，笔者将会在日后的教学工作中不断实践、不断总结、不断深入，力争建立较为完整的普及性本科古筝教学方法理论。

参考文献：

[1] 李利飒．古筝教学原则刍议[J]．艺术教育，2008(4)：50－51.

[2] 付翠异，韩义军．中国民族民间音乐概观[M]．北京：中国戏剧出版社，2004：134.

[3] 吕婷婷．古筝教学系统论[J]．长春教育学院学报，2011(2)：133－134.

首都师范大学女生体育参与促进研究*

孙　萍①

女性体育参与既是国际妇女体育协会的重要议题，也是我国妇女体育学术研究的热点问题。从全球范围来看，由于社会、文化及经济因素的影响，加之女性身体生理因素的特点，女性的体育参与有着诸多的障碍与困难。高等学校作为未婚女性的重要集聚地，女生人数占大学生总数的比例已超过51%。女生在体育活动参与率、活动时间和运动量等方面相对于男生呈全面弱势，女生体育是高校体育中的薄弱环节。采取有效策略激励和吸纳女生参加体育活动，是目前高校群众性体育活动面临的共同课题。首都师范大学作为为北京市基础教育输送师资人才的重要基地，2017年注册大学生中女生占比高达79%，首都师范大学女生健康意识和体育参与意识的提高，不仅对于未来她们自身健康和家庭健康意义重大，对未来北京市民的整体健康素质、健康意识的提升也有重要影响。针对我校女生提出促进体育参与的有效对策刻不容缓。

一、首都师范大学女生体育参与现状

(一)体育活动参与率

对首都师范大学大一、大二年级12个体育课教学班136名女生的随机调查显示，除每周一次(80分钟)的体育课，课后参与体育锻炼的女生为28人，仅占20.6%。其中大一女生为24人，大二女生仅为4人。部分大二女生表示没有参与锻炼是因为有早自习和课业繁重，还有学生表示碎片化的时间都被手机社交软件占据，有时即使想锻炼，也缺少锻炼的氛围，没有同伴一起锻炼。女大学生参与体育的状况与学校教育、升学、就业以及社会文化意识密切相关。绝大多数女生由于对运动重视不够、运动技能缺乏、缺少专人的指导和运动氛围、运动习惯没有养成以及学分和就业等问题，没有加入到体育锻炼的人群中。

---

* 本文属首都师范大学校级教学改革研究项目“首都师范大学女生体育参与和健康促进研究”。

① 孙萍，女，首都师范大学体育教研部，讲师。

（二）体质健康测试参与情况

2017 年首都师范大学本科女生体质测量应测人数为 9579 人，实际参测人数为 8271 人，占女生人数的 86.3%。我校大一到大四女生的体质健康合格率随着年级的升高总体呈现出下降趋势。其中大二女生总体不合格率最低，为 10.4%，优秀率最高，占大二女生总体的 0.9%，大四女生的不合格率最高，为 26.3%。据表 1，我校女生的体测合格率为 86.7%，其中体测等级为优秀的女生仅占 0.4%。可见，我校女生需要更多地参与到体育运动中来，以提升总体体质健康状况。通过对身体素质指标测试数据的分析发现，我校女生立定跳远不合格率达到 17.4%，随年级升高基本呈现出上升趋势，女生的下肢力量素质整体不高。且大三、大四学生的立定跳远成绩不合格率明显高于大一、大二学生，其中大二学生不合格率最低，为 16.1%。此外，女生耐力跑不合格率达到 28.6%，优秀率仅为 1.6%，说明我校女生的耐力素质有待提高。

表 1　2017 年首都师范大学女生体质测量合格率分布表

总分等级	不合格	合格	良好	优秀	合计
人数	1097	6040	1104	30	8271
百分比	13.3%	73.0%	13.3%	0.4%	100%

（三）体育活动参与项目和形式

我校女生参与频率最高的运动项目为羽毛球、乒乓球等小球类项目。其次为排球和篮球，经常参加慢跑的学生人数占总调查人数比例仅为 10.1%，慢跑相对枯燥、缺乏娱乐性，部分学生坚持慢跑是因为大学四年都需要测试耐力跑，希望获取较好的成绩。健美操、瑜伽形体、体育舞蹈等项目由于场地、音乐、师资以及课容量等限制，影响了女生的参与。部分女生希望增加操舞类课程的课容量，丰富课程内容，便于获得更多的健身塑形知识。场地器材缺乏和师资力量不足是影响女生在参与体育活动时运动项目选择的主要因素。在运动参与形式方面，女生选择与朋友、同学一起进行体育锻炼的占 92.3%，选择参与学校组织的体育活动锻炼的占 72.7%，而个人自主进行锻炼的只占 31.2%。因此，我校女生自我锻炼主动性有待提高。

（四）体育活动参与动机

体育活动参与动机对学生体育课程学习、身体锻炼以及体育活动效果有着重要的影响。调查表明，我校女大学生参与体育活动的动机呈现出多元化特点。92.0%的女生把减肥、健美体形作为体育活动参与的第一动机。其次是强身健体、保持精力，提高运动能力，把运动作为兴趣爱好和调节情绪改善心情。这说明应把大学生的“强身健体”和“教书育人”相结合，不能只把提高大学生的身体健康水平作为体育活动的主要目标，以使高校体育能为大学生身体和心理的全面提高和协调发展做出应有贡献。

表 2　首都师范大学女生体育活动参与动机($n=502$)

动机类型	人数	百分比
强身健体、保持精力	422	84.1%
减肥、健美体形	462	92.0%
兴趣爱好	183	36.5%
提高人际交往	63	12.6%
提高运动能力	201	40.1%
调节情绪改善心情	164	32.7%
陪伴家人参加体育锻炼、促进家庭和睦	31	6.2%
消闲娱乐、缓解疲劳	20	4.0%
其他	27	5.4%

二、首都师范大学女生体育参与促进策略

(一)变革学校体育管理观念，充分认识体育多元功能

1. 加强对学生体育工作重要性的认识

《中共中央国务院关于加强青少年体育增强青少年体质的意见》和《国务院办公厅关于强化学校体育促进学生身心健康全面发展的意见》明确指出："广大学生身心健康、体魄强健、意志坚强、充满活力，是学校人才培养的重要内容，是广大学生服务社会的基础。"学校要把加强学生体育工作摆上重要议事日程，纳入学校总体发展规划。明确学校和学院各级领导在开展学校体育工作中的职责，完善体育组织领导机构，建立学校有关职能部门和学院之间的体育工作联络机制，发挥教务处、学工部、研工部、校团委、学生会、研究生会等部门和组织的优势和特色，协同推进体育工作。

2. 明晰女生身心特点，充分认识体育多元功能和育人价值

有研究认为，在当前"男女平等"思想指导下的教育，虽给予了女子真正平等的受教育权，但却因过于强调平等，而使男女学生接受的教育越来越趋同，许多学校无意识去承担性别教育的责任，许多高校在体育课程的设置上亦未充分考虑到男女性别差异，在课程设置、教育目的、教学内容、教学评价等方面，常忽视两性间的差异性，存在性别教育缺失、中性化性别教育等现象，这不仅忽视了女性的生理发展要求，同时也忽视了女性的社会性和个性化发展需求，是现代教育的重要缺失。

因此，要想推动女生体育参与，必须先要明晰女生身心特点。此外，要充分认识体育多元功能尤其是体育的育人价值，不能只把体育作为提升体质健康的手段，而应作为教育的一部分。依据女生生理和心理特点，从实际情况出发，加强体育健康知识的宣传教育，使学生掌握青春期身心发育特点，并意识到体育锻炼的重要性。

（二）深化学校体育教学改革，强化体育课和课外锻炼

1．适当增设适合女生的体育课程比例

据调查，我校在大一、大二开设的必修体育课程涉及近 20 个运动项目，如篮排足球、乒羽网球、健美操、体育舞蹈、瑜伽、武术、定向越野、游泳、高尔夫、游泳等。根据我校学生女生性别比例较高的特点，应适当增设适合女生的体育课程的比例，如艺术体操课程和形体类课程。不断创新女生的体育活动体系、内容和方法，不但推动三大球集体项目课程的开展，还要积极推进体操、田径、游泳等基础项目课程及定向越野、健美操、形体瑜伽、排舞等特色项目课程，广泛开展乒乓球、羽毛球、武术等运动项目课程，为广大女生参与体育锻炼提供更宽泛的项目选择。女生体育课中应体现出女生教学特色，提倡有音乐伴奏下的准备活动，学习新内容要体现出循序渐进，练习上要小强度多次数(组数)，方法上要多鼓励、严要求、分组分层练习等。同时，要特别注意生理变化、保护帮助方式、练习场地的整洁度、批评教育方式等。在每节体育课开始时段利用 3—5 分钟讲解一些健康小知识，对女生的健身、塑形、仪态、饮食和起居等方面进行科学指导等。

2．强化女生课外体育锻炼的积极性

继续积极推进女生课外体育活动的开展。积极探索将课外体育锻炼纳入体育课教学评价中，调动女生在课余时间参加体育锻炼的积极性，培养其体育锻炼习惯。在实施特色体育教学中注重安排游泳、健美操、各种球类及耐力长跑等运动项目，有效提高学生的体质健康水平。逐步健全我校学生体育锻炼制度，力争将学生在校内开展的课外体育活动纳入教学计划，与体育课教学内容相衔接，积极引导学生每天参加一小时校园体育活动。通过多种形式组织学生积极参加课外体育锻炼，逐步定期开展长距离跑等学生群体性活动，形成覆盖校内外的学生课外体育锻炼体系。

（三）推进校园体育文化建设，积极实施“全民健身计划”

1．积极开展“首都师范大学学生阳光体育运动”

推进我校体育文化建设，营造学校体育发展的良好环境。鼓励学生走向操场、走进大自然、走到阳光下，形成学生体育锻炼热潮。继续坚持每年召开春、秋季运动会，其中，春季运动会以学院为单位组织开展，体育教研部负责场地、器材和指导服务并联合学生工作部、校团委等牵头组织首都师范大学“体育文化节”和“春、秋季运动会”等系列校内体育竞赛活动。各学院要经常开展学生集体体育活动和竞赛，要求每个学生每年至少参加 8 次各类集体体育竞赛活动，每人熟练掌握两项以

上体育运动技能。

2. 增加适合于女生锻炼项目的场地和器材

针对女生的生理和心理特点，有组织地选择和开展适宜的锻炼内容和竞赛活动形式，使女生真正成为体育锻炼的从事者。在现有体育场馆设施建设的基础上，结合校园整体规划，搞好教学区、宿舍区体育设施的布局设点，增加室内健身场所的建设。建立健全学生体育协会组织，逐步形成依托协会、深入班级、以点带面、多头发展的学生体育组织网络结构，鼓励女生每人至少参加一个体育协会组织，体育教师要根据各自专业特长深入各学生体育协会组织开展业务指导；举办经常性的体育科学健身知识讲座，普及科学健身知识；建立校园体育健身辅导站点，为体育锻炼者提供运动技术技能支持。

(四)强化体育教师队伍建设，鼓励针对女生体育的研究

1. 加强教师培训，优化教师结构

“十年树木，百年树人”，改变和提升人们的整体素质和整体水平并非一朝一夕的事情。大学时期是青年学生道德观、人生观、价值观、是非观形成和稳定的重要时期。对于很多教师来讲，教育成果并非立竿见影，需要教师自觉倾情投入。需要提高全体教师的综合素质，并引领他们传递健康的观念和健康的知识，使健康关口前移。同时，实施体育教师全员培训，尤其要加大青年教师的培训力度，创造更多的教师培训和学习提升机会，促进其专业成长，打造高素质体育教学队伍。

2. 打造针对女生体育的科研团队

鼓励教师加强针对女生体育教学所进行的科学研究和在女生教学过程中进行的教学实验研究。充分发挥我校学科优势，吸收我校在学生美育方面的研究成果，加强学院、部门间的合作，逐步打造出一支或多支体育科研团队，在研讨体育各领域改革与发展的同时，探索我校体育研究重点，形成研究特色，提高我校体育科学化水平。体育教师要不断加强学习，不断反思和实践，提高自身修养和业务能力，研究学生的兴趣爱好、基本素质水平，结合其生理、心理特征，充分调动学生的主体参与意识，增强学生参加体育锻炼的自觉性和主动性。

三、结论与建议

(一)结论

首都师范大学女生健康意识和体育参与意识的提高，不仅对于未来她们自身健康和家庭健康意义重大，同时对未来北京市民的整体健康素质、健康意识的提升有重要影响。我校女生体育锻炼呈现频率低、时间短、强度小的特点，参与体育活动的动机呈现出多元化特点，主要体现在减肥、健美形体，强身健体、保持精力，提

高运动能力，发展兴趣爱好和调节情绪改善心情等方面。促进我校女生体育参与，需进一步变革学校体育管理观念，充分认识体育多元功能；不断深化体育教学改革，强化体育课和课外锻炼；推进校园体育文化建设，积极实施“全民健身计划”；强化体育教师队伍建设，鼓励针对女生体育的研究。

(二)建议

成立女生体育促进机构，设立女生体育健身场所(包括室内)，以改善女生体育锻炼环境条件，调动其参与体育的积极性；体育部应配备专门女生体育指导教师，每周有固定的1—2次时间，现场指导女生健身活动；设立女生体育活动日，给女生展示体育风采的舞台；设立女生体育与健康咨询处；学校的竞赛体系中有专设的女生比赛项目等。加强对体育课程教学的研究，设计针对性强、深受女生欢迎的体育课程体系并延伸到课外体育活动和校园体育竞赛。

参考文献：

[1]王永顺，熊欢．国际妇女体育的研究热点及其启示[J]. 体育文化导刊，2013(10)：33－36.

[2]马晓利．高校女生体育参与研究——以中华女子学院为例[J]. 运动，2014(7)：1－3，12.

[3]熊欢，张爱红．身体、社会与体育——西方学者视野下的体育[J]. 体育科学，2011，31(6)：81－86.

[4]陈静姝，闵健．女性主义视角下的身体、权力和体育参与[J]. 体育科学，2014，34(7)：12－14，48.

[5]陈文山．女生为主体的普通高校体育选项课选择倾向的研究——以首都师大为例[J]. 首都师范大学学报：自然科学版，2009，30(6)：94－98.

[6]郝勤．我国体育文化“十三五”规划刍议[J]. 上海体育学院学报，2016(2)：25－28，61.

[7]张国峰．大学生参与体育活动动机的研究[D]. 长春：吉林大学，2010.

[8]刘潇潇．影响普通高校大学生参与课外体育活动因素的研究[D]. 北京：首都体育学院，2017.

[9]马凤霞，余学锋．女性体育在构建和谐社会中的作用[J]. 北京体育大学学报，2007(9)：1176－1178.

[10]黄志剑．论大学生身体自我概念与体育活动参与行为[J]. 上海体育学院学报，2008(3)：42－45.

[11]杨杰，周游．大学生体育活动特点及参与动机的调查分析[J]. 吉林体育学院学报，2005(2)：143－144.

[12]王锐，张炎，葛国政．高年级大学生课外体育活动参与特征调研[J]. 中国体育科技，2003(11)：23－26.

[13]王智慧．性别差异与女性体育参与的社会距离[J]. 武汉体育学院学报，2013，47(7)：16－21,27.

[14]熊欢．中国城市女性体育参与分层现象的质性研究[J]. 体育科学，2012，32(2)：28－38.

[15]杨斌．健身健美体育：女性身体美的理性回归[D]. 上海：上海体育学院，2011.

人才培养模式探索

以人才培养为中心，采取多种手段提高本科生创新实践能力*

何敬锁① 苏 波 纪安春 张盛博 孙文峰 隗功民

目前，首都师范大学物理系有物理(师范)和光电信息科学与工程两个专业，前者面向北京市基础教育，旨在培养具有扎实理论基础与教学技能的物理教师，后者则注重为光电企事业单位输送具有发展潜质的工程人才。因此，这两个专业要求学生具备完善的物理学基本知识，又应具有学习发展能力、教学基本技能和实践创新能力。为达到上述本科培养要求，物理系以人才培养为中心，采取多种手段，包括与中学、企事业单位联合，建立并实施了“面向社会需求的本科生实践能力培养的教学体系”，使我系学生教学实践能力和物理教师核心素养有了明显提升，培养满足北京基础教育需要的人才，同时使学生的创新实践能力也有了明显提高。

一、厘清理念，充分挖掘物理学自身的内涵教育元素和价值

真实的物理教育与素质教育的宏观教育理论为内在统一的有机体，教学活动应使“创新和实践”与“思想和方法”成为统一体，从根本上解决学科教育和教学实践的统一[1-2]。借助北京最优质的教育资源，构建了四中、二中、实验中学、师大二附中等十余个教学实践基地，以北京市物理特级教师和学科带头人为主的师资团队，致力于物理教师教育课程体系改革创新和师范生的创新实践能力培养；以达到学生教学实践创新能力和物理教师核心素养的提升[3]。

二、采取社会、学校双向互动的培养模式

从大学三年级开始，师范生每周参加中学教学实践，接受中学导师的指导；同时将优秀中学教师请进来，开设系列课程和讲座，使学生在真实教育情境中理解教师教育课程，提高教学技能，激发学生内在的学习动力和学习热情，使学生的实践

* 本文属首都师范大学 2016 年在线课程资助项目“通信原理与实验”。

① 何敬锁，男，首都师范大学物理系，副教授。

创新能力和教师职业素养都得到显著提高。非师范专业学生定期聘请校外有关专家和一线应用工程师来校园做讲座、进行实地培训；同时，也安排学生前往相关企业参观、考察和实习，开阔学生的视野，增长学生的见识。

三、成立物理教育特色实验班

学生每2人一组，分别派往北京四中、二中、师大二附中等示范校。具体措施如下：(1)配备导师。每2名学生配备一位中学物理教师为导师(一般是高级教师、特级教师，应在教学条件较好的中学一线担任教学任务，并注意老中青相结合)；另外适当配备一定数量的本系导师。(2)在导师指导下，学生定期参加中学物理教育教学的实践活动；另外，参加中学物理教育教学研究课题，并结合学位论文，完成一定的课题论文撰写工作。(3)组织、开设一定的系列选修课程和特级教师讲座。

四、加强校内工科实践训练基地建设

从2011年开始，以物理系为主责单位，学校开始校内工科实践训练基地的建设，旨在进一步深化学校人才培养模式改革，在充分整合校内教学资源的基础上，为本科生开展各类专业实习、创新实践等活动提供基础性公共平台，促进本科生科研创新能力和就业创业能力的全面提升。经过多年建设，物理系抓住机遇，在建立及逐步完善各项运行机制的基础上，工科基地不断摸索并提炼如何提高学生的专业实践能力与工作创新能力的培养理念，使基地成为工科类学生由学校到企业的平滑过渡平台[4]。学生在基地内广泛参与各类创新实践活动，参与老师的教学科研活动，从事力所能及的技术开发工作，为老师的教学科研服务，提高学生的创新实践水平。

五、学生自我管理与成长

物理系学生会成立了虚拟仪器俱乐部、大学生科技兴趣小组等团体，学生以大带小，将学习、科技训练、专业竞赛等活动中的经验不断总结传递，逐步形成了稳固的传承机制。同时，“物理文化周”是我系团委与学生会合办的知名度最高的品牌系列活动，至今已连续举办七年。从物理学经典实验、物理年度词汇、生活科学常识等角度着手，“物理文化周”在不断创新中实现突破。我们不仅向非物理专业的师生普及宣传物理科学知识，更重要的是要传播物理人严谨、不畏艰难的探索精神和物理科学对创新、务实、真理的不懈追求，让大家在活动中触摸物理的无限魅力。

六、成立青年教师组成的课外指导教师团队

青年指导教师团队指导学生参加课外科技活动和学科竞赛。主要的课外科技活动有：Labview虚拟仪器俱乐部、电子兴趣小组等；全国的学科竞赛主要有：全国大学生物理教学技能大赛、全国光电大赛、全国虚拟仪器大赛、全国挑战杯大赛和北京市的物理实验竞赛等。在指导学生的过程中，经验丰富的指导教师带动年轻老师一起参与指导学生，同时也提高了教师的自身能力和综合素质，促进了指导教师团队的长期培育和建设。

七、通过多种教育手段的实施，学生实践能力培养成果丰硕

教师组织和指导学生参加各种形式的科研及竞赛活动。学生参加教师科研和大学生科学研究与创业行动项目、实验室开放基金、实训基地项目达300余项，获得国家级、省部级竞赛奖100多项。其中，2013—2016年连续四年组织参加全国大学生物理教学技能大赛，共获得一等奖8项，二等奖18项，三等奖12项，优秀组织奖2项，优秀团体奖1项。2014年和2016年参加第四届、第五届全国光电大赛获二等奖1项，三等奖4项。2013年、2015年和2017年参加第二届、第三届和第四届全国虚拟仪器大赛获一等奖1项，三等奖4项。2015年参加全国挑战杯大赛获得二等奖1项。2015年参加“挑战杯”首都大学生课外学术科技作品竞赛获得特等奖。2013－2016年共获得北京市物理实验竞赛一等奖5项，二等奖3项，三等奖6项。

参考文献：

[1] 陈志利．高境界的深阅读：教师专业发展的必由之路[J]．基础教育研究，2011(15)：25－26.

[2] 林平．浅谈物理师范生的信息素养培养[J]．湖南中学物理，2013(4)：14－15.

[3] 陈建．中学物理教师专业能力的学科解构——基于教师专业标准的分析[J]．物理教师，2013(10)：4－6.

[4] 张渊，王颖丽．应用型普通本科院校教学方法、手段的思考[J]．黑龙江史志，2009(8)：141－142.

利用课程地图，构建以学生为中心的课程培养体系

邝向雄[①]　罗瑞长　马　啸

一、"以学生为中心"：理念及政策溯源

1952年，著名心理学家罗杰斯在"课堂教学如何影响人的行为"学术研讨会上，提出了"以学生为中心"的观点。作为一种教育理念，它强调学生对知识的主动探索、主动发现和对所学知识的主动建构，表现在人才培养方面就是要求以学生学习和发展为中心，使学生在学校期间能够自由发展，能够最大限度地发挥自身的潜能，它不是指教师与学生角色、身份、地位的高低，而是指教学理念、管理理念、服务理念的转变，教学方法、评价手段的转变。最根本的是要从教师将知识传授给学生，向让学生自己去发现和创造知识转变，真正关注学生的学习，他们如何学以及学到了什么。[②]

"以学生为中心"理念产生，并且在现当代高等教育领域形成思潮具有深刻的社会历史背景。过去三十年，社会经济增长方式发生了深刻变革，逐渐向依靠科技进步和劳动者素质的集约型经济增长方式转变，创新驱动和高新技术成为推动经济发展的重要因素。这种经济发展模式要求劳动者具有创新的精神、开阔的国际视野和全面的素质，并且有很强的实践能力。同时，科技的迅猛发展也使得教学内容和教学手段发生了深刻的变化。培养在新环境下成长起来，未来要适应多样化、创新性劳动的新一代，必然要求教学范式的转型。它要求学校重视培养学生的学习能力和创新实践能力，以自我学习和发展能力应对日新月异的世界。这必然要求建立"以学生为中心"的人才培养课程体系和管理模式。

在高等教育领域，"以学生为中心"的理念也逐步成为政策考量的重点。1998年，《21世纪的高等教育：展望和行动》提出"高等教育显然需要'以学生为中心'的

① 邝向雄，男，湖南郴州人，首都师范大学教务处副处长，博士。

② 刘献君：《论"以学生为中心"》，《高等教育研究》，2012年第8期，第1—6页。

新视角和新模式”[①]。2010年，《国家中长期教育改革和发展规划纲要(2010—2020年)》发布，它明确指出，“重点是面向全体学生、促进学生全面发展，着力提高学生服务国家服务人民的社会责任感、勇于探索的创新精神和善于解决问题的实践能力”[②]。2017年，教育部进一步明确要求“加快建立以学生为中心的人才培养模式”。[③]

从实践看，2018年教育部颁布《普通高等学校本科专业类教学质量国家标准》，提出了“突出学生中心、突出产出导向、突出持续改进”三大理念，而突出学生中心位于三大基本原则之首。而在这之前教育部开展的本科专业审核评估、师范类专业认证等工作，也是以“学生中心、产出导向、持续改进”为基本理念，强调遵循学生成长成才规律，以学生为中心配置教育资源、组织课程和实施教学。

二、“以学生为中心”：高校实践的主要问题及原因探析

“以学生为中心”的理念逐步成为高等教育管理者和理论研究者的共识，并且在管理文件中作为一种原则提出来。但是它远远没有成为人才培养过程的基本原则，特别是最基本的方案课程体系建设。

“以学生为中心”的人才培养体系，强调学生在教育中的主体地位，要求学校一切教育教学活动应该从学生的需求出发，构建培养目标、培养内容、培养过程、培养效果围绕学生发展联动的课程体系、教学体系和管理体系。人才培养方案是人才培养体系的核心，它是培养目标、培养要求、培养内容的集中体现。因此，完善人才培养方案，是构建“以学生为中心”课程体系的核心。

目前，从人才培养体系角度出发，以学生为中心、以学习效果为导向、以能力提升为目标的人才培养体系建设比较薄弱，缺少人才培养体系改革具体实践路径。具体表现为：高校人才培养方案不同程度地存在人才培养目标趋同而且不明确，培养要求笼统没有特色，培养目标空泛，与社会经济发展现状脱节、与学校办学定位不符、与学校师资不匹配等现象；培养要求与课程体系脱节，课程体系结构不清晰，课程之间关系混乱、课程内容重叠交叉，有因人设课现象；课程开设与学生能力培养要求不相符、课程内容陈旧或者与社会需求相脱节等现象。学生能力培养导向作用仅存在于理论层面。

---

① 贾颜：《“以学生为中心”的教师教学发展模式构建》，《吉林医药学院学报》，2018年第1期，第74—75页。

② 顾明远、石中英：《国家中长期教育改革和发展规划纲要(2010—2020)解读》，北京师范大学出版社，2010年版，第58页。

③ 陈宝生：《办好中国特色社会主义教育以优异成绩迎接党的十九大胜利召开——2017年全国教育工作会议报告》，《中国教育报》，2017年2月7日。

其根源是专业管理体制。我国现行高等学校人才培养是按照专业进行的，它是与计划经济模式相对应的，对人才培养进行管理实际是对专业进行管理。

首先，在专业设置上，要对接国家战略、区域发展和行业需求，遵循质量标准，面向学生成长成才。其中，特别强调人才培养与社会需求的高度契合。学生的发展不是主要因素，更不是唯一因素。其次，专业的管理模式受行政计划的干预非常严重。国家在专业的“撤、停、减、缓、增”以及“招生—培养—就业”的机制设计上遵循的是计划经济的模式，专业“调结构、调规模、调资源配置”也是在政府主导下有序进行的。在整个过程中，学生的选择、学生的发展不具有主要、主导作用。最后，与专业管理模式相应的专业人才培养构成要素，诸如培养目标、课程体系和专业人员，也是由上层计划决定的。专业培养目标必须与专业设置目标一致，体现国家需求、市场和行业需要，专业课程体系是社会职业需要与学科知识体系相结合的产物。专业人员是围绕培养目标和课程体系实施开展的需求来配置的。学生的需求、学生学习过程以及学生学习效果只是考虑因素，不能对资源配置和课程体系构建起到主导作用。

在不打破专业管理机制的情况下，构建“以学生为中心”的培养体系必须另辟蹊径。

三、“以学生为中心”：高校人才培养体系的构建及内涵

“以学生为中心”思潮的产生具有历史必然性，而且有强大生命力。从国家到学校层面都主动研究、实践该理论。落实到高校人才培养的具体工作中就是构建“以学生为中心”的人才培养体系，核心就是构建以学生终身发展为中心的人才培养体系。人才培养体系是实现人才培养目标的内容、方法和手段的总和。以学生为中心的人才培养体系必须做到“产出导向、学生中心、持续改进”，以学生终身发展为中心是其方向和灵魂。

（一）“以学生为中心”的人才培养目标

致力于培养全面发展的个人是现代教育一贯的追求。随着时代的发展，它的具体内容也不断得以更新和丰富。《国家中长期教育改革和发展规划纲要（2010—2020年）》对人才培养目标的界定为：强调德育为先，能力为重，全面发展，培养信念执着、品德优良、知识丰富、本领过硬的高素质专门人才和拔尖创新人才。

立德树人是高校的根本任务，坚持德育为先，立德树人，把社会主义核心价值体系融入教育全过程。习近平总书记在北京大学师生座谈会上说：人才培养一定是育人和育才相统一的过程，而育人是本。人无德不立，育人的根本在于立德。这是人才培养的辩证法。办学就要尊重这个规律，否则就办不好学……要把立德树人内

化到大学建设和管理各领域、各方面、各环节，做到以树人为核心，以立德为根本。坚持能力为重，重点是学习能力、实践能力、创新能力的提高。教育学生学会知识技能，学会动手动脑，学会生存生活，学会做人做事，促进学生主动适应社会，开创美好未来。

坚持全面发展，全面加强和改进德育、智育、体育、美育。20世纪80年代以来，由于经济体制改革和高等教育环境的变化，着眼于国家经济社会发展与学生成长成才的要求，逐渐提出了“创新性、应用型、复合型”的人才观。它要求我们要坚持文化知识学习与思想品德修养相统一、理论学习与社会实践相统一、全面发展与个性发展相统一。促进德育、智育、体育、美育有机融合，提高学生综合素质，培养德智体美全面发展的社会主义建设者和接班人。

综上，新时代“以学生为中心”的人才培养目标和培养规格是成长与成才的统一、个人发展与社会需求的统一、全面发展与个性发展的统一，充分体现了马克思主义的辩证法。

(二)“以学生为中心”的课程体系

课程是学校开展教育教学、落实培养目标的主要载体，“是学校基础性活动的日常表达内容”①。由于学生日常接触最多的是课程，很大程度上课程和教学决定了学生所接受教育的品质，课程教学目标的实现很大程度上也决定了人才培养目标的实现。课程体系是指在一定的教育价值理念指导下，将同一专业不同课程按照门类顺序排列，是教学内容和进程的总和。它是培养目标的具体化和依托，规定了培养目标实施的规划方案。它决定了学生通过学习将获得怎样的知识结构。

课程体系的构建一般要强调课程的有机结合，能够建立起内外世界的一致性，聚焦知识、社会、文化科学和个人才能，融通通识教育、专业教育和实践教育。构建“以学生为中心”的课程体系应着眼于培养全面发展的个人，强调育人为本，做到整体性、基础性、发展性与先进性。

课程结构的设置要能体现人类文明成果的整体性。课程应包括普通的科学文化知识，通用的技术方法，人类社会先进的、核心的情感态度价值观(在我国体现为中华民族的传统美德和社会主义核心价值观)，融通专业知识教育与通识知识教育，重视理论和实践的有机结合。

注重学生能力的培养，知识能力结构要有差异性和层次性。既要有基础学科进一步深造研究的教育，也要有行业教育内容；知识、能力、素养互相融合渗透，为学生今后在不同方向上的发展奠定基础，给不同层次的学生以不同的选择方向。

要根据培养目标整体设计课程和课程内容。一门课是否需要开设，应该以它在

---

① 沈杰、张爽：《要素—组织—系统：成德达才之育人体系的实现路径》，《中国教育学刊》，2018年第6期，第93—97页。

人才培养过程中起的作用来确定，而不是因人设课。不同课程之间的课程内容应该互相衔接，有内在的逻辑顺序。

课程的实施，要遵循教育教学规律和学生身心发展的规律，做到一切“以学生为中心”，注意发挥课程对学生发展的整体作用，实现“全过程育人、全员育人、全方位育人”。一方面，课程体系中的每门课程具有专门和定向的育人功能，在促进学生身心发展上分工合作，互相配合；另一方面，每门课程又对学生发展具有全面的价值，它通过特定的内容和特定的学习活动影响着学生的智力、道德、情感、意志甚至身体等各方面的发展。

（三）“以学生为中心”的教学评价体系

教学评价是依据教学目标对教学过程及结果进行价值判断并为教学决策服务的活动①，一般包括对教学过程中教师、学生、教学内容、教学方法手段、教学环境、教学管理诸因素的评价，但主要是对学生学习效果的评价和教师教学工作过程的评价。“以学生为中心”的教学评价体系应该为了学生的全面发展而对评价主体和评价内容进行调整。

具体来说，教学评价体系的建设应围绕人才培养目标这个核心，深入剖析分解影响学生成长的各个培养关键环节，确保每个环节能够分解人才培养目标并支撑培养目标的实现。这些关键环节要素就是教学质量监控的节点，主要包括学科专业建设、人才培养方案、课程体系、教学大纲、课堂教学、课程考核、毕业论文、实践（实验）教学、教学管理、校风学风等。它包含了课程教学体系和管理体系两个维度的内涵。

“以学生为中心”的教学评价必须在这两个维度上进行考量，学校的课程教学体系是否满足学生的全面发展和学校人才培养目标的实现，教学管理是否提供了学生发展的制度保障，是否偏离了促进学生主体发展的方向。

四、课程地图：构建高校“以学生为中心”人才培养体系的突破口

课程地图概念的引入，在不打破专业管理体制的情况下，提供了构建“以学生为中心”的人才培养体系的途径与方法。

（一）“课程地图”的理念及构建方法

课程地图（Curriculum Mapping/Course Mapping）是一种理念，一种管理模式，也是一个管理过程，它要求学校根据学生未来可能的发展取向，拟定出需要培养的

① 吴能表、陈时见：《高校教师教学发展中心工作指南》，西南师范大学出版社，2017年版，第171页。

核心能力，再根据这些核心能力展开课程及活动的设计规划。[①] 课程地图的概念于20世纪70年代出现在欧美，直到80年代才逐渐被欧美的高校采用，当时的教育改革要求将传统的教育目标变为一种更加明确、具体、容易观察和测量的目标。[②] 课程地图以课程组织结构图的形式将教学计划、课程大纲呈现出来，满足了这一要求。它将学生的发展取向分解为知识、能力结构，落实到培养目标、课程体系建设中，并以课程组织结构图呈现出来。具体做法就是，各专业按照本专业的人才培养目标和相应的能力培养要求，对课程进行系统的规划，以课程规划和课程体系指引学生未来升学或就业的发展方向。它以清晰明了的组织框架图，展示课程间内在的逻辑关系，指引学生按照成长目标进行专业学习。课程地图提供了学生学习路径的选择和转换机制，为学生提供多元的选择和发展机会，促使学生专业素养和有关能力的自主养成。

课程地图的核心要素和构建过程如下：

1. 确定人才培养目标。各专业需要通过广泛的调查研究来确定本专业的培养目标，特别是应结合与本专业相关的职业行业需求、已毕业学生的经验反馈、升学接纳机构的要求来设定培养目标，力争目标清晰、具体、有层次性，符合学校教育目标、特色及院系专业的人才培养实力和学生发展的需求。

2. 建立人才培养目标与核心能力关联表。将人才培养目标进一步具体化为相关的核心能力，只有相关的核心能力的培养才能支撑人才培养目标的实现，同时应用一定形式，比如表格，展现出人才培养目标与核心能力的内在逻辑关系。

3. 建立专业核心能力与课程对应表。根据专业人才培养目标，分解出学生的专业核心能力，然后将每门课程与核心能力的培养相对应，制成核心能力与课程对应表，保证所开设的课程皆有其价值和意义。每门课程对培养目标与核心能力培养的支撑作用就一目了然了。

4. 建立课程结构图。每个专业最终确定的所有专业课程需要按一定形式呈现出来，并用一定的结构进行组织，形成课程结构图，让学生了解所学专业课程的层级关系。专业负责人可以按照课程属性将课程进行分类罗列，制作课程列表，标注每门课程的学分数和开课学期计划，让学生知道将会学习的具体课程。在构建课程结构图和制作课程列表过程中一定要说明不同发展方向必须和重点修读的课程。

5. 制定课程简介、课程教学大纲、课程进度安排表、课程对应核心能力权重比例分析表等。进入课程地图的每门课程都必须具备详细的课程简介、课程大纲、

---

① 季诚钧、张亚莉：《高校课程地图的理念、要素与特征：基于台湾经验》，《中国高教研究》，2015年第12期，第78页。

② Harden. Learning Outcomes and Instructional Objectives: Is There a Difference. Medical Teacher, 2002(2).

课程进度计划。课程简介主要包括课程名称、课程代码、开课学期、上课教师、上课地点、关联的核心能力、课程的分类属性（如专业基础课、专业核心课、专业方向课、实践课、教师教育课）等信息；课程大纲需涵盖内容简介、课程目标、课程要求、考核评价、参考书目等内容；课程进度应具体到每个教学周的进度和教学内容安排。

课程地图的构建过程，就是对课程各要素的关系的梳理过程。它要求课程设计者必须能清晰展现指引学生通向成才及就业的路径，必须有逻辑地表明课程与知识能力之间的联系。它与传统的培养方案制定、教学计划设计以及课程大纲编写功能相似，但其背后的理念却有着微妙的差别。课程地图背后更多蕴藏了学生本位、个性化培养的理念。

（二）课程地图与“以学生为中心”的培养体系

课程地图的构建立足学生专业发展，以学科、行业为支撑，科学设置人才培养目标，以目标确定能力，以能力统领课程，从而重构教育目标明确、核心能力突出、课程关联性高、学生发展路径清晰的课程体系。因此，在课程地图模式下，能将培养目标、课程方案、教学评价等诸要素，围绕“以学生为中心”理念进行设计，从而将“以学生为中心”从管理理念变为课程体系，实现了重大转变。

在利用课程地图构建“以学生为中心”的人才培养体系的过程中，重点突出遵循学生本位、与社会需求相适应、突出能力培养、关注学生发展方向四个基本原则。学生本位原则是为了打破学校或者院系本位的思维，避免课程设置脱离学生发展需求，它要求以学生就业或者升学为宗旨设置课程体系，关注学生的能力发展。与社会需求相适应原则主要指课程的目标、培养的核心能力需与职业、社会或者研究机构的要求相符合，使培养的人才与社会相适应，能更好地服务社会。突出能力培养原则指每门课程要有明确的能力培养指向，整个课程体系的目标在于培养学生相关的核心能力。关注学生发展方向原则是指要为学生提供可供选择的发展路径，所有课程设置都有利于支撑学生发展目标的实现。

在这个过程中，突出了学生发展的主体性，凸显了课程结构的科学性，培养目标明确而且确定培养目标的工作机制科学合理。确定后的培养目标层层落实为培养要求、核心能力指标、课程体系、课程目标、课程大纲，并通过课程教学落实到教学实践中。课程体系分解落实了培养目标，培养过程支撑了培养目标，而目标的确定是以学生发展为出发点的，方案的实施也依赖课程地图给学生以指导，更方便学生自主学习。

同时，它重构了培养目标、培养规格、课程体系等质量标准，评价内容的学生导向异常突出，有助于建立“以学生为中心”的质量评价指标体系。课程地图能可视化地呈现人才培养目标与核心能力维度关联表、核心能力指标与课程对应表、各类型课程结构图、课程对应核心能力权重比例分析、完整的课程地图等，可让教师了解课程学科社群的相对位置，更能在该课程中凸显其专业性，并选择适合的教学以配合课程，能极大提高课程教学质量。

对于学生而言，由于借助“课程地图”构建的课程体系突出学生能力培养，课程内容的逻辑与关联更合理；知识与能力结构以地图方式呈现，为学生规划学习路径提供了清晰的选择方案。所以，“课程地图”是学生的学习工具，有利于学生评估其能学习什么、何时学习、如何学习，以及自我评量。学生可借助“课程地图”，对自己学习的规划与未来发展做设计。

五、结语：“以学生为中心”人才培养体系的实践效果

借助“课程地图”构建的“以学生为中心”的人才培养体系解决了“以学生为中心的”理论与实践的闭环问题，立足学生专业发展贯穿教学全过程及管理各环节。它改变了人才培养目标空泛，缺乏与社会及学生直接需求匹配度的关联，不能落实到课程与教学各环节的问题。新建立的课程体系逻辑清晰，内容结构合理，目标明确。而且，它建立了学生发展学习路径与转换机制，适合学生自主选择发展路径，增加了学习的内生动力。实践效果明显，主要体现在：

人才培养质量明显提高。以首都师范大学为例，几年来，学校本科人才培养质量稳步提升：本科毕业生升学率从 2014 年的 26.92%，到 2015 年的 28.99%，再到 2016 年的 29.38%；本科毕业生就业率和就业质量稳中有进，2012—2016 年，本科毕业生就业率分别为 99.26%、99.68%、98.43%、99.08%、99.65%。

学生能力得到大幅度提升，效果显著。三年来，学校本科生科学研究与创业行动计划立项总数超过 740 项，申报获批国家级项目 300 项，北京市级项目 360 项。学生依托科研项目发表论文 28 篇，申请国家专利 4 项，参与学科竞赛获奖 10 人。学校举办或参与的大学生学科竞赛项目已有 37 项，其中国家级竞赛 20 项，北京市级竞赛 14 项，校级竞赛 3 项。学校师范生在历届全国师范生教学技能竞赛中均获好成绩，其中在 2013 年第二届竞赛中获得一等奖 4 项，成为当年全国参赛师范院校中获得一等奖最多的院校。“十二五”期间，学校共有 2117 人次在各级各类学科竞赛中获奖，其中国际奖项 3 人次，国家级奖项 458 人次，北京市级奖项 869 人次，包括 2015 年全国大学生数学建模竞赛一等奖、全国虚拟仪器大赛一等奖。

学生满意度显著提升。学生学业满意度调查显示，91.5%的学生表示自身科研及创新能力为基本满意及以上；97.7%的学生对自己的道德品质和政治素质表示基本满意及以上；98.2%的学生对心理素质表示基本满意及以上；96.8%的学生对自主学习能力表示基本满意及以上；94.7%的学生认可自身的领导能力的发展；

95.5%的学生认为自身存在较大的发展潜力。总体上看，学生对自我学习与成长的满意度很高。

总之，我们坚持“以学生为中心”，利用“课程地图”构建的人才培养体系突出学生主体地位，遵循教育规律，重构了人才培养诸要素，使之朝着培养个性全面发展的人的方向努力，提高了人才培养能力、水平和质量。

应用化学本科创新性人才培养模式的思考*

刘月英② 相玉红 张 璐 陈郑博

随着社会经济的快速发展，跨理工科人才培养模式的改革和研究成为21世纪我国高校培养创新性人才的重要研究方向，为了适应这个社会需求，教育部设置了应用化学这个专业。应用化学主要是研究化学及化学工业生产中有关物质的化学性质、化学反应机理、化学反应工艺过程的一门学科。它是介于理科化学专业与工科化学工艺、化学工程专业之间的应用理科专业，主要培养将理工科相结合的“用”化学的专业人才，而化学专业主要培养“做”化学的人才，他们在知识结构上完全不同[1]。所以化学工程技术人员和化学基础研究人员之间的重要桥梁可以由应用化学的复合型人才构架。其培养目标是要求学生掌握化学基本理论知识和基本技能，并且能够将化学运用到实践中去。应用化学专业的培养目标决定了基本知识结构框架：以化学理论为纵向，工程技术为横向知识特点。根据学科和科技的发展，不仅实现了化学与化学工业生产之间的紧密衔接，而且实现了化学基础学科与其他学科领域之间的交叉和渗透，例如生命、药物、医学、材料、环境、信息、能源、农学等学科，极大地发挥了它对相关学科的支撑与促进作用[2]。如何培养具有创新能力、创业能力和实践能力的应用化学专业复合型人才？本文从教学内容与课程体系构建、师资力量及实践基地加强、毕业论文课题与创新实验项目相结合等方面，浅谈一下自己在这些方面的认识和思考。

一、构建合理的教学内容与课程体系

应用化学专业人才培养应该应用“厚基础、宽口径、广知识、重实践”的指导思想，在充分体现我国目前大力提倡的“产、学、研”三方面相结合的办学原则下，传统的应用化学专业的教学内容和课程体系已不适应应用化学人才培养的指导思想。因此，在课程设置上应进行合理选择并进行适度控制，强调基础知识和基本技能的

* 本文属首都师范大学校级教学改革研究项目“基于创新性人才培养为核心的分析化学教学模式探究与实践”。

② 刘月英，女，首都师范大学化学系，副教授。

训练。在教学计划的安排上，紧紧围绕“专业基础课、专业方向课和专业提高课”三大教学模块[3]，同时实行“外语、计算机、实验实践”三大技能训练不断线的原则，逐步探索形成了一套完整的应用化学专业人才培养模式。

应用化学专业是处于理科化学与工科化工之间的一种理工结合的应用型专业。学生不仅掌握化学基础理论知识，而且熟悉化工原理、化学工艺和化工制图等具有工程特点的基础知识。为了提高学生就业的竞争力及其综合素质，应该完善专业基础课、专业方向课和专业提高课的课程设置模式。学生在完成专业基础课以外，根据自己的兴趣以及特长来选择专业方向，还可以进一步选择开拓知识面的综合实验课和高等仪器分析等专业提高课程。另外，应压缩四大化学和化工原理的理论学时，同时增加多学科交叉、学科发展前沿和实践应用型课程，如引入生命科学、食品科学、环境科学、能源科学等，通过学习多学科交叉，增强学生的创新能力和业务能力。为了让学生能更好地适应社会，应开设计算机、专业外语、实验实践等课程。为了提高学生的工程应用能力，应加强实践教学环节。可通过提高实验教学学时的比例、开设综合实验、开展专业实习等，除此之外还可以聘请相关企业生产实践丰富的资深专家做讲座，重点介绍工程领域的最新技术、研究成果、目前存在的技术问题等。总之，构建科学的教学内容和课题体系，才能培养出“知识、技能、思维、修养”四者兼备的应用化学本科复合型人才。

二、加强师资队伍建设[4]

师资队伍素质是应用化学本科生培养质量的重要保证。然而，随着应用化学专业本科生规模的不断扩大，现有校内教师资源特别是具有相关工程经验的教师相对不足。因此，应该采取“出”和“进”的措施以解决师资结构问题。“出”是鼓励教师深入企业实践、考察和学习，积极开展与相关行业企业的合作。将科学研究、产品开发和市场需求紧密地结合起来。“进”是从企业聘请一些行业专家作为兼职教师或者论文联合指导教师等，通过“外援”解决和弥补校内师资队伍实践经验不足的缺陷。

三、注重实践环节，加强实践基地建设

应用化学专业培养模式以实践和应用为本，实现培养高水平、动手能力强的创新型应用型人才目标，加强实践教学基地建设势在必行。随着参加实践的人数的增加和形式的丰富，高校与企业之间的联系也越来越密切，但有些企业仍不能安排学生直接去参加企业的生产过程，学生没有实践锻炼的机会，这对学生的培养模式是非常不利的。因此，加强专业的实习是应用化学专业人才培养的一项非常重要的环

节。在培养的过程中，将企业的需求与课程设置、教学目标以及学位论文的选题紧密地结合，这种“量身定做”的培养模式可以特别显著地增强企业的满意度与参与度。而且，学校可以依托国内的一些企业、研究机构，或者校内企业等单位，加强建立应用化学专业工作站的实习基地，为培养应用化学专业本科生提供良好的平台。

四、加强毕业论文与创新科研项目相结合[5]

本科毕业论文完成阶段是学生从学校到社会的一个重要的过渡阶段，重点考查学生对化学基础理论和化工原理的掌握程度，以及运用专业知识解决实际问题的能力，因此具有较强的综合性和实践性。目前，高校本科毕业论文一般设置在大学第四年的下半年，多种原因导致毕业论文要在两三个月之内完成，严重影响到学生毕业论文的质量。为有效解决这一问题，可引导三、四年级学生参加研究型的创新项目，在老师的指导下，根据课题进行文献调研，合理设计实验方案，开展实验工作，整理实验数据，使之与毕业论文相结合。创新实验项目与毕业论文结合的重要意义，可以将开展科研工作转化为实验教学过程中的拓展工作，进一步拓宽创新实验的研究范围与视野，不仅可以保证实验的创新性，提高创新实验与毕业论文的质量，而且能使研究工作具有连续性和完整性的特点，从而可以取得一定的研究成果。另外，学生在完成创新实验项目过程中，导师通过定期召开学术研讨交流会，让学生陈述研究过程、展示研究成果等内容，要不断加强平时学习的积累与项目阶段性考核评价体系的建设。通过该过程的培养，不仅能够提高应用化学本科生的表达能力和敏捷思维能力，还提高了解决问题的能力。通过定期撰写研究报告、总结阶段性成果，可以及时得到导师在毕业论文课题进展及成果方面的系统指导，也是应用化学本科生实验能力、获取知识能力、表达能力、写作能力等方面的集中体现，在创新应用化学复合型人才培养中占有十分重要的地位。

五、结语

随着我国经济水平的飞速增长，迫切需求具有较强的创新能力、实践能力以及创业能力的高水平专业人才，而应用化学本科生的培养恰好有效地解决了这一难题。而通过合理的教学内容和课程体系建设、师资队伍建设、实践基地的加强、毕业论文和创新实验项目结合等全方位多角度构建应用化学专业本科生创新培养模式，有助于提高应用化学复合型人才的培养特色，有力地保障了应用化学专业本科生的培养质量。

参考文献：

[1] 荣国斌．加强教学内容和课程体系改革完善应用化学专业教学计划[J]．大学化学，1999，14(2)：24－26.
[2] 李志洲，等．应用化学和化学工程与工艺跨专业人才培养模式研究与实践[J]．科技信息，2008(33)：216－217.
[3] 姚天扬，等．面向21世纪化学专业及应用化学专业教学内容和课程结构改革的一些建议[J]．大学化学，1998，13(2)：12－13.
[4] 王丽，等．化工类全日制专业学位研究生培养的思考与实践[J]．化学教育，2014，35(12)：49－51.
[5] 周智华，等．应用化学专业实验创新人才培养模式探索[J]．湘潭师范学院学报：自然科学版，2006，28(2)：133－135.

经济专业国际化人才培养的困境与探索

孔　琳[①]

随着经济全球化的加速发展，人才这一要素被赋予了越来越高的权重和日益丰富的内涵。《国家中长期教育改革和发展规划纲要（2010—2020年）》也指出要培养大批具有国际视野、通晓国际规则、能够参与国际事务和国际竞争的国际化人才。由于高校经济类专业与中国的开放经济密不可分，因此，积极开展国际化办学，培养拥有宽广的国际视野，通晓国际规则，具有较强的敏感性、判断力和国际交往能力的国际化人才就成为高校经济类专业发展的必由之路。

一、国际化人才与人才培养模式的内涵

要构建满足和适应经济和社会发展需要的国际化人才培养模式，首先需要厘清以下基本概念，才能更准确地推进并更有针对性地加以实施。

（一）国际化人才及其基本素质

国际化人才，应以人才为本，以能力和素质的国际化为重。其具体内涵是指胸怀世界，具有国际领先的知识和能力体系，具有全球水准的意识与视域，在全球一体化的进程中可以准确预判和把握机遇的高层次人才。

结合专业特点，本文认为经济类专业要培养的国际化人才应该具有广阔的国际视域、强烈的创新意识和完备的创新能力；具备国际文化底蕴，具有对国际信息的迅速反应和处理能力；熟练掌握本专业的国际化知识和技能；熟悉掌握国际惯例和标准；拥有国际交往能力、竞争能力及合作能力；爱国向上，具备健康的心理素质和良好的道德修养；能有效避免自我参照标准并很好地适应多元文化、顺应经济全球化的发展形势，并能从容应对其所带来的各种机遇和挑战。

（二）人才培养模式的内涵

人才培养模式是指依据先进的教育思想和理论，制定科学具体的培养目标和方案，全面建设相对稳定的课程结构、教学体系、管理方式和评价制度，把先进的国

---

① 孔琳，女，首都师范大学管理学院，副教授。

际理念、国际知识和国际方法等融入大学人才培养教育的动态发展过程。国际化人才培养模式既涵盖了国际化的教育理念、培养目标、培养过程和培养评价等，还包括培养实施者(教师)和实施对象(学生)知识结构和进展的国际化，以及实施媒介(教材、设备等软硬件设施)和实践应用的国际化。

二、经济专业国际化人才培养的困境

当前，众多高校的经济类专业纷纷开展国际化办学或借鉴国外大学跨国合作的经验，积极实施和开发对外交流项目，创设并推进国际化人才培养模式，建立了多种联合培养项目，但在国际合作和人才培养过程中各种问题和困难也日渐显现出来。

为了进一步弄清这一问题，尽快找出可行的对策，笔者进行了一系列的调研和访谈活动。这次调研活动涉及 198 名学生以及 45 名教师，均来自普通高校经济类专业，回收有效问卷 217 份。这次调研和访谈所得的大量有效数据有助于我们科学地分析当前我国经济类专业国际化人才培养的主要困境。

(一)国际化人才培养模式的理念和定位不准确，缺少科学可行的规划

科学定位对高校的发展起着至关重要的作用。国际化人才培养要想成功，首先也要找准定位和突破口，这样才能彰显自己的办学风格和特色，实现跨越式发展。而我国很多高校经济类专业并不清楚自身的定位、发展阶段及与他校的区别，盲目开展国际化人才培养。短期之内通过简单模仿和参照，而非基于对自身和这一模式的科学分析和定位就仓促实践，必然会导致后续国际化人才培养质量不高、项目和内容重复建设、管理模式不能与时俱进、结果不尽如人意等问题。

(二)国际化人才培养中教育投入水平略低，师资数量和水平不足

众多高校经济类专业的国际化总体教育投入与世界水平仍存在差距，这就导致高校在开展国际化人才培养时规模不足、教学设备和质量跟不上、师资严重缺乏等。

教师是大学各项事业的主要推动者和实践者，是国际化人才培养的重要实施者。在经济全球化日益深入发展的背景下，经济类专业对英语、专业知识结构以及实践应用的要求亦逐步提高，因此，高校经济类专业教师就需要同时具备过硬的专业知识和英语能力。尽管博士学历已经是目前很多高校经济专业骨干教师的标配，但能够发挥自己在基础研究和应用研究方面的优势，加强与国际工商业界的联系和合作的教师不多；其次，教师的英语素质，尤其是听说能力能够满足国际化教学要求的并不多。而目前国际化课程对双语授课和纯英语授课的要求又很高，但师资数量又不足，只能一位教师身兼多课，由于教师精力有限，必然会影响教学水平和国

际化培养效果。虽然一些高校可以通过引进外教来解决上述问题，但由于外教的引进时间、引进绩效以及教学适应性等问题，其专业课程授课接受度的有效性似乎也并没有达到理想水平，参与调查的学生中有45.3%表示对课堂知识接收不足。这些劣势都限制了经济类专业国际化人才培养过程中教学水平和培养质量的提升。

(三)教学内容和方法缺乏创新性，学生的国际适应性不足

当前，创新意识和创新精神是国际化人才所必需的重要素质，而调查发现理论学习和应对市场的普适性要求是国内经济类本科专业人才培养模式一直以来的侧重点，这一偏重恰恰缺少了对创新性和实践性的塑造和培养。

除此之外，在众多的国际合作、交流、培养项目中，很多高校经济类学生在涉外文化礼仪、语言运用和迅速适应学习等方面都存在着或多或少的问题。

在参加过交流培养项目的学生中，有76.3%的学生表示：在语言上往往存在外语听说、表达能力不足的问题，阻碍了国际交流的正常开展；另外，88.7%的学生表示：由于缺乏对国外教学体系和文化知识的了解，在国际交流期间经常会产生文化冲突和不适应。因此，对于这些参加国际交流培养项目的学生来说，迅速及时地进行文化调适、语言提升，培养国际意识和扩展视野也就成了国际人才培养项目中的又一项重要任务。

(四)国际化人才培养过程中生源流向失衡

随着全球经济联系日益紧密，教育国际化的程度亦日益加深。但据近年来经济合作与发展组织(OECD)教育概览的统计：国际留学生中约82%流向G20国家，75%流向OECD国家，且流入量是流出量的三倍之多。我国高校包括经济类专业在内都存在较为明显的流向失衡和教育贸易逆差。而这一失衡和逆差后续的国际人才的地域选择问题则直接影响了国家收益和国际化人才培养的持续健康发展。

由此可见，国内高校经济类专业在国际化人才培养过程中不无重形式轻内容、重时效轻基础、重量轻质等现象，国际化人才培养的实际效果还有待加强，因此我们需要采取有针对性的措施对其加以完善。

三、经济专业国际化人才培养的路径探索

对于高等院校经济类专业来说，科学的国际化人才培养体系的建立和完善，需要以国际培养理念为导向，以国际交流合作为抓手，以国际化课程体系为重点，以国际化的教育资源为基础，不断促进经济类专业国际化人才培养模式的完善和发展。

(一)把握观念意识和培养方案的国际化和方向性

经济类专业要培养国际化人才，首先要解放思想，提高认识，让观念意识首先

国际化；其次应对专业设置进行细分，以明确培养方向。经济类专业与市场紧密结合，因此在专业设置上应该根据国际市场的发展，设置具有实践性、针对性和创新性的专业方向，继而根据市场对各类人才的知识和能力的需求制定培养方案。此外在设置具体课程时需要有国际化的课程发展观，将与时俱进的国际观念贯穿到整个课程体系、课程改革和课程发展进程中。国际化人才培养亦应是不断发展变化的动态过程，应以国际形势、国家发展、学校定位以及教育资源的拓展等作为其更新调整的基础。

（二）积极实施和创新国际交流合作形式，加强师资队伍的国际化建设

《国家中长期教育改革和发展规划纲要（2010—2020）》指出，积极开展宽领域与多层次的国际教育交流与合作是提升我国教育国际化水平的有效途径。因此，经济类专业需结合自身特点和当前的经济发展形势，借鉴世界上国际人才培养的优秀经验、可行方式和先进理念，形成适合自身持续发展的办学和合作模式，着力培养学生的国际视野、敏锐力和适应能力，建立国际交流合作机构，开展国际联合办学，互认互换课程学分，开展国内外师生合作互访、联合研究等多样化的国际交流与合作，才能不断提升国际化人才的综合素质与核心竞争力。

此外，在经济全球化和高等教育国际化程度日益提高的今天，经济类专业开展国际人才培养，进行国际合作交流还应引进先进的国际培养理念，有目的有计划地选派和鼓励高校教师到国内外高校和相关机构进行学习和研修，拓宽视野，更新观念，吸收经验，并不断实践创新适合的教育教学方法，借助广泛的智力和条件，加快自身的改革和发展，形成一支稳定的高水平的可持续的教师团队，培养出一批在国际学术界具有影响力的专家队伍。另外，在培养和加强师资队伍的过程中，引进海外师资也不失为一种快速提升英语水平和引进新的教育理念的方法，但很多高校又受到预算和资源的限制。其实，经济学专业是显著国际化的专业，基于这一特点，我们可以寻求国外有意向的合作院校和专业进行长期稳定的合作，如通过国外研修、互派师资、合作交流教学培养方法、引进原版教材等方式，有效提高教育理念和师资水平，在多方营造的国际化环境和多元文化中培育学生的国际意识。

（三）增加优质教育资源供给，加强教育教学改革

教学工作是培养国际化人才最为关键和具体的环节。在教学资源质量方面，应该从师资力量、教学媒介、教学材料、授课形式等方面进行全面的提高。在经济专业的课程设置方面，应注重国际化、应用化和创新化，大力培养学生的创新意识和能力，不断改进和创新国际化人才培养理念和方法机制。结合高校和专业自身的基础，科学设置专业课、选修课和通识课的总学分和结构比例，创设既能加强学生专业基础，又能强化应用实践和创新能力的适合国际市场需求的国际化人才培养方案。此外，还应重视加强基础性和专业性外语教学，开设系统的国际化课程、双语

(或英语)教学班和全球思想交汇的国际化讲座等，增加外语的学习和使用频率，创造浸入式的学习环境，强化学习效果，进而提高学生的语言能力和专业能力，拓展国际化视域，形成国际化思维，提升经济专业国际化人才培养的绩效和水平。

(四)创设国际化氛围，建立激发兴趣、加强创新和运用的培养模式

现阶段经济专业的国际化人才要具有扎实的专业功底、良好的实践能力和国际适应能力，因此高校要在学校内外、课堂内外通过多层次、多种类的活动培养学生的国际意识，提高学生对多样性文化和环境的适应能力，加强国际沟通交流能力，发展国际调研和数据信息的搜集处理能力，营造浓厚的国际化氛围。

此外，还应加大具有国际化特色的实践教学，应用先进的国际教学方法，引入前沿的专业知识，不断更新经济专业时效性的教学内容。学生的生活经验和兴趣往往影响了其吸收新知识的速度以及记忆的时长，因此教师可以由生活经验和兴趣出发，由浅入深，逐步激发创新和引入实践环节。学校和专业也应积极与国内外成功的企业进行对接，加强与国内外企业的合作力度，为学生创造短期实习实训的机会，便于学生更好地感受、体验、学习和实践成功企业的先进理念、经验和管理模式，会更有利于学生的习得，帮助学生更紧密地与国际主流接轨。

四、结语

国际化应用型人才是当前高等教育，尤其是经济类专业人才培养的重要方向之一，也是其谋求自身发展的一个有效途径。随着国际化进程的加快，国际化人才培养模式的内涵和外延均发生了深刻变化。目前，经济类专业的国际化已不再仅仅停留在表面的合作关系上，而是不断向国际合作项目和科学研究领域纵深发展。因此，经济类专业必须结合自身特点和不断变化更新的社会需求，积极探索有特色、有活力、有效果、可持续的国际化人才培养模式，培养有国际意识、国际交往能力、国际创新和竞争能力以及国际适应能力的高级国际化人才，才能不断提升办学特色和教育教学水平，树立品牌，并推动我国高等教育和经济社会的可持续发展。

参考文献：

[1] 普林林．应用型本科教育解构及其人才培养模式的建构[J]．教育与职业，2009(27)：8－10.

[2] 涂敏，黄云龙．新形势下应用型高校的国际化人才培养模式研究[J]．湖北广播电视大学学报，2012(6)：25－101.

[3] Faculty Holds Key to Internationalization [EB/OL]. http：//www.america.gov/st/washfile－english/2007/ November/20071123154815lCJsamhTo.9713971.html，2010－10－12.

关于我校大学语文课程现状及其在学生人文素养培养中的作用的调查与建议

杨海健①

人文素养的培养是大学教育的重要内容。在我校诸多具有人文素养培养功能的课程中，大学语文以其典型的人文特征，具有不可替代的地位。为了提高教学质量，更好地发挥大学语文在学生人文素养培养中的作用，本课题对我校大学语文课程的现状进行了调查、分析，并针对目前大学语文课程在学生人文素养培养方面存在的问题，提出了改进的措施和建议。

一、关于我校大学语文课程现状的调查

(一)学生部分

课题通过问卷和访谈方式，就学生的课堂体验、对待学习任务的态度、课外文学作品的阅读等方面进行了调查。

在课堂体验方面，问卷显示，23.92％的学生表示非常喜欢老师的教学方式；42.52％的学生表示有点喜欢老师的教学方式；其他同学则表示无所谓或不喜欢。可见，有三分之一的学生没能在课堂上体验到大学语文教学的魅力，大学语文课的教学氛围对他们没有吸引力。这表明需要对目前较为单一的教学方式进行改革，需要提高大学语文的教学水平，改善课堂氛围，增加课堂对学生的吸引力，以获得更好的教学效果。

在对待学习任务方面，问卷显示，72.76％的学生表示没有什么看法；6.31％的同学反对老师布置作业。可见，大部分学生对大学语文课的学习热情不高，对大学语文课开设的意义缺乏深刻的认识。

在课外阅读方面，问卷显示，每月阅读文学类作品在两本书以上的学生仅占4.65％，这表明学生通过课外自觉阅读，提高自身人文素养的意识并不强烈。这对大学语文课如何通过课堂教学，激发、培养学生的阅读兴趣提出了要求。

---

① 杨海健，男，首都师范大学文学院，讲师。教育学院吴怡笑、吴慧、卓凡、孙文华、蔡艳参与项目调查工作。

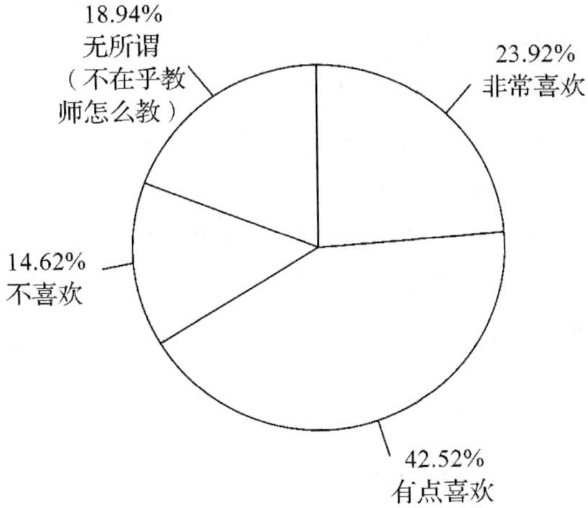

图1　问卷统计：你喜欢你们语文老师的教学方式吗？

课题还通过问卷，就大学语文课学习效果不理想的原因，对学生进行了调查，结果如图2：

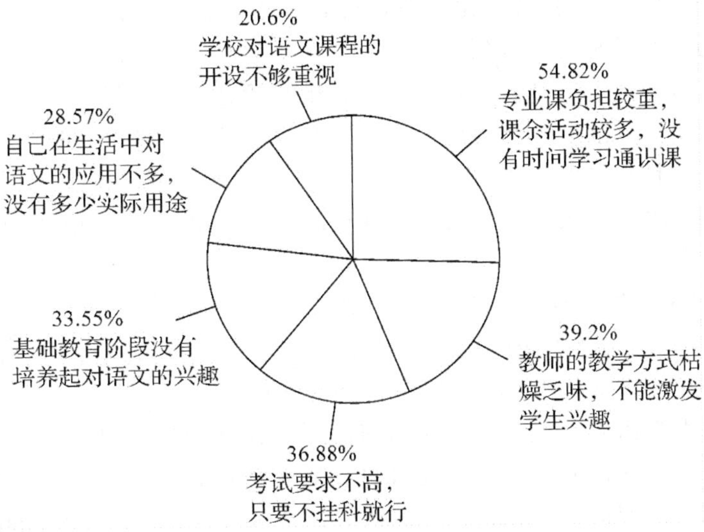

图2　问卷调查结果

认为专业课负担重，没有时间学习通识课的占54.82%；认为教师的教学方法枯燥的占39.2%；认为考试要求不高，只要不挂科就行的占36.88%；认为在以往基础教育阶段没有培养起对语文的学习兴趣的占33.55%；认为语文没有多大实际用途的占28.57%；认为学校对大学语文课不够重视的占20.6%。

另外，课题又以访谈方式，就此问题进行了调查。学生的反馈意见归纳起来主要有以下两点：(1)授课班级规模过大，教师无法有效地组织课堂教学；(2)仅一学期的学习时长，没能使自己有较大的提升。

从以上对学生的调查、访谈结果看，学生对大学语文课的现状并不满意，学习效果并不理想。学生对大学语文课的认识定位比较低，仍停留在具体知识层面，对大学语文在提高自身人文素养，塑造自我方面的作用，还没有深刻而充分的认识，导致对大学语文的学习兴趣和积极性不高。同时，由于授课条件、教学方式、教学水平等因素的影响，使得大学语文课未能达到应有的教学效果，未能真正实现提高学生人文素养水平的教学目标。

(二)教师部分

除学生外，课题还就目前我校大学语文课教学的现状及该课在学生人文素养培养中的作用，对授课教师进行了访谈。他们的感受和意见，归纳起来主要有以下三点。

1. 积极肯定大学语文的开课意义，但教学目标未能得以很好实现

被访谈教师一致认为，大学语文作为一门以大一学生为授课对象的通识课程，自2003年开课以来，在弘扬文化经典，提高学生人文素养方面，发挥了积极而不可替代的作用。但同时也应看到，由于一些主客观因素的制约，该课程在“了解古今中外文化的多样性、丰富性，领会中外文化的精髓，理解经典作家的思想，掌握经典作品的要义，以继承人类文化的优秀遗产……发展理性、塑造人格、提高审美能力，从而培养具有全面素质的大学生”[①]这一教学目标的实现上，仍有明显差距。因而有必要积极面对并改进大学语文课存在的问题，提高教学质量，切实保证既定教学目标的实现。

2. 重视程度不够，师资不足，课时偏少，教学效果不理想

自2003年始，大学语文课被列入教学计划，开始面对全校十几个院系的学生开课。规定全校所有本科生(文学院除外)都必须修满大学语文课的两学分且考试及格方可毕业。大学语文课的教学任务全部由文学院中文专业出身的中青年教师兼任。由于该课的教学任务并非各位教师的专业分内工作，加之授课待遇等原因，导致兼职教师的上课积极性不高，愿意上课的教师越来越少，甚至出现排课困难的情况。直至2013年以后，才有专任大学语文教师编制，而时至今日，专职大学语文教师也只有两名。由于师资队伍的严重不足，只能采取超大班上课方式。历年来，大学语文每个教学班的平均人数不低于150人。最大教学班的人数曾经达到300人。课堂人数过多使得课堂组织教学变得十分困难，难以满足学生希望增加师生互

① 首都师范大学教务处：《首都师范大学本科课程简介(2016年)》上册，第1页。

动，加强课堂交流的需要。此外，大学语文课目前为一学期课程，每周两学时，且安排在大学一年级。由于入学教育、军训占去四周课时，实际上课只有12周24学时，教学时间十分紧张。教师上课热情不高、课堂人数过多、课时量不足，在一定程度上影响了大学语文的教学效果。

3. 教材陈旧，教学研讨少，课程教改薄弱

2002年，为了满足来年开设大学语文课的需要，文学院组织部分教师编写出版了《新概念大学语文》，这个教材共使用了8年。2010年，又再次编写出版了《新编大学语文》，这个教材又已经使用了八年。前后两个教材为我校十六年的大学语文教学提供了依据，为完成教学任务，实现教学目标发挥了积极作用。但根据目前的实际需要，编写出版新的大学语文教材也势在必行。此外，由于重视程度不够，专职教师很少，致使教学方法、教学经验的交流、总结也难以展开。课件建设也明显不足，课堂教学仍然使用较为传统的教学方式，不能适应网络时代学生希望课堂教学手段更加丰富多样的要求。

二、关于我校大学语文课程的建议

(一)进一步明确课程定位，切实重视该课在学生人文素养培养中的作用

大学语文课的教学目标，简而言之是提高学生的语文素质和人文素养，培养文理兼备、全面发展的人才。从学校层面看，目前还只是将大学语文定位为一门普通的通识课程。对大学语文在学生人文素养培养中的作用重视不够，由此导致对大学语文课的重视程度不够。从学生层面看，对大学语文课的开设意义认识模糊。其原因，首先源于他们十几年的应试教育。他们习惯性地认为，大学语文课仍是高中语文的延续。加之学校对该课没能在教师的配置，课时、学分的分配等方面给予实际的重视，也使得学生对于开设此课是为了提高他们的人文素养，使他们成为全面发展的人这一教学目标认识不深。客观说，注重学生人文素养的培养的确是学校开设大学语文课的良好初衷，然而目前学校对该课的重视程度，却难以保证这一教学目标的真正实现。建议学校进一步明确大学语文的课程定位，切实落实相关措施。引导学生转变观念，打破惯有思维定式，充分认识大学语文课学习的重要性。

(二)成立专门教学部门，建设专业的教师队伍

师资队伍是课程建设的前提和保障。由于我校没有像其他高校那样成立专门的大学语文教研机构，自2003年至今，大学语文课的教学任务一直由文学院承担，任课教师全部由文学院各学科教师兼任。十五年后的今天，虽然已经配备了两名专任教师，但仍然难以应对全校大学语文的开课需要。由于自身专业教学科研任务的繁重，文学院各专业教师大都不愿意承担大学语文课的教学任务。兼职教师越来越

少，而授课量却越来越大，教学质量难以保障。建议学校应从我校人才培养的总体目标出发，真正重视大学语文课程。有必要建立专门的大学语文教研机构，加强大学语文师资队伍的建设。应根据我校学生数量和开课规模，引进专门人才，补充、壮大大学语文教师队伍。改变目前任课教师严重不足而超大班上课、教师热情不高而疲于应付、学生兴趣不足而学习怠惰的现状。

(三)加强教学改革，提升教学水平

在配备充足师资的同时，还应对大学语文课进行深入教改。首先，要保证充足的课时。目前大学语文同其他通识课程一样，被安排在一年级，即便全部上满，也只有32课时。这个课时量很难保证教学内容的完成，难以实现提高学生语文素质和人文素养的目标。建议学校适当增加大学语文课时。其次，编写出版合适的教材。建议学校根据我校大学语文课的教学目标、学生的实际情况、课时的安排等因素，在总结前两部教材得失的基础上，编写一部新的大学语文教材。再次，应加强教学研讨和课件建设。由于主客观多方面因素的影响，目前大学语文教学基本属于教师各自为教的状态，只有统一的教学大纲和日历，没有统一的课件和教学内容的研讨。建议在新编教材基础之上，制作统一的大学语文教学课件。课件应根据网络时代特点，力求生动形象，有吸引力，以增加学生的听课兴趣。同时，还应加强同其他高校的交流，学习、借鉴兄弟院校的教学成果和教学经验，以提高我校的大学语文教学水平。

本课题通过问卷、访谈等方式，对我校大学语文课程的现状及其在学生人文素养培养方面的作用进行了调查。针对该课程存在的问题提出了建议，希望能够对我校大学语文课程的教学改革有所帮助。

“世界史＋西班牙语”复合型人才培养模式探析

陈　浩[①]

为培养拥有良好外语水平，特别是掌握小语种的世界史人才，首都师范大学历史学院世界史专业与外国语学院共建已逾十载，每年均有2—4名世界史基地班的学生到外国语学院英、日、俄、德、法、西语等专业学习外语。这是以我校两个院系优势为依托的、在全国范围内少有的“专业＋外语”特色培养模式。笔者以历史学院世界史专业与外国语学院西班牙语专业的本科生联合培养为例，以外院西语系所开展的工作为视角，对“世界史＋西班牙语”联合培养体系中的西班牙语培养方案、“专四”测试结果、论文成果和毕业去向等方面逐一分析，力求对完善跨学科复合型人才培养模式提出行之有效的建议。

一、联合培养的基本状况分析

(一)培养方案

熟练掌握外语是学好世界史、开展世界史研究的有效保障。西班牙语专业为世界史专业的学生专门制定了培养方案，该方案的课程主要为低年级的西班牙语语言基础课，修读科目和教学目的可以简要归纳如下：西班牙语1—6、西语泛读1—3、西语听力1—3、西语口语1—2、西语会话1—2、综合练习1—3、西译汉1、西班牙概况和拉美概况，这些课程以讲授语言及对象国基础知识、训练基本技能为主。此外，西语毕业论文为选修，是对学生用西语写作和对语言对象国问题进行研究的训练。

由于世界史专业的学生是在其本科二年级开始随西语专业一年级的学生同班从零起点学习西语，为了保证他们大四按时毕业，因此其西语课程方案最多设置三年共六个学期。此外，考虑到学生以修读世界史专业的课程为主，其时间和精力有限，该西语方案对语言课程的种类和门数均进行了大幅缩减，主要排除了西语专业高年级的西语视听说、报刊新闻、电视新闻、文学选读、西译汉、汉译西、口译、

① 陈浩，男，首都师范大学外国语学院西班牙语系，讲师。

语言学、经贸基础、应用文等外语专业课。经统计，世界史专业的学生前两年基础阶段所修读的西语课程共计 1170 学时，与西语专业学生同班学习的课程和课时数基本一致。

通过以上比较不难发现，虽然世界史学生的西语课程设置对听、说、读、写、译均有涉猎，但缺点在于它还是以语言入门和巩固基础为主要目的，并未对外语及其相关领域进行广泛的、深入的学习，比如文学、语言学或对象国研究等。

（二）"专四"测试

既然世界史专业联合培养生在语言基础阶段的修读课程与西语专业学生几乎没有差异，那么他们西语学习的效果如何？笔者查阅了 2009 年至 2015 年共七年①的西语"专四"成绩，并对总成绩和分项成绩进行比较，学习效果可见一斑。

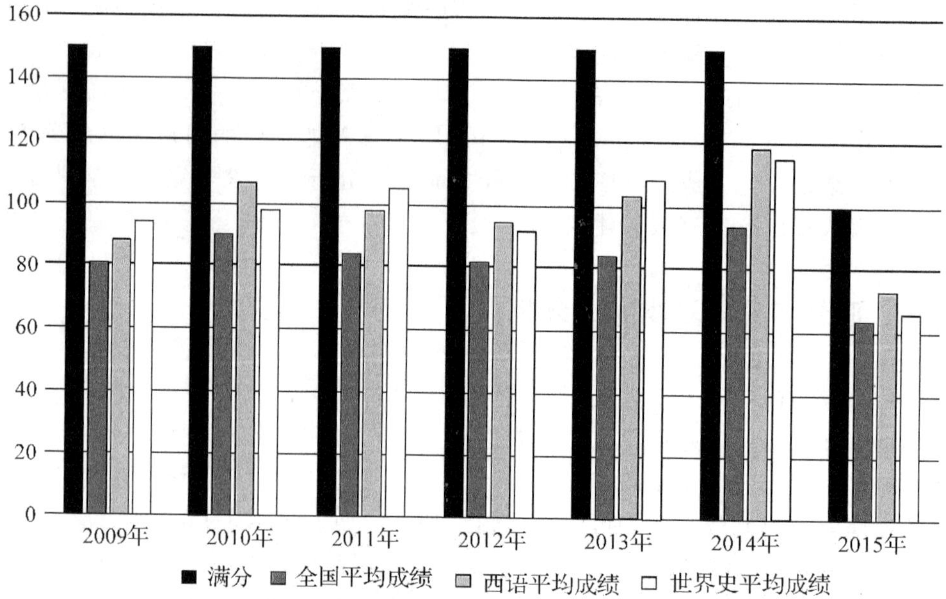

图 1　2009—2015 年西语"专四"总成绩比较

从图 1 全国范围的分数比较来看，无论总成绩还是分项得分，我校世界史专业和西语专业均高于全国平均水平，这说明我校学生的整体基本功较为扎实，口笔语水平均较为过硬，人才培养质量总体较好。

接下来，我们在我校两个专业之间进行比较。总成绩方面，世界史专业的学生

① 此次调研的数据主要依托 2007 版培养方案，与其对应的测试是在 2009－2015 年间。由于 2014 版培养方案与此前的版本有较为明显的调整，且截至目前可供参考的年份有限，尚无法开展科学评价，故本次调研暂不涉及相关内容，待未来积累充分数据后再做长时段考量。另由于篇幅所限，本文仅呈现总成绩比较图。

平均成绩大多低于西语专业的学生，取样的7次测试仅有3次高于后者。这在一定程度上说明仅就外语水平而言，西语专业的学生是高于世界史学生的。结合日常教学来考虑，就学生对待外语学习的重视程度、投入精力、就业目的性以及自身的语言学习能力来讲，外语专业的学生普遍高于世界史学生。通过对部分世界史学生的访谈很容易发现，“专四”成绩好的学生均对学习西语兴趣较高、学习较为认真，或者希望将来从事西语相关工作。反观成绩不佳的情况，则多因对外语没有兴趣、方法不当、缺乏语感，或者由于精力有限而无法兼顾西语这门“副业”。分项成绩方面，比较典型的特征是，部分年份在阅读理解和听力理解两项上，出现了世界史学生略高于西语学生的现象，这一现象在7次测试中出现了4次，超过了一半的比率。究其原因，主要在于这两项着重考查的是理解能力，而非词汇和语法的细致掌握程度。世界史学生由于史学专业的广泛阅读和思维逻辑训练，他们的知识面和理解能力普遍不低于外语专业的学生，其思辨能力甚至可能高于后者。因此，在并不强调细节而注重理解大意和把握主旨等方面，他们表现出更高的水准则不足为奇。然而，这一现象却为我们外语专业思考如何提高学生的思辨能力提出了警示。

(三)毕业论文

撰写西语毕业论文对于联合培养的世界史专业学生来说属于选修。2010至2018年，在总共20余人的联合培养生中，绝大部分人用西语撰写了论文，个别学生因个人原因放弃该环节。绝大部分论文选题不仅充分体现了世界史学生的历史学专业背景，还将研究对象聚焦于西语语言对象国或区域。在诸多论文中，仅有两篇谈论的是语言和教育问题。各年度世界史专业学生的西语毕业论文题目汇总如下：

论文题目
试论西班牙在二战中的“中立”政策
十九世纪至今西班牙社会的女性地位研究
托莱多的翻译学校
1936—1939年西班牙内战时期国际纵队中的中国人
浅谈西班牙语报刊广告词法、句法和修辞
浅析墨西哥政党政治的新格局
浅析二战期间弗朗哥政权保持中立的原因
从《首次航行之书》看新大陆发现之动因
西班牙民主改革进程
解放神学浅析
阿根廷二战时期的外交政策探析

续表

论文题目
拉丁美洲华工的身份认同和文化认同
论阿方索十世对西班牙历史产生的影响
冷战初期美国对西班牙宣传政策探微(1945—1954)
小麦在阿根廷的传播：从卡波多到二十世纪——从分散到联合
现代拉美和美国高等教育政策比较
拉丁美洲和美国公共外交的起源(1938—1945)
拉美华人移民变迁
杜鲁门时期美国对拉美宣传政策研究
论迈蒙尼德评注《塔木德》对西班牙犹太人宗教生活的影响
论古巴民族认同的形成

这些论文选题大多基于学生在世界史专业中的学年论文、科研课题或毕业论文。他们在世界史专业受到多年的史学研究方法训练，已经具备基本的学术方法和规范，在临近毕业之时，他们大部分人已经形成了论文框架，有的甚至已经完成中文版，只需将其以西语的形式呈现出来即可。至于是将已有论文进行中译西，还是参考外文资料重新撰写，则因人而异。当然，问题也随之而来，对于西语水平较低的学生来说，无论翻译还是撰写，其西语论文在语言表达上都常常令读者感到晦涩难懂，或者错误百出，这就与世界史学生在外语专业高年级阶段的相关训练匮乏密不可分了。但是，趋利避害，仅就培养对象的主体和培养的主要目标而言，毕业论文的选题是联合培养的目的之一——用外语研究世界史的最好体现。

(四)毕业去向

由于毕业生广布各地各领域，受联系方式所限，本次调研未能了解所有毕业生的去向，在此仅对掌握的大部分情况进行列举和评述。例如：6 人保送至我校历史学院继续攻读世界近代史或国际关系史方向的硕士学位；4 人保送至北京大学历史学系攻读拉丁美洲史硕士学位；2 人保送至北京师范大学历史学院攻读国际关系史方向的硕士学位；1 人自费赴西班牙攻读新闻学硕士和博士学位；1 人考入天津外国语大学攻读拉美研究方向的硕士学位；1 人自费赴西班牙攻读语言文学硕士学位；1 人自费赴美国攻读拉美研究硕士学位；1 人进入五洲传播出版社从事图书编辑和中外图书推广工作……其中大部分人将外语作为工具辅助其从事世界史研究，少数人转而从事其他学科的研究，或者从事中国与西语国家对外贸易和文化交流工作，扮演着对外交往使者的角色。

由此可见，在校期间“世界史＋西班牙语”的学习不仅培养了大部分学生基本的历史学研究能力，使其具备了使用西语阅读文献和交流的基本技能，并且激发了学生用西语从事人文社会科学研究的兴趣。虽然升学与就业情况因受学生主观兴趣和社会客观需求等因素影响而存在不确定性，但联合培养学生的毕业去向和就业领域在一定程度上还是体现了我校作为综合性大学在交叉培养复合型人才方面的喜人成绩和优势。

二、关于复合型人才培养模式的思考与建议

“世界史＋西班牙语”这种独具特色的培养模式使世界史专业在招生时具有颇高的吸引力，为学校吸引到了优质的生源。世界史专业的学生对文科尤其是对历史的兴趣较浓，其基础知识和素质普遍较高，但弱点在于外语水平和外语学习能力不高；而西班牙语专业的学生高考英语及语文成绩名列前茅，缺乏的则是人文学科丰富的知识和广阔的视野。那么，通览两个专业学生的优势与欠缺，如何能在人才培养上扬长避短、取长补短？此种“专业＋外语”的模式是否可以变为“外语＋专业”，进而为西语专业培养优秀的复合型人才？具体应该如何实施呢？这些也是值得教育规划部门和教师在进行教改时认真思考的。

(一)明确培养目标和专业特色需从优化培养方案着手

培养具备综合人文素养的复合型人才，最基本的手段是在培养方案中设置跨学科的课程。设置跨学科课程体系时应避免简单的专业叠加，不是单纯地在外语系学习外语和在其他系学习其他专业，比较理想的状态应该是在外语系用外语学习其他学科的知识和技能。可以考虑将人才培养分为两个阶段：第一阶段是在低年级开设西语语言基础课，比如基础西班牙语、听力、阅读、会话、初级口笔译、对象国概况课等。如果学时富余，则可以适当开设一两门简单的专业方向课，如西语国家文化、西语国家文学和艺术赏析等，旨在培养学生的学习兴趣。第二阶段是高年级的西语专业知识和其他学科知识的学习阶段。这一阶段除了以适量的阅读和视听说课来巩固和强化语言技能外，还可以开设经贸实务、应用文、高级口笔译等应用型技能课，而更重要的是着眼于用西语学习语言学、西班牙和拉美文学、西班牙和拉美历史、国际关系、法律、传媒、中华文化等可复合和延展的理论课，甚至开展区域国别研究。但基于目前外语师资学科背景较为单一的现状，全校各专业的课程可考虑互相开放，外语专业的学生可根据自己的实际需要选修其他专业的课程，因为其他专业基本以中文授课为主，难点仅在于学科知识或方法上的空白，而这正是外语专业复合型人才所需要弥补的。

(二)提高人才培养质量需以提升师资水平为基础

跨学科人才培养模式对优化课程设置、改进教学方法方面提出了新的要求，而

教师的专业素养和执教能力恰恰关系到教法是否能够改进、教学效率是否得以提高。

有的教师已经习惯了传统的教学方式，不敢或惰于尝试教改或涉足新的学科。对此，一方面要对现有的教师进行必要的专业和跨学科培训，提高他们自身的素养，尤其可以鼓励外语专业的教师攻读其他学科的博士或博士后，以便将来在本专业用外语开设跨学科课程；另一方面，引进具有较高人文学科素质和能力的教师，同样有助于丰富教师队伍的学科背景，从根本上建立复合型师资队伍。

如果外语专业的教师对于语言对象国的文化、历史、国情等方面知之甚少，显然是无法指望“自食其力、自给自足”地在本专业开设上述复合型专业方向课的。虽然可以通过聘请其他学科的教师来用中文开设诸如西班牙史、拉美史、国际关系、法律等课程，但长此以往，外语专业势必深陷“被复合”的窘境。

（三）提高人才培养质量需以改进教学方法为依托

科学的教学方法是培养具有复合能力外语人才的重要保证。我国传统的外语教学过分强调语言知识的讲授，通过强化记忆和反复操练来进行外语学习，虽然在短期内能够取得良好的教学效果，但导致很多学生出现高分低能的现象。

学生积累语言知识的多少不应成为教学的最终目的，引导学生构建知识体系、掌握获取知识的方法才是至关重要的。教师在训练语言基本功的时候，可以多创设真实的语言情境，设置一些相关文化背景知识或社会热点问题，以引导学生通过查阅资料、团队协作等方式发掘学习策略，培养其解决问题、勇于创新的能力，真正做到“授之以渔”。

（四）培养社会需要的人才需以增强实践教学为手段

貌似外语专业的本科毕业生大多去当了翻译，但殊不知多数发展得更好的人其实在从事了几年的翻译工作后，转而走上了管理岗位。这是因为他们在用外语实践的过程中逐渐复合了其他领域的技能，例如经贸知识、法律知识、外交手段、传媒技能、谈判能力等。倘若在本科阶段尽可能地提供有价值的实践机会，比如与企事业单位建立实习基地，把学生送到不同的行业进行阶段性实习，则可能有助于使毕业生早日成为职业人。

除了专业实习外，还可以鼓励学生参与国家、市级或校级科研和创业行动项目。甚至组成跨学科导师组，针对不同类型的问题，由不同专业的教师负责解答，其复合效果明显优于传统的单个导师指导，这种模式类似于许多专业在本科或硕士阶段开设的导师组课程。

经常性的学术交流也可以大大活跃学生的思维，开阔学术视野。学术讲座是最常见的方式，讲座内容可以是语言对象国的任何一个领域，它不仅使学生及时了解国内和国际学术发展的精华和前沿，也极有可能在语言之外的任何领域为他们打开一扇窗。这对他们的外语专业学习以及今后的学术研究来讲，无疑具有积极的意义。

三、结语

总而言之，外语专业作为人文学科的分支，理应按人文学科总的人才培养原则和目标进行规划。同时，不同类型的院校也应结合自身的办学宗旨和规格确定有特色的复合型人才培养方案，并制定相应的培养质量标准。

眼下，我国与西语国家的交往日益广泛和密切。我校世界史专业与西班牙语专业联合培养复合型人才的模式，既顺应全球化发展形势对人才的需求，又可满足国家对外政治、经济、文化交往的需要。同时，它也符合当前高等学校学科建设与发展的需要，对推进专业改革、开拓新型的教学科研领域具有积极的意义。

SPOC 平台下混合教学模式对大学生批判性思维能力的影响*

——基于某师范大学的问卷调查为例

王　玥①

一、高等教育信息化背景下 SPOC 平台建设和混合式教学模式转型

2012 年以来，我国教育部门连续出台了一系列重要的文件来推动高等教育信息化工作的发展，这些重要文件包括 2012 年 3 月的《教育信息化十年发展规划（2011—2020 年）》，2012 年 9 月刘延东在首次全国教育信息化工作会议上的讲话《把握机遇，加快推进，开创教育信息化工作新局面》，2015 年 11 月刘延东在第二次全国教育信息化工作电视电话会议上的讲话《巩固成果，开拓创新，以教育信息化全面推动教育现代化》，2016 年 6 月的《教育信息化"十三五"规划》，2017 年 1 月的《2017 年教育信息化工作要点》，以及 2018 年 2 月的《2018 年教育信息化和网络安全工作要点》等。自 2012 年至今的教育信息化工作相关的重要文件讲话都明确提出了大力发展我国教育信息化工作的总目标，特别强调高等教育信息化建设的重要性。

目前我国高等院校都积极响应国家号召，大力推动高等教育信息化工作，积极研发在线课程，尝试建设各种在线课程平台，已有相当一部分高等院校正在建设或已经建成了在线开放课程，部分高等院校还建设了校本的在线开放课程平台，SPOC 平台已经成为当前高等院校在线课程平台的主流形式。

所谓 SPOC（Small Private Online Course），是指小规模限制性在线课程，是相对于 MOOC（Massive Open Online Course）大规模在线开放课程而言的，SPOC 也是在 MOOC 的基础上提出的新概念。SPOC 具体是指依托在线课程平台，将在线课程的学习与传统课堂的教学紧密结合在一起。相对于 MOOC 来说，SPOC 投入成本相对较低，保留了传统课程的面对面的教学模式，延续小班授课的方式，采取

* 本文属首都师范大学本科教学综合改革教学范式转型研究"SPOC 平台下混合教学范式转型研究"项目阶段性成果。

① 王玥，女，首都师范大学政法学院，讲师。

混合式教学模式，学生的学习成效也可以获得较好的保证（Fox，2013；Goral，2013；Rashid & Sarkar，2013）[①]。包括某师范大学在内的国内高等教育院校从2014年开始推广建设在线课程，其中相当一部分院校正在建立或已经建成了本校的SPOC平台。

SPOC平台的建设推动了高等院校教学模式的转型，传统课堂教学模式遭遇前所未有的新挑战。SPOC平台下传统课堂教学模式朝向混合式教学模式转型。所谓混合教学模式，是指将传统课堂教学模式与在线自主学习的教学模式有机结合起来，教师在课前为学生铺设好在线自主学习的各种资源与环境，带领学生在线自主学习，同时结合传统课堂面对面的教学氛围，利用面对面课堂教学的环境，使用参与式、体验式、探究式、合作项目式等多元教学方法，帮助学生在在线自主学习的基础上，在课堂面授教学中更深入理解掌握课程内容和知识点，最终实现教学目标，帮助学生掌握学习内容，提升学生学习成效。王玥（2017）将SPOC课程带动教学模式的转型总结为"八化"：SPOC平台搭建规范化、教学设计明晰化、教学资源丰富化、教学过程互动化、教学评价多元化、教学成效数字化、教学管理可操作化、课程建设可循环化[②]。

二、混合式教学模式转型与大学生批判性思维能力培育

高等教育信息化背景下，SPOC平台推动混合式教学模式转型，从内在推动了大学生批判性思维能力的培育。批判性思维是指立足于理性反思某个问题及其相关证据得出判断包括澄清意义、分析论证、评估证据、判断论断的合适性和推导有根据的结论等技能[③]。批判性思维是为了寻找更好的答案，不断质疑为什么，勇敢且公正地去寻找每个可能问题的最佳答案的一贯的态度[④]。

SPOC平台下混合式教学模式为培育大学生批判性思维能力提供了基石，混合式教学模式与批判性思维能力维度有着内在统一性。罗清旭和杨鑫辉在2001年对

① Fox, A.. From MOOCs to SPOCs, Communications of the ACM, 2013, 56(12): 38.
Goral, T.. Make way for SPOCs, University Business, 2013, 16(7): 45.
Rashid, M., Sarkar, J.. Cyber Mentoring in an Online Introductory Statistics Course, Educational Research Quarterly, 2018, 41(3): 25.

② 王玥：《SPOC平台下混合教学模式转型基本要素初探》，《高教研究》，2017年第2期，第14页。

③ 戴维·希契柯克著，张亦凡、周文慧译：《批判性思维教育理念》，《高等教育研究》，2012年第11期，第54页。

④ 彼得·费希万、诺琳·费希万、爱格尼丝·蒂瓦里、费利克斯·尤恩：《作为普遍人类现象的批判性思维——中国和美国的视角》，《北京大学学报（哲学社会科学版）》，2009年第1期，第55页。

《加利福尼亚批判性思维量表》进行了中文版的修订和重测[①]，根据该量表，批判性思维倾向可分为7个维度：求真度(Truth-seeking)，思想开放度(Open-mindedness)、分析性(Analyticity)、系统性(Systematicity)、自信度(Self-confidence)、探究度(Inquisitiveness)、认知成熟度(Maturity)。混合式教学模式强调学生在线自主学习、自主探究，同时强调教师的主导和引领，这些都有助于培育学生批判性思维能力维度中的求真度、思维开放度、分析性、系统性、自信度、探究度和认知成熟度。

三、问卷调查

本研究以某师范大学为例，聚焦于大学生批判性思维能力，使用《加利福尼亚批判性思维量表(中文修订版)》对参与混合式教学模式改革的学生和未参与混合式教学模式改革的学生做对比研究，尝试探讨基于SPOC课程混合教学模式下，混合教学模式与大学生批判性思维能力之间的关系。本研究采取问卷调查的方法来收集信息，以某师范大学本科生为对象，采取滚雪球抽样方法，共发出调查问卷200份，回收调查问卷186份，其中有效问卷181份。问卷的录入整理和分析分别使用了EpiData和STATA统计分析软件。

《加利福尼亚批判性思维量表(中文修订版)》是根据罗清旭和杨鑫辉在2001年对《加利福尼亚批判性思维量表》(英文版)进行的中文版的修订，罗清旭和杨鑫辉的重测(2001)证明了该量表在中国使用的信度和效度。

本次调查对象中社会工作专业本科生52人，占总人数的28.73%，法律专业本科生52人，占总人数的28.73%，政治学与行政学专业本科生21人，占总人数的11.6%，哲学专业3人，占总人数的1.66%，文科类其他专业本科生37人，占总人数的20.44%，理科类专业10人，占总人数的5.52%，艺术类专业6人，占总人数的3.31%(见表1)。

表1　调查对象专业分布

专业	人数(人)	百分百(%)
社会工作	52	28.73
法律	52	28.73
哲学	3	1.66

① 罗清旭、杨鑫辉：《加利福尼亚批判性思维倾向问卷中文版的初步修订》，《心理发展与教育》，2001年第3期，第47页。

续表

专业	人数(人)	百分百(%)
政治学与行政学	21	11.60
理科类专业	10	5.52
文科其他专业	37	20.44
艺术类专业	6	3.31

本次调查对象中新生 100 人，占总人数的 55.25%，老生 81 人，占总人数的 44.75%(见表 2)。

表 2　调查对象年级分组

	人数(人)	百分比(%)
新生	100	55.25
老生	81	44.75
合计	181	100

本次调查对象中 123 人参与过混合式教学，占总人数的 67.96%，没有参与过的有 58 人，占总人数的 32.04%，老生中参与过混合式教学的有 70.37%，高于新生中参与过混合教学模式的 66%(见表 3)。

表 3　调查对象参与混合式教学情况的分组

		参与混合式教学	没有参与混合式教学	合计
新生	人数	66 人	34 人	100 人
	比例	66%	34%	100%
老生	人数	57 人	24 人	81 人
	比例	70.37%	29.63%	100%
合计	人数	123 人	58 人	181 人
	比例	67.96%	32.04%	100%

《加利福尼亚批判性思维量表(中文修订版)》中将批判性思维倾向分为了 7 个维度：求真度(Truth-seeking)、思想开放度(Open-mindedness)、分析性(Analyticity)、系统性(Systematicity)、自信度(Self-confidence)、探究度(Inquisitiveness)、认知成熟度(Maturity)，每个维度可以分别计算出各维度得分以及批判性思维总分。下表是调查对象的 7 个维度和总分情况(见表 4)。

表 4 调查对象得分情况

	平均值	标准差	最小值	最大值	数量
求真度	35.03867	7.906653	10	56	181
思想开放度	38.55801	7.151783	26	56	181
分析性	39.23204	5.487488	24	54	181
系统性	36.66851	6.25216	17	59	181
自信度	40.35912	6.591938	21	55	181
探究度	41.28729	7.114563	20	60	181
认知成熟度	36.07182	6.735506	19	52	181
批判性思维总分	306.4475	38.1467	203	416	181

依据调查对象是否参与了混合式教学来分别计算他们的批判性思维得分的情况，可以看到参与了混合式教学的学生的批判性思维总分的平均值是 311.6748，高于所有调查对象的批判性思维总分 306.44751，明显高于没有参与混合式教学的学生的批判性思维总分 295.36207(见表 5)。

表 5 是否参与混合式教学与批判性思维总分的列表

是否参与混合式教学	均值	标准差	数量
是	311.6748	40.657001	123
否	295.36207	29.551441	58
合计	306.44751	38.146702	181

调查对象是否参与了混合式教学在批判性思维的 7 个维度的分项得分中，也表现出明显差异。其中求真度、思想开放度、系统性、认知成熟度这四个维度上的得分比较可见，参与了混合式教学的学生的得分远高于没有参与混合式教学的学生(见表 6、表 7、表 9 和表 12)。在分析性和探究度这两个维度上的得分比较可见，参与了混合式教学的学生的得分较高于没有参与混合式教学的学生(见表 8 和表 11)。只有在自信度这个维度上的得分，没有参与混合式教学的学生的得分较高于参与了混合式教学的学生(见表 10)。

表 6 是否参与混合式教学与求真度得分的列表

是否参与混合式教学	求真度均值	标准差	数量
是	36.382114	7.3054217	123
否	32.189655	8.4281419	58
合计	35.038674	7.9066531	181

表 7　是否参与混合式教学与思想开放度得分的列表

是否参与混合式教学	思想开放度均值	标准差	数量
是	39.861789	6.7560843	123
否	35.793103	7.2372298	58
合计	38.558011	7.1517833	181

表 8　是否参与混合式教学与分析性得分的列表

是否参与混合式教学	分析性均值	标准差	数量
是	39.398374	5.8544362	123
否	38.87931	4.6418296	58
合计	39.232044	5.4874879	181

表 9　是否参与混合式教学与系统性得分的列表

是否参与混合式教学	系统性均值	标准差	数量
是	37.601626	6.5658578	123
否	34.689655	5.0304577	58
合计	36.668508	6.2521598	181

表 10　是否参与混合式教学与自信度得分的列表

是否参与混合式教学	自信度均值	标准差	数量
是	39.861789	6.6126124	123
否	41.413793	6.4781264	58
合计	40.359116	6.5919385	181

表 11　是否参与混合式教学与探究度得分的列表

是否参与混合式教学	探究度均值	标准差	数量
是	41.666667	7.5646575	123
否	40.482759	6.03278	58
合计	41.287293	7.1145628	181

表 12 是否参与混合式教学与认知成熟度得分的列表

是否参与混合式教学	认知成熟度均值	标准差	数量
是	37.504065	6.219185	123
否	33.034483	6.831212	58
合计	36.071823	6.7355055	181

我们将调查对象是否参与了混合式教学，以及学生的年级两个变量与学生的批判性思维总分做方差分析，可以发现，方差分析 P 值均小于 0.05(见表 13)，由此可以得出结论，是否参与混合式教学对于学生的批判性思维能力的影响显著，学生的年级也显著影响其批判性思维能力。

表 13 混合式教学对学生的批判性思维能力影响的方差分析

Number of obs =181 R−squared=0.1281					
Root MSE=35.9677 Adj R−squared=0.1183					
	Partial SS	df	MS	F	Prob>F
Model	33825.164	2	16912.582	13.07	0.0000
年级	24082.974	1	24082.974	18.62	0.0000
是否参与混合式教学		1	11198.359	8.66	0.0037
Residual	230273.9	178	1293.6736		
Total	264099.06	180	1467.217		

四、结论

本研究以某师范大学为例，聚焦于大学生批判性思维能力，采用问卷调查的方法，使用《加利福尼亚批判性思维量表(中文修订版)》对参与混合式教学模式改革的学生和未参与混合式教学模式改革的学生做对比研究，初步证明 SPOC 平台的混合式教学模式有助于提升大学生批判性思维能力，尤其是对批判性思维维度中的求真度、思想开放度、系统性、分析性、探究度和认知成熟度有显著影响。由于本调查研究采取的抽样方法的局限，本调查的结论不具有概推性。另外，混合式教学模式是如何促进学生批判性思维能力提升的内在机制还有待进一步研究。

参考文献：

[1]Fox, A. From MOOCs to SPOCs[J]. Communications of the ACM, 2013, 56(12): 38−40.
[2]Goral, T. Make way for SPOCs[J]. University Business, 2013, 16(7): 45−46.

[3]Rashid，M.，Sarkar，J.. Cyber Mentoring in an Online Introductory Statistics Course[J]. Educational Research Quarterly，2018，41(3)：25－38.

[4]王玥. SPOC平台下混合教学模式转型基本要素初探[J]. 高教研究，2017(2)：14－19.

[5]戴维·希契柯克，张亦凡，周文慧. 批判性思维教育理念[J]. 高等教育研究，2012(11)：54－63.

[6]彼得·费希万，诺琳·费希万，爱格尼丝·蒂瓦里，费利克斯·尤恩. 作为普遍人类现象的批判性思维——中国和美国的视角[J]. 北京大学学报：哲学社会科学版，2009(1)：55－62.

[7]罗清旭，杨鑫辉. 加利福尼亚批判性思维倾向问卷中文版的初步修订[J]. 心理发展与教育，2001(3)：47－51.

拔尖创新人才培养的非学校教育因素分析

杨充霖[①]

“拔尖创新人才”一词在学术界第一次使用是清华大学原党委书记陈希2002年在《中国高等教育》上发表的《按照党的教育方针培养拔尖创新人才》一文。同年，党的十六大报告首次提出了“拔尖创新人才”培养战略思想。2003年党中央、国务院召开的新中国历史上第一次全国人才工作会议上，“拔尖创新人才”培养成为实施人才强国战略的重要目标。2010年《国家中长期教育改革和发展规划纲要（2010—2020年）》发布，这一目标得到再次强调和确认。2005年著名科学家钱学森见温家宝总理时提出的“钱学森之问”以及2009年年底钱学森去世后由教育部联合中组部、财政部共同实施的基础学科拔尖学生培养的“珠峰计划”更是将“拔尖创新人才”的培养变成了国家战略、社会舆论和学术研究经久不衰的热点[②]。

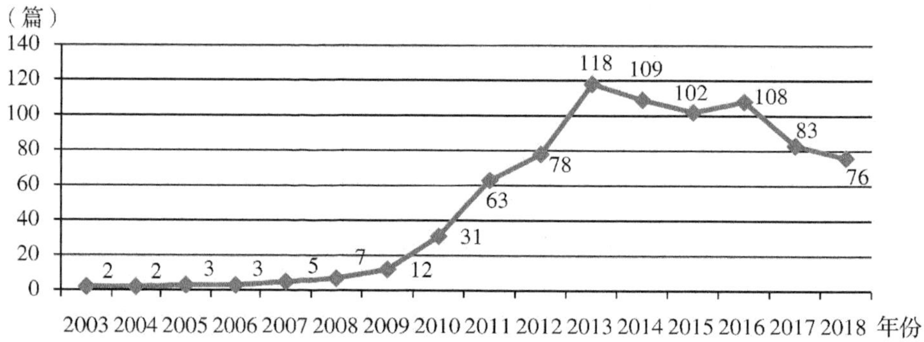

图1　知网2003—2018年以“拔尖创新人才培养”为主题发表的论文分布

以“拔尖创新人才培养”为主题在知网学术文献数据库搜索，发现2002年至2018年8月共发表相关论文780篇，其逐年分布状况如图1(其中2018年数据76篇根据8月以前发表数据57篇估算)。由图1可知：2003—2009共7年间研究总量低且增长缓慢，2009—2013年间研究总量逐年快速增长，短短四年论文数量几乎翻

① 杨充霖，男，首都师范大学管理学院，副教授。

② 高晓明：《拔尖创新人才概念考》，《中国高教研究》，2011年第10期，第65页。

了10倍，间出现的“钱学森之问”“珠峰计划”及《国家中长期教育改革发展规划纲要（2010—2020年）》显然起了很大的推动作用。2013年以后论文数量略有下降，但仍在高位分布，说明对此问题的研究仍然是学界的热点但逐渐回归理性。这些研究在“拔尖创新人才”的概念辨析、时代意义、培养模式与思想政治工作、基础教育在拔尖创新人才培养中的地位和作用、国内不同高校和学科的培养实践及存在的问题以及发达国家的经验借鉴与相互比较等方面都做了不少工作，但总的来看，它们不仅没有在“拔尖创新人才”的概念界定方面达成较为广泛的共识，以至于在一定程度上造成了诸多研究乱象①，而且更为严重的是几乎都集中在人才选拔、课程教学、专业实习和考评制度改革等学校教育，特别是高校教育环节中寻求问题的答案，没有看到所有人才的培养都离不开社会风气、文化传统、社会制度、意识形态等非学校教育因素的强烈影响，是一个由学校教育和非学校教育因素相互影响、相互作用的有机过程。可以说，离开了非学校教育因素，拔尖创新人才的培养就是一句空话。本文就拔尖创新人才培养的非学校教育因素做一些分析。

按照其产生的历史背景、被赋予的时代意义及部分文献的理解，“拔尖创新人才”就是身心素质和道德品质优良，勇于批判、创新和变革，能够引领某专业或行业进入国际前沿的杰出人才。身心素质、道德品质、批判创新和引领前沿是拔尖创新人才的四个基本维度。如果是这样，那么学校教育仅仅是拔尖创新人才培养的一个环节，而影响重大甚至具有决定性影响的则是社会风气、文化传统及教育体制等非学校教育因素。

首先是社会风气。它是大多数或部分社会成员在一定时期和一定范围内仿效和流行的观念、爱好、习惯、传统和行为；是一个民族的价值观念、风俗习惯、精神面貌及经济、政治、文化和道德等状况的综合反映；渗透在社会成员的言论和行动当中，对人的思想、心理和情感发挥潜移默化的作用。如果社会上愚昧盲从、冷漠自私、不择手段、不负责任、崇金拜权之风盛行，则学校教育不仅很难培养出具有高尚的道德品质、富有强烈的社会责任感、勇于批判创新的专业或行业领袖，而且学校的培养目标有时候也会随着社会风气的变化而改变。比方说学校曾经提倡的见义勇为如今明确被自我保护教育替代；曾经流行的家国科学情怀如今被考好大学、找好工作的应试教育和技能训练所取代；曾经有过的怀疑探究精神被如今的标准化答案取代。笔者调查过一些被清华、北大、复旦、上财等名校特招的优异和特异学生，他们虽然大都在某些学科上有一定的天赋和专长，但在问及将来可能选择的专业和毕业后愿意从事的职业时，大多数同学的回答都是金融、经济、精算、电商、会计等他们认为将来能“挣大钱”的方向。进一步地，即便学校教育能够培养出高水

① 葛敏、缪建东：《我国拔尖创新人才培养的研究现状研究》，《高等理科教育》，2017年第3期，第1—6页，2017年第5期，第10—14页。

平的“拔尖创新人才”，他们进入社会后必然和社会风气格格不入因而被淘汰或改变，最终失去拔尖创新的功能。这样的例子比比皆是。

其次是文化传统。它是“受特定文化类型中价值系统的影响，经过长期历史积淀而逐渐形成的、为全民族大多数人所认同的思想和行为方式上难以移易的心理和行为习惯”①。中国文化传统源于以从事农耕经济的家庭群体为基元、以与家庭同构的集权国家为本体、以忠孝节义的伦理道德为思想基础建立起来的封建农业文化。虽然近代以来由于外来势力与本土变革的冲击很多内容发生了变化，同时也吸收了不少外来文化的成分，但总的来说，它的重权威轻个性（“存天理、灭人欲”“君叫臣死臣不敢不死，父叫子亡子不敢不亡”）、重功利轻学术（读书做官、金钱至上、“述而不作，信而好古”、“敬鬼神而远之”）、重伦理轻科学（“大学之道在明明德、在亲民、在止于至善”“格物、致知、诚意、正心、修生、齐家、治国、平天下”）、重直觉轻逻辑（思维方式长于比喻例证但缺乏逻辑和体系）以及重现状轻创新（“天不变、道亦不变”“君子思不出其位”）等文化基因却没有发生根本性改变，深深扎根于绝大多数个体与各种社会组织的思想行为深处，严重制约着以批判、创新和引领为基本特征的拔尖创新人才培养。在家长权威、学校灌输、标准答案和题海战术中成长起来的学生连自主思维都很困难，更不要说创新和批判性思维了。同样地，在读书做官、读书赚钱、读书成名的集体无意识中也很难引导学生从事没有名利价值的纯学术和基础研究，培养在这些领域有重大突破、能够引领发展的人才根本无从谈起。

最后是教育体制。体制即管理机构与管理规范的结合与统一体，可按管理的具体领域分为政治体制、经济体制、文化体制、教育体制等基本形式，其中教育体制即教育系统的管理机构与管理规范的结合与统一体。中国教育体制在中华人民共和国成立以来基本上经历了一个从 1949 年以后的国家完全“计划管理”到 1958 年开始的国家与地方“责任分担”，再到 1985 年开始的中央向地方放权、政府向学校放权的现代“技术治理”过程。但是现在看来，“技术治理”不仅没有达到预期目标，而且出现了许多当初并未预见到的问题，主要表现为：政府超强控制与学校办学自主权的缺失、利益部门化与教育权力“名放实收”、教育事务的多头管理与行政低效以及政府全能型管理与社会力量参与缺失②，各级各类学校从用地、基建、设备、财务、人事等一般性资源配置环节到招生、培养、考核、就业这些专业性很强的教育环节，无不由各级各类行政管理部门严格控制，教学科研一线人员基本丧失了按照教学、科研和社会实践的要求获得和配置资源的可能，甚至连教学方法和内容也受到不同程度的限制。很多人不得不为应对检查、考评、职称、房价及低收入引起的生

---

① 张岱年、方克立：《中国文化概论》，北京师范大学出版社，1990 年版，第 376 页。

② 王有升：《中国教育治理体制的历史演变、现实问题与改革动力探析》，《华中师范大学学报》，2016 年第 11 期，第 167—174 页。

活问题而疲于奔命。可见，现行教育体制无论从教育资源配置、招生培养考核模式改进、教学研一体化、调动教学科研人员积极性、教育改革的动力等哪个环节来看，不仅影响着拔尖创新人才的培养，事实上还影响着任何人才的培养。

影响创新拔尖人才培养的非学校教育因素是紧密联系不可分割的。文化传统是最深刻、最顽固、影响最广的因素，而且也最不容易被人察觉和改变，影响着社会生活的各个方面，甚至通过集体无意识阻碍着改革和创新。教育体制的形成不仅打上了文化传统的深深烙印，而且受到其他各种体制的巨大甚至决定性的影响。社会风气虽然有它们的诱发因素和独特的表现形式，但往往是文化传统与各种体制共同作用的结果。由此可见：拔尖创新人才的培养作为一项国家战略，仅靠学校教育是根本无法完成的。必须将学校教育与非学校教育改革有机结合起来，才能完成这项关系到中华民族前途命运的伟大战略，离开了非学校教育因素改革而空谈拔尖创新人才培养无异于缘木求鱼，而非学校教育改革则涉及社会风气的实质性转变，其他各项体制的成功改革，特别是文化传统的变革与现代化等重大问题，不属于本文探讨的范围。

参考文献：

[1] 任飏，陈安，张晨阳．基础教育阶段创新型人才培养路径探析——以北京四中为例[J]．中国教育学刊，2018(4)：98－101.

[2] 徐墨客．研究型大学拔尖创新人才培养关键问题[J]．北京航空航天大学学报：社会科学版，2017，30(6)：91－96.

[3] 国旗，李祖超．美英日三国拔尖创新人才德育内容与途径比较分析[J]．理论月刊，2010(10)：153－155.

[4] 靳玉乐，李红梅．英国研究型大学拔尖创新人才培养的经验及启示[J]．高等教育研究，2017，38(6)：98－104.

[5] 靳玉乐，廖婧茜．美国研究型大学拔尖创新人才培养的经验及启[J]．大学教育科学，2017(3)：43－50.

[6] 冯友兰．中国哲学简史[M]．北京：北京大学出版社，1985.

基于跨境电商校企合作项目培养国际贸易应用型人才的研究

张鲁青[①]

随着我国对外贸易的发展，对国际贸易专业人才的需求日益加大。我国的外贸企业需要的是有较强理论基础和娴熟实际操作能力的高级应用型人才，要求国际贸易专业毕业生一进入企业就能进行独立的操作，实现学校和企业的零磨合，从而减少企业的培训成本。而我国高校国际贸易专业人才的培养主要是以传授理论知识为主，对学生实际应用能力的培养不够。如何培养具有国际视野与跨文化交流能力的创新性应用型人才，满足社会经济发展对人才的需要，是非常重要的。

首都师范大学于2004年设置了国际经济与贸易专业，经过多年的深入研讨以及专业实践，进一步明确了国际经济与贸易专业人才培养的定位，即以社会需求为导向，为开放型中小型企业的发展培养应用型高级专门人才。在国际贸易应用型人才的培养过程中，我们积极研究和进行教学改革，开展了跨境电商校企合作项目，以期通过该项目，培养学生的实际应用能力。

一、跨境电商的发展趋势及人才需求

(一)跨境电商的发展趋势

跨境电商是指分属不同关境的交易主体，通过电子商务平台达成交易、进行支付结算，并通过跨境物流送达商品、完成交易的一种国际商业活动。

目前的跨境电商的运行一般需要跨境电商平台，通过跨境电商平台，把不同国家的供应商、消费者及物流中心连接起来。以中国出口的跨境B2C平台为例，中国境内的供应商通过该平台寻找国外客户和消费者，国外客户和消费者通过该平台搜寻商品和卖家，然后下单和支付。境内供应商和境外消费者达成交易后，境内供应商按采购订单提供商品，通过物流配送中心发货给境外消费者。物流配送中心既包括自建物流，也包括物流外包的第三方国际物流。这样通过跨境电商平台就完成了

① 张鲁青，女，首都师范大学管理学院，副教授。

交易。跨境电商平台不仅为合作伙伴带来销售，也通过销售提成使自身获得了收益。

近年来，中国传统出口贸易增速逐渐趋缓，2014年外贸增速为3.4%，2015年同比下降了8%。但同期中国跨境电子商务发展强劲，成为国际贸易的新方式和新手段，对于实现我国外贸转型升级有重要而深远的意义。国家相关的统计数据显示：2014年跨境电子商务交易额达到4.5万亿元，同比增长30.6%；2015年跨境电子商务交易额达到5.2万亿元，同比增长32.3%，远高于传统外贸增速；2016年跨境电子商务交易额增至6.7万亿元，年均增速接近30%，占外贸总额的19%。

(二)人才需求

跨境电商的快速发展对外贸人才提出了更高的要求，据国家相关统计，目前外贸跨境电商人才缺口180万人。跨境电商—外贸人才为什么如此紧缺？主要是因为跨境电商—外贸人才综合要求高，学生需具备以下知识：(1)国际贸易实务、外贸进出口操作流程；(2)国际电子商务、跨境电商运营、网络营销；(3)国际结算、电子支付安全、国际贸易单证；(4)电子口岸、进出境商检、报关、国际运输；(5)商务英语、外贸函电、英语口语等。

二、国际贸易应用型人才培养中的问题

(一)学生缺乏应用型知识，实际操作能力差

从事外贸业务的企业招聘员工时主要倾向于那些操作能力强，对于进出口业务应用非常熟悉的毕业生，因为这样的毕业生不需要投入太多的精力去培训，就可以开展工作。而目前的课程体系中理论课程偏多，实践类课程较少，学生只知道外贸业务应该怎么做，而不了解外贸业务的实际运作过程，而外贸理论与实际业务是存在不少差别的。因此现在相当数量的应届毕业生，虽然理论知识扎实，但是实际应用能力较差。这样的学生在就业市场上竞争力较差，很难找到理想的对口工作，这也是近年来很多国际贸易专业毕业的学生没有从事进出口贸易工作的一个原因。

(二)学生缺乏实际贸易环境，实习机会不足

国际经济与贸易专业与现实联系密切，具有很强的实践性，实际贸易环境和实践机会对于培养应用型人才非常重要。但目前，囿于条件限制，给学生提供的实际贸易环境和实践机会不足，这对人才培养非常不利。国贸专业的学生在选择实习单位时，要么流于形式没有真正地去实习，要么找些与国际贸易不相关的单位，无法达到通过实习培养学生实际应用能力的效果。实习机会不足是目前一些高校国际经济与贸易专业存在的普遍问题，这个问题直接导致学生培养质量不高，这也是国际经济与贸易专业的本科生还不如大专和高职学生在就业市场上有竞争力的原因。

（三）教师欠缺相关培训

教师自身的能力对于教学效果至关重要，国际贸易发展迅速，教师需及时更新知识，了解贸易实践中的最新做法。但目前，高校国际经济与贸易专业的教师科研压力大，教学任务繁重，参加的相关培训较少，教师的实际业务知识欠缺，因此降低了实践类课程的教学效果。此外，教师如果想及时了解进出口业务中的最新做法，应该与从事外贸的企业多接触，这样才能及时获得相关信息，但教师与外贸企业接触的机会较少，自己也无法真正从事外贸工作，因此无法把握本领域最新发展状况，这样是非常不利于培养学生的实际应用能力的。

三、跨境电商校企合作项目的实施方案

南北软件公司（首师大外贸软件的供应商）旗下的外贸专才培训网致力于大学生外贸就业职业培训项目，跨境电商校企合作项目由外贸专才培训网与管理学院合作，由双方共出师资，采用O2O线上与线下结合的培训和实习模式，运用外贸在职经理和外贸公司的产品、真实外贸工作环境、实习实战操作训练，让学生熟练掌握外贸就业实用技能，快速提升学生的外贸技能和职业素质，实现在外贸企业就业的能力。

简单地说，跨境电商校企合作项目是把学生实习和岗前培训结合起来，把企业的岗前培训前置到学生实习环节，既有利于培养学生在校期间的实践技能，改善实习效果，又能降低企业的岗前培训成本，有效地进行员工选择。

（一）面授培训

为了培养学生的实际应用能力，管理学院与外贸专才培训网共出师资，对学生进行面授培训。管理学院的相关老师主要进行理论知识和基础知识的讲授，外贸专才培训网的师资是来自国际贸易一线的业务经理，他们实践经验丰富，熟悉国际贸易实际业务中的做法，清楚理论和实践的差别，能够让学生了解进出口业务实际是如何操作的。面授培训有利于教师和学生之间的交流，对学生存在的疑问快速反馈，有利于学生的连贯学习。在面授培训中，主要向学生讲解跨境电子商务与进出口贸易流程，国际市场调研与跨境贸易分析，跨境电商的运营方法策略，跨境电商B2B、B2C平台和SEO实战操作等内容。这些内容都是跨境电商实际业务的主要部分，学生通过对这些知识的学习，更加有利于将来从事跨境电商工作。

（二）网校培训

跨境电商包含的内容很多，又是目前国际贸易中快速发展的一种方式，仅靠有限的面授培训时间不足以让学生了解跨境电商的全部内容，因此一部分内容需要学生课下学习。如果让学生自己找学习资料进行自学，可能有的学生因为不知道如何

查找资料或无法辨别查找的资料的可靠性，会降低学习兴趣，学习效果也会打折扣。因此，外贸专才培训网把跨境电商所需要讲解的知识做成视频课程，放在网上，学生通过账户可以登录，进行相关课程的学习。这些课程大部分都由具有丰富业务经验的外贸专业人士讲解，补充面授培训的不足。另外，通过网校培训课程，学生可以对实际业务中较难的部分进行多次学习，而且学习时间灵活，有利于提高学生的学习积极性。

(三)BBS互动交流、在线辅导答疑

外贸业务发展迅速，实践中的做法会随着国际经济环境的变化而变化，而且跨境电商又是新生事物，没有固定的模式。这就需要除了课程讲授外，教师与学生之间、学生与学生之间加强交流，而面对面的交流由于时间和空间的限制不是很方便，利用网络进行在线交流可以打破时间和空间的限制，方便彼此的信息沟通。我们利用BBS、QQ和微信等现代化的信息传递方式，架起教师和学生之间的桥梁。学生有任何疑问和困惑，都可以在线留言，教师会在第一时间进行回复。相对于面对面的交流方式，这种交流方式使得学生更加敢于提问，有利于解决学生在学习过程中遇到的问题。此外，学生的问题有些是有共性的，那么有些学生也可以通过教师回答别的学生的问题来解决自己心中的困惑。

(四)实习就业服务指导

为了培养国际经济与贸易专业学生的实际应用能力，实习是一个非常重要的环节，但目前由于各种条件的限制，不仅学校无法提供足够的高质量的实习机会，学生自己更难寻找这样的实习机会。实习环节的不足直接导致学生不了解当今国贸实际做法。实际上，从事进出口业务的企业也希望有学生到企业进行实习，一方面可以降低企业成本，另一方面有利于企业选拔人才。但实际上的企业和学生的脱节导致双方的需求都无法得到满足。外贸专才培训网与很多外贸企业建立了广泛的联系，他们可以利用手中的企业客户资源为学生提供实习机会。跨境电商校企合作项目致力于建立企业和学生之间的桥梁，通过实习之前的各种方式的培训，培养了学生的实际应用能力，使得学生到企业后只需很短的时间就可以跟企业的外贸人员开展业务。外贸企业还可以通过观察学生实习的结果，直接和一些表现优秀的学生签订就业协议。这种实习就业服务指导不仅拓宽了学生的实习渠道，而且有利于学生的就业。

四、跨境电商校企合作项目的预期效果

随着中国对外贸易和外贸新业态的发展，跨境电商将会在中国对外贸易中占有更大的比例。为了使得高校培养的国际贸易专业的学生更适合中国对外贸易发展的

需求，高校在国际贸易人才培养中需要加强跨境电商方面的培训。基于当前高校教学方面的各种情况，采用跨境电商校企合作项目有利于国际贸易人才的培养。跨境电商校企合作项目的预期效果如下：

（一）解决外贸企业招聘难的问题

由于我国的外贸企业需要的是有较强理论基础和娴熟实际操作能力的高级应用型人才，要求国际贸易专业毕业生一进入企业就能进行独立的操作，实现学校和企业的零磨合，从而减少企业的培训成本。而我国高校国际贸易专业人才的培养主要是以传授理论知识为主，对学生实践操作能力的培养不够，虽然现在实践教学越来越被重视，但仍存在理论与实践脱节的问题。这些都造成国际贸易专业人才培养模式与社会脱节，最终形成岗位空缺与失业并存的局面。其次，外贸企业由于自身条件的限制，无法为新员工提供系统的外贸技能的培训。再次，新员工经过培训后离职率高。这些原因都导致外贸企业人力成本的高企。而跨境电商校企合作项目在学生毕业之前进行系统的跨境电商方面的培训，学生实际应用能力得到大幅度的提高，能够尽快地进行工作，这样就解决了外贸企业招聘难、培训成本高的问题。

（二）弥补高校人才实践能力培养的短板

目前中国高校在国际贸易人才培养过程中还是以理论知识传授为主，对学生实践能力的培养较为欠缺。而跨境电商校企合作项目可以为学生提供外贸专业技能的培训，这些技能培训一般由经验丰富的行业专家来授课，因此对于学生来讲能够学习到真实的外贸操作知识，而不是流于书面知识。这些技能培训既可以通过面授进行，也可以通过网络授课进行。此外，通过 BBS 互动交流、在线辅导答疑等方式，来弥补课堂学习时间有限的不足，通过多种多样的教学模式来拓宽学生的视野，丰富学生的知识。因此，跨境电商校企合作项目可以弥补高校人才实践能力培养的短板。

（三）解决学生的就业难问题

目前国际贸易专业的学生由于缺乏专业的技能、外贸经验及对职位的认知，出现了找工作难的问题。一些国贸专业的学生在应聘最对口的外贸职位时，往往不符合外贸企业的要求。而跨境电商校企合作项目通过对学生外贸技能的系统培训，使得学生的实践能力有所提高，更加符合外贸企业的用人要求，因此在求职时成功率更高。此外，跨境电商校企合作项目通过联系企业和学校，为企业招聘和学生就业提供双向选择。作为双方的桥梁，沟通了双方的需求，这样更加有利于学生就业。而且跨境电商校企合作项目在学生就业过程中，为学生提供就业方面的指导和服务，对于学生就业提供了较大的帮助。

参考文献：

[1] 左光宇. 国际贸易应用型人才综合素质及能力研究[J]. 现代国企研究，2016(6)：177—178.

[2] 南楠．校企共建下国际贸易应用型人才培养新模式研究[J]．亚太教育，2015(29)：216－217.
[3] 徐凯．国际贸易应用型人才梯度实践培养模式研究[J]．经营管理者，2015(17)：371.
[4] 郭金刚．基于市场需求发展的国际贸易应用型人才培养体系研究[J]．大学教育，2015(5)：174－176.
[5] 张汝根．国际贸易应用型本科专业实践教学体系构建研究[J]．实验技术与管理，2012(1)：21－23.

师生互动与教师身份获得的案例研究[*]

——基于彼得·伯格的社会化理论

刘秀江[①]

在影响师范生教师身份获得的社会互动中，师生互动是最主要的因素之一。师生互动是指实习指导教师与师范生通过直接或间接的接触，相互影响而发生交互作用的方式和过程。根据彼得·伯格的次级社会化理论[②]，教师与师范生组成的正是面对面亲密、频繁交往的社会群体。在这个直接、自然的关系世界里，师生互动对师范生教师身份的初步获得起着至关重要的作用，具有特殊意义。本案例基于彼得·伯格的社会化理论就师生互动与实习生教师身份获得的关系问题做出社会学解释。

一、在互动情境中获得教育经验，感受教师职业

李力是2014级文学院汉语言文学师范专业的大四学生，是所在实习学校的实习学生中唯一一名男生。李力与别的同学不同，在大学期间他一共参加了两次教育实习，一次是家里托关系给安排的，另一次是学校安排的毕业实习。他的第一次实习是在大三下半学期的时候，家长托关系给他安排到X中学实习，实习的目的是希望他毕业后能去X中学的初中部工作。X中学是北京市的重点高中，能到那儿去工作相当不容易。李力认为如果想去X中学工作，就要先熟悉X中学的教学工作，适应X中学教师管理的各方面要求。所以李力在X中学进行了为期30天的实习。虽然因各种原因没去成X中学，但他在X中学的收获却不小。

（一）提前进入教育情境，感受初中三个年级备课差别

李力托关系到X中学实习，机会来之不易，他心里很清楚这与学校安排的实习不同。他来这里是希望学习经验丰富的老师们是怎样进行教育教学的，并从中获得经验与发展，进而使自己能对初中教育教学工作有一定的把握。但是这里的老师并没有义务指导他，他们之间结成的是非正式的组织关系。这种身份规范了他的行

---

* 本文属“知识转化与身份获得——实习生与重要他人的互动模式研究”成果。项目编号：10YJA880017。

① 刘秀江，女，首都师范大学教育学院，副教授。

② 次级社会化理论是美国彼得·伯格和托马斯·卢克曼在他们的著作《现实的社会建构》提出的理论。

为，他对每一位老师都很尊重，虚心向他们请教。同时他很小心谨慎，不多说话，老师们问什么他才说什么。在工作上他像一名正式教师那样出勤，踏踏实实工作，老师们谁有工作需要他帮忙，他都认真地完成。李力在实习学校很有礼貌、听话、干活有“眼力见儿”，人又机灵，很得老师们喜欢。所以老师们与李力的关系很和谐，在指导他时没把指导当成负担，既认真也有耐心。

李力在 X 中学实习没有固定的指导教师，他所在的初一年级的语文老师都是他的指导老师，他可以请教他们中的任何一位。他的日常工作就是帮老师整理一些教案，练习一下备课、听课，偶尔也会去讲一两节课，但是讲得不多。然后实习一下班主任工作，赶上老师比较忙的时候，就去帮着处理一些班里的事儿。

李力在 X 中学实习时收获比较大的一点就是备课。备课时指导老师给他讲各种课的备课思路，于是他按照指导老师告诉他的思路，按照语文备课的思路，再结合自己的理解备了 20 多节课。李力实习是在初一年级，初一第二学期的课他基本上全备了一遍。由于有了这 20 多节课做基础，李力在后来的实习中备课得心应手。更为重要的是，他初步获得了较为清晰的个人备课思路以及对初中三个年级语文教学间差别的初步理解与把握。他认为：“初一的课备得比较细，因为老师不知道学生小学学习的情况。初二的课程属于过渡期，就是很多课讲的东西可能在初一或者小学就已经讲过了，所以老师在备课的时候还不一定把这个东西给备进去。初三的教学重点主要放在应试教育上，所以对课程的要求就不是特别高了，突出的主要是考试的重点。我觉得把初一的课备明白了，初二初三的课相对来说就简单一点儿。”

此次实习的意义不可低估。李力虽然只是备了 20 多节课，并对初中语文教学产生了一定的体验与理解，但这对他个人教师感的形成与专业成长意义很大，因为教育实习是连接职前教育阶段和职后教育的桥梁，是把大学知识与中小学教育生活实践联系起来的重要阶段，是师范生逐步走近教师并逐步完成个人职业社会化的关键时期，对其未来生涯发展的成功具有重要影响力。

(二)与指导老师关系和谐推进对教师身份的进一步认同

第二次大四教育实习是学院给安排的。教育实习对每个师范生来说是四年学习生活中的重头戏，是四年学习生活的实践检验。李力和所有实习生一样对实习充满期待，但不同的是李力没有其他实习生那么紧张，因为在此之前他已经积累了相当的教学经验。

与在×中学实习不同，实习学校给实习生安排了专门的指导老师。李力的实习指导教师是首师大本科毕业生蔡老师，已经有四五年的工作经验，现在是这所学校初二年级的年级组长。李力对蔡老师的评价就是“优秀”。由于都是汉语言文学师范专业的背景，李力既把蔡老师当作实习中的指导老师又把她看作学姐，所以他俩关系自然就比较亲近、比较融洽。亲近融洽带来的好处是他们日常交流较多，据蔡老师讲，他们日常交流比较多，但是像"讲这课的思路是什么、这样的课我们应该怎么上"这样的问题李力问得并不多。也许是李力有了前一次的实习经历，自我感觉心里有底，自我教学感觉良好，所以不需要再多问。蔡老师对李力在实习中的表现是认可的，她觉得李力执着敬业、善于学习、勤于思考而又自信，是一块当老师的料儿。其不足在于教学经验不足，需要历练。李力在实习即将结束时来学校试讲，头天晚上他问蔡老师应该怎么讲，这令蔡老师感觉李力的教学经验还是比较缺乏的。从总体上看蔡老师对李力的实习表现和作为教师所具有的素质是认可的。

因为有 X 中学实习所积累的经验，即使是教学经验不足，但李力仍然是信心满满。李力在实习期间讲了两节课，两节课都是临时调整时间，并没有按照计划安排的时间上，但李力仍然显得很"从容"。因为他早把实习中要讲的课早早备好，且有比较充裕的时间做调整，思考与教学有关的更多问题。因此同与他一块儿实习的同学相比教学表现较为突出，突出之处是他备课时"心中有数，准备充分，上课时调动情绪，设计拔高点"，究其原因是他比其他实习生想得更多，设计得比较周全。当别人还在比较基础的层次上备课时，他已经站在一个较高起点上了。这当然离不开他在 X 中学的实习经验。

蔡老师作为李力的指导老师和学姐，在短短四五年的实践中已经成为学校的骨干教师、初二年级的年级组长，这令李力感到师姐就是他的榜样，特别是李力也即将成为这所学校的老师，蔡老师对他就更具有示范意义，李力感到前途远大。此次实习他对教师职业有了较多直观体验，有了较多的感悟，特备是对教师职业有了更多的理解，他从心底里更愿意当一名老师了。在李力看来，"教师职业以前是一个纯的理想的东西，没有付诸任何实践，所以肯定很多东西你很敢想，你也很想做，但是真正投入到这份工作以后感觉很多东西不能那么去做，所以慢慢地不能那么去想，更走向实际了，这是理想方面。从工作方面，真正投入工作以后感觉以前更多的是喜欢，一种兴趣的东西。现在真正投入感觉更多的是对这个职业的理解和对这个职业付出的责任，想到责任的东西。理想彻底向现实的一个转变吧。"[①]实习刚一结束，实习学校就与他签订了工作合同。

二、师生互动与教师身份获得的影响

(一)真实教育情境下的师生互动对师范生教师身份的社会化具有基础性与关键性作用

师生关系是学校生活中最重要的社会关系之一，是学生个体社会性发展的开

① 详见李力的访谈资料。

端。正是在师生关系中，学生从教师处获得了自我、主体性、自信等较高层次的精神需要，学生把教师视为成长中的“重要他人”，在对教师具有坚固的信赖的基础上产生了对教育的基本认识与理解，成为师范生日后从事教育工作、探索教育规律、进行复杂的教育教学活动的认识基础。较早进行的实习生与指导教师的互动成为师范生教师职业初步获得的重要基础。在师生互动中，师范生获得了观察他人、自己及教育过程、教育情境的机会和经验，从而使得其初级社会化在其成长过程中起着某种先入为主的定式作用，给学生从事以后的教育教学工作形成准备状态，对教师身份的进一步获得发生强有力的选择过滤作用。师生交往就对师范生养成良好的教育教学的行为习惯有至关重要的作用。

(二)师生互动关系促进师范生教师身份的获得

学生从上学开始到毕业的求学生活，使学生有相当一部分时间是与老师一起度过的。学生在学校里有充分的时间与教师接触并互动，互动频率高、互动广度大，深化着学生对教师职业的理解，也成为师范生日后教师身份获得的初步基础。彼得·伯格的社会化理论将个体社会化分成初级社会化与次级社会化两个不同阶段。学生在学习生活中与教师频繁接触，每天耳濡目染着教师的教育教学行为，由此形成了学生对教师角色的初步感知与理解。师范生所经历的教育实习使其对教师职业的理解更加深入，他们在指导教师的指导下身体力行，感受并体验着做一名教师的滋味，而不仅仅是观察指导教师的教育教学行为及处理问题的方式。正是在实习中，实习生扮演了一回真正的教师，初步践行自己的教育理念，学习并感受教师职业伦理，丰富并发展自己的教育教学技能，在与实习指导教师的互动中，通过指导教师的指导与反馈，更清醒地获得关于自己对教师角色的认识，逐步形成专业自我，从而完成教师身份的个体建构，实现个体教师身份次级社会化。

(三)师生互动的平等性使教师身份获得的社会化过程具有民主色彩

和谐师生互动的一个重要特征就是平等性。师生互动的平等性主要表现在指导教师与实习生交往中有一致的自我状态、人格上的相互尊重和交互主体性，和谐关系能使师范生在实习中保持一种开放自信的心态以及对教师职业的向往和坚定信念。然而，现实的师生交往中指导教师经常以权威姿态出现，处于主导、支配、不容冒犯的位置，讲话时多用指令式、禁止式、训导式的语气，处于一种话语强势地位。而实习生则处于弱势，表现出顺从、服从、被动状态，师生之间处于不对等状态。

师生互动的不对等性有多方面的原因。从社会责任角度看，指导教师对实习生承担着指导、培养的责任，而实习生则是被指导、被培养的对象，双方对对方的作用和意义相差悬殊，指导教师因为对实习生的影响作用重大，而在师生互动中处于强势。从经验角度看，实习生对指导教师有一定的依附性。实习生希望通过教育实习，通过指导教师的指导，向指导教师学习，把在大学所学的理论知识转化并应用在真实的教育教学实践中，从而学会怎样当教师。这使得指导教师在实习中自然地处于一种优势地位。他们以自己多年积累的教育教学经验从教学实习与班主任实习等方面对实习生进行指导、训练与评价，在指导实习生教学、培养实习生的教育规范等方面具有较大的优越性和权威感，而实习生为了全面地更多地学到教育教学实践技能而表示服从和顺从。从文化角度看，师生互动伴随着指导教师和实习生各自代表的“主流文化”和“亚文化”之间的交锋。由于实习生与指导教师生活在不同的社会环境中，实习生文化常被视为“单纯”和“理想化”，而教师文化具有巨大权威性，使得实习生往往受制于处于文化优势的教师。我国传统文化历来强调“尊师重道”“师者，传道授业解惑也”，实习生在实习中往往是遵从于指导教师，即使有时候不同意指导教师的意见，也不会与指导教师展开平等的讨论，这种互动中的不对等性随处可见。李力在实习中的指导教师恰巧是学姐，这使他在与指导教师交流中没有顾虑，有什么说什么。那种上对下、强对弱的指导与被指导关系被双主体间的和谐关系取代。李力佩服指导教师教学能力与工作成绩，由此产生高度信任，这种关系使他在师生互动中始终以积极主动的姿态出现，从而克服了实习生在互动中经常出现的被动性与失语。

(四)师生互动中的情感依赖是实习生教师身份获得的重要支持

教师身份获得过程绝不仅仅是纯粹的认知学习过程，它会在情绪高度受控的情境中发生。彼得·伯格的社会化理论指出，“如果没有对重要他人的情感依赖，学习过程很难进行下去。不论具体内容是什么，只有当认同发生时才会有内化发生。”[①]彼得·伯格认为，自我是一种具有反身性的存在，它能反射出重要他人对其采取的态度，个体可以变成一个朝着他的重要他人所努力引导的方向发展的他。这个过程并不是一个单向的、机械进行的过程。它包括他人认同与自我认同之间的辩证关系，包括客观指定的身份及主观觉得合适的身份之间的辩证关系。这一辩证关系在个人认同于重要他人的每一时刻都会展现出来。[②]李力在实习过程中与蔡教师相处和谐并产生高度的情感依赖，在互动中呈现出交流丰富、状态和谐，李力以她为榜样，希望自己成为像蔡老师那样的老师。李力的教学态度与教学行为反映着他对指导教师的认同和他对自己做教师的认同，这种认同在他两次的教育实践中不断内化，在是与不是、强与弱、隐与显的游移中初步形成。

参考文献：

[美]彼得·伯格、托马斯·卢克曼．现实的社会建构[M]．汪涌译．北京：北京大学出版社，2009.

① 彼得·伯格、托马斯·卢克曼著，汪涌译：《现实的社会建构》，北京大学出版社，2009年版，第109页。

② 彼得·伯格、托马斯·卢克曼著，汪涌译：《现实的社会建构》，北京大学出版社，2009年版，第109—110页。

探究型实验开设十余年来的探索与积淀

易向东[①]

首都师范大学物理系自2006年起开设“探究型实验”已经走过了十二个年头，参加“探究实验”的学生也从当初考虑知识厚度而仅限大四学生，扩展到现在的大二学生即可申报选题。无论是异彩纷呈的实验题目，还是个性张扬的指导教师，甚至是身怀绝技的学生，都使得这门课程的“路数”十分庞杂，且随着时间的推移一直在不断探索、不断调整、不断完善和不断创新。本文仅以个人从事探究型实验教学的视角出发，展现十余年来的探索与积淀。

一、实验题目的考量

既然是探究型实验，重在学生的探索精神和科研素养的形成及锻炼，实验题目就不再是指定的具体题目，而是一个研究和探讨的大方向。

例如：报警器与监视器实验，就是一个大类、一个大方向。学生可以选择研究和制作传统的电子电路报警器，使用各种传感器的报警器，也可以选择声光报警器，或者红外报警器。同时也涉及是否使用计算机或单片机。这必然涉及如下几个问题。

1. 技术层面的考量

学生知识的储备和学习能力，设计和制作方面的个人能力。

2. 成本方面的考量

尝试多种设计方案，充分利用现有的仪器和材料，尽量降低成本。

3. 可靠性及使用寿命的考量

最终完成的报警器应具备防破坏、抗干扰、减少误报、便于维护和维修的特点。

二、学生特点的普适

从实际教学情况来看，选题的学生之中，既有某方面极具“天赋”的学生，也有

---

① 易向东，男，首都师范大学物理系，讲师。

各方面基础较弱的学生，这些都属于超出“正常值”的情况。

例如：在音频音质专题方面，有擅长作曲的学生，也有音乐发烧友，还有喜欢电路的学生、综合实力较强的学生，以及普通的物理系学生。面对不同类型的学生，就需要设计不同的“副标题”，选择主攻不同的方向。

1. 音乐与音色

音频发生与音色研究，是擅长作曲同学的主要研究方向。

2. 声场还原

改善声场质量，尽量还原声场，是音乐发烧友的主攻方向。

3. 音箱改装

音箱改装，包括喇叭材质、音箱结构、音箱配重和电路改进等内容，是喜欢电子电路学生的首要任务。

4. 搭建音质测定平台

搭建音质测定平台，是综合实力较强的学生需要完成的工作。

5. 音频采集平台的搭建与信号传递

信号传递对音质的影响、音频采集中的失真等，都是物理系学生应该涉及的内容。

三、理想与现实的无奈

开放型实验的最大特点，就是让学生自主设计整个实验过程，包括构建实验装置的方案、列出所需实验仪器及耗材的清单等。仅实验设计环节，就会出现几次反复。

1. 学生自主设计

学生自主设计整个实验过程，然后交指导教师审核。

2. 教师审查实验设计

教师审查实验设计的合理性和完整性，提出修改意见。

3. 学生修改实验设计

参考教师提出的建议，学生修改实验设计，提出“理想”的实验方案。

4. 实验设备或耗材短缺

学生所需的设备或耗材短缺是常态，当物理系借不到且无财力购买时，就需要学生另辟蹊径或修改实验设计，这是贴近“实战”的做法，但也是理想与现实的无奈，更是成本的考量。

四、交叉学科的运用

笔者指导的探究型实验题目，选择的都是贴近生活、有实用价值、能激发学生兴趣的项目，不可避免地大量涉及非物理的内容，交叉学科的应用是必然的。如果仅限于物理内容，则失去了探究实验的精华和精彩。例如：

1. 音质测定

对于音质测定，就有主观评价的人耳倾听和客观评价的仪器测定。其中，主观评价是音乐系的“练耳”范畴；而仪器测定则涉及电子设备和计算机应用。

2. 多渠道的信号传输

实验中常用的信号采集、放大和传输，仅信号传输方面就可以涉及网络、蓝牙和红外波段。

3. 特殊的网管尝试

网络交换机网管功能的开发和设定，则完全不是物理系的标准学习内容，却是许多同学感兴趣的题目。

实际的例子还有很多，不再罗列。总之，探究实验必然是多学科的交叉应用。

五、边缘上的游走

由于探究型实验的开放性，注定会遇到许多实验设备和实验条件的限制，突破这些障碍，也应该是锻炼学生的一个重要环节。为了达到最终的实验目的，许多时候只能“行走在边缘”。

1. 鼓励探索是永恒的主题

学生的开拓精神需要鼓励，应尽量减少由于设备不足对实验所造成的影响。

2. 交叉学科的无奈

交叉学科的应用导致物理系的设备无法完整地支持所有实验题目，此时最常用的办法就是向其他院系借用设备，还有就是计算机的应用。

3. 软件优先的原则

实验设备不足时，首先考虑借助计算机完成任务。要想降低实验成本，就必须尽量通过软件解决问题。但正版软件是有版权的，免费的测试版则功能不全，许多时候同学们只能想方设法解决问题，诸如对正版软件的破解。当然，这种破解途仅限于课堂内，任务完成之后必须卸载。

六、结语

探究型实验不仅是学生自主设计、主动探讨和设法克服困难完成任务的研究类实验。随着时间的推移，各种软硬件总有新产品问世，即便是最终任务相同，每年的实验方法和实际操作也会不尽相同，因此探究实验还是一个与时俱进的实验。其实验教材也完全不同于以往的实验教材，指导探究实验的教师也有其各自擅长的领域。因此本文仅代表笔者的观点，有疏漏和不当之处，欢迎大家批评指正。

参考文献：

[1] 吴先球，等．近代物理实验教程[M]. 2 版．北京：科学出版社，2016.

[2] 刘维，等．基础物理实验教程[M]. 北京：电子工业出版社，2015：290－326.

[3] 吴建宝，等．大学物理实验教程[M]. 北京：清华大学出版社，2013.

高校学生体质测试风险应对研究

王永伟①

高校的体质健康测试工作，是落实《国家中长期教育改革和发展规划纲要(2010—2020年)》的一项重要工作，是需要动用学校各个部门积极协调配合才能完成的一项艰巨任务。在这项工作中，稍有不慎，就会出现各种各样的风险事件，如若处理不当，就会造成不可挽回的严重后果，极端情况下，甚至会出现学生死亡的情况。所以高校在学生体质健康测试工作中如何系统科学应对突发事件，以及出现风险后的应对处理，已经成为必不可少的工作。

一、高校学生体测工作突发事件概述

(一)高校学生体测工作突发事件的界定

一个突发事件，一般具备两个特点——突发性、重要性。突发性是指突然发生，难以预料；重要性是当突发事件发生时，问题已经是极端重要，必须马上处理，否则会带来极端后果。

《国家突发公共事件总体应急预案》将突发事件分为四个类型：自然灾害、事故灾害、公共卫生事件和社会安全事件。我们根据高校体质测试工作的性质和实际情况，主要将高校体质测试工作的突发事件分为两类，一是自然灾害类，二是专业事故类。

(1)自然灾害，主要指在高校体质测试过程中，出现的地质灾害、气象灾害等。

(2)事故灾害，是在体质测试过程中出现的，由于学生自身因素、测试人员操作不当和测试仪器等出现的意外事故而导致的损失。

此两类突发事件，按照其性质、可控性、严重程度和影响范围等因素，我们参考《国家突发公共事件总体应急预案》的分级方法，同样将在测试工作中产生的灾害结果分为四级：Ⅰ级(特别重大，红色表示)、Ⅱ级(重大，橙色表示)、Ⅲ级(较大，黄色表示)和Ⅳ级(一般，蓝色表示)。在我们制定突发事件应对预案的时候，不同

① 王永伟，男，首都师范大学教研部，讲师。

级别动用不同资源来应对。

(二)高校学生体质测试突发事件产生的原因

1. 自然灾害

此类事故灾害一旦发生，一般都会是全社会的灾害，诸如在体测工作进行中出现的地震、极端天气等。此类灾害不是高校体育工作能够独立控制的，要借助于全社会联动的力量来进行预防和应对。

2. 事故灾害

事故灾害是在高校学生体质测试过程中出现较多的事故，其发生的原因多种多样，产生的灾害程度也不同，根据产生的原因分类，一般可分为学生自身原因和学校工作原因。

在学生的测试项目中，身体形态和机能类相对安全，而耐力素质(男生 1000 米、女生 800 米)是意外发生的主要集中点，其次为 50 米、跳远和引体向上(男)。

(1)学生自身原因，主要表现在自身身体素质方面和对体测重视不足方面。

近些年虚拟网络的发展，大大占用了青少年的业余时间，课外体育锻炼的状况越发捉襟见肘。学生锻炼的意识淡薄，可生活习惯不良、熬夜的人群增加，随之而来的就是学生的身体素质越来越差。在学生当中，出现了一大批只有在测试的时候才会长跑的人群，这就大大增加了耐力素质测试过程中的突发事件概率，全国出现在跑步过程中死亡的事件也就不足为奇了。

现代的医疗和体检工作基本已经成熟，学生在大学入学前基本已经初步掌握自己的身体状况，但还是会出现部分学生为了不影响奖学金的争取或者将来的就业，隐瞒自己的实际情况，在体育测试过程中盲目发扬“顽强拼搏”的精神，导致突发事件的发生，甚至是更严重的后果。

学生对测试工作的不重视主要表现在测试之前不提前准备。根据生物学规律，学生最好在测试前三个月对测试项目进行针对性锻炼，甚至还出现学生在测试前通宵游戏、饮酒等不良行为。

(2)学校管理方面的原因，主要表现在学校的重视程度和教师的防范意识。

学校对体测工作的重视程度直接影响着体测工作的结果。体测工作成绩突出的学校，在测试期间，整个学校从校领导到每位学生，都会综合联动起来，这样既能保证测试工作的高效、准确，也能在学生潜意识里增加体育锻炼的重要性。相反，对此工作不重视的学校，体育意识不强，管理落后，管理方会简单认为这仅仅是学校体育工作人员的事情，从人力、物力等资源上，都不予配合。在这种情况下，体测工作中出现突发事件是必然的事情，只是发生突发事件的严重程度不同而已。

教师方面，一是对学生的健康状况不了解，会产生不良后果。学生健康有问题，但是学生出于好强和利益驱使，会强行参加体质测试，一般会导致意外的发生。再者，测试工作人员的专业技能也是发生意外的影响因素。包括测试工作者对测试内容的了解程度、测试器械的使用、场地的布置、急救知识的掌握和应对突发事件的反应能力。

二、高校体测工作突发事件的对策

(一)自然灾害的应对

根据《国家突发公共事件总体应急预案》的要求，测试场地要有完整的应对自然灾害的设施，测试前检查紧急逃生路线，保障畅通，必要时，对工作人员进行培训和紧急疏散演练。一旦发生此类灾害，特别是在体育场馆里测试的学生能紧张有序地撤离，最大程度保障学生安全。另外，在应对过程中，我们要积极配合上级灾害应对部门的工作部署，将应对工作做到细致入微，万万不能丝毫马虎，麻痹大意和存在侥幸心理。

(二)事故灾害的应对

1. 学生方面

首先要培养运动兴趣，养成良好的运动习惯，增强自身体质是保证在测试过程中不出现意外的根本解决方式，也是国家进行学生体质健康测试工作的根本初衷。其次做到提前训练，做到循序渐进。最后克服测试的不良心理，不惧怕测试，坦然面对。当自己身体不适合参加测试时，不勉强。利用测试制度，申请免测、缓测等手段，来降低自己发生危害的概率。

2. 学校方面

首先，在管理方面，建立学生健康档案，在测试源头掌握学生健康状况，对不适于测试的学生减免测试，另注意免测学生的保密工作，不要对学生产生衍生伤害。

其次，对以往发生或者同类学校发生过的事件进行总结，建立预案。应急预案是在突发事件发生时，最有效的指挥手段，能最大程度提高突发事件的应对效率，将突发事件产生的危害降到最低。应急预案的重点工作要以预防为主，最大程度避免突发事件的发生。

再次，测试时，整合学校管理和物资资源。主要包括利用学校的医务资源和学生管理资源，做到测试现场有医疗应急人员和学生管理工作人员(院系党、团支书等人员)。如学校没有医务条件，在出现突发事件时，也要第一时间求助医疗救助，最大程度减少等待治疗时间。学校院系的学生管理人员参与现场组织工作，能保障测试工作的顺畅进行。

最后，提高教师的专业技能，包括测试工作技能、急救技能和应对突发事件的技能。学校要加强学生体测的宣传工作，对测试学生进行安全教育，让学生在测试过程中一旦出现突发事件，做到心中有数，应对自如。

参考文献：

[1]计雷，池宏，陈安，等．突发事件应急管理[M]．北京：高等教育出版社，2006.

[2]陈秀梅，甘玲，于亚博．领导者应对突发事件的理论与实务[M]．北京：人民出版社，2005.

[3]纠延红，安金龙，丁楠．普通高校体育教学安全问题研究[J]．体育文化导刊，2010(10)：114—116.

[4]李经中．政府危机管理[M]．北京：中国城市出版社，2003.

[5]崔菱麟，刘英杰．学生体质测试意外事故产生的原因与对策[J]．体育科学研究，2016，20(1)：84－87.

[6]陈晓冬，甄子会，何秋文．以运动安全视角辨析学校体育存在的问题及对策[J]．长春师范大学学报，2016，35(6)：88－90.

[7]韩新英，李广存．体育课堂突发事件的防范与处理[J]．唐山师范学院学报，2010，32(2)：109－111.

浅析体育中的德育因素

张　菁①

体育是新一轮基础教育课程改革背景下，全面推进素质教育中不可或缺的一部分，是人全面发展的基础。但即便如此，人们对体育的理解通常只停留在可以强身健体、利于肢体协调等表面层次。近年来人们对体育的重视，多半是受网络、电视、媒体所带来的审美潮流的影响以及都市人越来越注重身体健康的意识。实际上，体育带给我们的益处更多的是对人性格、品质、品德方面的塑造，大多是内在的影响，本文将探讨体育对我们哪些品质、道德具有内塑作用，旨在帮助教师教授学生体育知识、运动技巧的同时可结合体育自身所蕴含的德育因素对学生进行素质教育，利于学生在身体素质和精神素养上保持同步，通过体育促进学生的全面发展。

一、宣扬生命文化的价值

体育运动发源于两千多年前的古希腊，古希腊位于亚、欧、非三大洲的交界处，其优越的地理位置使古希腊融合多种文化，诞生了艺术、体育、科学等众多领域的西方文明。古希腊丘陵起伏的地理条件及全年温和的气候特点使希腊人对户外的体育活动情有独钟，形成了其崇尚自然、追求肉体健美的审美情趣，这点在古希腊流传下来的雕塑和陶瓶彩绘作品中均有呈现。希腊人对身体健与美的追求反映了其崇拜生命、热爱自然的生活理想，而体育正是可以满足古希腊人对人体审美情趣的活动过程。体育通过身体技巧、肢体动作和复杂的运动形式来展现个体的体力、体能和美感，进而使锻炼者感悟到生命的活动。

体育是人体和谐发展的基础，体育最大的价值在于让人们在运动的过程中认识生命、珍惜生命、享受生命、尊重生命，使人们不断超越自我，激发出自身所具有的身体潜能。体育是人们展示自我、表现自我价值最有效的方式之一，因此对体育的热爱通常能够促使人们热爱生命、尊崇自然。体育培养了我们互相理解、互相关

① 张菁，女，首都师范大学体育教研部，讲师。

心、彼此尊重的价值理念，教育工作者在进行体育教育的同时，可结合不同体育项目自身的特点宣扬厚重的生命文化价值。

二、培养自强不息、锐意进取的精神

首先，体育训练十年磨一剑，对技术的要求更是精益求精。因此常常是同一个动作就需要运动员有着极大的耐心重复百遍千遍，这对运动员的心智具有很大的考验。任何一点运动成绩的提升都不是一蹴而就的，每次一小点的进步都是运动员克服身体疲惫、精神疲乏不断重复、打磨换来的，而支撑运动员坚持下去的原动力就是永不熄灭的进取精神，每次运动成绩的提升也是对自身内在精神的训练。其次，提升运动成绩需要运动员不断挑战原本完成不了的任务，无论更高的难度还是更快的速度，人们所选择的目标都是当下自身的运动水平所不及的。正如奥林匹克运动的口号：更快、更高、更强。奥林匹克运动的奋斗目标体现了体育运动永无止境的特征，鼓励人人争先，永远进取。正因为如此，在体育比赛中人们从竞技体育的精英们身上看到的不仅是风驰般的速度、力拔泰山的力量、浪遏飞舟的气势，更看到了运动员们内心深处不肯轻易屈服的灵魂，看到了人类作为宇宙之精华、万物之灵长的价值。最后，体育运动总是与失败相伴而行，经历一次次的失败才能取得一次次的进步，体育正是以这种方式教会我们“胜不骄，败不馁”的处事态度，培养人们从失败中吸取教训，坚持不懈、勇于攀登的进取精神以及不满足于现状、不断挑战自身极限的自强不息的精神。

三、形成令行禁止的规则意识

中国从古至今流传着“没有规矩，不成方圆”的文化信条。而最早西方体育所倡导的“科学治理”“崇尚法治”“规则至上”的文化价值理念，与我国的古训不谋而合。遵守体育竞赛中的规则是维护体育运动的正常秩序和促进体育社会关系和谐发展的基础。使运动员形成了钢铁般的纪律和令行禁止的规则意识，做任何事都讲究规则，依据规则，遵章守法，对自身具有很强的管理能力。在哨声响起时统一起跑，在赛场被示以红牌、黄牌就要服从判罚，比赛过程中也要始终遵守赛程规则。体育从始至终都是在规则的基础上运行的，不仅能维护人们的行为秩序，更增强了人们在体育方面的权利意识、自主意识，提高人的主动性和自身行为的责任感及对自身的约束能力。规则影响着社会生活的方方面面，经济、政治、军队的运作没有一个可以离得开规则以及能够严格执行规则的人，体育运动是一种具有“社会缩影和多元化”的社会活动，体现在它的结构性、规则性和组织性等诸多方面，借助其自身的规范性、道德性促进和加快人的社会化发展。随着体育运动在人们日常生活中的不断深入，规则意识逐渐延续到现实社会的生活、工作中，可培养出遵纪守法的优秀社会公民。这种严格执行规则的行为意识影响着每一个社会成员的价值取向、思维方式、道德情操和行为习惯。

四、促进诚信、公正、礼让等高层次的道德品质

体育竞赛以诚信为本，比赛时对服用兴奋剂的运动员进行严厉惩罚及道德上的谴责，正是宣扬体育求实诚信的精神，让所有运动员都知道竞技场上区分胜负的唯一标准是实力。因此在平时的训练中不容有一丝一毫的弄虚作假和投机取巧，想要取胜只能靠务实创新的训练态度、扎扎实实的训练作风和不断突破自我的竞赛精神。体育竞技精神所强调的“公平、公正、严肃、认真”，将公平、公正放在了最开头，这是一切体育比赛的基石，是奥林匹克精神所崇尚的一种公正性和正义感。反对暴力、药物，讲究公平竞争，在规则面前人人平等。体育所传播的公正观念，促进了人们权利意识的形成，进而构成了人的尊严等更高层次的精神追求，从而提高人类的发展层次，塑造健康和谐的人格。体育运动虽然充满了竞争，但人们更多讲究的是文明礼让，不可赢了比赛输了风度。文明守礼是从事体育活动必不能少的信条，否则体育竞赛便成了野蛮无礼、充满暴力的活动。在武术、柔道等项目比赛开始之前，运动员需向对手行礼，以示敬意。比赛结束后无论胜负也要以行礼结束，体现出尊重对手、尊重裁判、尊重观众的品格。体育在强调其竞争性的同时，也对运动员文明守礼的品质做出了相应的要求。

五、提高敬业、奉献精神

奉献精神是社会责任感的集中表现，国际体育比赛均以“为国争光”为目的，各国运动员也以此作为运动生涯的终极目标。体育本身就是冲击和挑战人类身体极限，需要超人毅力和品格来完成的行业，因此运动员必须具备奉献精神，将个人的努力及成就奉献给行业、所在的集体以及国家。体育运动中经常有团体项目，这时运动员除了努力训练提高个人成绩外，还需要兼顾集体。不同的人面对同一个目标一起奋斗努力，在训练的过程中培养团队合作意识和集体荣誉感。有时，当个人目标与团队目标相冲突时还需妥协于团队，要始终将国家利益、社会利益放在个人利益之上。人委身于社会，应当把社会的利益和要求作为道德判断的标准。体育通常把国家理想价值、社会需求价值和个人人生价值有机结合起来，在竞争与好胜心的驱使下能够正确对待各方面的利益需求问题，在奉献中实现自我完善。

体育运动把其对道德原则的理解现实地定位于能够按照一整套规范去执行，在执行的过程中潜移默化地塑造我们个人的道德品质。体育不只是追求外在的健美体魄和创造更高更强的不断突破自身能力的运动成绩，更多的是对人类精神文明的内化产生巨大影响。在体育教学中我们不但要重视体育成绩的提升，更要注重培养学生的道德涵养，忽略了体育中的德育因素，体育将与高品质的精神需求脱节，不利于我们对健全人格的培养。而在当今社会，全面发展的人格已成为时代的要求，体育教育不能过多单纯地以提高运动成绩为目标，将道德教育抛在一边，而是要在艰苦的训练中不断加强思想教育。落实体育中德育因素的培养，使学生不仅拥有健康的身体，更具有清醒的头脑、坚强的意志以及崇高的道德情操，成为现代社会需要的人才。

参考文献：

[1] 杨岭，朱德全．超越技能的文化表征——体育教学的文化品格追寻[J]．教育研究，2014(10).

[2] 李春晖．当代中国体育文化的内涵、特性与体育人文精神建设[J]．北京体育大学学报，2011，38(12).

[3] 徐伟．高校校园体育文化建设及其育人的内在机理分析[J]．北京体育大学学报，2010，38(1).

[4] 董跃春，谭华，宋宗佩．建设终身体育社会的价值研究[J]．体育科学，2016，36(4).

[5] 刘映海，石岩，丹豫晋．论体育的本质及其教育价值[J]．教育研究，2014(9).

[6] 孙飞．浅谈在初中体育课程中渗透德育教育的优势与方法[J]．现代交际，2016(5).

[7] 王健．人学视域下我国学校体育教育的现实探问与发展路向[J]．体育科学，2013，33(11).

实施《国家学生体质健康标准》下我校本科生健康体能的分析研究

陈文山[①]

一、研究背景

教育部和国家体育总局于2002年颁布了《学生体质健康标准》(以下简称《标准》)。我校自2002年至今对本科学生进行《标准》测试，积累了大量数据资料，这些数据反映了我校本科生身体素质和健康体能的情况。

健康体能以增进健康，提高基本活动能力为目标。一个人保持良好的健康体能，其身体更健康、精力更旺盛、生命更持久。研究我校本科生的健康体能问题，认识健康体能的现状及其变化趋势，对更好地发展我校本科生健康体能，更好地贯彻"健康第一"思想，以及改进我校体育教育方法、提高体育教学水平有着重要作用。

二、研究目的

在查阅专家学者对学生体质健康测试和健康体能的研究成果基础上，依据首都师范大学在校本科生2017年度学生体质健康测试的数据，对其中健康体能的要素，运用统计分析，对测试数据进行定量分析，力求准确地揭示我校本科生健康体能指标的变化趋势。了解我校本科生的健康体能状况，助力我校制订提高学生健康体能的行动计划，促进我校体育教育、体育教学的不断发展。

三、文献综述

(一)体质、体能和健康体能的关系

"体质"是人体的健康水平和对外界的适应能力。"体能"是身体的运动能力，包

① 陈文山，男，首都师范大学体育教研部，副教授。

括耐力和在单位时间内运动的速度等。①

“体能”一词起源于第二次世界大战期间的美国军事领域，国内外大多研究学者将体能分成三大类，一类是“健康体能”，与健康密切相关，再一类是与基本运动能力有关的“一般运动体能”，还有一类则是与运动技巧有关的“专项运动技术体能”。“健康体能”，主要是指能够胜任日常的基本工作，能够享受健康的娱乐休闲生活，还可以应付突发紧急情况的身体活动能力，其主要包括肌力、肌耐力、心肺耐力、柔软度以及身体组成等五项要素。②

体能不同于体质，体质是指人体的质量，体能则是指人体的活动能力。体能以体质为基础，在先天遗传的基础上通过后天的训练，使身体具备了完成某种或某类活动的能力，因而体能具有较强的实用性、专业性和后天获得性。

体质是人体体能的物质基础，体能是体质的运动体现。而健康体能是体能的分支。

(二)健康体能要素测试指标的确定

美国库柏有氧研究中心(The Cooper Institute of Aerobic Research)研制的FITNESSGRAM(体能测试)健康体能测试组，主要测试包括与人体健康有密切相关的六大体能指标：

(1)有氧耐力(1英里跑)；(2)身体成分(BMI/%BF)；(3)身体柔韧(坐位体前屈)；(4)上肢力量耐力(韵律俯卧撑/引体向上/曲臂悬垂)；(5)腰背力量和柔韧(俯卧抬体)；(6)腹背力量和耐力(韵律仰卧起坐)。各项评判根据FITNESSGRAM(体能测试)对不同性别、年龄段的健康评价标准，通过所有六项测试才被认为健康体能合格。③

文献阅读发现，大部分学者研究学生体质，以极具代表性的身体素质指标进行测试，《标准》测试就包括了学生的BMI、肺活量体重指数、50米跑、男生1000米跑、女生800米跑、坐位体前屈、立定跳远、引体向上等。这些项目包括了身体形态，身体机能以及速度、力量、耐力、灵敏和柔韧等最基本的身体素质。

综上所述，健康体能指标和体质健康指标具有相同属性，也有高度相关性。

因此，本文利用《标准》测试指标数据，以肺活量体重指数作为心肺能力指标；立定跳远作为肌力的指标；男生1000米、女生800米耐力跑作为肌耐力的指标；坐位体前屈作为柔软度指标。

---

① 《现代汉语词典》，商务印书馆，2013年版。

② 郑祥：《江苏扬州大学普通大学生体能现状及发展对策研究》，江苏扬州大学硕士论文，2010年。

③ 王国勇、程杰：《中葡都市青少年体力活动、健康体能的比较研究——以上海市和布拉加两城市为例》，《北京体育大学学报》，2009年第10期，第60—63页。

四、研究对象与研究方法

1. 研究对象

以首都师范大学2014—2017级本科生为研究对象，共12246人；采集2017年度测试数据为样本数据，获取有效数据10965组。如表1：

表1 2017年实测学生数据统计表

人数	总体	男生	女生	占比
在册人数	12246	2449	9797	—
实测人数	10965	2379	8586	89.5%
大一实测	2486	557	1929	22.7%
大二实测	2912	629	2283	26.6%
大三实测	2775	597	2178	25.3%
大四实测	2792	596	2196	25.5%

2. 研究方法

(1)文献资料法

参阅专家学者对《标准》、健康体能、统计学所做研究，为本研究提供理论依据。

(2)数理统计法

对获得的数据运用EXCEL进行认真的比较、归纳、分析、综合，用以阐明本研究的观点。

(3)逻辑分析法

对收集到的数据做分项整理，生成统计图表进行分析。

五、研究分析与结论

(一)数据分析

1. 心肺能力(肺活量指数)

肺活量指数是相对于体重的肺活量数，是评价人体呼吸系统和心血管系统机能状况的一个重要指标。

表 2 不同年级肺活量等级

年级	性别	合计人数	优秀人数	百分比	良好人数	百分比	及格人数	百分比	不及格人数	百分比	男女及格人数	百分比
一年级	男	566	314	55.5%	120	21.2%	123	21.7%	9	1.6%	548	96.8%
	女	1956	867	44.3%	425	21.7%	636	32.5%	28	1.4%	1901	97.2%
二年级	男	629	332	52.8%	148	23.5%	144	22.9%	5	0.8%	624	99.2%
	女	2283	949	41.6%	486	21.3%	817	35.8%	31	1.4%	2252	98.6%
三年级	男	597	261	43.7%	125	20.9%	200	33.5%	11	1.8%	586	98.2%
	女	2178	699	32.1%	467	21.4%	963	44.2%	49	2.2%	2129	97.8%
四年级	男	596	254	42.6%	143	24.0%	182	30.5%	17	2.9%	579	97.1%
	女	2196	688	31.3%	488	22.2%	958	43.6%	62	2.8%	2134	97.2%

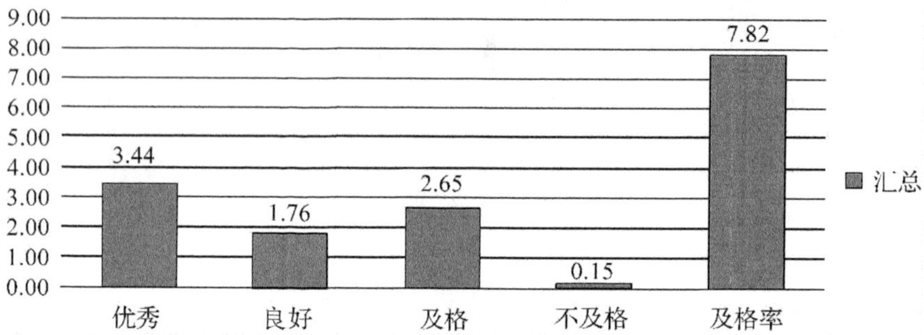

图 1 肺活量等级数据透视图

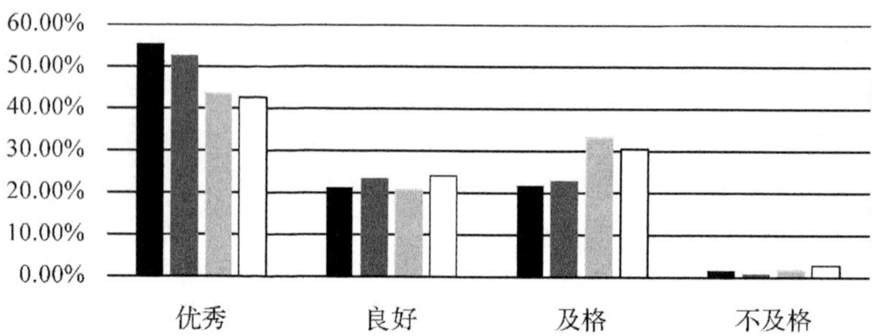

图 2 男生肺活量等级变化

根据表 2、图 1 可以看出，男生、女生总体肺活量等级、总体水平优秀率相对较高；从图 2、图 3 可以看出，男生和女生的肺活量等级优秀率呈逐年下降的趋势，及格等级逐年抬升；而不及格率总体呈现小幅度抬升，男生、女生差别不大。

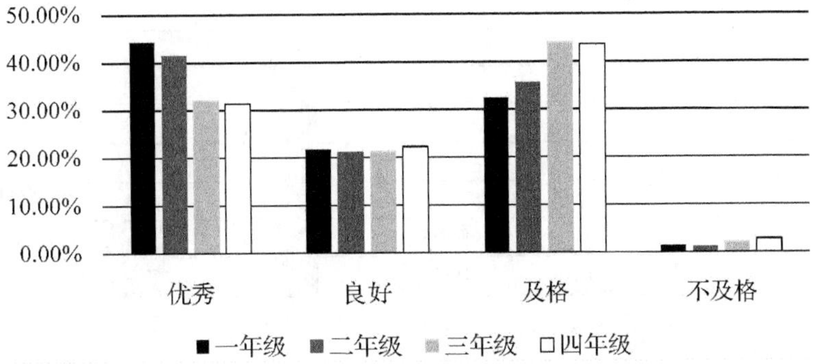

图 3　女生肺活量等级变化

2. 肌耐力(800 米、1000 米耐力跑)

耐力是人体长时间进行持续肌肉工作的能力，是健康体能的重要指标。

表 3　不同年级 800 米、1000 米跑等级

年级	性别	合计人数	优秀人数	百分比	良好人数	百分比	及格人数	百分比	不及格人数	百分比	男女及格人数	百分比
一年级	男	557	3	0.5%	5	0.9%	134	24.1%	415	74.5%	142	25.5%
	女	1562	3	0.2%	6	0.4%	163	10.4%	1390	89.0%	172	11.0%
二年级	男	808	4	0.5%	14	1.7%	456	56.4%	334	41.3%	474	58.7%
	女	2283	7	0.3%	19	0.8%	378	16.6%	1879	82.3%	404	17.7%
三年级	男	597	6	1.0%	12	2.0%	192	32.2%	387	64.8%	210	35.2%
	女	2178	6	0.3%	19	0.9%	260	11.9%	1893	86.9%	285	13.1%
四年级	男	596	3	0.5%	14	2.3%	150	25.2%	429	72.0%	167	28.0%
	女	2196	3	0.1%	14	0.6%	205	9.3%	1974	89.9%	222	10.1%

从表 3、图 4 可以看出，耐力跑项目优秀率、良好率极低，不及格率极高，其中女生的不及格率超过了男生，学生总体肌肉耐力水平很令人吃惊。

从图 5 可以明显看到，男生大一至大四年级耐力跑的优秀、良好等级非常低，且变化不明显；大二不及格等级降低，到大三、大四不及格等级在明显抬升，心肺和肌耐力水平下降。从图 6 可以看出，女生大一至大四年级耐力跑的优秀、良好等级也非常低，且变化不明显；还显示出女生大一到大四耐力跑等级变化不明显。

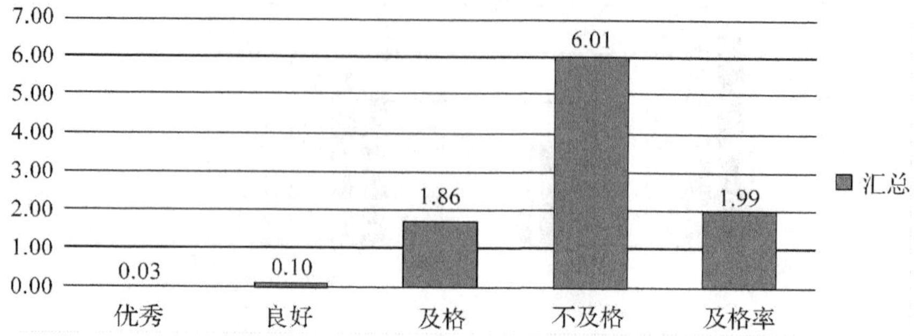

图 4　800 米、1000 米等级数据透视图

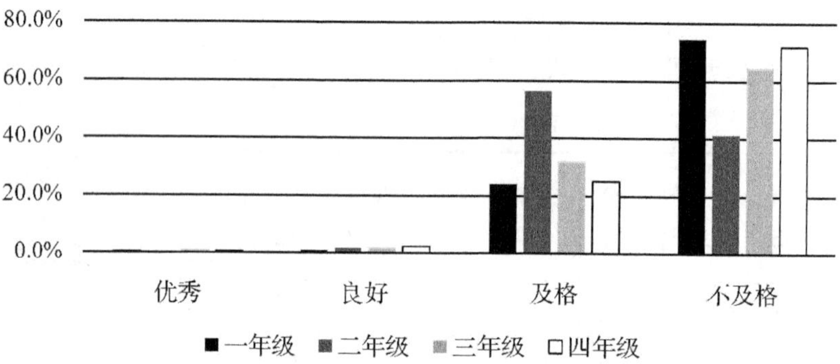

图 5　男生耐力跑等级变化

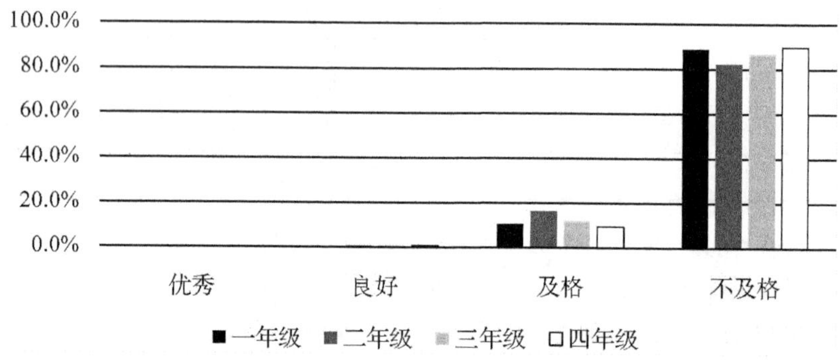

图 6　女生耐力跑等级变化

3. 肌力(立定跳远)

立定跳远主要是测量向前跳跃时下肢肌肉的爆发力，它反映神经系统对肌肉的调节能力，也间接地反映出机体体能的衰退情况。

表 4 不同年级立定跳远等级

年级	性别	合计人数	优秀人数	百分比	良好人数	百分比	及格人数	百分比	不及格人数	百分比	男女及格人数	百分比
一年级	男	566	40	7.1%	60	10.6%	333	58.8%	133	23.5%	433	76.5%
	女	1924	83	4.3%	229	11.9%	1238	64.3%	374	19.4%	1550	80.6%
二年级	男	622	27	4.3%	70	11.3%	384	61.7%	141	22.7%	481	77.3%
	女	2264	125	5.5%	333	14.7%	1419	62.7%	387	17.1%	1877	82.9%
三年级	男	695	38	5.5%	63	9.1%	486	69.9%	108	15.5%	587	84.5%
	女	3305	115	3.5%	308	9.3%	2515	76.1%	367	11.1%	2938	88.9%
四年级	男	592	33	5.6%	48	8.1%	391	66.0%	120	20.3%	472	79.7%
	女	2168	111	5.1%	322	14.9%	1366	63.0%	369	17.0%	1799	83.0%

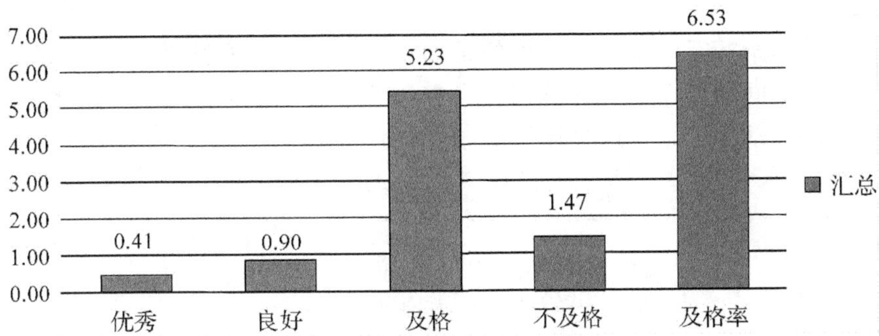

图 7 立定跳远等级数据透视图

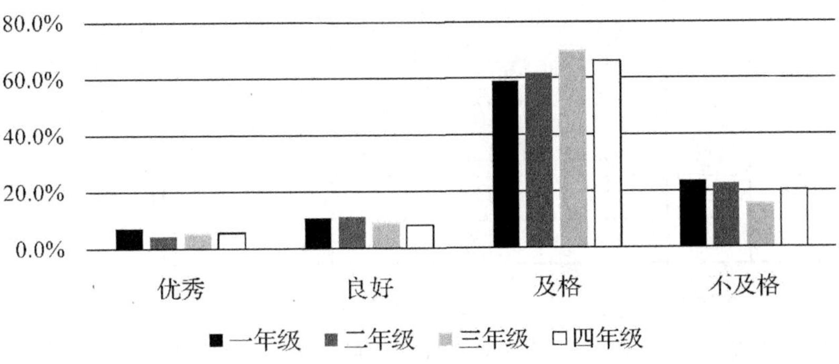

图 8 男生立定跳远等级变化

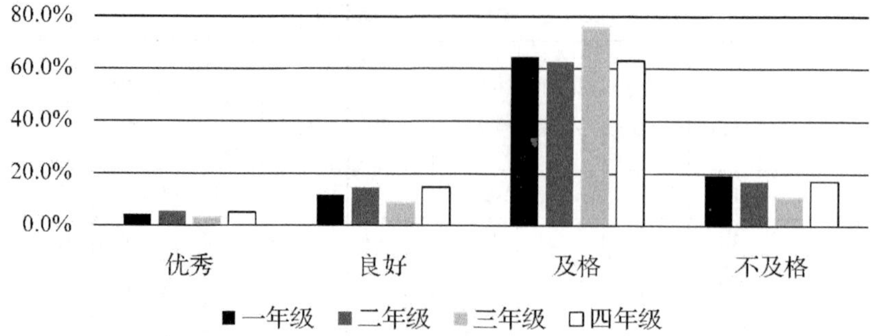

图 9 女生立定跳远等级变化

从表 4、图 7 可以看出，总合格率女生略高于男生，总体水平虽然在“及格”的范围内，但主要是在“及格”等级上。从图 8、图 9 可以看出，一年级到四年级男生、女生立定跳远等级无明显起伏，说明下肢力量水平较低，且四年间变化不大，是我校本科生健康体能肌肉力量指标的普遍的薄弱项。

4. 柔韧度(坐位体前屈)

坐位体前屈指标反映关节和肌肉的柔韧性。柔韧性差意味着相应的关节和肌肉缺乏运动。长时间缺乏柔韧性的练习，会导致关节或关节周围软组织发生变性，进而限制关节的运动幅度，影响健康体能。

表 5 不同年级坐位体前屈等级

年级	性别	合计人数	优秀人数	百分比	良好人数	百分比	及格人数	百分比	不及格人数	百分比	男女及格人数	百分比
一年级	男	557	95	17.1%	79	14.2%	332	59.6%	51	9.2%	506	90.8%
	女	1929	387	20.1%	311	16.1%	1119	58.0%	112	5.8%	1817	94.2%
二年级	男	629	87	13.8%	68	10.8%	397	63.1%	77	12.2%	552	87.8%
	女	2283	437	19.1%	359	15.7%	1334	58.4%	153	6.7%	2130	93.3%
三年级	男	597	86	14.4%	64	10.7%	367	61.5%	80	13.4%	517	86.6%
	女	2178	426	19.6%	298	13.7%	1251	57.4%	203	9.3%	1975	90.7%
四年级	男	596	72	12.1%	75	12.6%	372	62.4%	77	12.9%	519	87.1%
	女	2196	442	20.1%	327	14.9%	1245	56.7%	182	8.3%	2014	91.7%

从表 5、图 10 可以看出，大一到大四坐位体前屈指标优秀等级比良好等级稍高，总体合格等级水平较高。从图 11、图 12 能够看出，大一到大四男生、女生坐位体前屈指标各等级变化不大，总体是优秀、良好等级略有降低，不及格等级略有提升；女生优良等级均高于男生。

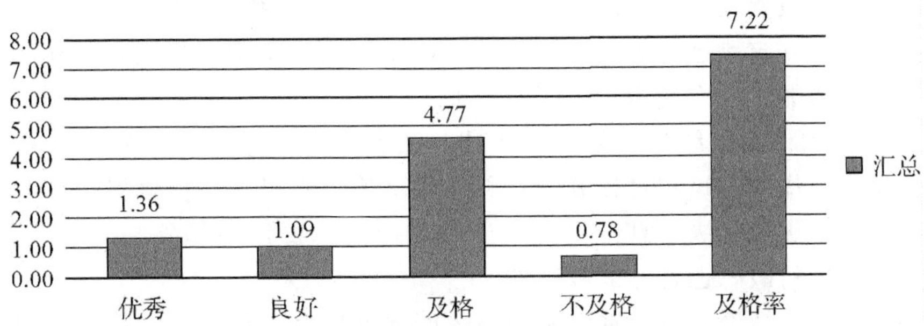

图 10　坐位体前屈等级数据透视图

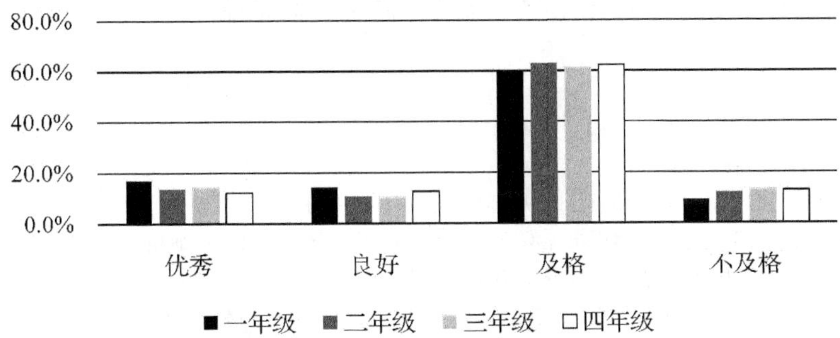

图 11　男生坐位体前屈等级变化

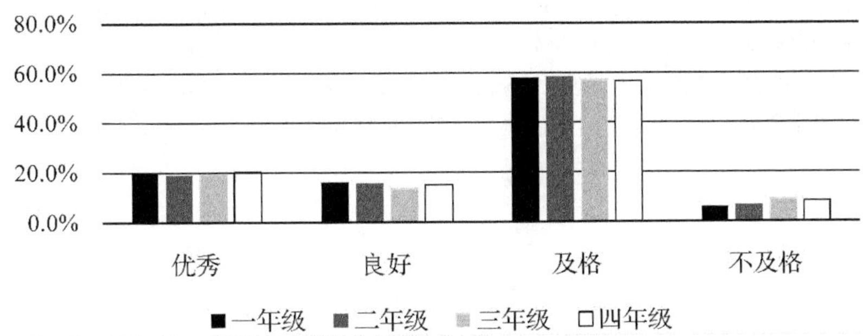

图 12　女生坐位体前屈等级变化

(二)研究结论

1. 从心肺能力和肌肉耐力指标测试统计结果可以看出，肌肉耐力较差。男生、女生总体平均肺活量总体水平处于及格范围内偏下。优秀等级呈现逐年下降的趋势，而不及格等级呈现逐年上升现象。男、女生差别不大。耐力跑项目优秀等级仅为 0.4%，而不及格等级高达 75.1%，肌肉耐力总体水平非常令人担忧。

2. 从肌力指标测试统计结果可以看出，男、女生的力量素质是比较差的。立定跳远总体水平虽然在“及格”的范围内，但主要是在“及格”的等级上。一年级到四年级男生、女生立定跳远等级无明显起伏。说明下肢力量水平较低且变化不大，我校本科生健康体能肌肉力量指标要素很薄弱。

3. 从柔韧指标测试统计结果可以看出，柔韧素质比较好。柔软度总体平均水平是比较高的，优秀等级相对较高，且总体合格等级水平较高。但男生与女生存在一些差异。女生优良等级均高于男生。虽然柔韧指标要素一部分取决于先天因素，但男生通过后天的锻炼也是可以改善的。

概括上述三点结论，我校本科生健康体能要素肌力、肌耐力指标水平很低，结合心肺能力和柔韧度，可以判断我校本科生健康体能很差。这种状况需要反思我校的体育教育、体育课程、体育教学，研究提高学生健康体能的对策。

参考文献：

[1] 钟兴明．健康体能与现代生活方式[J]. 北京体育师范学院学报，1998(3)：78—81.

[2] 邢文华．大学生体质在下降[N]. 光明日报，2011-9-14.

[3] 刘霞，陈钢钢，邢学武．学生体质健康纵向对比分析[J]. 中国高等医学教育，2008(11)：27—28.

[4] 杨新，盛燕茶．大学生体质与健康状况的追踪调查研究[J]. 体育科技文献通报，2009，17(5)：9—10.

[5] 王荣．大学生体质现状的调查与分析[J]. 体育成人教育学刊，2005，21(1)：19—21.

[6] 李子明．对首都师范大学本科学生2007—2008学年度实施《国家学生体质健康标准》结果统计与分析[J]. 首都师范大学学报：自然科学版，2008(5)：94—100.

[7] 刘小辉．长春市部分高校学生体质与健康状况的分析与研究[D]. 北京：北京体育大学，2005.

[8] 章茹．常州市普通高校学生体质健康现状调查与发展对策研究[D]. 苏州：苏州大学，2007.

[9] 陈江沄．首都高校学生体质现状比较分析[D]. 北京：首都体育学院，2014.

[10] 赵军民．上海市普通高校学生体质健康状况的研究[D]. 上海：华东师范大学，2007.

[11] 高劲腾．《国家学生体质健康标准》下大学体育与健康课程教学改革的实证研究[D]. 昆明：云南师范大学，2015.